中华文明历史长卷

孙维茹◎编著

多少楼台烟雨中

古迹卷

DUOSHAOLOUTAIYANYUZHONG

GUJI JUAN

古迹是一个民族珍贵的文化遗产，可以表现一个民族的传统精神，并映射一个民族的文明进化，可以让人们认识传统文化的伟大，以建立民族的自尊心与自信心。

北京工业大学出版社

图书在版编目（CIP）数据

多少楼台烟雨中：古迹卷 / 孙维茹编著．—北京：北京工业大学出版社，2013.1
（中华文明历史长卷）
ISBN 978-7-5639-3329-7

Ⅰ．①多…　Ⅱ．①孙…　Ⅲ．①名胜古迹—介绍—中国
Ⅳ．① K928.7

中国版本图书馆 CIP 数据核字（2012）第 276306 号

多少楼台烟雨中——古迹卷

编　　著：孙维茹
责任编辑：宋春立
封面设计：宋双成
出版发行：北京工业大学出版社
（北京市朝阳区平乐园 100 号　100124）
010-67391722（传真）bgdcbs@sina.com
出 版 人：郝　勇
经销单位：全国各地新华书店
承印单位：三河市元兴印务有限公司
开　　本：787 mm × 1092 mm　1/16
印　　张：25
字　　数：379 千字
版　　次：2013 年 1 月第 1 版
印　　次：2021 年 1 月第 2 次印刷
标准书号：ISBN 978-7-5639-3329-7
定　　价：58.80 元

总　　序

在世界文明的历史长河中，中华文明作为最浩浩荡荡的一条支脉，曾为世界注入过滚滚洪流。至少3000年以前，中华文明就已经开始对周边地区产生主导性的影响，带动周边广大地区逐渐走上高等文明之路。马克思关于“四大发明”对世界历史进程影响的论述，仍然是可以成立的：“火药把骑士阶层炸得粉碎，指南针打开了世界市场并建立了殖民地，而印刷术则变成了新教的工具……”在这个文明中，读书写字被上升到审美的高度，于是汉字拥有了这世界上独一无二的头衔——书法艺术。在这个文明中，家不仅是安身立命的居所，也是寄情抒怀的天地，于是胸中丘壑化为园林楼台，虽由人作，宛自天开。在这个文明中，人们从艰难到从容地活在每一方水土之上，于是点土成金，向世界奉献了瓷器这朵绚烂的花……无数事实证明，中华文明在诸古代文明中堪称绝无仅有。

正因如此，我们精心编写了这套“中华文明历史长卷”丛书，它包括：《人间巧艺夺天工——发明创造卷》、《挥毫落纸如云烟——书法卷》、《淡墨挥毫暗生香——绘画卷》、《巧剜明月染春水——陶瓷卷》、《书卷多情似故人——经典名著卷》、《人间有味是清欢——饮食卷》、《今朝放歌须纵酒——酒文化卷》、《至精至好且不奢——手工艺卷》、《多少楼台烟雨中——古迹卷》、《一尘一刹一楼台——寺庙卷》、《自是林泉多蕴藉——园林卷》、《淡妆浓抹总相宜——山水卷》、《宫阙并随烟雾散——墓葬卷》、《龙章凤姿照鱼鸟——图腾卷》共十四卷。这些辉煌灿烂的古代文明让我们如数家珍，每个领域的每一项成就，如同人类文明天空中的璀璨明星，透射出中华民族耀眼夺目的卓越华魂。

作为炎黄子孙，传承并发扬这些文明成果，是我们光荣而神圣的历史使命。虽然有那一百年的备受欺凌，但我们用今天崭新的面貌告诉世界：我们的文明没有中断，智慧仍在传承，这个持续了五千年的古老文明依然具有强盛的生命力！

前　言

当你用全新的目光去审视这个古老世界的时候，当你驾驭神思在这个遥远而广博的天地里遨游的时候，你会发现这个世界是如此的神奇，如此的引人遐思……漫漫大漠，风沙席卷，昔日的金戈铁马、刀剑交鸣，于今已视而不见，听而不闻；风沙遮盖了一切，吞没了一切，蔓生的野草掩盖了一切……偶而，会看见一位赶着羊群的老人，那饱经沧桑的脸上写满了古老的记忆，他会津津乐道、语重心长地向你讲述一个个淹没的历史片断，一个个逝去的文明。于是，风沙便不再冷漠，野草也不再沉寂，古城也不再无言，那目睹历史浮沉的石狮子也不再缄默……历史用神奇的再现，向人们讲述一幕幕沉重的记忆……

世界需要我们去认识，特别是我们这个有着五千年文明历史和灿烂文化的泱泱大国，更需要我们去认识。而认识和了解古迹，是诠释华夏文化深厚内涵的重要途径。特别是进入20世纪以来，文明古迹日益得到人们的重视，对其形成的法律保护也更加完善，古迹有了更多的机会和人们交流，人们对历史积存的困惑也渐渐变得明朗起来。

在漫长的历史长河中，在人类发展的不同历史时期，在960万平方公里的土地上，56个民族宛如56颗明珠，镶嵌在祖国的版图上。各族人民用勤劳和智慧在天地间为后世留下了大量遗存，形成了丰富多彩的历史文化景观，从举世闻名的万里长城到“小家碧玉”古色古香的平遥县城，它们都是文明的诗篇，凝练的音乐，恒久的画卷。

著名作家王小波说：“真古迹使人留恋之处，在于它历史沧桑直至如今，在它身边生活，你才会觉得历史还活着。要是可以随意翻盖，那就会把历史当作可以随意捏造的东西……”故此，那些现存的历史真迹是弥足珍贵的，我们要很好地保护，认真地研究。

沐浴着一阵阵传递古朴文化气息的微风，本书带你走进这个神奇的古迹世界，追溯更迭岁月的遥远记忆，文明的足迹经过几千年历史长河的淘洗，在世间遗存了难以计数的文明古迹，它们仿佛一颗颗点缀在神州大地上的璀璨明珠，闪烁着永不褪色的熠熠光辉。

走进古迹世界，感悟那浓缩辉煌与衰败的历史底蕴，聆听那凝练的音乐奏出的千古不绝的传响，那遥远而富于奇幻的传说，神秘而真实的故事，都熔铸在吹拂历史长卷的巨风中。它凝眸上下五千载，纵横数万里，定格了一个个不朽的传奇。它有着丰厚的文化内涵，总是用生命的历程与前进的社会同步；它有时带着遍体鳞伤，沉默无言，看着烽烟四起，群雄逐鹿；它有时披着春晖，笑看历史演绎的辉煌与壮丽；它有时像渐渐收敛的夕阳，把历史上无奈的一页谱成一首挽歌；它有时像蓬勃的旭日，为发展的社会融注丝丝生机……

每一处古迹，都有着自己独特的文化积蕴，它们都曾拥有过去独特的回响，真切感受过遥远而贴近的时代。江山易主，朝代更迭，灾祸无情，曾几何时，又有多少占尽风华、独领风骚的古迹，弹指间灰飞烟灭，或在金戈铁马中踏为废墟，或被无情水火吞没，或被茫茫尘沙覆盖。

但我们感谢历史的恩赐，在那遗存的古迹中依然可以领略到昔日历史文化景观的瑰丽风采。抚今追昔，让人心潮澎湃，思绪万千。走近古迹，你就会触摸到沧桑的记忆，萌发千古幽思，万般情怀，去聆听那永恒跳动的历史强音，就会读懂华夏文明的深广内涵，唯其如此，才能更好地承载传统文化，将过去和未来融通。

目　录

北京地区

天津地区

上海地区

河北省

山西省

内蒙古自治区

辽宁省

吉林省

黑龙江省

江苏省

浙江省

安徽省

福建省

江西省

山东省

河南省

湖北省

湖南省

广东省

广西壮族自治区

海南省

重庆地区

四川省

贵州省

云南省

西藏自治区

陕西省

甘肃省

青海省

宁夏回族自治区

新疆维吾尔自治区

台湾省

香港特别行政区

澳门特别行政区

北京地区

【怀古诗话】

帝京南面俯中原，王气千秋涌蓟门。
渤澥东波连肃慎，太行西脊引昆仑。
九皇天运坤维奠，万国星罗北极尊。
尧舜升平见今日，按图形胜不须论。

——明·吴国伦《帝京诗》

北　京　市

【名城简介】

中华人民共和国的首都——北京，简称京，它在华北平原北端，东距渤海150公里。其东南部是平原，西北部是燕山、太行山山脉。全市辖18个区、县，主要有汉、回、满、蒙古等民族。面积1.7万平方公里，人口超2000万（2011年）。1982年被国务院批准为国家历史文化名城。

【名城历史】

纵观所有历史文献，北京最早的名称是蓟。公元前11世纪时，统治中国北方的西周王朝的一个分封国，便是蓟国。春秋中期，位于蓟国西南面的另一个封国燕，吞并了蓟，而且把其首都迁到了蓟城。从这时起，蓟城一直是燕国的都城。直到公元前226年，强大的秦国吞灭了燕国。据考古学家考证，当年的蓟城就位于现北京城区的西南部。

公元938年，蓟城成为辽（一个崛起于中国东北方的少数民族契丹人建立的国家）的陪都。因为蓟位于它所辖的疆域的南部，所以改称南京，也叫燕京。一个多世纪以后，另一个少数民族女真人所建的金朝把辽国灭亡，并于1153年迁都燕京，改名中都。1214年，金朝因被新兴的蒙古族军队袭击，被迫迁都汴京，第二年蒙古铁骑入占中都。1267年，蒙古族首领忽必烈下令在中都城的东北郊建筑新城。四年后这位首领就在兴建中的都城内登上了皇帝的宝座，中国历史上的元朝就此建立。1258年新城全部建成。从此，北京取代了长安、洛阳、汴梁等古都的地位，成为中国的政治中心，一直延续到明、清两代。1911年，资产阶级民主革命在中国爆发，第二年二月清帝被迫宣告退位。中国封建王朝从此退出了历史舞台，北京作为帝都的历史也到此结束。

中华民国前期曾称京兆特别区、北京或京都市，1928 年改北京为北平特别市。日伪统治时期一度改称“北京”，属“燕京道”。1945 年抗战胜利后仍称北平。1948 年底中国人民解放军和平进驻北平。1949 年中华人民共和国成立，同时换名为北京，并定为首都。

【名胜古迹】

北京现存名胜古迹主要有皇家建筑、宗教庙宇、革命遗址等，数量极为丰富。现有全国重点文物保护单位 24 处，市级重点文物保护单位 165 处。众所熟知的故宫、天坛、北海、景山、颐和园、香山、明十三陵、八达岭长城、周口店古人类遗址等，乃是举世闻名的游览胜地。北京旧城更是世界上现存规模宏大的完整古城。其南北中轴线上的主要建筑、高大城楼、典型街区、四合院群仍保存较完好，是一批弥足珍贵的历史文化遗产。

川底下村

【名村概观】

黄草梁古道乃“京西古道”的一段。与北京市区相距 90 公里的川（原字为爨，读 cuàn）底下村，则是以前黄草梁古道上商旅休息和货物的转运站。该村子是依山而建的。直到现在，整个村落依然保留着清代的建筑风格和艺术。

【名村历史】

在 20 世纪 90 年代初，川底下村还一直默默无闻。现在呢？村上家家开旅店、餐馆，川底下村靠其丰富的旅游资源火了，72 个人的小村庄现在旅游年收入竟有 100 多万元。

川底下村村民都姓韩，是明朝永乐年间的山西移民，村民现已是第十五代了。清康熙年间，有一位叫韩守德的，长得非常像康熙，于是被选中去京郊龙凤寺替康熙出家当和尚。从此，韩家被列为皇亲，成为京西第一富。

【名胜古迹】

川底下村现保存有 500 间、70 多套明清时代的四合院民居，整个村庄的古代建筑群保留得比较完整，坐落在北侧缓坡之上，依山而建。村上有一条东西走向的紫石和青石砌成的小巷，更为小村增添几分幽雅情调。该村分上下两层，正好高低错落，被人们叫做北京地区的“布达拉宫”。川底下村有着金蟾望月、威虎镇山、蝙蝠献福、一线天、老龙窝、花仙池、牛头山、九柏九十阵、京西古道遗址等丰富的自然景观和人文景观，美不胜收。其中最引人注目的是墙上那些清朝时的治家格言、照壁题字以及抗美援朝、“文化大革命”各个历史时期的标语，穿梭于其间，好像踏入时空隧道，飞回到那个年代。纯朴好客的山里人会为你送上一道道具有特色的农家饭、山野菜、贴饼子、自磨豆腐等美味，边品尝边聆听老人替你讲古村老屋的神话传说，那将是何等美妙的事！

金中都水关遗址

【古迹简介】

位于北京市丰台区右安门外玉林小区的金中都水关遗址，在今凉水河以北 50 米的地方。该遗址建造年代约在 1151—1153 年间，是迄今所发现的唯一一处完整的金中都建筑遗址。水关遗址全长 43. 4 米，其中水涵洞东西宽 7. 7 米，南北长 21. 35 米。

【古迹特色】

金中都水关遗址跨城墙而建，木石结构，水流由北向南穿城而出，途经水涵洞流入护城河。现存遗址主要有水涵洞地面铺石、两侧的残余石壁、进出水口的“摆手”及城墙夯土等，在水涵洞南北两端还立有擗石桩和护桩。它是迄今国内所发现规模最大、保存较完整的一处水关遗址，为金中都城和中国古代城市研究提供了珍贵的实物资料。

八　达　岭

【名关纵览】

坐落在北京延庆县境内，为长城的一个隘口，距北京城大概 150 里便是八达岭长城遗址。八达岭长城为长城经过北京的著名地段，北与延庆相通，西达宣化、大同，由于位于“势可四通八达之地”，因此取名叫“八达岭”。

八达岭建于公元 1505 年，嘉靖、万历年间都整修过。关城居高临下，雄居重要关口，大有一夫当关、万夫莫开之势。有人说“居庸之险不在关，而在八达岭”。关城面积大概 5000 平方米，城墙高 8. 5 米，底宽 6. 5 米，顶部宽 5. 7 米，女墙高 1 米。关城有东西二门，东门匾题“居庸升镇”，刻于嘉靖十八年（1539 年），西门匾题“北门锁钥”，刻于万历十年（1582 年）。匾题之意，乃为喻居庸关是北京门户，而八达岭长城是此门户上的一把锁，锁之一开，门户自然也就洞开了。此两门均为砖砌，券洞之上是平台，台南北连关城城墙。长城在此南北延伸，盘旋燕山群峰之间，气势磅礴，首尾都看不见。台上四周为砖砌垛口，京张公路自城洞中通过，是谓咽喉要地。关城与城墙都用巨大的条石和城砖砌成，坚固异常，上砌砖墙及马道，墙身内部塞以黄土、碎石。

【名关景致】

关城东北的外面，有一块大石，上刻“望京石”字样。现在由于修京张公路的缘故，因此被掩埋了部分石体，故显得不甚惹眼。“望京石”得名于庚子之役，八国联军攻陷天津后，慈禧太后携带光绪皇帝及宫人西逃，途经八达岭时曾站于此石上观望北京城，不知当年的慈禧太后是一种什么样的心情。城台的两侧筑有宁墙和垛墙，墙顶地面铺设方砖，垛墙上有垛口，下有射洞，为了方便瞭望与射击。由于防御需要，分别于险要处、城墙的转角处或山脊高地修筑了城台。八达岭的外口，也有零散土筑城墙和烽火台，属前哨防。西门北边的“岔道城”是明朝八达岭守军的指挥所。这样的险峻一直是兵家所必争，历代此地均有重兵把守。相传，八达岭上用来守卫的“神威大将军”火炮，是当时最先进、最威猛的武器。明成祖时，另外还有“法朗机”、神枪、铜铳等，由此能够看到重视之程度。

我国著名杰出的建筑工程师詹天佑征服了八达岭的险山恶水，举世闻名的青龙桥火车站就设在这里。那时要开通北京到张家口两地的交通，清政府决定修建“京张铁路”，由于京张铁路自南口至青龙桥一段山路陡险，修筑极其吃力，就连高傲自大的资本主义国家的高级工程都没有胆量尝试，为了维护国人的尊严和灭灭洋人的傲气，年青的工程师詹天佑站了出来。他独立设计，亲自组织施工，历经四载，最终克服了青龙桥、八达岭段山高坡陡的困难顺利完工。对于这段铁路，詹天佑充分发挥了他的智慧，极具创造性地设计了“人”字形线路，突破性的运用两个火车头一牵一推，让列车先爬到青龙桥，然后根据二者的合力，转变方向，再行爬坡，这样就解决了列车穿越八达岭的困难。人们为了纪念他的伟大功绩，于是在青龙桥火车站为他塑立了铜像。

“南四楼”在八达岭长城关城以南，是一段开放的长城，并且有一段面北开放，叫做“北四楼”。这段墙体，修筑得高大壮观、极其坚固，城基大部分是庞大的花岗岩条石砌就，每隔数百米就有一处墙台或敌台建筑，用来侦察与迎击来犯之敌。整个墙体均高7.8米，上部宽约5.7米，下边则宽6.5米，墙上有用砖块砌成的垛子，称作“垛口”，高约1.7米，其上凿有一洞，能够供瞭望，它的下面又砌有一呈斜下倾斜的洞，能够供射击。所以垛口上的洞又叫做“瞭望口”，垛口下的洞称之为“射击洞”。整个墙体的垛口间隔未过半米，不但可用来进攻，又可用以躲避隐藏，充分反映了古代劳动人民的军事才华与建筑技巧，令后人获益匪浅。另外，还有墙台、敌台、战台，每隔三五百米则会筑有一座，由于便于作战用，大都向外凸出。

【历史地位】

众所周知，古时通信工具特别落后，因此，古人就发明了以“烽火”预警的方式。设在长城墙外的烽火台就是为完成传达信息这一任务而建，日间燃烟，夜间举火，辅以火炮，便可准确地传达敌情消息。这样一来，要想特别轻松地把敌情传到千里之外，仅仅需用数小时而已。另外，为了使燃起的烟雾能够让远处看见，古人又在实践中发现，用狼粪做燃料所产生的烟雾不会四处扩散，能够直上云霄，因此，古人就用狼粪来做烽火台燃料，能够防止传递信息不准或产生混淆。“狼烟四起”，便缘于此。

同时，八达岭还有特别多的名胜，例如五贵头、仙人桥、六郎像、白凤冢、弹琴峡等。毛泽东主席的名句“不到长城非好汉，屈指行程二万”，为长城又增色不少，而且充分体现出中华儿女的精神气质。现在登城眺望，山峦重叠，气势宏伟，长城宛如一条横空出世的苍龙一般望不见首尾。长城固然伟大，但更了不起的应该是设计与建造它的筑城者——劳动人民。如今，万里长城已被联合国教科文组织纳入了《世界人类文化遗产名录》。

居庸关·紫荆关

【名关纵览】

居庸关位于北京昌平区北，到北京市区大约50公里。它的关隘两旁高山耸立，地势相当险峻。它建筑在一条深谷中，为古代北京西北的重要屏障，是长城一路上的险要关口。

说到居庸关，肯定要提及修筑长城一事，而居庸关上修筑长城的历史，可以追溯到南北朝时期。据载，北魏太平真君年间，便在这里建筑了“东起上谷，西直于河”的“畿上塞围”的南长城。而北齐天保年间，又从幽州北下口至恒州修筑了长城，东到山海关，到居庸关与万里长城连成一体，现今的居庸关及其关城，均为明代重修。明王朝开国皇帝朱元璋是从元朝蒙古人手里夺取的江山，建立的大明江山，元顺帝归退大漠，怀恨于心，常欲卷土重来。对此，朱元璋自是惧怕，于是对修筑关隘一事尤为重视，登基伊始就令开国亲信大臣大将军徐达于洪武公元（1368年）在原关址上重新修筑这“城跨两山”的居庸关，垒石为城。至正统年间，瓦剌一役，亲征的明英宗朱祁镇被俘于土木堡，之后他的弟弟代宗朱祁钰南立而王，年号景泰。并且命兵部尚书于谦加固居庸关，用来巩固京师防卫。现在，居庸关门额上还刻有“景泰五年立”的大字。

居庸关三字缘于“徙居庸徒”。记载秦始皇时，因修筑长城而强征了一批民夫士卒，迁移到这里，因此取名“居庸关”，汉代沿秦制；到三国时期，叫做“西关”；至北齐，易为“纳款关”，而且增设附属建筑；到了唐代，关名一直都在改变，至后代辽、金、元、明、清仍沿称“居庸关”。

居庸关自古以来就以“绝险”和“大险”闻名，各个朝代的文人及戍边人大部分有吟咏，唐代以“诗多胸臆语，兼有气骨”称于后世的革命将领、边塞诗人高适就曾有《使青夷军入居庸》和“绝坂水连下，群峰云共高”、“岩峦鸟不过，冰雪马堪迟”的诗句传世，从诗句中也能看出此关地理位置的险要和过关的艰难。刚好由于这险峻奇绝，因此奠定了居庸关在军事上的重要地位，从此它就成了古战场，自古留下过多次战争的遗迹。

有一座建于元至正五年（1345 年）的全用汉白玉砌成的“云台”，在居庸关的中心位置，雕刻极具精细美丽。“云台”原是一座街塔的基座，其上曾有三座喇嘛塔，于元末明初被毁。至明正统四年（1439 年），台上重修寺庙，称为“泰安寺”，后于 1702 年被火焚毁。台顶四周设有石护栏和排除积水的龙头。在台座中间，南北向开一券门，它的券洞为半五角形折角拱券，中能够通马车。券洞及券面雕有卷吐花、迦楼罗、人龙神等造像，洞内两壁刻四大天王造像以及《陀罗尼经咒》、《造塔功德记》。都是由梵、藏、汉、西夏、维吾尔、八思巴（元代时官用文字，主要用作汉字标音符号）六种文字题刻。另外券顶正面雕有曼陀罗纹五撰，两侧斜面雕生动逼真的大佛 10 尊，而佛和佛之间则用小佛像装饰，以实其间，数量可观，表情丰富，雕刻技艺精湛，确实是元代雕刻中的稀有之物，而且它的结构形制在我国古代建筑中的石券遗物里极具研究价值。

居庸关关城所在的关沟中也有许多名胜。例如著名的有望京石、五贵头、天险，还有以人文景观著称的弹琴峡、仙人桥以及穆桂英点将台等。居庸关左边的青龙桥火车站旁，更矗立我国著名工程师“中国铁路第一人”詹天佑的铜像。

【历史地位】

居庸关的山冈上树木森森郁郁，尽显出生命的本色，深谷好像一条长长的走廊，两旁高山屹立，翠嶂重叠，景色秀美壮观，远远望来，犹如碧波翠浪。自 800 余年前的金朝伊始，就被叫作“居庸叠翠”，并且名列“燕京八景”之一。“重门天险设居庸，百二关山势转雄”当是对这座雄关的形象描述。

北京太庙

【名庙简介】

北京太庙，现名为劳动人民文化宫。它曾是明、清两代皇帝供奉先皇牌位并举行祭祀大典的地方，即皇室祖庙。

位于首都城区中心天安门东侧的北京太庙，与天安门西侧的社稷坛遥相对应，且与封建王朝左祖右社的建都规制相符合。这组皇家建筑规模宏大雄伟，今天保存依然完好，已被国务院列为全国重点文物保护单位。

【名人故事】

文献所载，北京太庙于明代永乐十八年（1420 年）建成，它与明代首都北京城的建设是同时完成的。嘉靖十四年（1535 年），明世宗朱厚熜把供奉先皇牌位与举行祭典的大殿，从一座增至九座，且实行分祭制度。嘉靖二十年（1541 年），其中八座毁于雷击。据此人们认为，先皇们不愿分开，望同殿共祭。嘉靖二十四年（1545 年），对北京太庙进行了重建，恢复了同堂共祀的礼制。崇祯十七年（1644 年），在李自成农民起义军攻击下，北京太庙的部分建筑被毁。就在这一年，即清朝入关后的顺治元年，因要承天法祖，本来远在山海关外的清太祖努尔哈赤与清太宗皇太极的牌位，也被迁于北京太庙中。顺治五年（1648 年），乾隆元年（1736 年），乾隆二十五年（1760 年），北京太庙曾先后被重修。

清灭，北洋政府于民国十三年（1924 年）接管了太庙，并将其改为和平公园。民国二十年（1931 年），当时的政府又把它分由故宫博物院管辖。1950 年 5 月 1 日，又被人民政府更名为劳动人民文化宫，并增修篮球场、电影院等设施。今天它已是北京市和全国各族人民休息、娱乐的场所。

【名庙巡礼】

北京太庙南北长 475 米，东西宽为 294 米，平面为长方形。占地近 14 万平方米。全庙有三座大殿、三座大门以及其他附属建筑。全庙被三道顶铺黄色琉璃瓦的红墙分为三个封闭式的院落。院内建筑富丽堂皇，古柏参天蔽日，突出皇家浓厚的祭祀色彩。

位居北京太庙南端的是第一重院落。正门在南侧开设。东门与南池子相通。西门也叫太庙门，由天安门和端门之间可通往故宫。从西北角的角门，可到达紫禁城的午门。在院落的东南角上有宰牲亭、井亭等。院内甬道修长，古树密布，显得庄严肃穆。

位居北京太庙主院的是第二重院落。由这个院落出发，通过正门、金水桥、戟门，就来到太庙的前殿。正门面宽 3 间，砌以色彩鲜艳的琉璃砖。位于正门和戟门之间的是金水桥。桥的南北两侧，分别建有神库、神厨与井亭。戟门面宽五间。门内本陈列 120 把铁戟。光绪二十六年（1900 年），八国联军入侵北京时，这些铁戟被抢了个精光。

北京太庙中的主体建筑前殿，又称大殿、正殿，也称享殿。进深 4 间，面宽 11 间。占地面积 2240 平方米。重檐庑殿顶，屋面上用黄色琉璃筒瓦铺砌。这座大殿是用金砖铺地。所谓金砖，即把土经过特殊加工而制成的方砖。这种砖需烧制 130 天，然后再用桐油浸泡，一敲嗡嗡有声，光而不滑，越磨越亮，是砖中的极品。大殿的梁柱外面用沉香木裹着。其他构件皆用金丝楠木制作。屋顶与天花等，全贴金箔，可谓金碧辉煌。殿内设有神龛，历代皇帝和皇后的牌位按左昭右穆的顺序排列。神龛之前的供桌上置有祭器和礼器。

太庙前殿在一座高三层的汉白玉石须弥座上。围绕在须弥座四周的是雕刻精美的白玉石栏杆。在须弥座南侧的御道上雕刻有云龙、狮子滚球等精美的图案，为石雕艺术中的佳作。

前殿两侧分建 15 间配殿，人称之为东庑与西庑。它们分别供奉着有功的皇族人员牌位，有功的异性人员的牌位。

殿面宽 9 间，单檐庑殿顶，上用黄色琉璃筒瓦铺砌。中殿，又称寝殿、寝宫，位于前殿之后。殿基是汉白玉石台座，上面是汉白玉石栏杆。殿内神龛中供奉有历代皇后的牌位。每座神龛之前都有一把神椅。每次祭祀，人们都把皇后的牌位从神龛内取出，放在神椅中，抬至前殿祭祀。

中殿的左右两侧，分别建有 5 间配房。它是北京太庙中用来存放祭器的地方。

第三个院落在中殿之后，通过红墙与前殿和中殿隔开。后殿的建造形式同于中殿。清代统一全国之前四代帝王的牌位在后殿供奉着。因这里供奉的是皇帝的远祖，故也被叫做祧庙。

明、清时期，在北京太庙，每年都要举行几次隆重的典礼。每逢立春、孟夏、孟秋、孟冬、季冬、冬至，皇帝来天坛祭祀的前一天；在夏至时，皇帝到地坛祭祀的前一天，他们都要来太庙祭祀历代先皇。皇帝的生辰和忌日，他们也要来这里祭祀。年末，还要举行共祭仪式。

据记载，公元 1644 年以后，明朝各代皇帝的牌位被移入了历代帝王庙，北京太庙用于祭祀清代皇帝的祖先。

北京孔庙

【名庙简介】

北京孔庙位居北京市东城区安定门内的成贤街上。其东是雍和宫，西为国子监，北为地坛，庙的附近有保存完好的明、清四合院与胡同。在这里，还有十分浓厚的民族传统文化气氛。

元、明、清三代皇帝祭祀孔子就在北京孔庙。其建筑等级和祭祀等级，在国内都居于最高层。今天，此建筑保存依旧完好，庙内珍贵文物荟萃，国务院将其列为全国重点文物保护单位。

据载，北京孔庙在元代大德六年（1302 年）始建。元朝蒙古族统治者当初为了笼络尊崇孔子与儒家思想的汉族等同胞而建。至顺二年（1331 年），元文宗特许于孔庙四角修建角楼，故北京孔庙的规模得以扩大，其具有了皇家建筑的风格。元末，此庙被毁。明永乐九年（1411 年）对其重建。明宣德四年（1429 年）又对大成殿与两庑进行了整修。嘉靖九年（1530 年）增修了崇圣祠。清乾隆二年（1737 年）再度重修，且提高了建筑规格。光绪三十二年（1906 年）再度进行修整，历时十年完成。同时，清朝政府还对北京孔庙的祭祀等级做了更高一级的提升，提至了大祀。1949 年以后，又曾屡次对其进行维修，现仍完好。

【名庙巡礼】

北京孔庙坐北朝南。占地面积 2 万多平方米。南北中轴线上安排着主体建筑，厢房与附属建筑也左右对称，布局严谨整齐。

北京孔庙共三重院落。在中轴线上主要有先师门、大成门、崇圣门、大成殿、崇圣祠等建筑。

先师门又名棂星门，是北京孔庙的大门，面宽3间。这座建筑虽屡经改建，但基本上都仍保持着元代的风格。门前有一座琉璃照壁。左右两侧各设有下马碑与一座二柱三楼的牌楼；门内两侧，分建着神厨、宰牲亭、井亭、神库、致斋所、特敬门等。

北京孔庙的正殿——大成殿，重檐庑殿顶，进深5间，面宽9间，屋面上用黄色琉璃瓦铺砌，辉煌灿烂。殿前是一座汉白玉石砌筑的月台。月台的东、南、西三面都有台阶修建。在南侧台阶的正中，安着一块长7米、宽2米的青白石，石上雕着一条蟠龙与两对二龙戏珠的图案，精致美观。

大成殿内正中是一神龛，龛内供有孔子的牌位。祭案和祭器安于神龛之前。神龛两侧，分别列有四配、十二哲牌位、编钟与编磬等乐器。神龛之上，悬有大匾10块。

崇圣祠为一座由正殿与两庑组成的独立院落，位居大成殿之后。正殿中，供有孔子以上五代先祖之牌位。东庑供奉曾子与孟子父亲的牌位。西庑供奉程颐、程颢、蔡沈、朱熹、周敦颐等人父亲的牌位。由此可见，崇圣祠即祭祀孔子及其弟子以及历代名儒祖先之地。

北京孔庙亦为我国一座石刻艺术宝库。元成宗曾封孔子“大成至圣文宣王”之谥号。元代就此事而刻立“加号诏书”碑，至今依旧矗立于大成门前。清代乾隆年间仿制的10面石鼓，至今仍保存完好。北京孔庙中的石刻文物明清记功碑与元明清进士题名碑以及十三经刻石也都是石刻艺术中的精品。

明、清记功碑分别保存于大成门前两侧的碑亭内。在这里还保存着明英宗时期刻立的建太学碑，有清代康熙、雍正、乾隆年间刻立的平定朔漠、准噶尔、青海、两金川与重修孔庙的御制碑。这些碑文记述着我国历史上、尤其是清代发生的重大历史事件，具有较高的研究价值。

这里共有元、明、清进士题名碑198座。其中，有3座元碑，77座明碑，118座清碑。它们分别题写着元、明、清三代共51624位进士的籍贯、姓名与名次。每一座碑都可分为三部分：第一部分，是状元、榜眼、探花的姓名；第二部分，是进士的姓名；第三部分，则是同进士的姓名。历史上许多著名人物，如史可法、严嵩、刘墉、林则徐、李鸿章、沈钧儒、蔡元培等人的姓名，都在它上面。这些碑刻，现存于先师门内的院中，弥足珍贵。

保存在北京孔庙和国子监间的夹道上的十三经石刻，共有189块，63万余字。刻于石上的有：《周易》、《尚书》、《周礼》、《诗经》、《易经》、《礼记》、《左传》、《公羊传》、《穀梁传》、《论语》、《孟子》、《孝经》、《尔雅》等儒家经典著作。这十三经，是由雍正年间的金坛贡生蒋衡历经12年时间书写，在乾隆五十九年（1794年）时才刻制完成的。它是我国现存的唯一一部十三经石刻，也是相当珍贵的。

北京文天祥祠

【名祠简介】

文天祥，字履善，号文山。1236年于南宋吉州庐陵出生，1283年就义于元大都柴市西口。宝祐四年（1256年），年纪轻轻的文天祥就中了状元。而这时蒙古族侵扰中原，文天祥积极主张抗元，不支持投降。相继任瑞州、赣州知州。德祐元年（1275年），文天祥原在赣州组织义军，而且率领义军到临安抗元。在景炎元年（1276年），他担任右丞相兼枢密使，并受命同元军谈判，不幸被元军扣留。之后，文天祥在镇江逃走，而且自海路到了南宋的新首都福州，同南宋大臣等人一起，领导抗元。而后文天祥率军在江西、福建、广东一带抵抗元军。1278年，因寡不敌众，文天祥于五坡岭被元军俘虏。他拒绝投降，拒绝了元将具有诱惑力的要求，而且写了著名的诗篇《过零丁洋》。祥兴二年（1279）年，文天祥被押到大都，关押了四年，并且在狱中写下了千古名诗《正气歌》。元至元十九年（1282年）十二月，文天祥于柴市西口英勇就义。

北京文天祥祠，于1376年初建。它是当时的按察副使刘崧主持修建的，称为文丞相祠。由于有这座祠堂存在，周围一片叫教忠坊。永乐六年（1408年）重建。并且，朝廷把文天祥的祭祀列入祀典。万历年间（1573—1619年），人们把文丞相祠自顺天府学的右侧迁建到其左侧。1800年、道光七年（1827年）、民国年间及20世纪80年代初，均对文丞相祠进行过整修。至今，北京文天祥祠保存完好。

【名祠巡礼】

北京文天祥祠坐北朝南，由大门、过厅及享堂等建筑组成。

文天祥祠的大门是一座牌楼式建筑，气势恢宏，古朴庄重。

硬山式屋顶的过厅。屋面上覆灰色筒瓦。正面三间宽，一间进深，还有走廊，于过厅的正中有一尊文天祥的半身塑像，面容严肃而安详。厅里，陈列着有关文天祥一生事迹的材料。

享堂，也叫做正殿。为一座屋面上覆灰色筒瓦的悬山式建筑物，为文天祥祠的主殿。一直以来祭祀文天祥，尤其是春、秋两季的大祭，都在此举行。享堂三间面宽，一间进深，享堂内立有一座大屏风。屏风的正面，为毛泽东主席题的“人生自古谁无死，留取丹心照汗青”。屏风的背面，刻写着文天祥诗《正气歌》全文。享堂的四壁都绘有八幅壁画，记叙了文天祥的生平。同时，堂内还存有历代碑刻。东壁嵌有《云麾将军李秀碑》断碑二础石。它是唐代著名书法家李邕的手迹。另外清代吴涵书写的《云麾先生断碑记》，也保存在此。西壁，嵌有《教忠坊》刻石。北墙的前面，是《宋文丞相传》碑、《宋丞相信国忠公像碑》和重修文丞相祠的碑记等。

原有三株拥有百年以上树龄的老槐树，在北京文天祥祠内，但是如今都不复存在了。其实，在享堂之前有一棵古枣树，枝干遒劲，并且自然地偏向南方。相传，它是文天祥被囚禁时亲手种植的，它的姿态好像也体现了文天祥的意志与思想。

景 泰 陵

【古迹简介】

景泰陵位于北京市海淀区玉泉山北麓金山口，系明朝第七代皇帝朱祁钰的陵寝。

【古迹特色】

此陵具有同时期明皇陵的一些主体建筑和布局特点。陵区本来有宫殿、神厨、宰牲亭、神库、碑亭和内官房，并且有皇陵最重要的祾恩殿。现在陵区内保存着御碑亭、祾恩殿和宝城原有的中路部分建筑。

天津地区

【怀古诗话】

津门连渤海，曲折抱长安。
食货喧商市，鱼盐乱钓滩。
鼍鸣潮信早，龙过雨声寒。
泼刺银刀重，庖人进脍盘。

——清·李浃《天津》

天　津　市

【名城简介】

天津是我国北方最大的港口城市，也是四大直辖市之一，简称津。位于太平洋西岸环渤海湾边的华北平原东北部，在海河流域下游，东临渤海，北靠燕山，向西同北京相距120公里。全市辖15个区、3个县，总面积1.2万平方公里，总人口1354万（2011年），主要有汉、回、朝鲜、满、蒙古等民族。1986年被国务院批准为国家历史文化名城。

【名城历史】

天津最早的发祥地是“三会海口”，它始于隋朝大运河的开通，在南运河和北运河的交汇处，今金钢桥三岔河口。唐朝中期以后，天津成为南方粮、绸北运的水陆码头。金代在直沽设“直沽寨”，元朝设“海津镇”，是军事重镇和漕粮转运中心。

明朝建文二年（1400年），朱棣率兵途经直沽渡河南下夺取了政权。在永乐二年（1404年）天津作为军事重地，筑城设卫，称“天津卫”，意为天子经过的渡口。第二年设天津左卫，过了一年又增设天津右卫。清顺治九年（1652年），三卫合一，归为天津卫。

1860年天津被辟为通商口岸，于是西方列强争相在天津设立租界，天津成为中国北方开放的前沿和近代中国“洋务运动”的基地。天津开全国之先河，开始了军事近代化，以及铁路、电报、电话、邮政、采矿、近代教育、司法等方面建设，它成为了当时中国第二大工商业城市和北方最大的金融商贸中心。1949年新中国成立后，天津被定为中央直辖市。

【名胜古迹】

天津不仅是我国北方重要的港口贸易城市、交通枢纽，而且又是京畿门户。由于漕运兴盛，金元时代时工商业就开始发展了，而且文化也相应繁荣，历史遗存、遗址和文物收藏都较为丰富。到目前为止，全市已发现文化遗址、古墓群、古建筑、革命遗址等各类文化遗址近千处。其中国家重点文物保护单位有4处，市级文物保护单位36处，县区级文物保护单位27处。文物古迹有天后宫、文庙、广东会馆等。革命遗址有大沽口炮台、望海楼遗址、义和团吕祖堂坛口遗址、觉悟社、平津战役前线指挥部等。传统文化艺术有泥人张彩塑、杨柳青年画、天津曲艺等。此外，现存的过去各国租界地的外国式建筑和清末民国初年的别墅式建筑和街道，亦颇具特色。

天津广东会馆

广东会馆在天津市南开区南门内大街。清光绪二十九年至光绪三十三年（1903—1907年）建成。

会馆总面积1461平方米，由门厅、正房、配房、回廊及戏楼等组成。会馆采用传统的四合院形式，外观是北方风格，内部装修具有广东潮州特色。经1985年大修之后成为天津戏剧博物馆。

四合院天井把戏楼围成一个闭合空间，南北方向用两根21米长的平行枋，东西向则用19米长的额枋，形成大跨度空间。舞台上部藻井采用悬挑结构。会馆主要是用木雕装修的，辅助砖和石雕。戏台木雕是最好的，天幕正中嵌着大幅“天宫赐福”镂空彩色木雕，正是精华中的精华。

广东会馆创建与天津盐业、洋行和广帮商贸发展密切相关。1912年孙中山先生北上期间曾在此演讲。1925年天津总工会在此成立。天津广东会馆是历史悠久、文化内涵丰富的文物古迹。

黄 崖 关

【名关纵览】

黄崖关坐落在天津蓟县北部的崇山峻岭顶部，它雄伟壮观，一直以“险”而著称。黄崖关在泃河之畔而筑，泃两畔山峰陡峭，崖壁好像刀削斧劈，为长城的著名关隘。东有悬崖为屏，西以峭壁为依，楼台耸立，关隘把守水陆要冲，具有比较完整的古代军事防御体系。它将中国万里长城精华荟萃于一地，是明代长城的一个缩影。此地依山傍水，自然景观集中，人文景观新颖清幽，文化积淀极为丰富，为世界著名文化遗产。

【名关景致】

黄崖关长城与天津蓟县盘山、独乐寺、八仙山、九龙山、翠屏湖、石趣园、九山顶，北京平谷县的金海湖、京东大峡谷，河北遵化市清东陵以及兴隆县雾灵山等景区连成一体，是一块游览佳地。

这里各项防御设施齐全，而且有别致的凤凰楼、北极阁、长城碑林、名联堂、博物馆、台北碑苑以及布局独特的八卦关城。最近几年又建了一些公寓及娱乐场等。并且开辟了王帽顶旅游小区。这里每年还举办一次国际马拉松旅游活动。黄崖关配套设施齐全周到，已成为高档次的自然风景区与避暑度假胜地。

北齐天保七年（公元557年）始建黄崖关，为毛石砌成。到明隆庆二年（1568年），抗倭民族英雄戚继光调任蓟县总兵，重新规划整修了这段长城，新增了许多防御设施。这段长城形成了独特的北齐和明建制共同存在的现象。这里有瓮城、关城。城中筑三座城门楼，而且新建了方形、圆形的敌楼，墙里设哨楼，墙外设烽火台。关城内目前遗存的角楼、拱门、水门、水关、牌坊、八卦街、陷马坑，另有提调公署等，都是戚继光驻此时创建。城楼前有一个牌坊，正面有“蓟北雄关”四字，背面镌“金汤巩固”，由此而进入关城。城内有“八卦街”，也叫“迷魂阵”，它是按文王所演八卦之位，根据生克之理修筑而成，通道四通八达，参若复杂，如同迷宫一般。同时“八卦街”的军事防御建筑还包括关外前哨：敌楼，而后是城墙。最后就是同“八卦街”一体的“陷马坑”，倘若攻城之敌突破了城墙，就会在此遇到阻击，特别是“陷马坑”底常设有石灰、木刺等物，能够给落坑敌军带来沉重的打击。

【历史地位】

新中国成立后黄崖关长城整修过两次，它们的结构都是根据明朝时的原貌恢复的，黄崖关八卦城又叫做“八卦迷魂阵”，是万里长城仅有的一处独具匠心的古代军事防御设施。它占地4万平方米，中心是太极台，四周根据伏羲八卦方位和符号设置街道。进入八卦城，如入迷宫，特别奇幻。长寿园位于八卦城的坤卦内，以“寿”宁为内涵，是集中国建筑、书法、雕刻、园林于一体的高档次人文景观。长寿园的寿字共计近2万个，1万多种不同的写法，是中华文化的宝库，“寿”字大观园已列入世界吉尼斯纪录。在八卦城中心提调公署院内建造了我国当今仅有的一座规模宏大、展品丰富的“长城博物馆”。百将碑林在八卦城“乾”卦区前院西侧，同百将碑林对应的仿古廊壁上，并排镶嵌105块大理石碑刻，为颂扬长城文化的全国第一座百家碑林，与其势分左右，文臣武将，交相辉映，堪称双璧。

竹刻名联堂在八卦城东瓮城的四合院内，是全国第一座竹刻名人名联堂。它采用中国名竹精刻而成，堪称华夏艺术一绝。黄崖正关在八卦城的东北，上面建一座阁，叫做北极阁，它是长城唯一整修的北极阁。在它北面的山顶上，高大呈圆形的敌楼也就是凤凰楼，它是万里长城沿线最大的一座圆形哨楼，给黄崖关长城景观增添了不少色彩。水关似长虹横跨江河，建于明永乐年间（1403—1424年）。关下水流汹涌，人马难以逾越，是凤凰楼南面紧靠八卦城的第二道古军事防线。王帽顶山由于结构特别像封建社会王爷的王冠而得名。黄崖关长城东端是半拉缸山，百丈悬崖尽是黄色，每当夕阳西下，晚霞映照半拉缸山，金光闪闪，颇为壮观，所以叫“黄崖夕照”。山上有黄崖，山下有雄关，因此叫做黄崖关，黄崖关村因黄崖长城闻名遐迩。

巍然雄壮的黄崖关长城，以它气势磅礴的大气吸引了无数游客。

上海地区

【怀古诗话】

月照黄龙浦水黄，南飞乌鹊夜茫茫。
晚朝天接海门远，秋草城埋沪污荒。
洲上人家金井榻，县中官酒玉酒香。
百年来往今头白，消得浮生梦几场。

——明·曹泰《夜眺浦江》

上　海　市

【名城简介】

上海是中国四大直辖市之一，简称“沪”。具有“船出长江口”之美誉，临东海之滨，南临杭州湾，西同江苏、浙江毗邻。目前辖 18 区 1 县，面积 6340.5 平方公里，人口约 2347 万（2011 年）。1986 年国务院把上海列为国家历史文化名城。

【名地历史】

公元 751 年，上海地区属华亭县，北至今天的虹口一带，南至海边，东至下沙。公元 991 年因松江上游淤沙不断，海岸线向东移，大船出入极为不顺，外来船舶只得停泊在松江的一条支流“上海浦”上，1267 年在上海浦西岸设置市镇，称为上海镇。1292 年，元朝中央政府将上海镇从华亭县划出，命令上海设立上海县，标志着上海建城伊始。

16 世纪上海是全国棉纺织手工业的中心。1685 年清政府在上海设立海关。19 世纪中叶，上海已成为商人聚集的繁华港口。鸦片战争以后，上海被帝国主义列强开辟为“通商”口岸。自此以后，外国列强纷纷入侵上海，使其成了帝国主义对中国进行经济、政治、文化侵略的主要地点。1927 年设置为上海特别市，1930 年晋升为国民党政府行政院辖市，1949 年新中国成立后改为中央直辖市。

【名胜古迹】

上海有 6 个国家重点文物保护单位。现今还保存着数量可观的唐、宋、元、明、清各代的古建筑、古园林及文物古迹，上海还遗存了许多历史人物在本地活动过的遗迹，如中共“一大”会址、宋庆龄故居、孙中山故居、鲁迅故居等 90 多处。从 20 世纪 30 年代起，由于上海经济的高度发展，上海的文化事业也蓬勃发展起来，各种专家、艺术名流聚集在此，形成了同北京齐名的文化中心，并创造出了具有吸取借鉴西方文学特点的“海派”文化。上海到现在依然保存着300多幢世界各国艺术风格的建筑，使其成了当今世界上几乎没有的“万国建筑博览会”。上海地区已发现25处新石器时代至春秋战国时期古文化遗址，均体现了马家浜文化、崧泽文化及良渚文化早晚有序的文化叠层联系，充分体现了上海史前的历史。

福泉山遗址

【古迹简介】

新石器时代的福泉山遗址在上海市青浦区重固镇西面，属太湖地区典型土墩遗址，面积大约7000平方米。遗址主体内涵丰富，有新石器时代晚期、战国、汉、唐、宋等时期墓葬，还发现保存较好的崧泽文化与良渚文化墓葬叠压关系，为我国东南沿海地区新石器时代文化研究提供了十分重要的实物证明。

【古迹特色】

福泉山遗址第一次发现了标志上层贵族身份的良渚文化大墓，揭示其墓坑结构和良渚大型人工堆筑高土台墓地，清理出了一批新石器时代陶器、玉器中罕见的精品，是研究良渚文化社会性质、探索中国古代文明起源等问题的重要资料。

朱　家　角

在苍茫的九峰山北麓，淀山湖的滨岩，坐落着一个水乡小镇，有如镶嵌在湖光山色之中的一颗宝石，它就是典型的江南鱼米之乡、驰名海内外的千年古镇——朱家角。

朱家角素有上海威尼斯、沪郊好莱坞的美誉，又名珠街阁，珠溪，俗称“角里”，曾叫朱家村。它地处在青浦区，东靠虹桥国际机场，北与昆山、嘉兴、平望连接，“金色玉带”318国道横贯全镇，槽港河穿镇而过，水陆交通发达，风景宜人，物产丰裕，是上海保存最完整的江南水乡古镇。因此，1991年被上海市政府命名为四大历史文化名镇之一。

朱家角历史渊源流长，民风厚重，文化内涵深厚，早在五千年前的良渚时期，就有人类活动；早在三国时期，村落集市已经形成；明朝已成为商贾云集、经济欣欣向荣的繁华集镇。目前依然可看到古朴淳厚的明清时期街市、建筑以及水乡异国古朴的风土民情，放生桥、一线街、课植园、圆津禅院等众多名胜古迹，到处弥漫着浓郁的文化韵味。

深厚的历史文化，遗存众多的人文景观。这里人才辈出，自清代金石学家官至刑部的王昶到《申报》的创始人席裕福，从御医陈莲舫到著名通俗小说家陆士谔，自南社女诗人陆灵素到著名实业家蔡承烈，朱家角可谓人杰地灵，人才辈出。以“小桥、流水、人家”布局及丰富的文化遗产闻名的朱家角，堪称国之瑰宝。现在，朱家角正从闭塞走向开放，从传统走向现代展现“以文化兴旅游，以旅游兴古镇”的面貌，成为上海后花园中一颗光彩夺目的珍珠。

城隍庙

朱家角城隍庙，坐落在朱家角镇中心的祥凝浜，是青浦城隍的行宫。原庙址于镇南雪葭浜，自清乾隆二十八年（1763年）迁入祥凝浜现址。

正门临河有一垛照墙，城隍庙坐东朝西，两边有东西辕门，正前有一对石狮，怀抱绣球，生动逼真。进门左右有两个侧殿，继续向前有一石柱鱼脊、飞檐翘角的戏台，戏台顶部用160只斗拱组成圆形顶。台前横额刻有“承平雅颂”四字。还有一块用石条铺就的庙场，穿过庙场便是正殿。殿正中，供奉着城隍老爷和夫人的塑像，两人都和蔼可亲，一脸的祥和。

大殿两侧是庑。古时，左边有寅清堂、玉照廊、月香室、照春台；右边有凝和书屋、荷净山房、潭影阁、可娱斋、含清榭等。凝和书屋是当时里中文人文会的地方。并且潭影阁前有荷花池，池畔垒石；含清榭边有小溪，有小石桥，池内养金鱼数百条；四周环植芙蓉、杨柳等。这些亭台楼阁，假山水池，统称“城隍庙十二胜景”。现在这些景点几乎没有了，只剩左侧院的太子殿和观音殿等建筑。

城隍庙也是朱家角镇道教徒的活动集聚之地。道教尊称李聃为教主，称太上老君，并有四个教派。朱家角镇“正一道”教徒比较多。

关王庙

从朱家角向西，顺318国道行至淀峰大桥，有一座气势宏伟的寺庙浑厚耸立在淀山湖畔，那就是报国寺。

报国寺原址关王庙，也是淀山湖畔一座著名的古庙，建于明代，明崇祯十三年（1640年）整修，到现在庙内仍保存着崇祯年间的一块石碑。因祀三国名将关羽，故名“关王庙”。一百多年以前，关王庙香火极盛，佛事空前。以后几遭战乱，建筑大部分被毁，至20世纪40年代末期，仅存东、西两殿。殿内有石碑两块，大铜钟一口，钟上有大指大小的一尊金弥陀，金弥陀金光闪烁，价值连城，后被人窃去，铜钟也在1958年被毁。至此，关王庙大部分遭损，香火日趋衰落。但是，昔日关王庙的盛况人们并没有忘却，庙后的一株古银杏就是历史的见证。

在20世纪80年代初，关王庙才整修，香火日盛，1989年，关王庙定为上海玉佛寺下院，取名报国寺。是年，从新加坡请来汉白玉释迦牟尼、观世音佛像各一尊，供奉寺内。1991年新建观音殿一座，高两层，建筑面积950平方米，上层为玉佛殿，下层供一丈二尺余高的香樟木观音佛像。目前的报国寺，总占地面积达38.5亩，建筑面积5000多平方米，气势磅礴，香火旺盛，可同苏杭古刹媲美。

一人弄

朱家角古弄可用“深，古，窄，奇”四个字来概括，绝妙至极。西湖街的“一人弄”，可谓是一人入弄，万夫莫开，两人入弄，侧身而过，三人入弄，挤出弄外。同东湖街“风火墙高耸，头顶仅留青天一线，弄内青砖斑驳，脚下青苔条石叮咚作响，回声阵阵，深不可测”的“财神弄”，一西一东，一个以窄奇妙，一个以深举名，相互照映，别有一番风味。

一线街

“一线街”，誉称“上海明清第一街”，也叫北大街，到现在已有400多年历史，它东起放生桥，西到美周弄，全长三百多米，是最典型的明清建筑精华之所在。这里，旧式民宅排列井然有序，粉墙灰瓦错落有致，窄窄的街道、弯曲的小径，石板小路连绵不断，老店名店两旁林立，构成了一幅古意盎然的江南水乡风情画卷。北大街背靠漕港河，旁边临放生桥。古镇早在形成初期，就以水陆两运便利著称，于是商贾云集，“贸易甲于他镇”，百业俱兴，成为百年来繁盛依旧最古老的商业中心，时有“长街三里、店铺千家”之美称。现在街上还保存有百年老店“涵大隆酱园”，古香古色；百年饭店“茂荪馆”；“古镇老茶馆”，传统手工作坊店，以及古董、陶瓷、花鸟、书画、土特产、特色小吃店，各色各样，琳琅满目。满街店招随风而舞，红灯笼高高悬挂，一片欣欣向荣的景象。

因为北大街宽只有三四米，最窄处仅二米，两边砖木结构小楼，滴水檐几乎相接，构成“一线街”绝妙景观，并且两旁民居，翘角飞檐，马山墙头，门面一式花格落地长窗，老式朱漆排门板，盈溢出一派浓郁古朴淡雅气息。原古镇的“韵桥渔乐”仿古建筑群，也已在北大街和美周弄口拔地而起，重展生机。

放生桥

它像一条彩虹横跨于漕港河上，南端是朱家角镇，隔岸是昆山井亭，呈五孔拱形，全长70.8米，宽5.8米，高7.4米，为上海地区最长、最大、最高的五孔石拱桥，誉为“沪上第一桥”。于明万历年间（1573—1620年）始建，重建于清嘉庆十七年(1812年)。结构精巧形状美观大方，“井带长虹”是珠里十景之一。放生桥意思，就是放生积德从善。募款建桥的僧人性潮规定在桥下只准放生鱼鳖，而不能够撒网捕鱼。

如今桥上有龙门石，镌盘龙八条，环绕明珠，栩栩如生。桥顶四只迎客石狮，仰头张嘴，憨态可掬非常可爱。并且中间有竹节望柱，桥面中央镶嵌雕花石板。长方形板式桥栏，四角方整，棱角分明。另外在桥东建有碑亭，供行人憩息，依水筑以石驳，凿以锁缆孔，用来给舟楫停泊所用。整座石桥造型独特，气势恢宏。登桥临高伫立桥顶，远眺近望，水乡风貌美不胜收。该桥建成后对南北交通的沟通以及朱家角经济的发展贡献非常大。1959年批准为青浦区文物保护单位。

在20世纪80年代，对放生桥进行了加固，并对桥墩采取了防冲措施。90年代在放生桥东畔又新修建了放生池与放生亭。放生桥已是古镇上的一个标志性古建筑，而且已经载入《上海之最》、《江南胜迹》及《中国名胜词典》。

永丰桥（咏风桥）

在江面上横跨一座永丰桥，将东、西湖街相连接，于明代天启七年（1627 年）始建，初名咏风桥。建桥时，当地居民期望永远丰衣足食，因此叫做永丰桥。永丰桥桥基用砖砌成，桥面是由石条铺成砖石结构的石板桥，桥看似极其简单，且陈旧不堪，但它却是朱家角古镇历史的见证，特别是 1937 年 11 月 8 日那天，日本飞机第三次轰炸古镇，不少群众遭残害，许多建筑毁于一旦，名胜古迹遭到严重损坏。那是我们民族的不幸，也是朱家角古镇的灾难。那天有一颗硫黄燃烧弹落在永丰桥上，万幸的是没有爆炸，可还是震断了一条石板后弹入桥边粪坑中，不然周围民房将全部炸毁，造成群众伤亡。这仿若昨天的史实，永丰桥是如铁的证据，也是日本侵略军留下的罪证。目前桥面石板已断，用水泥重修，但桥的外形依然保持原状。为让后代牢记国耻，把历史的真实留下，当时把断石凿字为碑，并且竖埋在桥侧，断石碑上刻着“纪念石”三字，旁署“民国 26 年 11 月 8 日”，使朱家角古镇的人民和所有的中国人永世不忘。

席氏厅堂

席氏厅堂，于明代嘉靖年间始建，坐落在朱家角镇东瑚街席家弄内，为镇上目前遗存较为典型的明代宅第建筑。

席氏祖籍洞庭东山，明嘉靖礼部尚书席永培告老还乡后，因避难迁来珠里，为这里民俗淳朴而感染，于是建宅定居，后子孙繁衍，成为镇上望族。

席氏厅堂，气势磅礴，华丽壮观。宅第坐南朝北，正墙门面对瑚偕港，向后一直绵延至祥凝浜，前后共五埭厅堂；正墙门前有三级石阶，石阶两旁分竖两座扁圆形石墩，并且雕有奔腾麒麟，这在民间建筑中极为罕见。顺着河有石驳、河埠、水墙门。头厅建筑非常高大气派，庭柱石墩，硕大无比，气度非凡，新中国成立前一直是席氏家族婚丧喜庆的场所。头厅仪门上的砖雕，现仍保存完好，特别仪门上方中央有“乐且有仪”四字，两边雕有龙凤走兽各种动物，造型生动逼真，栩栩如生，精雕细刻，有较高的艺术价值，比周庄沈厅仪门砖雕更胜一筹。二道仪门和围墙上均有精细砖雕，如同工艺展览的殿堂。据传围墙有一块鲤鱼跳龙门的浮雕，毁于太平军进驻本镇的战乱中，后慕王谭绍光得知，派工匠重雕一方补入，所以其砖色刀法和其他砖雕很不一样。另外，二厅为起居间，后厅则朝南三开楼台，上建凉台走廊，有雕栏围之，外有画栋护框，在这里登高远望，水乡野景尽收眼底。

河 北 省

【怀古诗话】

东临碣石，以观沧海。
水何澹澹，山岛竦峙。
树木丛生，百草丰茂。
秋风萧瑟，洪波涌起。
日月之行，若出其中。
星汉灿烂，若出其里。
幸甚至哉，歌以咏志。

——三国 · 曹操《观沧海》

保 定

【名城简介】

保定市位于河北省中部，太行山北部东麓，冀中平原西部。它北面与北京市和张家口市相邻，南与石家庄和衡水市相连，东接廊坊市和沧州市，西部与山西省接壤。总面积 22112 平方公里，其中市区面积 126 平方公里。辖 3 个区、18 个县，代管 4 个市，有汉、满、蒙、回等 19 个民族。1986 年被国务院批准为国家历史文化名城。

【名城历史】

春秋末，为了拒绝燕国，晋国正卿赵简子在今满城县眺山下筑北平城。战国中期，燕晤王复国后，在今保定城东建广养城。汉武帝元朔年间（公元前 128—前 123 年），又建陵城。公元 960 年，宋朝在清苑县治所置保塞军。公元 981 年升为保州。

元太宗十一年（1239 年），保州被改为顺天路治所，之后在元至元十二年（1275 年），又改顺天路为保定路，保定始名，辖 15 州县，顺天更名保定，有保卫元朝大都安定的意思。

明洪武元年（1368 年）把保定路改为保定府。永乐元年（1403 年）迁都北京，保定直属京师，设宁都司，负责保卫京师附近安全。

清雍正二年（1724 年），把直隶巡抚改为直隶总督。民国建立后，沿袭清代直隶省建制，留保定府，撤掉清苑县。1913 年直隶省会迁到天津，废了布政使、按察使各署，撤保定府，恢复清苑县，设范阳道（治清苑），翌年范阳道改为保定道。1916 年 9

月，置直隶督军署，1918 年改川粤湘赣经略使署，1920 年换为直鲁豫巡阅使署。1935 年 6 月 6 日，河北省政府从天津迁到保定。1936 年保定设行政督察区。抗日战争时期，日军侵占保定，成为河北省日伪军政首脑机关驻地。日本投降后，国民党河北省政府由北平迁至保定，1947 年 10 月迁回北平。中华人民共和国成立前夕，河北省人民政府在保定建立，保定为省辖市和省会。1958 年 5 月，省会迁到天津。1966 年 5 月，省会由天津迁回保定。1968 年 2 月省会迁石家庄。1994 年 12 月，保定地区和保定市合并，为省辖市。

【名胜古迹】

保定共有国家级文物保护单位 17 个，省级文物保护单位 115 个。比如中国古代十大名园之一的古莲花池；中国保存最完好的清代衙门府——直隶总督署；中国规模最大的清代皇陵清西陵；满城汉墓和三国文化发祥地涿州，等等，许多文物古迹都是出于这块宝地。

正　定

【名城简介】

正定县位于河北省西南部，在冀中平原上，太行山东麓，距省会石家庄市北 15 公里处，隶属于石家庄市。正定县总面积 567 平方公里，下辖 12 个乡镇，213 个村街。1994 年国务院批准正定为国家历史文化名城。

【名城历史】

正定历史悠久，2200 多年以来它一直是郡、府、州、县治所，曾与北京（顺天府）、保定府并称“北方三雄镇”。

据考古证明，它在春秋时期是鲜虞国，战国时期为中山国，赵灭中山后，于是便归了赵。秦属恒山郡，汉初置东垣县。汉高帝十年（公元前 197 年），叛将赵利守东垣；次年，汉高帝刘邦率师攻克东垣，把东垣县改为真定，寓有从此天下真正太平之意。西晋初期，常山郡治所移置真定。唐同光元年（公元 923 年）置真定府。宋太宗元年（1229 年），易真定府为真定路。唐载初元年（公元 689 年）到神龙元年（公元 705 年）曾改称中山县。至清前期一直被叫做真定县。清雍正元年（1723 年）为了避世宗胤禛名讳，才改真定为正定，沿用至今。自晋代至清代末，真定一直是郡、州、路、府的治所。因为与保定、北京合为“北方三雄镇”，到现在正定南城门上还镶有“三关雄镇”的石刻匾额。

中华人民共和国成立后，正定县属河北省石家庄地区管辖。1986 年，改属石家庄市。

【名胜古迹】

现存有国家级保护文物4处，省级保护文物7处，县级保护文物10余处。因秦时有南越王赵佗，三国有名将赵子龙，明代吏部尚书梁梦龙，清代大学士梁清标，北洋军阀时期的临时内阁总理兼陆军总长王世珍，文学家王禹、蔡松年、蔡瑾、李著，著名工程学家怀丙，著名元杂剧家白朴、李文蔚、尚仲贤等都是正定人，故此也历来被人们美名为“藏龙卧虎”之地。它更是以“三山不见，九桥不流，九楼四塔八大寺，二十四座金牌坊”而著称于世。

邯　郸

【名城简介】

邯郸市位于河北省最南部，西依太行山，东临华北大平原，北距省会石家庄150公里。相邻晋、鲁、豫三省。辖4区14县，代管一个市，面积1.2万平方公里，其中市区面积457平方公里。人口构成主要有汉族、回族、蒙古族、壮族、朝鲜族等30多个民族，少数民族占全市总人口的0.6%。1994年被国务院批准为国家历史文化名城。

【名城历史】

邯郸先民要追溯到7500多年前，在武安、磁山一带建立了一些较稳定的部落。邯郸城在殷商后期兴起，是商王朝的“离宫别馆”和京畿内地，已有3000多年历史。西周时，邯郸属赵、魏地。春秋时，是卫、晋的主要城邑。公元前386年，赵敬侯迁都到邯郸，经8代国君，历158年。秦为邯郸郡治。西汉时，为所封赵国的都城，经济繁荣，同洛阳、临淄、宛（今南阳）、成都合称“五都”。东汉时属冀州魏郡，唐代属河北道相、魏、洺三州地，元代为中书省治下，明清时为直隶省广平府辖区。

辛亥革命时属冀南道，后归河北省管辖。它境内的邺城，曾是曹魏至北齐时期的“六朝故都”，大名也是隋唐以后的北方重镇。1941年中国共产党建立晋冀鲁豫边区政府，邯郸地属冀南区和太行区。1945年开始设立邯郸市。1946年成为晋冀鲁豫边区的首府。1949年建邯郸专区，管辖邯郸市和14个县。1958年邢台专区并入，1961年又分开。1970年邯郸专区改为邯郸地区。1983年邯郸市划为省辖市，1993年邯郸地、市合并为省辖市。

【名胜古迹】

邯郸有1500多处文物古迹，是目前我国重要的文物城市之一。省级重点文物保护单位77处，国家级重点文物保护单位6处，著名的有距今7500余年的新石器早期文化的重要代表磁山文化遗址，象征着赵王城、武灵丛台的赵文化，以“曹魏三台”和南北响堂石窟为代表的魏齐文化。此外有插剑岭、梳妆楼、照眉池、京娘湖、黄粱梦吕仙祠、娲皇宫、黑龙洞等。还有历史上许多成语典故和神奇的传说，如“黄粱梦”、

"将相和"、"完璧归赵"、"毛遂自荐"、"邯郸学步"、"胡服骑射" 等，也都与邯郸有关。

承　德

【名城简介】

承德地处河北省北部燕山腹地，东部与辽宁省相接，北部同内蒙古自治区接壤，西部邻张家口，西南与北京市交界，南邻唐山市的迁西、遵化以及秦皇岛市的青龙。面积39548平方公里，其中市区面积18.6平方公里。全市辖8县3区，有满、蒙、回、朝鲜等少数民族25个。1982年国务院批准承德为国家历史文化名城。

【名城历史】

据考证，早在中原龙山文化时期就有人类在此地活动。商代时称它为"土方"，西周是燕王封地。春秋战国和秦统一中国后都属渔阳郡和右北平郡管辖。东汉刚开始属于乌桓，后来被鲜卑族管辖。魏晋时为乌桓、鲜卑各族杂居地。隋唐时代为汉族和各少数民族混居地。辽为中京道大定府泽州和北安州属地。金代是北京路兴州地。元朝统一后改为中书省上都路兴州。明朝初属京师北平府，后改属大宁都司兴州卫，再后又改属诺音卫。清康熙四十二年（1703年）开始在此营建避暑山庄，从此承德一点点成为清政府的夏宫和陪都。雍正元年（1723年）设置热河厅，十一年（1733年）改置承德州。乾隆七年（1742年）复设热河厅，四十三年（1778年）改设承德府。嘉庆十五年（1810年）置热河都统署，其治所皆在承德。

辛亥革命后，取消府制，成立热河特别区。1928年改置热河省，省会设在承德。1933年日军侵占热河全境，被伪满洲国所管辖。1945年8月日军投降，热河属冀察热辽解放区。1946年8月国民党军队占领承德。1948年11月中国人民解放军接管承德，依旧是热河省省会。1955年12月热河省撤销，承德市归河北省，为省辖市。1958年11月又改为地辖市归承德专署领导，1960年3月承德地、市合并为省辖市。1961年5月地、市又一次分设。1993年6月地、市再次合并，为省辖市。

【名胜古迹】

承德亦是中国的文物大市，现存有国家级重点文物保护单位8处，省级重点文物保护单位35处，市县级重点文物保护单位473处，地上地下文化遗存1300多处。远近闻名的古迹有避暑山庄、外八庙、普乐寺、安远庙、普宁寺等。

于家村

【名村概观】

于家村在河北省石家庄市井陉县的中西部，总面积10平方公里，居住400多户，1600多人，95%为于氏家族，是明代政治家、抗清将领于谦的后裔。自先祖于谦起，繁衍至今已有26代。于氏先人用勤劳智慧的双手，开山凿石，垒房盖屋，建造了规划有序、工艺奇特、独具特色的石头村落。

于家村原名白庙村，因建村时当地有一白庙而得名，建于明代成化年间。清初实行连庄制，以该村为核心组建白庙庄，后来因为于氏家族在这里居住，于是改名于家村。于家村是当地一个较大的中心村，在清初就建庄设乡，现在是于家乡政府所在地。

于家村有梯田2000多亩，房屋4000余间，街巷3500余米，井、窖、池1000余个，石制用具2000多件，戏楼6座、古阁古庙6座，桥梁4座，都是用本地石头垒起。这里简直就是一个“石头的世界”，石头的作用被发挥得淋漓尽致，处处是石，家家有石，人人用石。现在，仍基本保持着明清时代的建筑风格。

1998年6月，河北省民俗学会的专家到于家村进行考察，发现于家村是一处规模宏大、特色独具的石头民俗文物群，具有很高的学术价值和观赏价值。在专家的指导下，村党支部、村委会和广大群众进行了挖掘、搜集、整理和开发。1998年11月1日，河北省民俗学会命名该村为“于家石头民俗村”。新华社、中央电视台、《人民日报》、《文汇报》、河北省和石家庄市的新闻媒体纷纷来到这里，相继报道，《澳门日报》更用一整版做了图文介绍。石头村已有了不小的知名度。前来考察观光的领导、专家、学者和中外游人交错如织。

【名胜古迹】

于家村坐落在太行山麓一个四面环山的小盆地中，村依山，山为村，群山环绕酷似一天然屏障。村里人把东西南北四面的山，分别称为东岭、西垴、南坡、北寨。在东岭山腰的一老虎洞里，出土了一些骨化石和石器，据专家鉴定：这是一处新石器时代的文化遗址，极具考古研究和开发价值。西垴顶部原有一座名白庙的庙院，庙内供奉隋末瓦岗寨农民起义领袖李密，现在村子西垴还有用李密名字命名的地名和屯兵遗址、遗物。可惜新中国成立前被人烧毁，遗址尚还保留。南山屹立在村的正前面，山上长有禁伐的灌木林，遮天蔽日，蓊蓊郁郁，其中的红叶更是枝繁叶茂，独秀不畏。整个南山林稠草密，鸟语花香，似一幅浓墨重彩的田园画。北寨是于家村的制高点，形似一只欲飞的凤凰，站在寨顶环眺，井陉盆地一览无余。寨顶现还存有日本侵华时的炮台遗址，是一处不错的爱国主义教育基地。

于家村的古村落东西长500余米，南北宽300余米，基本保持着明清时期的建筑布局和风格。先祖非常讲究对位置的选择，且十分注重“风水”。现在，先祖的拱券石窑洞仍保存完好，奇怪的是，只有站在南山上才能见到那些窑洞，其他任何方向都不能见到。后来，村落逐步扩大，直到“文革”前，从东西南北四个方向进村，虽已距离村子很近了，但还是看不到石窑洞，所以又被称作“不到村口不见村”。

于家的古村落有不同种类石头的四合院近300座，四合院的房屋都是用石头垒砌，院子用石头铺就。在院落的布局、房屋的建造、大门的设置这些方面都遵循着一定的规矩。虽遵守规矩，但并不墨守成规，四合院内一切姿态万千，无一雷同。

于家村的四合院各有千秋，有的全是石墙瓦房，有的皆为石券窑洞，也有的瓦房窑洞混建。大多数四合院坐北朝南，正房建在三至五级的石台阶上，院落的大小、形状也各不相同，大多用石板铺砌。院内还有石桌、石凳、小石磨、石槽和石头阶梯，蓄水的石砌井、窖等，到处可见。

于家村的古旧房屋可分成两类，一类是明清时期建的瓦房，现仍保存有将近1000间，青石墙，灰瓦顶，古色古香，雅俗共赏。第二类是石券窑洞，这是当地特有的建筑。窑洞墙宽近1米，用加工的石头垒砌，顶厚1米许，用天然石拱券而成。石头窑洞就地取材、结构奇特、坚固耐用、美观大方、冬暖夏凉，非常适宜人们居住。

村里还有另一种建筑，居于上述两种之间，俗称“无梁殿”。无梁殿主体是石券窑洞，房顶或者前檐扣瓦，屋子里面石拱券，屋子外面瓦飞檐，里面看是窑洞，外面看是瓦房，独具风格，令人耳目一新。村里有两座保存完好的石楼四合院，明末清初建立，占地两亩，房屋百间，面积差不多1000平方米。该石楼宅分东西两院，北高南低，错落有致。正房下层为三室九间无梁殿，居室宽敞高大。登上二十一级石阶，就上了第二层楼，房间开阔明亮。东西厢房是居室小楼和小姐绣楼，南屋是迎客厅。此楼院气派高大、结构独特，在这僻壤山村有如此建筑，并且该院家族在明清两代出过12名文武秀才，实在是令人惊叹。于家古村落的规划布局亦非常严谨，全村有六街七巷十八胡同，街巷纵横交错，总长7里。街道名称也很有城镇特色：东西称“街”，南北叫“巷”，不通谓“胡同”。街宽4米，巷宽3米，胡同宽2米。所有街巷用形状各异大小不等的石头铺就。相映成趣。历经数百年风吹雨打，日夜交替，你行我走，街巷石头被磨得光洁如玉，锃光瓦亮。漫步在这石头街上，穿梭于多姿多彩、千姿百态的石头建筑之中，别有一番情趣在心头。

正因于家村是一个旱庄，故于家人世世代代打井修池，把蓄水看得很重。村里有石砌井、窖、池千余个，成了一个很少见的蓄水网，因此，虽说是旱庄，但从未闹过水荒。

由于先祖于谦的影响，于家村虽居山野，但还是积累沉淀了许多文化景观，随处可见文物古迹。神奇新颖的传说逸事、丰富多彩的民间花会、古朴纯真的民俗民风成为一大特色。石碑是其中最具品位的，村规民约有碑，建学校、修祠堂有碑，打井修池有碑，修桥补路有碑，建阁庙也有碑，明清以来共留下200多块石碑。虽经“文革”浩劫，但当时的干部群众仍保护了有价值的石碑30多块，体现了于家村人深厚的文化素养。

除此之外，于家村还有10多处文化历史景观，如于氏宗祠、清凉阁、真武庙、观音阁、歌楼（戏台）、青山洞、石头民俗馆等各有特色。于家村人最为自豪的是，建于明代万历年间的清凉阁——此阁共3层，全部都用石头建筑，据碑载，是先人于喜春历时16年建成。整个建筑不打地基，不用辅料，设计奇巧，结构独特，石头有的重达万斤，有的长过两米，石墙石顶、石梁石柱、石门石窗、石桌石鼎、石阶石栏，比比皆巨石，累累成石山。在古代条件下，如此巨大的石块，宏大的工程，由一人所为，实乃难解之谜。

于家村有戏台6座，仅明清就建了4座，除一座遗址外，其余都可供演出使用，本村已有300年历史的晋剧仍活跃其上。一个村有6座戏台，有300年历史的剧团，实属少有。村里在1998年建了“石头民俗博物馆”，共有6个室，展品均为本村村民提供，反映了于家村人500年来的文化积淀。

于家村人祖祖辈辈用勤劳和智慧造就了这座粗犷而精美的石头村，用心血和汗水书写了一块豪放而秀丽的丰碑。走进石头村，可领略中国石头民俗文化的深厚内涵，可尽享返朴归真、回归自然的无比惬意。

鸡 鸣 驿

【古迹简介】

鸡鸣驿，又叫鸡鸣山驿，位于河北省张家口怀来县沙城西北18.5公里处鸡鸣山下，与北京相距140公里。始建于元朝，1219年成吉思汗在西征路上在此设“站赤”；至明朝永乐十八年（1420年）鸡鸣驿被重新扩建，系宣化府进京城的第一大驿站；清康熙年间，设立驿臣主管驿站事务；直到1913年北洋政府宣布“裁汰驿站，开办邮政”，鸡鸣驿这个古驿站才被迫退出历史舞台。

明成化八年（1472年）建土垣，隆庆四年（1570年）砖修城池，全城周长2330米，墙高12米，设有东西两门，城门上方建筑两层越楼，此城中部建了玉皇阁楼，城的四角分建角楼。东西“马道”是驿马进出通道，当年驿卒传令干道就是城南的“南关道”。清乾隆三年（1738年）重新修筑了城墙，而且在城东筑了一道护城坝。

城内有一处遗址，它是当年慈禧太后西逃时下榻的地方——鸡鸣驿何二少爷家。何家当时是鸡鸣驿城里有名的财主，共有连环院五进，皆是雕龙画凤的砖瓦房。那一夜，慈禧太后同光绪皇帝都住宿在第二进院内，慈禧住在正庭北屋东间，光绪皇帝则住在东厢房。

迄今为止国内最大、功能最齐全、保存最完好的一座古代驿站即鸡鸣驿站，它曾在我国邮政史上有着战略性的重要作用。它在城内设有驿丞署、把总署、公馆院、马号、戏楼、店铺等，还有八座寺庙，即永宁寺、龙神庙、白衣观音庙、财神庙、关帝庙、普渡寺、泰山行宫、城隍庙。驿城中最早的建筑是永宁寺，距离现在已经有800多年的历史了。驿城中寺庙内明清时期遗留下的壁画风采依然如故。

鸡鸣山，高1128米，地理地貌与泰山相仿，被誉为北疆名山。鸡鸣山高耸入云，危岩峥嵘，傲立于天地之间，夏季秋季的时候，更是雾霭朦胧，花香鸟语，真是美似天堂。

北魏文成帝、唐太宗、辽圣宗、萧太后、元顺帝、明英宗都曾来过鸡鸣山。清康熙帝曾两次来这里，而且赏赐重金命人们修缮永宁寺。鸡鸣山从此闻名遐迩，终年香火不断。

山脚下一座三楼四柱牌坊是鸡鸣山的山门，在山崖间的空隙中有一条呈“之”字形用碎石铺砌的崎岖山路延伸而上。半山腰拐角处有一圆顶带尖的小亭，据传言，当年萧太后曾多次到此亭纳凉。于是人们便给它起名为萧太后亭。

山上最大的寺庙是永宁寺。寺庙侧面是一“万佛石”，这座辽代古刹曾多次遭战火摧残而保存下来，但最终还是在“文革”中把它同鸡鸣山上的99座古庙一起毁了。

避风桥是宣化地区著名的八景之一，也是鸡鸣山独有的景观。绝壁上有一形似引颈啼叫的雄鸡巨石。山顶，迎面一座城楼把关，石匾上写着“南天门”。门前有一汉白玉石桥飞架两侧岩体之上，走在桥上风声呼呼直响，身上却一点儿也感受不到。桥面间有一个用石块盖住的小孔，挪开石块一股山风喷涌而来。

在东山观日台上远眺，洋河、桑干河似两条白练玉带，沿着东南方向，弯弯曲曲一直流入官厅水库。水库却似一块碧玉，在阳光下发出耀眼的光芒。

【历史事件】

历史上有名的平津战役，就在鸡鸣驿与沙城之间的新保安镇发生。1948年，傅作义的主力35军驻守于丰台，保卫北平。同年11月19日，华北野战军第三兵团围攻张家口，欲分割张家口、宣化。傅作义令35军西出驰援，12月4日打通张、宣联系。傅获悉程子华攻占密云，察觉东北军入关，遂令原驻部队固守张家口，35军则撤回北平。12月6日，35军迅速通过宣化，当晚在鸡鸣驿宿营。12月7日，35军激战一天，终于突破华北第二兵团第12旅防线，占领新保安镇。当晚，35军军长郭景云决定夜宿新保安，结果被华北第二兵团合围。12月22日，经过10个小时的激战，35军近2万人在新保安覆没，军长郭景云自杀。

乌龙沟长城

位于河北省涞源县城东北约 33 公里的乌龙沟乡丛山之上的马龙沟长城筑于明万历元年至四年（1573—1576 年），在崇祯年间重新修筑。乌龙沟长城蜿蜒起伏，敌楼座座，气势雄宏，是明代后期修筑的重要内边墙的一部分，是嘉靖与万历间加强防务的重要实物，在涞源县内 150 多公里长城中，它是保存最完整的一段，边墙长达 36 公里，66 台有乌字敌楼，敌楼造型美观，长宽均为 12 米，城砖用白灰砌筑。边墙高 4 ~6 米，宽 3 ~4 米，外侧有垛口，毛石垒砌。还有乌龙沟城，为椭圆形，形状别致，城墙、城门也都有，用石料筑成，南门即翊荆门二道与西门（镇朔门）二道保存较完整。乌龙沟长城用袭明代长城原状，各种不同的敌楼与边墙或保存完整或断壁残垣，是研究长城的历史和建造的极好的实物。

紫 荆 关

【名关纵览】

紫荆关的得名缘于它坐落在河北省易县的紫荆岭上。其为内长城的重要隘口之一，由于地处险峻，关居重要渡口，是由河北平原入太行山的要口之一，因此一直都是兵家必争之地；又由于身居倒马关、居庸关之间，这三个关口都是防务要地，故明代合称其为“内三关”。

【名关景致】

紫荆关的周围更有许多著名的风景名胜游览区。最著名的要算是 2000 多年前为刺杀秦王的勇士荆轲，于临行前和高渐离唱“风萧萧兮易水寒，壮士一去兮不复返”，史载其事便在易县的血山村发生。此山村后有一座塔，仅有半截，高三层，塔身为四棱形，称“樊於期塔”，也叫作“镇陵塔”。樊於期是战国末期秦国的大将，获罪于秦王后使逃至燕国，荆轲想要行刺秦王便同樊於期商议，而樊於期为报全家被杀之仇，便自刎而死，荆轲携带地图与樊於期的人头，赢得了秦王的信任。最后，樊於期舍命取义的精神使太子丹十分感佩，就修筑此塔以纪念这位大英雄。塔上目前遗存碑刻，于公元 1261 年而建。在易县西南的荆轲山，山上有一座六棱塔，被称为“荆轲塔”，于辽乾统三年（1103 年）始建，到明万历十三年（1585 年）重修。山上曾有“荆轲故里碑”，现已迁至血山村荆轲馆舍左近。据载，荆轲本是卫人，后来迁徙至卫。虽然仅仅是他“至燕”后的馆舍，人们感其事，立碑筑塔，也是理所当然。

著名的清西陵在紫荆关东面的永宁山下。陵群中埋着雍正、嘉庆、道光、光绪及其后宫妃子、皇子、公主等。该陵到现在有 280 年的历史，于雍正八年（1731 年）始建，其间建有宫殿1000余座，各种石刻雕像和石质建筑100余座，整个园林气派壮观，建筑群落华丽富贵，确实是我国劳动人民建筑技艺的完美再现。登高远眺西陵，青木翠绿，层峦叠嶂，南有“华盖烟岚”；西为“荆关紫气”、“拒马奔涛”；“云蒙叠翠”、“峨嵋晚钟”居于西北；东北有“福田捧口”；狼牙以西为“易水寒流”，好一幅西陵八景，与诸皇陵交相互映，相当的气派优美。紫荆关南侧有“因山势险峻，奇石参差刺天，状如狼牙”而得名的狼牙山。这里蓝天白云，满目苍翠，遍野红枫，景色非常秀美，山上有“仙人桥”、“老君堂”、“孙膑洞”、“饮虎池”、“拦马墙”等名胜古迹，天然洞府犹如仙界。

【历史地位】

如今，紫荆关不但靠险峻地势、人文景致吸引游客，而且其周围更兼有历史名胜古迹、勇士追魂府地，氛围浓郁，至其下游玩，肯定开心至极。

山　海　关

【名关纵览】

它位于河北省秦皇岛市东北处，同首都北京相距有300余公里，又称为“榆关”或“渝关”，它就是著名的山海关。万里长城顺着燕山山脉蜿蜒绵亘而下，绕经角山，与大海相接，气势磅礴，凸现出山海关依山傍海、地势险要的特色，因此自古以来就是险要关隘，称之为“天下第一关”。

山海关于明朝洪武十四年（1381年）筑建，当时，是开国重臣的大将军徐达为保明朝江山安定，在这里修建山海卫，屯兵数万。由于看到这里“枕山傍海，实辽蓟咽喉”，因此建关造城。因为所建之关城居于山、海之间，所以命名“山海关”。而关城北倚燕山，南临渤海，地势相当险要，的确为扼守东北、华北两地的咽喉要冲，因此是历代兵家必争之地。抗日战争胜利之后，蒋介石命令国民党军队通过山海关进驻东北，夺取中国人民抗日的胜利果实，结果，中国人民解放军在山海关一带狙击国民党军队，粉碎了他们的阴谋。

现在的山海关，为保存最完好的古老城池之一。同原来的长城关隘，不管是从结构形式、建筑工程及防御设施上，都有很大的改进和发展。山海关的旅游景区有6个景点：即天下第一关景区、老龙头景区、角山景区、孟姜女庙景区、长寿山景区和燕塞湖景区。

山海关关城坐落在山、海之间的夹道中，由7座城堡、10大关隘及万里长城上众多的敌台、墩台组建而成，将山、海、关融成一体，如虎踞龙盘扼守着咽喉要地。它气势恢宏，墙体坚固，布局规整，到现在保存依然完整。关城呈方形，设四门：东门镇远以及西门迎恩，南门望洋，北门威远，门上都筑城楼，钟鼓楼处于城中心。现存的“镇东门”也就是“天下第一关”，关口东西朝向，往东是关外，西为关内，南北同长城相连。城台上筑有城楼，楼外有块“天下第一关”巨匾，1472 年时为进士肖显所书。

关北外的长城自山连绵往下，同关城相连接。有“两京锁钥无双地，万里长城第一关”之称，当为清人所说，两京指沈阳和北京。关城四周烽火台多如繁星，遥相呼应，城同周围建筑互为犄角之势，是防主卫次布局。

如今的万里长城遗址之首在山海关城南处，由于龙头在此深入大海，因此取名“老龙头”。老龙头由入海石城、靖虏台、南海关、宁海城等部分组成，是一个特别险要的关隘。它是用巨型花岗岩为基，上砌青砖，中夯合土。而深入海中部分宽约 10 米，长 23 米。在明朝中期，戚继光曾在这里驻兵设防抗击倭盗，筑城一里见方，并造澄海楼。然而八国联军侵华时，此澄海楼焚之一炬，老龙头炮台惨遭毁坏，后来经过整修又重现光彩。

山海关城北处，为角山景区。角山是燕山余脉，因山顶有巨石嵯峨，刚好像龙首戴角，故名“角山”。为万里长城东部起点的第一座山峰，形势险峻，所以称之为“万里长城第一山”。主要有角山长城、栖贤寺、索道等景点，相当有特色。

在山海关的东面有一座山，山上在郁郁森森的丛林中耸立了一座建筑精巧细致的庙宇，它就是著名的孟姜女庙。其坐北面南，是明代万历年间所建。建筑风格古香古色。孟姜女庙是由钟亭、长阶、望夫石、孟姜女雕像、海眼、梳妆台等构建，规模气派、参差有序，实为佳地。

长寿山风景区，位于山海关城东北方处。现有神医石窟、世外桃源、石门胜迹等景点，并且这里有山、峰、洞，相当的神奇绝妙。

燕塞湖则又是另一番天地，燕塞湖，也叫石湖水库，是万里长城东起第一湖。于此处有洞山剑峰、鸟语林、首山二郎庙、五泉山等。

【历史地位】

山海关不只由于它是历史文化名关和军事重镇要塞令海内外游客慕名而来，它宜人的景色、温和的气候、美轮美奂的自然景观更是吸引着游客。来到山海关，登临楼顶，向渤海南望，波涛汹涌，云气一色，海天相接，西瞰长城，绵延雄壮，倚山起伏，犹似一体，渐行渐远天地间。险要的地方，尽收眼底，形胜的地方，名副其实。实在是令人神驰魄荡，感慨万千。

山 西 省

【怀古诗话】

岁月众芎歇，时当大火流。
霜威出塞早，云色渡河秋。
梦绕边城月，心飞故国楼。
思归若汾水，无日不悠悠。

——唐 · 李白《太原早秋》

太原晋祠

【名祠简介】

晋祠，开始叫做唐叔虞祠，位于山西省太原市西南处，坐落在悬瓮山下。它是一座为祭祀古唐国开国国君唐叔虞和他的母亲邑姜而修建的古代祠堂建筑群体。祠里，有精美的古代建筑与珍贵的历史文物、名泉以及享誉海内外的古树，为山西省一处著名的历史文化风景游览区。1961 年，国务院把它纳入全国第一批重点文物保护单位之列。

【名人故事】

太原晋祠历史悠久。据司马迁的《史记 · 晋世家》记载，周成王姬诵，将其弟弟、周武王的第二个儿子叔虞封在唐。唐，即现在的太原一带。此处也为晋水的发源地。而叔虞死后，他的儿子燮便将唐更名为晋。因此，人们将祭祀叔虞而修建的唐叔虞祠，亦更名为晋祠。

纵观历史，以宋代为界太原晋祠的建设分两个阶段：之前，晋祠仅供奉与祭祀唐叔虞；之后，晋祠主要供奉与祭祀唐叔虞的母亲邑姜，唐叔虞的祭祀却降到次要地位了。

史载，北齐天宝年间（公元 551—559 年），将晋祠扩建；天统五年（公元 569 年），它又被改叫崇皇寺。唐代贞观二十年（公元 646 年），太宗李世民亲自到晋祠祭祀，而且撰写了《晋祠之铭并序》的碑文，令晋祠名声显赫。后晋石敬瑭，把唐叔虞封兴安王，晋祠也被改称为兴安王庙。

宋代是晋祠发展史上的一个重要时期。在太平兴国四年（公元 979 年），宋太宗赵光义命令大修晋祠，用了 5 年的时间才完成。天圣年间（1023—1031 年），宋仁宗赵祯追封唐叔虞汾东王，而且在祠里给其母亲邑姜修建圣母殿。而宋神宗又封邑姜汾济王母，把晋祠改叫惠远寺。自此，圣母殿成了晋祠中的主体建筑，邑姜便是晋祠的主要祭祀对象。1563年，又在圣母殿的南面修建了水母楼，并且还把惠远寺复名为晋祠。至清朝，多次扩大了晋祠的范围，陆续增修了献殿、对越牌坊、金人台、水镜台、三圣祠、钟楼、鼓楼和朝阳洞等。

【名祠巡礼】

圣母殿是太原晋祠中轴线上最后的一座大殿，为全祠的中心建筑和主体建筑。它是重檐歇山式的殿堂建筑，7间面宽，6间进深，周围建有回廊。前廊2间进深，既宽敞又明亮。廊里有盘龙柱，雕工精细，活灵活现，它是我国目前年代最久远的盘龙木柱，特别名贵。全殿堂按减柱法修造，殿里没有一根立柱，全殿的重量由廊柱与檐柱支撑，在我国的建筑历史中极为罕见。大殿的屋面上覆彩色琉璃瓦。檐下设各式斗拱，并且屋檐曲线突出。殿顶的木板上，有“大宋崇宁元年九月十八日奉敕重修”的字样。由此可见，目前遗存的晋祠圣母殿仍然为宋代遗物，确实不容易。

坐落在圣母殿前面的鱼沼飞梁是一座十字形的石板梁桥。桥面连圣母殿，有殿前平台的作用，它是同圣母殿同时建造的。目前遗存桥梁仍是宋代遗物。建筑历史久远、造型奇特的石梁桥，在我国目前遗存的诸多古桥中仅此一个。因此，鱼沼飞梁是我国民族传统文化中的又一件珍品。

保存在晋祠宝翰亭中的唐碑，碑文有1203个字，由唐太宗李世民撰写，是唐贞观二十年（公元646年）留下的《晋祠之铭并序》碑。正是由于这座唐碑，宝翰亭也被称为唐碑亭。

因为历史悠久，碑上的某些字迹已有些不清楚了。后来在清乾隆三十七年（1772年），人们又复制了一座石碑，置于唐碑的旁边。

坐落在太原晋祠北角的叔虞祠，是清代乾隆年间（1736—1795年）重建后的遗物。它坐北朝南。此祠按享殿为界，有前、后两院。前院是回廊，廊中陈列着《华严经》石刻。后院正殿神龛内供有唐叔虞的塑像。两侧的泥塑像，手执乐器，为明代的作品。这些塑像同真人差不多大小，而且大部分是女性。

在晋祠的里面还有金代修建的献殿，金人台上有宋代铸造的铁人，圣母殿前是周代种植的柏树，关帝庙里是隋代种植的槐树。另外鱼沼中喷涌而出的难老泉以及善利泉泉水，一直名传至今。陈毅元帅1959年游晋祠时，题写了“晋祠”二字，到现在还挂在太原晋祠的圆拱大门的上面。同年，当代著名学者郭沫若游览了晋祠，而且作诗一首，对晋祠的人文景观和自然景观做了最好的概括。

大　同

【名城简介】

大同是山西省最北端，地处黄土高原东北边缘的一个城市。北以外长城为界且与内蒙古相邻，南以内长城为界与朔州市、忻州地区相接，东与河北省相连。大同市辖4区7县，有汉、蒙、满、回、藏、苗、朝鲜等民族，汉族人口占99.6%。1982年被国务院批准为国家历史文化名城。

【名城历史】

春秋时被北狄所居住。战国时赵武灵王北破林胡、楼烦，置云中郡、雁门郡、代郡。大同境域在雁门郡、代郡的内部。秦始置平城县，属雁门郡、代郡。西汉初，平城先是韩王封地，后是代国封地。东汉末，匈奴侵边境，平城被毁。西晋时，鲜卑拓跋猗卢修秦汉故平城为其南都，其地仍为代国。北魏天兴元年（公元398年）自北都盛乐迁都平城，建立了北魏王朝。北魏在此建都长达97年，历经六帝七世，且对平城进行了大规模的建设。隋唐五代更迭，大同多次改变它的名字，直到辽代（公元960年）始置大同县，为陪都，被称作西京，这是大同古代史上人口最多、经济鼎盛的时期。明代大同为“九边重镇”之一。清为大同府，治大同县，隶属山西布政司。民国元年把府改成县，民国二年置雁门道，治大同。民国十六年废道后，直属山西省。1937年9月13日，日军攻占大同，成立晋北自治政府，隶属伪蒙疆联合委员会。1939年9月易为晋北政厅，隶属伪蒙疆联合自治政府。1943年改为大同省公署，隶属伪蒙古自治邦政府。当时中国共产党领导的抗日武装在农村坚持抗日游击战争，建立东、西大同县，分别属于晋察冀和晋绥边区。日军投降之后，建立第二战区长官司令部大同领导组，管辖雁北各县。1947年改为山西省政府大同行政公署。1949年5月1日中国人民解放军和平接管大同，成立大同市，隶属察哈尔省。1952年又归为山西省。1993年7月10日撤地并为省辖市。

【名胜古迹】

我国古文明发祥地之一——大同，早在10万年前的旧石器时代，人类祖先就在这里踏上了足迹，留下了青磁窑、许家窑等（文化）遗址。此外还有气魄雄伟的云冈石窟和上下华严寺、善化寺、恒山悬空寺、九龙壁等。

新　绛

【名城简介】

新绛位于山西省西南部，是运城市的一辖县，东与侯马市相接，西与稷山县相连，南临峨嵋岭与闻喜县毗连，北依吕梁山同乡宁县、襄汾县相邻。现辖7个镇6个乡，总面积593平方公里，总人口30.2万人，主要有汉、回、蒙古、满、藏等民族。1994年国务院批准新绛为国家历史文化名城。

【名城历史】

西周时期，武王封文王第十七子为郇候辖今新降，为侯国。春秋时属晋，战国时属魏，秦、汉时属河东郡。晋时为临汾县治。北魏太武帝始光四年（公元427年）开始置东雍州，北周明帝武成二年（公元560年）把东雍州改为绛州，州治本来在本县境内的柏壁镇，隋开皇三年（公元583年）搬到今县城处。唐武德元年（公元619年）开设绛州总管府，宋朝时为绛州，金兴定二年（公元1218年）升为晋安府，统一管理河东南路兵马。元置绛州行元帅府，后罢元帅府仍为绛州。明代绛州属于山西布政使司，隶平阳府，管辖稷山、垣曲、绛三县。清代仍然属于山西布政使司，隶孚阳府。雍正二年（1724年）改成直隶州，辖稷山、河津、闻喜、绛、垣曲五县。民国初期，废布政司及府、州制，于是改绛州为新绛县，属河东道。道废，属第九区专员公署。

1947年4月新绛县解放，晋绥边区吕梁第十分区地委就驻扎在新绛城内。1948年底改为新绛地委。1949年底，新绛专署与运城专署合并，新绛县隶属于运城地区。1954年底运城专署和临汾专署合并，称晋南专署，新绛县属晋南专署。1970年，晋南专区又分成运城、临汾两个专区，新绛县仍属运城地区。

【名胜古迹】

新绛古代叫绛州，现有县级以上重点文物保护单位169处，属于国家重点保护文物的有4处，属于省级重点保护文物的有15处。它在隋开皇十六年所建的“绛守居园池”，是目前国内时间最早的官家园林；“绛州大堂”，昔日曾是大唐名将张士贵的“帅府堂”，是全国最好的州府大堂；龙兴寺内的“唐代宝塔”，它直指蓝天，塔顶曾好多次冒烟，一连数日，青烟直上，目前无人能解开这个谜；建于元明的“绛州三楼”，是少有的三足鼎立的格局，金代天德三年（1151年）铸造的万斤巨钟，钟声悠扬，夜静的时候在30里都可以听到；绛州城是保存较完整的唐代古城，虽历经风雨沧桑仍保留着唐代的形制和风格。

代　县

【名城简介】

代县古称代州，坐落于山西省东北部，隶属于忻州市，北踞北岳恒山余脉，与太原相距158公里。总面积1732平方公里，现辖6镇11乡，人口约20万。1994年国务院批准代县为历史文化名城。

【名城历史】

代县，古系代国，春秋时属晋，战国时属赵，秦立广武县，西汉属于并州太原郡广武县，东汉属于雁门郡。三国时是雁门郡治。隋唐为代州、雁门郡。五代先后归后唐、后晋、后汉、北汉，都称作代州雁门县。北宋、金亦称代州雁门县。元中统四年（1263 年）称作代州，明洪武二年（1369 年）始又改代州为代县。清雍正二年（1724 年）上升成直隶州，属山西省政司。民国元年（1912 年）又改代州为代县，置雁门道，民国十年（1921 年）废道署，又叫代县。1946 年代县解放，被忻县专署管辖。1958 年至 1960 年与繁峙县合并，即为繁峙县，属晋北专署。1961 年繁代分县，仍称代县，属忻州地区行政公署管辖。

【名胜古迹】

历经时代变迁，代县现在还有 45 处省县级重点文物保护单位，其中古文化遗址 8 处，古墓葬 10 处，古建筑 22 处。如有新石器时代遗址，汉代长城遗址、城堡遗址，隋代枣户城遗址，明朝砌筑的 39 堡和 12 联城遗址等。又有扼勾注、联长城，居九塞之首的雁门关；矗立城中，威镇三关的边靖楼；文庙规模宏大，名振三晋；杨忠武祠波及海外；依石罅而建的悬空结构赵杲观；高耸峭立的阿育王塔，还有白仁岩寺、柏林寺、凤凰观、太宁宫等古建筑遗址。更有晋王李克用和义子李存墓，宋侍郎滕茂实墓，明尚书张凤翼、孙传庭墓等古墓葬。代州还是北地闻名的商贸中心，清末城内各类铺面达 131 家。有“宗庙、明街星罗棋布，奇珍异宝瑰丽多彩”的说法。现藏金、石、陶瓷等珍贵文物 4000 余件。

祁　县

【名城简介】

祁县，古为昭余，属山西省晋中市。坐落在晋中盆地中部，汾河东岸。全县辖 6 镇 2 乡，总面积 854 平方公里。1994 年被国务院批准为国家历史文化名城。

【名城历史】

祁县历史悠久，20 世纪 50 年代发现的梁村古文化遗址说明，在距今 5000 年以前的母系氏族公社时期，人类就在此繁衍生息。据《周礼・职方》与《尔雅・释十薮》记载，在很久很久以前，太原盆地南面一片积水地带被叫作“昭馀祁泽薮”，祁地由此得名。

战国时期，祁地隶属于赵国。秦代，祁地又属原郡。西汉初置祁县。王莽篡汉，改祁为示，后又叫祁县。晋代恢复分封制，祁县属太原国，县城迁徙到祁城村。北魏时，祁县属太原郡。孝文帝太和年间（公元 227—233 年），迁县城于今址。北齐天保七年（公元 556 年）废祁县。隋开皇十年重置县治，属于并州。唐武德三年（公元 620

年），属太州，后来又属于并州。金代，在县东南之团柏镇设帻州，县属于它，没多久帻州被废，县属晋州，改祁为祈。元大德年间，又改回祁县，属冀宁路。明、清两代属太原府。民国初年属冀宁道。1937年底属山西省第四行政区。新中国成立后属榆次专区，改称晋中地区。

【名胜古迹】

祁县古城凭它严谨、周密的布局安排，细致精巧的建筑工艺，被概括为“一城四街二十八巷，六十个圪道，四十个大院，万余间房室”。其渠家、何家、马家等12处可与乔家大院相媲美。最能体现祁县文化特色的是历代名门望族。祁县望族，以宋金作为分界点，分两个阶段，宋金以前的以祁氏、王氏、温氏家族为代表，多有才子雅士、名吏贤官出现；宋金以后的望族以乔氏、渠氏、何氏等家族为代表，多出理财能手、商贾巨富。祁县是明清时期富商云集之地，只一个县城就有商贾几百家。城内景点规划以四大院为主建立四大馆，即：渠家大院——晋商文化博物馆；长裕川大院——历史名人蜡像馆；昭余书院——文史民俗馆；何家大院——古典建筑展览馆。每个大院里面都写满了历史。

车　辋

【名村概观】

常家庄园是榆次西南东阳镇车辋村的一个名园，距榆次17.5公里。车辋村包含4个小自然村，四寨中心有一大寺，与四寨相距各半里，形成一个车辐状，“车辋”由此而得名。

车辋常氏始祖常仲林在明代弘治初年，由太谷惠安迁此给人放羊，到清康熙、乾隆年间，七世祖常进全开始经商，八世祖常威带领九世万已、万达，亦开始经商，赢利颇多，逐渐使常氏成为晋中望族，开始大肆营造住宅大院。常万已在车辋村建了“南祠堂”，立“世荣堂”，把村子西南作为轴心，向东、南发展；常万达在村北建“北祠堂”，立“世和堂”，由东向西挨着修建成一条新街，一般称为“后街”。从清康熙年间到光绪末年，二百余年的修筑中，常氏在车辋共建起了南北、东西两条大街。街两侧深宅大院，楼台亭阁，鳞次栉比，相映成趣，雕梁画栋，颇为壮观。其共占地100余亩，有楼房40余幢，房屋1500多间，使得本来的四个自然村连成了一片。谚语有曰：“乔家一个院，常家二条街。”当时常氏宅院的建设规模被称为三晋民居建筑之首。

【名宅特色】

常氏家族因儒商文化独具一格，既有进士、举人、秀才，又不乏书画名家，故在宅第建筑上不乏匠心独运之举，是晋中曹家、乔家、渠家等晋商宅院无法比拟的。

主体建筑是以北式庭院为主体的，每个正院都分为内外两进，外院南房倒座都挨着街，东侧辟各式门楼。前院有东西厢房各五间，正北则是又一处倒座南房，正中设有垂花门。里院则作长方形，庭院宽敞，大约是外院的一倍，上房和南房对称，东西均有厢房十、九、八间不等。尽显名门望族之气魄。但其附属建筑却又充分显示了南国园林建筑"灵秀"的一面，使"方正"中浸透了"绮丽"。常家大院的绮丽，主要表现在以下三个方面。

一是每所方正院落的里院正中都建有一座木结构的牌楼。牌楼两侧均有砖雕花墙，使方正雄浑的北方庭院平添几分南国园林的秀色。这牌楼花墙将正院隔为里五外五、里五外四、里五外三多种形式，具有独特韵味。

二是院落之间与院落之后，大部分都建有花园、菜园，另外还有小门和正院相通。进园之后，有甬道贯通，弯弯曲曲，另外还有回廊、亭榭、小桥流水等点缀其间。

三是在每个院落中最常见的砖雕、木雕、石雕和木构件上的彩绘艺术，风格独特。砖雕艺术表现在四个方面：首先房脊的吻、兽和雕花护脊，造型优美，刀法细腻，线条娴熟，都乃清代砖雕之精品。其次照壁、花墙砖雕，有传统的"百寿图"、"吉祥图"以及佛道故事，还有花卉鸟兽和干、鲜果品等具有浓厚地方特色的砖雕艺术。再次是每排厢房"硬山墙"上端的"墀头"有花，有鸟，有兽，有字，造型独特，无一雷同。最后是现存的部分砖雕护栏，在贵和堂的楼层护栏上，均由砖雕砌成，图案有福、寿、喜、禄、祯、祥团花和八卦炉、悬壶、文房四宝等，栏柱、栏板浑然天成，丝毫没有砌缝，不论是雕刻艺术，还是垒砌艺术，堪称清代建筑中的上乘工艺。另一部分是在养和堂，保存完好，但其雕技艺术比不上前者。

常家大院的石雕艺术有护栏、护墙、门兽等，一般都用细砂石雕成，刻着各种图案。粗犷的砂石，细腻的雕工，相映成趣。

常家大院的木雕，有宅第中的窗户木雕、屏风、门框、家具和隔扇木雕等，图案千变万化，姿态各异，木质各式各样，恰似展览木雕，使游人目不暇接。不过木质难保存，破坏相当严重。

常家大院是儒商建筑的代表，室内布置十分讲究，处处表现出书香门第的稳重古朴、匀称适宜。室内的文房四宝、琴棋书画、山水盆景、奇花异卉，和其他晋商宅院不同。作为儒商宅院，独树一帜，让人耳目一新。

历经300余年，常家大院的破坏程度是很大的。鉴于开发晋中商业文化旅游的需要，政府正拟逐步恢复古建筑原貌，按照儒商的特色进行室内的陈列设置，为晋商文化旅游再创佳债。

乔家大院

【名宅概观】

乔家大院在祁县乔家堡村正中。它是一座雄伟壮观的建筑群体，从高空俯瞰院落布局，酷似一个象征大吉大利的双“喜”字。整个大院占地8724平方米，建筑面积3870平方米。分为六个大院，里面套20个小院，313间房屋．大院形状很像一座城堡，三面临街，四周都是封闭式砖墙，有三丈多高，上边有了望探口和掩身女儿墙，安全牢固，威严气派。它设计精巧，工艺细腻，充分体现了我国清代民居建筑的独特风格，具有相当高的观赏、历史和科研价值，不愧为一座无与伦比的艺术宝库，被专家学者赞美为“北方民居建筑的一颗明珠”。怪不得游人会这样说：“皇家有故宫，民宅看乔家。”

进入乔家院大门，有一条长80米直直的石铺甬道，把六个大院分成南北两排，甬道两侧靠墙有护坡。西尽头处设有乔家祠堂，和大门远远相对。大院有四座主楼，门楼、更楼、眺阁六座。各院房顶上都有走道相通，用来巡更护院。从外面看，雄伟壮观，整齐端庄；进院里看，井然有序，富丽堂皇，反映了我国北方封建大家庭的居住风格。整个大院，建筑考究，布局严谨，不论是从整体还是局部去观赏都值得玩味，即使是房顶上的140余个烟囱也都各有特异。全院亭台楼阁，雕梁画栋，奇花异草，充分显示了我国古代劳动人民高超的建筑艺术水平，是不可多得的艺术珍品。

大院第一次是在清乾隆二十年（1756年）修建，之后两次扩建，一次增修。第一次扩建约在清同治年间，由乔致庸主持；第二次扩建在光绪中、晚期，由乔景仪、乔景俨主持；最后一次增修是在民国十年后，由乔映霞、乔映奎合作完成。它的建筑，中间经过了近200年。虽然时间跨度很大，但后来的增修和扩建都是按原先的构思进行的，使整个大院风格协调，浑然一体。

乔家大院按传统的叫法，北面的三个大院，从东往西依次叫老院、西北院、书房院。南面三个大院依次是东南院、西南院、新院。南北六个大院的称谓，表现了乔家大院中各个院落的建筑都井然有序。

清乾隆年间，乔家大院坐落的地方，有一部分恰好是乔家堡村的大街和小巷交叉的十字口。乔全美与他的两个兄长分家后，买下了十字口东北角的几处宅地，开始建楼房。主楼是硬山顶砖瓦房，砖木结构，有窗棂而无门户，在居室里面筑楼梯上楼。墙壁厚，窗户小，坚实牢固，是里五外三这种院落。主楼的东面是原先的宅院，同样进行了翻修，用作偏院。还把偏院中的二进门改为书塾，这是乔家大院最早的院落即老院。传说偏院外原来有个五道祠，祠前有两株槐树，长得非常古怪，人们称它们为“神树”。乔家得这块地皮的使用权后，本打算只移庙不移树。后来乔全美在夜间做了一个梦，梦见金甲神告他说："树移活，祠移富，若要两相宜，祠树一齐移。往东四五步，便是树活处。如果移祠不移树，树死人不富……"没有多久，此树便奄奄一息。乔全美怕得罪了神灵，便按照梦中神灵指示的地方，把树移了过去，树真的又活了，而且枝繁叶茂，同原来没有两样。这好像是"真神显灵"，于是又在侧院前修了个五道祠，现在尚存。同时侧院与主院间有一大型的砖雕土地祠，雕着口衔灵芝的鹿及石山等。土地祠额有砖雕狮子四个和如意一柄，隐喻"四时如意"。祠壁上还有梧桐和松树，六对鹿双双合在一起，寓"六合通顺"之意。

乔致庸当家后，为扩大门庭，继续大规模兴建土木。他在老院西侧隔小巷买了一大片宅基地，又盖了一座楼房院，同样是里五外三，形成两楼对峙，主楼是悬山顶露明柱结构。通天棂门，门楼的卡口是南极星骑鹿和百子图木雕。上得走廊，前沿有砖雕扶栏，正中是葡萄百子图，向东走是喜鹊儿登海和奎龙；西面是麻雀戏菊花和鹭丝戏莲花，最上面为木雕，刻着奎龙博古图。站在阳台上能看到整个院落。由于两楼院隔小巷并列，且南北楼翘起，所以叫做"双元宝"式。

明楼竣工后，乔致庸又建筑了两个横五竖五的四合斗院，在与两楼隔街相望的地方，使四座院落正好在街巷交叉的四角，奠定了后来连成一体格局的基础。

光绪中晚期，地方治安不稳，乔家的景仪、景俨为保护自身安危，费了不少周折，花了不少银两，买下了当时街巷的占用权。乔家取得占用权后，堵了巷口，小巷建成西南院和西北院的侧院；东面堵了街口，修建了大门；西面建有祠堂；北面两楼院外又扩建成两个外跨院，新建了两个庑廊大门。跨院间有栅栏通过，并用拱形大门顶为过桥，把南北院相连接，形成城堡式的建筑群。民国初年，乔家人口增多，住房开始不足，因而又置买土地，向西延伸扩张。民国十年后，乔映霞、乔映奎又在紧靠西南院建起格局和东南院相似的新院。但窗户全部刻上大格玻璃，西洋式装饰，采光效果也很好，在式样上大有改观。即使是院内迎门掩壁雕刻也非常细致。与此同时，西北院也是乔映霞设计改建，把和老院相通的外院之敞廊堵塞，同原来的灶房一起改建为客厅。还在客厅旁修建了浴室、"洋茅厕"，增添了洋味。

靠西北院，本有一个小院，是乔家的家塾，故把此院叫做书房院。分家后，乔健想着建一座内花园，从太谷县一个破落大户家买回了整套假山。正要兴建，"七七事变"爆发，日军侵华，工程被迫终止。日军侵占时期，全家外逃，剩下一座空院，仅留部分家人看护。延续至今，乔家大院成了北方民居中一颗耀眼的明珠。

【名宅特色】

乔家大院大门坐西向东，呈拱形门洞，上面有高大的顶楼，顶楼正中悬挂着山西巡抚受慈禧太后面谕而赠送的匾额，上书"福种琅环"四个大字。黑漆大门扇上装有一对椒图兽衔大铜环，并镶着铜底板对联一副："子孙贤，族将大；兄弟睦，家之肥。"字里行间透露着乔家主人的期冀和追求，也许正是遵循这样的家训，乔家经过连续几代人的努力，后来达到了家资万贯、人丁兴旺的辉煌。

大门顶端正中镶嵌一块青石，上面写着“古风”二字。雄健的笔力同这两个字本身所代表的深刻意蕴，相得益彰，耐人寻味。大门对面的掩壁上，刻着砖雕“百寿图”。掩壁两旁是清朝大臣左宗棠题赠的一副意味深长的篆体楹联：“损人欲以复天理，蓄道德而能文章。”楹额是“履和”。这是同乔家一贯所秉承的和为贵的思想是一致的。进入大门，走完长长的甬道，西尽头处是雕龙画栋的乔氏祠堂，与大门遥相对应。祠堂装饰亦十分考究，三级台阶，庙宇结构，以狮子头柱，汉白玉石雕，寿字扶栏，通天棂门木雕夹扇。出檐用四条柱子承顶，两明两暗。柱头有玉树交荣、兰馨桂馥、藤萝绕松的镂空木雕，装饰可谓富丽堂皇。额头匾上写着“仁周义溥”四字，系李鸿章所题。祠堂里原陈列着木刻精雕的三层祖先牌位。

甬道把六个大院分成南北两排，北面三个大院均为开间暗棂柱走廊出檐大门，是为了方便车、轿等进出。大门外侧有上马石和拴马柱。从东往西数，一、二院是三进五连环套院，也是祁县一带典型的里五外三穿心楼院，里外有穿心过厅相连。里院北面是主房，二层楼，且与外院门道楼相对应，雄浑壮观。从进正院门到上面正房，需要连续登三次台阶，它不仅寓示着“连升三级”和“平步青云”的吉祥之意，而且是建筑层次结构的科学安排。

南面三院是二进双通四合斗院，硬山顶阶进式门楼，西跨是正，东跨为偏。中间和其他两院有点不同，正面是主院，主厅风道处有一旁门与侧院相通。整个一排南院、正院供家族居住，偏院则是花庭和佣人宿舍。南院每个主院的房顶上都盖有更楼，而且还配置、修建有与其相应的更道，这样整个大院就连起来了。

乔家大院如此著名，不仅仅因为它有宏伟壮观的建筑群，更重要的是因它在一砖一瓦、一木一石上都融进了精湛的建筑技艺。南北六个大院院内几乎都有砖雕、木刻、彩绘。门的结构也是多种多样，有硬山单檐砖砌门楼、石雕侧跨门、半出檐门、一斗三升十一踩双翘仪门等。窗子的格式有仿明酸枝棂丹窗、栅条窗、通天夹扇菱花窗、雕花窗、双启型和悬启型及大格窗等。房顶花样同样繁多，有歇山顶、硬山顶、卷棚顶、悬山顶、平房顶等，这样一来，形成低的、平的、高的、凸的，无脊的、有脊的、上翘的，垂弧的……每到一处都有不同的美感享受，真是变幻无穷，令人赏心悦目。

木雕

大院有随处可见的精致的板绘工艺和巧夺天工的木雕艺术。雕刻品个个都有它的民俗寓意。每个院的正门上都雕有不同的人物。如一院正门为滚檩门楼，有垂柱麻叶，垂柱上月梁斗子，卡风云子，十三个头的旱斗子，当中有柱斗子、角斗子、混斗子，还有九只乌鸦，都是一流的工艺。二进门和一门一样，为菊花卡口，窗上有旱纹，中间是草龙旋板。三门的木雕卡口是葡萄百子图。

二院正门木雕有八骏马以及福禄寿三星图，又名三星高照图。二院二进门木雕有财神、喜神和花博古。这花博古是一种杂画，北宋宋徽宗命人编绘宣和殿所藏古物，成定为“博古图”。后人将图画在器物上，用作装饰的工艺品，被广泛称之为“博古”。如“博古图”加上花卉、果品作为点缀而完成画幅的叫“花博古”。正房门楼具百子图和南极仙骑鹿。其他木雕还有日升月垣、天官赐福、招财进宝、麒麟送子、福禄寿三星及和合二仙等。和合二仙亦称“和合二圣”，是一种民间神话故事画题。以前通常在婚礼时将其悬挂厅堂，有祝愿吉利之意。

此外，柱头上的木雕亦多种多样。如八骏、松竹、葡萄，寓有蔓长多子、挺拔、健壮之意；芙蓉、桂花、万年青，表示万年富贵；过厅的木夹扇上刻有大型浮雕“四季花卉”以及传统饰纹之一的“八仙献寿”。据统计，该院共存有艺术品300多件，不能一一列举。

砖雕

砖雕工艺更是题材广泛，到处可见。有脊雕、壁雕、屏雕、扶栏雕。如一院大门上雕着的四狮（时）吐云。马头上雕着“和合二仙”，抬着金银财宝。卡圆上雕有兰花。掩壁上是“龟背翰锦”，亦是传统的装饰纹样之一，为六边形骨架组成的连续几何图形。因它像龟的背纹而得名。古时以龟甲作为占卜的工具，视能兆吉凶。古书《述异记》曰：“龟千年生毛，寿五千年谓之神龟，万年为灵龟。”龟用作图案，以示吉祥延年。进入一院大门对面有一大型砖雕土地祠，桐树、雕有松树和蹬于太湖石山上的九鹿，喻示九路通顺。立柱上有四个狮子滚绣球。一院偏院南房墙上有五个扶栏雕，中间是葡萄百子图，表示蔓长多子和富贵不断，剩下四个格子是“博古图”。一院正院马头上雕着四季花卉。二进院马头上则是四果及“暗八仙”。“暗八仙”也是传统装饰纹样之一，是用古代传说中八位神仙手里所拿的器物而组成图案。因画只有那些器物，不画仙人，故称“暗八仙”，含有吉祥之意。

二院大门的马头正面是犀牛贺喜，侧面则是四季花卉。二院正房前面走廊的扶栏雕，从东往西数依次是喜鹊登梅、奎龙腾空、葡萄百子、鹭丝戏莲、麻雀戏菊。东偏院过门雕有四季花卉、四果，加琴棋书画，也是含有吉祥之意。

三院大长廊，马头正面麒麟送子，侧面松竹梅兰，又名梅兰竹菊。中国画正是以梅兰竹菊四种花卉为题材的总称，花鸟画只是它的一个分支。凡此类题材，往往象征高洁的品格和正直、坚强、乐观以及不畏强暴的精神。可见主选者定是一个非凡之人。

四院门楼正中是香炉，其侧面则是琴棋书画。院内“梯云筛月”旁有四狮（时）如意、梅根龙头、四季花卉、花开富贵。并有掩壁，赵铁山书写题字。右边是暗八仙、狮子滚绣球，示平安如意。还有凤凰戏牡、鹿鹤同春。左边为双鱼、戟罄，属吉祥如意图，亦是传统的装饰纹样之一。以古代兵器中的戟、乐器中的罄和鱼纹组成的画面，表示吉庆有余之意。西跨院正房门楼有菊花百子与葡萄，上面扶栏是琴棋书画以及博古图。四个马头正面为四个狮子，侧面为四季花卉。特别是《省分箴》雕和前面提到过的《百寿图》雕一样，都是很难得的艺术珍品。

五院门楼马头是麒麟送子，院内四个马头上是鹿鹤桐松。南正房门楼为菊花百子，中为文武七星，回文乞巧，故名“七夕乞巧图”。七夕乞巧亦为民间神话故事。七夕乞巧图，刚开始是北宋画家侯翼的作品，后来广为流传。

六院东院进门两侧是喜鹊登梅，背面是青竹和“福禄寿”三字。四个马头为暗八仙。正房扶栏中为葡萄，东西各为莲花，牡丹。前院内有“福德祠”，八宝图上有两个活灵活现的狮子以及含吉庆有余之意的图案。

石雕

乔家大院中的石雕工艺虽少见，却也精细。现有几对石狮，形态各异，憨态可掬。有的石狮呈踱步前行状，表现威武、机警、活跃。其雄壮的体态，昂扬的斗志，无一不给人一种生机勃勃、健康活跃的情愫。

还有阴纹线刻，如五院门蹲石狮底座是“金狮白象”，中为“马上封猴（侯）”、“辈辈封侯”、“燕山教子”。南房柱石底垫为“渔樵耕读”、“麻姑献寿”等。六院门蹲石狮石础上有“出将入相”、“神荼郁垒”、“得胜返朝”等线刻，刀纹如新，线条流畅，形象逼真。

彩绘

整个大院所有房间的屋檐下部均有真金彩绘，主要内容是人物故事，有“燕山教子”、“麻姑献寿”、“满床笏”、“渔樵耕读”、花草虫鸟，以及铁道、火车、车站、钟表等各种各样的图案。这些图案，堆金立粉同三兰五彩的绘画各具千秋。所用的金箔，纯度很高，虽然已经经历了长期风吹日晒，至今依然灿烂如是。立粉工艺十分细致，须干了一层再上一层，这样层层堆制，直到把一件饰物逼真的浮雕制成为止，方可涂金。涂金是用人头上的油污贴上去的，因为它太薄了，故必须挑选晴朗无雨无风的好天气，才能进行，可见完成一件图案作品的确不易。另外还有线条勾金、敷底上色，都是天然石色，故可保持经久不褪，色彩不减。

牌匾

乔家大院各个门庭所悬挂的牌匾很多，其中四块价值很高。乔家的三块牌匾，同样值得乔家自豪和感到荣幸。那就是光绪四年（1878 年）由李鸿章亲笔书写的“仁周义溥”和山西巡抚丁宝铨受慈禧太后面谕送的“福种琅环”、民国十六年祁县昌源河东三十六村送给乔映奎的“身备六行”。前两块表明乔家在当时对官府的捐助，又经朝廷大员题词推崇，因此显得非常光彩荣耀。后一块也从一个侧面反映了乔家的一些善举以及对人处事的方法。价值最高的那一块就是明末清初文坛大家傅山亲笔题写的“丹枫阁”匾。“丹枫阁”建成后，傅山给它亲自题了匾，同时，戴廷式写了“丹枫阁记”，傅山还在后面加了跋。《丹枫阁记》的真正含义是：国家灭亡，国难当头，放建“丹枫阁”，用来抒发亡明之后的痛苦心境。傅山在《丹枫阁记》后写湖《跋》中所言：“丹”是指读书的中心，“枫”是戴廷式的字，“阁”是戴廷式读书的地方。故把“阁”命为“枫”，把“丹”字写在前面以示醒目。“丹”表示红色，又表示忠心；“枫”既表示气节，又表示红色，都寄予了对明朝朱家的怀念之情。

各院的门匾亦多姿多态，例如“彤云绕”、“慎俭德”、“书田历世”、“读书滋味长”、“百年树人”、“惟怀永图”、“为善最乐”、“居之安”、“治福多”、“建乃家”、“静观轩”、“梯云筛月”等都赋有深意。

有人说乔家大院是建筑艺术的宝库，也是民俗学的殿堂，这一点都不为过。漫步其间，你的身心会为之升华。因此，来祁县乔家大院一游，相信你会得到很多收获，不论是艺术、科学、文化，还是趣味。

渠家大院

【名宅概观】

明清以来，国内最负盛名的晋中巨商之一，即渠氏家族，它在祁县城内有十几个大院，1000 多间房屋，占地 3 万多平方米，人称“渠半城”。渠家十七世著名的有三大财主：田喜财主——渠源潮、旺财主——渠源浈、金财主——渠源淦。渠源潮的住宅坐落在祁县城内东大街 33 号，在清乾隆年间修建。它占地 5317 平方米，建筑面积 3271 平方米。是全国少有的五进式穿堂院，里面有 8 个大院、19 个小院、240 间房屋。明楼院、统楼院、栏杆院、戏台院巧妙结合，错落有致。悬山顶、歇山顶、卷棚顶、硬山顶匠心独运、形式各异。

【名宅历史】

大院外观是城堡式，墙高 10 多米，高大的拱式大门洞，上面有雕刻精美的跳阁。院内建筑布局巧妙，主侧院层次分明，院落青石奠基，水磨青砖砌墙。院与院之间隔着牌楼、过厅，明楼、统楼远远呼应。石雕栏杆石雕门，工艺精妙；砖雕篆文砖雕景，美观高雅。该院无愧为民宅建筑艺术的佳作，是中华文明的一颗民居瑰宝，是“渠半城”的一处建筑精品。在大院中开辟的晋商文化博物馆，意在弘扬晋商精神，树立“商可富民兴晋”的观念，激发人们振兴山西经济的雄心。陈列展又分为晋商总览、著名商号、爱国义举、巨商大贾、商界盛事、渠氏家族、晋剧渊源七大系列，28 个展室，用原状陈列和系列展出两种方法，运用图片、实物、雕塑、模型等手法，并配置有灯光、电声等现代手段，揭示晋商文化的内涵，再现了晋商的辉煌艺术。渠家大院的原建筑已大体修复，展览内容也将相继增多。

【名宅特色】

长裕川是渠家最大的茶庄，初名长顺川，在清乾嘉时期开办，到现在已经有200多年了。在祁县城内段家巷14号。开始的时候既狭小又简陋，从清光绪年间至民国十几年，才陆续修成现在所看到的样子。现在有四个大院和两个偏院，共有砖瓦房100多间，它的石头、砖、木雕，刻工精细，真是一绝，有祁隹藻书之楷体楹联："立德立言居之以敬；友直友谅尊其所闻。"近年拟把它建为历史名人蜡像馆。

长裕川刚开始主要经营茶叶，后来也贩盐，运销夏布。它的总号设在祁县，分号前后共有10多处。抗战开始后，长裕川在日占区的分号陆续撤销，逐渐由成都分号代理总号辖抗战区的分号，祁县总号成为日军驻地。新中国成立后，渠仁甫捐出了祁县的房产，包括他的书舍和竞新学校的财产。渠仁甫选为省政协委员、人民代表，是一位爱国兴学的三晋名人。

曹家大院

【名宅概观】

太谷曹家大院即三多堂博物馆，在太谷县城西南五公里处北恍村东北角，北与南同蒲铁路和108国道线相邻。它本来是晋商巨富北恍曹家的一处"寿"字形宅院，外观高大雄伟，呈城堡式，在村北独立，与四周低矮的民房有着鲜明的对照。宅院总占地面积10638平方米，建筑面积6348平方米，存有明、清、民国三代的建筑群，陈列着珍品无数，是一处新开发的晋商文化旅游景点。在1995年10月开放，现已成为晋中旅游热点，亦是省级重点文物保护单位。

【名宅历史】

曹家始祖曹邦彦系太原晋祠花塔村人，靠卖砂锅糊口，明洪武年间全家搬到太谷北恍村，耕作为主。到第14代"三"字辈中一个叫曹三喜的独闯关东做买卖，赚了不少钱，当时的"关外七厅"中均有曹家的商号。清兵入关，生意又做到了关内，先在太谷设号，波及全国。到道光、咸丰年间，达到鼎盛，到处都是曹家的铺面，达640多座，资产高达1200万两白银，有雇员37000人，故乡民美其名曰"凡是有麻雀飞过的地方都有曹家的商号"。后来他的生意越做越大，东到日本，西到巴黎、伦敦，北到莫斯科。把国内的茶叶、布匹运往国外，同时引进日本的钢铁，高丽的人参，俄罗斯的金属制品。曹家在山西和蒙古之间走出了一条"茶叶之道"，几可同历史上的"丝绸之路"相匹敌。

【名宅特色】

曹家在鼎盛时，在北恍村建起了一大批规模宏大的宅院，如：五桂堂、怀义堂、福善堂、三多堂等，最具代表性的是以"福"、"禄"、"寿"、"禧"字形建造的四座大院。幸存的“寿”宅院，是曹氏家族中的一个分支堂名，俗称多福、多寿、多男为内容的“三多堂”。这座宅院以富丽堂皇、古色古香的特色把其他几座庭院比照下去。宅院坐北朝南，分南北两部分，东西并排有三个穿堂大院，连接着三座三层17米高的楼房，内套15个小院，现存有277间房舍。整个建筑雕梁画栋，龙楼凤阁错落有致。楼顶还建着三个亭式重楼，飞阁凌空，是曹家护院家丁巡逻的地方，也是主人举杯邀月之所在。建筑造型与古代祭祀用的牛、羊、猪头像如出一辙。如此奇特的创意，为宅院增色不少。

“明清家具展”陈列着400多件明清家具，其中还有用92块天然花纹大理石镶成的“百寿大屏风”，它为世所罕见之作，其后有上下各50个“寿”字形以及三代帝王师祁藻摘录古代17位学者启导告诫后人的文章。100个寿字和文章都是用阴刻手法刻在它上面的，又涂了金粉。有“螺钿镶嵌贝壳镜”，用天然贝壳雕琢上民间吉祥图案和“福禄寿”三星，当你站在不同的角度观察，就会呈现不同的色泽。传言看到的是红色，则会官运亨通，看到粉色则要走桃花运，看到黄色则预示着要发财致富了。还有“寸斤寸金”的“红木半圆桌”，立体造化的“大理石座镜”以及数百件明、清家具。同样亦有“皇家看故宫，民间看曹家”的说法。

三多堂建筑是中国民宅中的一朵奇葩，然而三多堂展出的珍宝则数目繁多。它陈列着四大项目12个内容，数千件文物工艺，数千张照片，再配以绘画、书法、模型及现代化的灯光、音响效果，形象地再现了曹家全盛时期的风采。

“曹家经商史”反映的主要是曹家历代从艰辛创业到创造辉煌以及走向衰落的整个过程。创业始“日出而作，日落而息”；辉煌时期“辽奉蒙俄六百座”，“福禄寿喜四合围”；衰败时“白烟一股瞬息间，千年瓦金落纷纷”，可谓面面俱到，情景交融。

瓷器馆陈列着近2000件瓷器，有掸瓶、罐、碟、碗、盘，大大小小，各式各样，其中也有不少明、清珍品。令人咋舌的是在“珍宝馆”展出的清宫国宝金火车头钟，这是法国给清政府的礼品，用黄、白、乌三种金制成，重84.50市斤，上面有时钟、晴雨表。这件国宝是慈禧太后逃往西安路经北恍向曹家借款的抵押物。另一珍宝是明代大画家仇英临摹北宋张择端的《清明上河图》。卷宽0.45米，长7.74米，其上共有人物1643个，牲畜208头，跟真的相差无几，弥足珍贵。展出的同时还有羽毛镜、商朝白燕古陶、哥窑碎瓷等珍品。许多都是慈禧太后逃往西安路经北恍向曹家借款的抵押物。

此外，三多堂还展出有清代大书法家赵铁山的40余幅书法真迹，太谷宫灯展，根雕艺术展以及太谷县史等展览。

皇　城　村

【名宅概况】

皇城相府是陈廷敬的故居，陈廷敬乃清朝康熙大帝的老师、《康熙字典》的总裁官、文渊阁大学士。皇城相府坐落在山西省阳城县北留镇皇城村，枕山临水、城墙雄伟、雉堞林立，房屋则朴实典雅、鳞次栉比，是一座很有特色的城堡式建筑群。

【名宅历史】

建筑群分为内城、外城两部分，有 16 座院落，640 间房屋，总面积 36580 平方米。内城始建于明崇祯五年（1632 年），有八座大型院落，是明代的建筑风格。尤其是七层百尺河山楼以及附属建筑 107 间藏兵洞，是明代建筑中的珍品，也显示出古老古堡风格。

外城在康熙四十二年（1703 年）完工，建着左右内府、前堂后寝、书院、花园、闺楼、管家院、望河亭等，布局工整、美轮美奂。康熙御赐的“午亭山村”匾额以及对联“春归乔木浓荫茂，秋到黄花晚节香”至今仍完好无缺。

【名宅特色】

整个皇城相府的建筑特点有：依山就势、层楼叠院、随形生变、错落有致、浑厚坚固、古朴庄严。在河山楼内还有井、碾、磨，而且有暗道直通城外，聚甲藏弩、扩城保庄、抵御外侵。

皇城相府的礼制建筑，也是中华民族一笔丰厚而值得研究的历史文化遗产。外城内有大小两座石牌坊，铭刻着“德积一门九进士、恩荣三世六翰林”之功德。同时，还有完整的康熙帝在陈廷敬病重期间和病故后亲赐的御碑，表达了康熙对陈廷敬的敬重。这里，御碑之多、御书之富、保留之完整，均为国内少见。整座建筑反映了明末社会状态及清初政治面貌和宗教信仰，观赏价值和研究价值都是极高的。陈家从陈廷敬的祖父起兴盛五代，败落后，故居又先后迁入 1000 多户村民。

从 1998 年 5 月以来，当地政府动员村民迁出，并筹资对建筑群进行了修缮。同时，根据史书记载恢复了一些建筑原貌，并对环境进行了整治。皇城村先后成功地举办了“名相陈廷敬暨皇城古建学研讨会”、“皇城相府首届文化艺术旅游节”，它越来越引起了人们的广泛关注。

晋城皇城村陈氏宗祠

【名祠简介】

皇城村的陈氏宗祠，非常独特，首先从这个村子的独特之处说起。

【名人故事】

皇城村位于山西省的东南部晋城市，在阳城县东北20公里的地方。此地历史悠久，文化灿烂丰富，山川灵秀，人文荟萃。官宦陈氏家族就在此地兴起。从明朝弘治到清乾隆时期的公元1501—1760年这260年中，陈氏家族共出贡生41位、举人19位，9位进士，6人入翰林院。在宗祠的堂柱上悬挂对联“德积一门九进士，恩荣三世六翰林”。在这些人中，38人赴全国各地为官，多人政绩显赫，廉洁清正。尤其在清康熙、乾隆年间，有16人做官，出现了父翰林、子翰林、父子翰林，兄翰林、弟翰林、兄弟翰林的盛况，这一家族是明、清时期的一文化官宦巨族，其中最显赫的是清初顺治十五年（1658年）中进士，由翰林院庶吉士、日讲起居注官、侍讲学士、内阁学士、礼部尚书、工部尚书、户部尚书、刑部尚书、吏部尚书，直到1703年拜文渊阁大学士的陈廷敬。陈廷敬生于1638年，卒于1712年，字子端，号说岩，晚号午亭，是一位深受康熙皇帝赏识和尊重的人才，康熙皇帝曾亲自赐联、赐诗、赐字，在花甲之年还为他御书匾额“午亭山村”和对联“春归乔木浓荫茂，秋到黄花晚节香”。康熙五十一年（1712年）陈廷敬去世时，康熙帝特命皇三子诚亲王胤祉率领满汉文武大臣前去祭奠，还御赐挽诗，其中“世传诗赋重，国典玉衡乎”是对他的高度评价。祭奠完毕之后，还特派礼官护丧归葬故里，今天皇城村旁，还立着康熙皇帝与许多臣僚的碑文。

陈廷敬不仅在做官方面受到康熙器重，更重要的是其道德文章的才华水平甚高。他曾作为康熙的老师，还被康熙委以重任——编纂重要的文化巨著《康熙字典》与《佩文韵府》等巨著。这些都是康熙用来宣扬其文治武功的资本，也难怪康熙如此器重陈廷敬，拜文渊阁大学士，为陈廷敬赐诗、赐字、赐联，等等。

这座村子与一般的山间村庄完全不同，它的四周围有高大的城墙，城墙之上砌有女墙，森严高大，其中一些部位要高于故宫紫禁城的城墙。陈廷敬所建外城竣工时，康熙皇帝曾为之题匾、题联以表恩赐，而且城墙如此之高大雄伟，故人们称其为皇城。也有因其城墙略呈黄色而称其为黄城的，事实上是一座由高大城墙围护的高规格官邸建筑群。皇城共有内外两重城，内城被称做“斗筑居”，于明末崇祯六年（1633年）由陈廷敬的伯父陈昌言所建。外城与内城西面紧靠，为陈廷敬所建，在康熙四十二年（1703年）建成，名为“中道庄”。城中主要为陈廷敬的府第，还有冢宰第、大学士第等称呼。内设有书房、小姐院、花园、管家院等。宰府大门外是功德牌楼、南书房、状元桥、花园、八卦亭、飞鱼阁、止园书堂等旧时陈氏家族生活的地方。

地位如此显赫的一个大家族，自然也少不了建一祠堂用来宣扬祖先功德，承继祖先功业，保佑子孙继续繁昌。

【名祠巡礼】

宗祠位居皇城中的重要位置，前面是一条依山而筑的巷道，两旁分列着早期四合院主体建筑。步上台阶，一座比例雄浑、出檐深远的垂花门式牌楼映入眼帘。牌楼门是单间二柱悬山顶形式。檐下柱头各二，斗拱四攒，平身科两攒，承袭明末清初风格。斗拱九踩，为清式建筑规格。这在京城王府中也很少见。斗拱之下为花门，前后出重，额枋之下又是五踩斗拱两攒。门楼正中，悬挂陈氏宗祠匾额。七级石台阶两侧，安置两重石狮，石狮与两侧门墙紧靠，坐着与高大须弥座对峙，增加了大门入口的气势，并衬托得雄伟壮丽。步入牌楼门，即到宗祠的祭祀正殿，是面宽三间带前檐廊的厅堂式建筑，屋顶为单檐悬山式。檐下五踩斗拱，每间只有一攒平身科斗拱，看上去简洁疏朗。在祭殿前正中门柱上，挂对联一副，上联是“德积一门九进士”，下联是“恩荣三世六翰林”。据建筑形式风格与对联的内容形式来推断，建筑应在对联之前。进入祭殿，迎面石台上，是专门为陈昌言、陈廷敬等显宦人物所设的牌位。

在祭殿旁一房屋中，陈氏先人的画像与260多年陈氏家族的世袭表陈列于此，有一间专门为陈廷敬开设的专室陈列，从中可知道一些关于这一文化官宦家族人物的情况。

在祭殿前院有一不为一般人所注意的小石碑镶嵌于右侧墙壁上，碑刻虽不大，但内容相当重要，很有参考价值。

郭　峪

【名村概观】

郭峪村位于阳城县北留镇，属唐代建筑。现在有明代民居40户；明崇祯十一年（1638年）修建的蜂窝城墙，高20米，宽5米，长1400米；元代修建的汤帝庙，还存有20米高的挑角戏台以及少见的九开间大殿。郭峪村的现存古建筑得到了全国著名专家学者的高度评价。

在这个五六百户的山村里，明清两代共出了18名举人和15名进士。在村落户宅的建筑上也体现了儒家的礼制观念，有着深厚的文化底蕴和很高的历史文化价值。郭峪村也是闻名远近的小康村，工农业总产值达7000多万元。近十多年来，全村老年人在苍龙岭共种树60多万株，多次受到省、市表彰。

郭峪城

明崇祯十一年（1638年），为了防御农民起义军，村绅修建了郭峪城。这年农历正月十七动工，十月完工。城高12米，阔5.3米，城周1400米，城内面积17.9万平方米。450个城堞，东、北、西城门3座，另有一座东水门，有窝铺18个，敌楼10座，转角有木亭。为了辅助城墙又增建窑洞，一方面可以方便居住，另一方面可便于防守。窑凡三层，共628眼，故被称为蜂窝城。城墙上安置有数十门城防铁炮。城内居民多住着明末建筑，城中心建有一座七层豫楼，相当显眼。

郭峪城风雨飘摇了300多年，城墙残的残，破的破，民国年间范月亭任村长，对城墙进行了大规模的修整，维修后，墙墙齐整，城上四周可以骑马通过。土地改革时，城窑分给村民个人。新中国成立以来，村民建房，村里搞公共建筑，都拆用城窑城墙砖石，郭峪城再度受到严重破坏。1994年，村里投资30万元，对城东门右侧一段城墙及城上的奎星阁、菩萨阁进行维修。郭峪城现在被列为市级重点文物保护单位。

汤帝庙

俗称大庙，在西城门内，址高28米，是村子里的社庙。在元至正年间（1341—1368年）创修，明正德年间（1506—1522年）扩建，嘉靖年间曾毁于火灾，在万历年间修复，清顺治九年（1652年）又进行了维修。全庙分上下两院，上院前沿有石栏，中间有石梯。北面为正殿，面宽九间，进深六椽。有三间东西殿，角殿三间。下院东西两面是两层楼房，各有10间，上为看楼，下为住房与客房，南面上是戏台，下为山门，两旁又分别有角楼作为储藏室，门外西边是钟鼓楼。旧社会这个庙是村社活动场所，村内重大事情都得在这里作出决策。民国年间，村公所就设在这个庙里。范月亭任村长时，曾在这里禁烟禁赌。新中国成立后，曾在此设立村、乡公所、大队部、保健站等。

豫楼

位于村子中央，在明崇祯十三年（1640年）修建，亦是防御农民起义军的军事建筑。楼宽7.5米，长15米，高30米，共有七层建筑。底层墙厚2米，随楼层递高逐级递缩，直至第七层，墙厚0.8米。第一层为暗层，系单孔砖拱窑。里面设置有石碾、石磨、水井、暗洞，暗洞通过石门，进入暗道，暗道由砖拱成，共两条，都可通向城外。第二层是由五孔砖窑构成，朝东正中门额上镶着泽州庠生王珩亲笔所题“豫楼”二字，有四个炮眼。三层以上，都是梁檩木板盖顶。七层以上四周是砖堞。砖堞之上，又起檐封顶。楼顶四角，挂着四个铎铃，在风中呼呼作响。楼四角垂直，四墙平展，数百年依然风采如旧。

娘子关村

【名村概观】

天下第九关娘子关，在平定县城东北45公里的地方，原名苇泽关。关于娘子关这个名字的来历，有以下两种说法：一是说唐高祖李渊之女李世民之妹平阳公主统领娘子军在此设防而得名；另一说为此处有妒女祠，祀介子推之妹，据说有妇女艳妆而过，必然雷电交加，娘子关因此而得名。现在该祠已经被废，唐时有一个人写了《妒女颂碑》，在山西省博物馆内收藏。娘子关在河北、山西两省交界之处，是晋冀的咽喉要地，亦是长城的著名关隘，有万里长城第九关的称号，是历代兵家必争之地。现有关城是明嘉靖二十年（1542 年）所建。古城堡傍水依山，居高临下，建有两座关门。东门是用砖砌成的一般城门，额题“直隶娘子关”，且上设有平台城堡，好像是用来检阅兵士和瞭望敌情的。南门高楼巍然耸立，青石筑砌，坚固厚实。“宿将楼”巍然屹立于城门上，据传言是平阳公主聚将御敌的地方。门洞上额写着“京畿藩屏”四字，充分说明了娘子关的重要性。关城东南侧长城依附在绵山之上蜿蜒盘旋，巍峨挺拔。城西为终年不息的桃河水环绕着。险山、河谷、长城，一道天然屏障在晋冀间筑起了。此外还有承天寨、老君洞、妒女门、烽火台、点将台、洗脸盆、避暑楼等十余处景点，相传是当年平阳公主驻防时所建。

【名村特色】

娘子关的另一诱人之处就是这里山清水秀、风景宜人。“娘子关瀑布”有百尺之长，顺悬壁而下，形成了一幅壮丽的“水帘瀑布”图。瀑布旁还有水帘洞、趵突泉等景点，美不胜收。这里家家流水，处处涌泉，美景无处不在。古往今来，不知有多少文人墨客接踵而至，留下了多少脍炙人口的诗篇。比如有这样两则对联：“雄关百二谁为最，要路三千此并名”，“楼头古戍楼边寨，城外青山城下河”。

平遥古城

【名城简介】

平遥古城位于山西中部汾河西岸，太原盆地南边。这里有四大街八小街七十二条蜿蜒巷道，一排排青砖灰瓦老房子，还有古朴的四合院以及别具一格的地上窑洞，更有耸立在街市中心的金井楼……

【名城历史】

平遥古城的历史可以上溯到2700多年前的新石器时代，那会儿人类已在这里留下了足迹。相传这里是帝尧陶唐氏的封地，故又称为古陶地。公元前 221 年中国实行“郡县制”以来，平遥就一直作为县治所在地延续到现在。

千年古城蕴含着深厚的文化：不论是古城、古巷、古建筑，还是一砖、一瓦都是中国汉民族城市在明清时期的杰出范例。它见证了晋商辉煌的历史变迁，同时也是世事沧桑的珍贵说明。1997 年岁末，这座魅力独具的古城跨入了联合国“世界文化遗产”的行列。漫步于这座千年古城，我们似乎看到它昔日辉煌一时的风采。

【名胜古迹】

四方城墙锁炊烟

平遥古城是我国保存最完整的一座明清古县城原型。城墙平面为方形，周长 6 公里，东西北三面城墙，而南面因为是沿着中都河建成的，所以弯弯曲曲。墙高10米均为方直，底宽8～12米，顶宽3～5米，把整个城镇严严实实地围住。墙身用素土夯实，外部用砖石砌筑，墙顶外筑两米高的垛口墙也就是挡马墙，里面是女儿墙。在墙周围每隔100米有一个突出的敌台，台上筑一座敌楼，共有敌台72座，垛口3000个。城墙四角都建着重檐歇山顶的角楼，气势威严。

城墙共有六道城门，南北分别有一道，东西分别有两道，每道城门都建有方形的重门瓮城，瓮城侧面开门，当敌人入侵时，把内、外门关上，便起到了“瓮中捉鳖”的效果。六道城门的名称十分考究。北门现在挂着“拱极”的匾，这是清康熙帝命名的，其实明代悬的是“洗戍”。因为北门地势在全城而言是最低的，城内的积水都从水门的大通道排出，便有了“洗”这个词。“戍”乃防守、守卫之意，“洗戍”两字同时也正好应了杜甫的那首诗：“安得壮士挽天河，净洗甲兵常不用”，也有呼唤和平之意。北门偃武，南门修文。“迎熏门”与《诗经》中的“南风之熏兮，以解吾民之愠兮”相贴合，并承受了尧舜淳朴民风的熏陶。东西四门和瓮城双双相对，正东门上写着“太和”，典出《易·乾·象辞》：“保合大和，乃利贞”。正是阴阳会合之处，紫气东来之祥。《汉书·叙传》中：“是以六合之内，莫不同源共流，沐浴玄德，禀仰太和。”正好印证了上东城门之名。下东门曰“亲翰门”，蕴含着儒家“民本”思想。上西门曰“永定”，顾名思义，取永远安定无忧之意，下西门“凤仪门”，正是凤凰来栖的祥瑞。

登上城门，极目远眺。虽600年过去了，当年刀光剑影、鼓角争鸣已黯然消退，但抹不去的是城墙上那一角沧桑。明洪武三年（1370年）修建的平遥古城墙，是中国历史上最早、规模最大的县城砖土城墙。它防御了兵匪骚扰，使得城内居民安居乐业，同时也成就了平遥近代发达的金融中心地位。

四合院

城门之内是古民居和古巷道。古城之内有四条主要大街：东大街、南大街、西大街、北大街，四条街各连接着四方的城门。街道两侧是明清传统的商业店铺和民居。在这小小的2.25平方公里的城池中，就拥有传统四合院民居3797处，其中保存非常完整的四合院就有400多处。历史上那些“晋商”经商赚了钱回家乡所做第一件事便是修建一幢好一点的房屋。这些民居大多是单坡顶，外墙有七八米高，房顶向着院内。另外平遥民居一般外墙上开窗是罕见的，窗户一般朝着院内。大概是取了保财气的说法，加上防盗的功能更增强了人们的心理安全感。若想房子通风，也只是从外墙上开一个八边形的小口，八边取八卦之意，起镇邪之效。门窗绝对不会有十扇，因为“十扇”同“失散”同音。建筑色调之所以是灰黑色，也是有说法的，阴阳五行中黑色属水，水象征财富。

这里的民宅很有特色，地上窑洞与木砖结构的四合院完美结合。四合院中的正房多是砖拱窑。正房窑洞上的风水楼和影壁更是风格独特，无愧全国窑洞中的最上品。建筑的细部处理亦十分精细，正房门廊精美的雕花雀替、卷云、梁云，都让封闭的四合院充满了温馨之感。

南大街

南大街是平遥古城中最著名的大街。南大街全长440米，集中着明清两代原汁原味的商业店铺，当年名声远播的晋商在这里发祥聚集，这里也就被称为“明清街”。虽历经沧桑，但依然向世人倾诉着它昔日的光彩。

古城中心，南大街上跨街而立的古老市楼“金井市楼”最引人注目。金井市楼高18.5米，底部通车，上为两层，三重檐歇山顶。市楼底层用木柱支撑，柱子上梁架着斗拱还涂有彩绘，底层檐下正中悬着“金井古迹”四字的一个匾。市楼比城中其他建筑高。屋顶是黄绿相间的彩色琉璃瓦，镶嵌成南“喜”、北“寿”图案。同民宅的灰黑匾顶相比照，更显出它的色泽艳丽、金碧辉煌。

市楼最早是为了“俯察百燧”管理市场而修建的一种楼阁，后来便演变成了一种装饰性建筑。它最早出现在汉代的长安城。在清康熙二十七年（1688年），金井市楼进行了重修，300多年之后风采依旧。楼阁四周围栏有11块清代石碑，楼上室内的神龛，南面供关圣大帝，北面供观音菩萨，西北角有一“魁星爷朱笔点状元”的塑像，东西墙是清代壁画，做工细致，别出心裁。

站在古市楼上凭栏远望，远处隐隐约约能看到的是山，近处巍峨挺拔的是高墙。城中把南大街作为中轴，两侧对称分布着左城隍、右街署，左文庙、右武庙，东道观、西寺庙，这该是封建礼制中“左文右武”布局的最好范例。

县府街门是城中规模最大的建筑群，占地2万平方米，是全城政治中心。平遥县衙面南背北，沿中轴线一字排开，依次是衙门、仪门、牌坊、大堂、宅门、二堂、内宅、大仙楼。东西厢设吏、户、礼、兵、刑、工房，院东从南向北依次有钟楼、土地祠、鄚侯庙、粮厅、花厅，院西有申明亭、女狱、重狱、轻狱和公廨房、洪善驿站、督捕厅及阎王殿等建筑。县衙最早修建的年代现已无从考证，我们现在所看到的建筑都是元、明、清时期遗存下来的，明代时四次大规模增建改筑，清顺治与光绪时也都曾补修添建，才会有如今的规模。

大仙楼是县衙中保存最早的建筑，它是平遥县衙中唯一的元代建筑。游览于县衙之中，你会为这完整的形制所感叹，这种礼制的规划程式体现了封建社会最基层政权的庄严气势。

规模仅次于县衙的城隍庙是由牌楼、山门、戏楼、献殿、城隍殿、寝宫组成，再加上灶君庙、财神庙分置两侧，左右相通，形成了“三庙一区”的独特风姿。城隍庙正殿神龛内供奉着平遥显佑伯城隍神，这城隍其实是城池中“护廊佑民”、“鉴察阴阳”的守护神。

双林寺

平遥古城的遗产界定清单目录里面，也肯定少不了它——地处古城之外的双林寺。

双林寺位于城西南6公里的地方，原名“中都寺”，因平遥历史上曾有一县名为中都县而得名。北齐武平二年（公元571年）对这座寺院进行了重修，从这个时间算起，亦有1400多年历史了。宋代时取佛祖释迦牟尼涅槃之地“双林入灭”之说而改名“双林寺”。寺院中宋碑、唐槐、明钟及古建、壁画、彩塑十分珍贵，而寺中2000多尊彩绘泥塑更算得上是罕见的珍宝。这些彩塑神态各异、气宇轩昂，当年是用一种黏性很强的红胶泥雕塑而成，至今仍完好。如此修建精美的寺庙，博得了“东方彩塑艺术宝库”的美称。

城东北的镇国寺创建于唐末五代的北汉时期，原名“京城寺”，明嘉靖十九年（1814年）改为“镇国寺”。万佛殿是寺中的精华，有千年瑰宝之美称，此殿建于唐末五代的公元963年，这座木结构建筑历经千年而且保存如此完好，真是中国古代建筑技术的大奇迹。据县志记载，1000多年间平遥曾发生过几次大地震，但万佛殿毫发无损，其结构的独到之处堪称我国乃至世界古代建筑史的不朽之作。

票号

平遥街巷随处可见当年繁盛商市的痕迹。余秋雨先生称日升昌票号为中国各式银行票号的“乡下祖父”，它就在此地诞生。平遥票号从日升昌票号创立之后的180多年间，凭借它的雄厚实力一度成为全国金融之牛耳，创造了凝聚晋商文化之精髓的平遥票号文化。一批功用与建筑艺术相统一的票号建筑，成为到达平遥古城后必去之处。

日升昌旧址坐落在古城西大街南侧。如今它已是中国票号博物馆了，仍按原来的规制布局。旧址占地1400平方米，拥有建筑21座。5间门面正中悬挂着清代嘉庆末状元陈沅亲笔书写的“日升昌记”金字牌匾。前院有一进院、二进院，中间用短墙门隔断。一进院设有柜房，二进院是信房、账房。从西柜房进入金库，便可看见中国早期保险柜原物和地下金库。不过这个金库只存放日常所用的少量银子。至于大金库的存放地方，至今无从知晓。

说了很多平遥建筑和金库票品，再来谈谈平遥风味名吃——平遥碗脱。碗脱是平遥的传统食品，用白面粉制成。相传1900年慈禧西行路经平遥，品尝之后夸赞不已，被封为御膳，从此平遥碗脱声名远播。此外还有平遥牛肉、黄酒、推光漆器、彩色泥塑等特产，在国际上享有盛名。无论是美食特产，还是明清民居、古建筑、古街巷，都为平遥赢得了“中国古建筑的荟萃和宝库”的美称。

灵石静升镇

【名镇简介】

晋商大院与徽州民居、福建永定土楼有着同样深厚的历史文化底蕴，自明清以来就以它独有的民情风貌和重商之风，成为晋中村落中的精华所在。曾经一度辉煌的晋商家族为了让子孙后代拥有一处舒适的归宿，不惜重金营建了一处规模宏大的堡垒式大院，形成豪华的村落形态。

【名镇历史】

灵秀奇丽的灵石小县，位于山西晋中的太岳山下，流淌的汾河水承载着丰厚的文化积蕴。灵石县因一个传说而得名，相传隋文帝北巡途中，一尊铁陨石从天而降，落入县城中。隋文帝闻之便以石立县，这才有了“灵石”之名。也不知道是什么时候，在这块陨石上立起了一座“灵石亭”，八柱八角，成为了灵石县的标志。绵山、汾水环拥着一个古村落，它便是灵石县静升镇。

灵石静升是一个充斥着传统文化色彩的山庄古镇，传统艺术无处不在。每一幢建筑、每一个雕刻都寄予了主人理想的追求。灵石的“四大家”曾显赫一时，其中静升王家就与两渡何家、蒜峪陈家、夏门梁家齐名。最值得我们驻足观赏的就要算被冠以“华夏第一民居”之美称的灵石静升镇王家大院了。独特的“王”字形建筑构思，精美绝伦的“三雕”艺术，都是艺术珍品。

静升拥有悠久的历史。新石器时代的彩陶遗址充分证明了在远古时代这里就有先民繁衍生息，商代古墓群出土了大量青铜时代的彝器文物，大批元代建筑更是规模宏大。这些元代建筑大部分都是王氏家族修建而成。元代仁宗皇庆年间，发源于太原的王氏宗祖王实迁徙至灵石静升，宗支繁衍，逐渐形成了晋中望族。寒门出身为人忠义的始祖王实勤劳耕植，到明代王氏耕读传家，人丁兴旺，手工业的发展使王家崭露头角，成为晋商中著名的一员。后代王家子孙因重义气讲信用，形成了从山西至内蒙古、河北、山东的贸易通道，家资越积越雄厚，到康熙初年就成了巨商大贾。当年康熙大设千叟宴时，年过七旬的静升老翁王谦奉旨赴宴，从当时受赐的龙头拐杖中，静升王氏家族的显赫地位可窥一斑。

王家发迹之后，便批下重金建造豪宅。或许是为了防御战乱，或许是因灵石自古便是军事要地，村北高坡上建有一足够控御整个村庄的高墙围护的堡垒。这种独特的堡垒加上横贯东西的五里街巷，形成“九沟八堡十八巷”的民居建筑格局。从长街依次北上的九道沟一条一条在北山黄土高原的凤凰台、鸣凤台、栖凤塬、凤鸣岗相聚集，并将八座堡垒民居映衬出来。这“八堡”是崇宁堡、朝阳堡、视履保、恒贞堡、拱极堡、和义堡、凝固堡、红门堡。清康熙年间，在静升老街第一次建起了“拥翠”、“锁瑞”两巷，乾隆年间又修建了钟灵巷。雍正年间建有崇宁堡，乾隆时又兴修了红门堡、拱极堡、和义堡。静升王氏家族修建的最后一组大建筑群是视履堡，也就是高家崖区。

深宅大院

被誉为“华夏第一居”的王家大院是晋商大院中最能引人入胜的建筑群。它有5000年中华文明的传统，是清代居民建筑中的极品。总面积为15万平方米，有大小院落55座，房间1000多间。

王家大院分为东、西两部分，虽然大院是两部分却因两者处在同一水平线上，所以分别被称为东堡院和西堡院。东堡院为高家崖建筑群，西堡院则是红门堡建筑群，两堡之间用一座石桥相接。高家崖内三进式的四合院里，每院都有祭祖堂和绣楼，形成一个闭合的空间。四周墙门皆在，大小院落珠联璧合，承接了西周形成的前堂后院多进庭院建筑风格。主体建筑为中轴对称型，院中套院，门内有门，还配有书院、花院、厨院、围院。和东堡院隔桥对峙的西堡院即红门堡建筑群，背北面南，城堡中一条纵向的主街与三条横向的小巷纵横交错，形成中规中矩、四正方圆的全封闭堡垒式建筑。登楼远眺，一个活脱脱的“王”字映入眼帘，巧妙的建筑构思，真是令人佩服。在王家大院正门口东西两旁各有一口水井，一个井水甘甜，一个井水味苦，表示着“忆苦思甜”的道理。井上木柱架起一个别致的井檐，灯笼高高地挂在檐顶上，其上一条美轮美奂的苍龙。高翘于檐角的龙头见证着王家大院甚至整个晋商的兴衰。

放眼远去，大院背部是层峦叠嶂、绵延千里、高低起伏的绵山。近处一群一片的红墙青瓦的小院，尽管没有宫廷建筑的雍容华贵，但王家发达后步步高升，仕途得意，步入官场，也不失官僚士大夫门第的高雅情调。另外在王家大院中还可以看到许多表达文人士大夫清正廉洁高尚品格的“岁寒三友”、“四君子”等书法、绘画、装饰艺术相结合的斗拱、雀替、栋梁、照壁、墙基石、匾额、屋顶等，任何一处都含有醒目的造型装饰。

“三雕”艺术是王家大院最闪亮最耀眼的建筑艺术之星。独具匠心的木雕、砖雕、石雕糅合在整个建筑群中，高贵典雅，渗透着浓郁的儒家思想和东方文化的神秘。当踏入王家大院那一刻，您就能够感受到“梅兰菊竹”等雕刻艺术的魅力，就算是再小的土地祠中也雕刻有松竹梅的图案。东堡院大门的额枋上雕有琴棋书画“四艺图”，四周映衬着菊花、牡丹等图案；西堡院偏门额枋则雕着云和苍龙，院内的石雕风景照壁描绘着一片行云流水的江南景色。最吸引人的要数柱础石，它是柱子下端防潮防腐、承受重物的石墩。不论鼓形、瓶形、瓜形、六面形……上面都搭配了栩栩如生的杂雕：佛家八宝、民间八宝、道家八宝。这些反映清代官僚士大夫精神文化和文化程度的建筑艺术，把清代“纤细繁密”融合在一起，充分显示了汉民族文化的审美价值和精湛技艺，实在是中华之绝唱。

庙、祠

文庙是静升最值一提的元代建筑。历经700多个春秋，静升文庙仍高高耸立。四进的庙院由大成殿、崇圣殿、尊经阁、魁星阁等组成。院内立有附属建筑文笔塔与一座鲤鱼跃龙门午壁。午壁7米高，10米长，1米厚，都是用石雕双面镂刻而成。这样巨大的石头上刻有许多鲤鱼的图案，有一条破浪而出，恰在飞跃龙门那一刹那，鱼头突变成龙头，时间的凝固形成了看见头看不见尾的龙头鱼尾雕塑，让人充满了无限的遐想。起伏有序的波纹如袅袅炊烟，一尾鱼鳞露出水面，波纹鱼纹连接着。千变万化的云彩中点点镂刻的空洞，使得朵朵飘云伴随着无限星光。波光与星光互相映衬，充满了扑朔迷离的神奇。这座午壁尽管不能与大同、北京的琉璃九龙壁的绚丽多彩相比，但较它们早一个朝代，刀法的精湛、气势的朴素浑厚，堪称民间石雕的荟萃。

静升规模最大的、建筑最考究的应该是王家祠堂，遗憾的是时代巨变目前已物是人非，现在只留下一座戏台。静升牌坊现在也只有王家大院南坡下的孝义坊、孝义祠。孝义坊是乾隆年间遵皇命建造的，都用青石雕制而成，石梁、石柱、石底、石顶、石脊、石兽、石斗、拱石匾额。牌坊7米多高，宽约14米，顶上的“孝义”二字是清代书法家、内阁学士翁方纲所提辞。底部是10头石狮，生动逼真。在4根石柱上分别有4副楹联，字体有的楷，有的篆，深沉古奥。孝义坊北部就是嘉庆时所建的孝义祠，分为上下两院，正屋祭祀祖先，南面的小戏台同祭祖堂相对。在祠堂中有许多引人注目的楹联，每一联都清晰雕刻着对过去时光的记忆。

不管是孝义祠还是孝义坊，全是为纪念王梦鹏建造的。王梦鹏从小特别孝顺，勤恳好学，扶贫济困，以祖德策励子孙，深受同乡百姓敬仰。在他过世后，东阁大学士刘墉尤其在挽诗中以“志节独垂千古后，操持只在五伦中”悼念。这些祭祀的特殊建筑，成为标表静升孝与义传统伦理道德的辉煌篇章。

丁　村

【名村概观】

丁村是坐落在山西省南部襄汾县里的一个自然村落，它代表丁村文化的旧石器时代遗址，也有北方民居典范的建筑。丁村是唯一一座被列入国家级民居文物保护单位的村落。

丁村西临汾水，东靠塔山，一望无垠的黄土是它的最闪耀特色，但是这里却是一处引人入胜的地方。丁村在历史上没有什么史诗佳话，但远古人类在这里却为我们留下了记忆他们的遗迹。这个自然村落拥有我国最具代表性的旧石器文化遗址，晋中南汾河流域的原始居民留下了众多的文化遗存。

【名胜古迹】

丁村在修建临汾机场的挖砂工程中，从村中的古代河流沙砾层中，发掘了3枚古人类的牙齿化石、2005件打制石器，以及同时期的28种哺乳动物、5种鱼类、30种软体动物化石。所以这片苍凉而深邃的土地上的古人类获得了“丁村人”这个响亮的名字。这些化石至今约有10万年之久，这一个消息震撼了世界，也让这个偏远的小山村举世闻名。

埋藏年代已久的丁村石制品，有石核、石片和石器三大类。它们是丁村人打猎的武器，它描绘了丁村人惊险原始的生活图景。丁村遗址的发现是我国旧石器考古史上的一座里程碑。它作为这个区域文化体系中的关键环节，起着继往开来的作用。

距今10多万年前的人类活动遗址在丁村茫茫的黄土层下面，但在土地之上，仍然是保存完好的古老的明清民居。它们是中国北方汉民族典型的四合院式建筑，因为大都是姓丁的人聚居在此而得名。丁村民居最早的建于公元1594年，最晚的建于民国年间，历时将近400年。由于地势处于偏僻山区，汾河河谷交通又不发达，使得这里很少有兵乱灾祸，这片民居得以完好保存，有40余座还被列为国家重点文物。

我们可以随处发现除了遗址以外的许多文物，就连老太太手中的陈旧青瓷碗没准就是价值连城的珍贵遗产。民居中的任何一砖、任何一瓦都有着黄土地赐予的痕迹，岁月的沧桑四处可见。民居群由东北向西南方向慢慢地延伸，布局了北、南、西三个大院，建筑年代也大概分为明朝、清朝早中期和晚期。清代建筑规模要比明代建筑高大宏伟，天井也深很多，明代的四合院到清代就变成前后两套院。不管是明代建筑还是清代建筑都有一个共同之处，都是先竖立木柱，后砌砖墙，最后盖直檐式的大屋顶，房子上方用木板隔一个夹层，存放杂物与粮食。院内的东西厢房是住房，南北厅房主要为祭祀和社交活动提供场所。因为宗族支系的发展繁衍，院群坐落的时代差异也就特别明显。村落民居全是凭村中心的明代建筑观音堂为首，凭丁字小街为经纬，分布在北、南、西三方，相互交错。

虽然丁村民居地处交通不发达的偏僻晋中，但文化功底的表象却十分精美，雕刻艺术可以说是一流的。在民居建筑的每个地方，都能找到众多的木、石、砖雕，尤其是木雕，到处都是，斗拱、雀替、栏额、窗棂、影壁无处不点缀着无与伦比的雕品，柱础、阶石、门墩上也被装饰得大方美观。浮雕、阴雕、阳雕，艺技不同，人物、鸟兽、花草、单幅雕、组雕、连环雕，犹如鬼斧神工。丁村如此精湛的雕刻技艺，传说是与北魏灭凉时大批在河西走廊雕刻石窟的工匠东迁到这里有紧密联系。石窟工匠把他们的精湛工艺传了下来，一代一代地延续，形成了不仅有北方浑厚大气的风格，也含有南方精巧细腻的气质。雕刻的内容也相当丰富，有民间故事《司马光砸缸》、《鹬蚌相争》，有显示忠孝节义的传统戏曲《单刀赴会》、《五神临门》、《松竹梅》等，均是构思细致，独运匠心，活灵活现，为古色古香的建筑增添光彩。

丁村民居是我国北方汉民族四合院建筑的典型，体现了晋南地区汉民族的心理、爱好、信仰，以及习俗，为研究传统建筑民俗提供了宝贵资料。它们大方精美，由生活到礼法，由戏曲到社火，由民俗到治家，寓意深刻，不仅反映了黄河流域淳朴的民俗，并且显示了我国的传统文化。

雁门关

雁门关位于代县城北20公里处的勾注山巅。春秋时置关，南北朝时是北庭三关之一。明洪武七年（1374年），修复古关城，又在关东5公里内新筑关城，且用石砌长城把两处连在一块，夹杂着一些敌楼、烽火台，形成一套完整的军事防御工程。明万历十五年（1587年）大修，清同治六年（1867年）重修。

关城周长1公里多，墙高10米，石座砖身，墙里是夯土。东、西、北三面开门。东门额匾上书着“天险”二字，门楼面阔5间，进深4间，四周回廊，重檐歇山顶，墙垣还设有垛口，门道用青石板铺路。北侧是瓮城，城门额匾书刻“雁门关”。

靖边祠遗址在东门外东侧高地上，是为了祭祀赵国名将李牧而建。有残存的石砌平台、夹杆石、石狮、石雕栏板以及明清碑刻。关西5公里有明代所筑白草口长城，全长5033米，存高6~8米，底宽5米，顶宽3米，每隔120米筑戍城一座，而且还设有烽火台、敌楼等，向北延伸和外长城相连。

关城周围地区还有铁裹门、关陵、关署等明代遗址60余处。

宋代黄庭坚《雁门胡人歌》云：“家在孤云落照间，行人已上雁门关。凭君为报平安信，才是云中第一山。”

临汾尧庙

【名庙简介】

后人为祭祀远古时期部落联盟首领、传说中五帝之一的尧而兴修了一处古代祠庙建筑群——尧庙，它位于山西省临汾市南约5公里处。其宏大的规整、精巧的建筑，历代备受重视。

【名人故事】

尧，名放勋，号陶唐氏，历来被称为唐尧，平阳（今临汾）伊村人。传言，他曾令派羲和掌管时令，制定历法，而且还委派鲧治水，但未得成功。他遵从四岳的推荐，把舜选为自己的继承人。经过三年考验，他才将部落联盟首领的位置传给了舜，历史上称其为禅让。尧为禅让制度的创始人，且是一贤德之君，因此，后人为他建祠立庙，按时祭祀。

【名庙巡礼】

临汾尧庙初建年代，不得而知。但是，早在西晋时期（公元265—316年间），临汾尧庙就已经存在。唐代显庆三年（公元658年），人们把尧庙重迁到城南，也就是现在遗址所在地。元代至元二年（1336年），大修。明代正统年间（1436—1449年）重建。清康熙三十四年（1695年），临汾尧庙毁于大地震，后立即重建。以后又多次修建，终使临汾尧庙保存至今。

临汾尧庙规模巨大。唐代时，这座祠庙占地面积为700多亩，400多间房屋。那时的尧庙把文思殿作为中心，左为老君洞，右有德盛洞，后是玉皇阁，建筑雄伟壮观，气势恢宏。到了明代，临汾尧庙又把玉皇阁作为中心，左右分别建有重华殿、文明殿，用来祭祀虞舜和夏禹，使尧庙形成了尧、舜、禹三帝同庙共祭的格局。清代的重建对今日临汾尧庙的基础有极大影响。有山门、五凤楼、尧井亭、广运殿、寝宫等主要建筑。

五凤楼，高19.3米，全楼共分三层，用13根通顶角柱支撑。屋脊上饰有制作精美的陶人等图案。在唐代乾封年间（公元666—668年）初建此楼，是为了纪念尧和他的四位贤臣。这五人被誉为“五凤”。据说，一凤升天，四凤共鸣。此楼故而得名五凤楼。

位居五凤楼北的尧井亭是一座六角形的古代楼阁式建筑物。传说，亭中有一由尧亲手挖掘的水井。井水与汾河的地下水源相通，所以水质甘冽，水量充足。

临汾尧庙中的主体建筑为广运殿，又名尧殿、广运大殿。此重檐歇山式的殿堂，进深6间，面宽9间，高27米。殿下有一个宽大的月台，殿的四周回廊相绕，宽约3.5米。殿内有42根通顶大柱。每根柱子高约18米。柱础是石雕云龙，做工精巧。殿中有一座神龛，龛内供奉着高达2.8米的尧帝彩色泥塑像。

广运殿檐上建楼，屋上有屋，这就是它的奇特之处。只要到临汾尧庙参观过的人都知道，在广运殿前的第一层屋檐上，还有一座突出于檐外的三层小楼。此小楼的立柱直接安在月台上，并在立柱上设有梁枋、木架。这种结构的建筑物，在其他古代祠庙建筑中实属罕见。

在临汾尧庙中有10余座大小碑刻。这些石碑的碑文，有的歌颂尧帝的功勋，有的记叙建庙的经过，有一定的史料价值。

临汾尧庙中有许多令人刮目相看的古树。柏抱楸，据说是在晋代种植的，距今已1500年以上了。当地人说：“八十八，九十九，少见柏树抱着楸。”足见此树的珍贵程度。此外，柏抱槐、鹿鸣柏、夜笑柏等，也都是临汾尧庙中赫赫有名的古柏，游人往往会驻足仔细观赏。

运城解州关帝庙

【名庙简介】

解州关帝庙位于山西省运城市西的解州镇西关，距离市区约20公里。它是祭祀关羽的诸多祠庙中名气最大的一座。关羽的出生地是常平村，距此地约有10公里远。虽然那里也有一座关帝庙，占地面积也比解州关帝庙大得多，但其布局与建筑都远远不及解州关帝庙。

【名人故事】

关羽，原姓冯，名贤，字云长，本字长生。生年不详。于曹魏建安二十五年（公元220年）卒于迫害。

关羽少时虽以打铁为生，但酷爱武艺，喜欢打抱不平。因曾杀死故乡一强占民女的豪绅而不得不逃离家乡，躲避追捕，且改姓关。后来在涿郡，与刘备、张飞结为兄弟，随刘备起军。公元200年，即东汉建安五年，曹操将其俘获。因得到曹操的赏识，被任命为偏将军。在与袁绍军队的击斗中，斩名将颜良，被曹操封为汉寿亭侯。之后，关羽设法回刘备故乡，仍做刘备部下。东汉建安十九年（公元214年），奉命驻守荆州。在此期间，他曾离曹军大战，大获全胜。后因大意失掉了荆州，被东吴将领吕蒙俘获后杀害。

若用一个词来形容关羽的一生，那就是“忠义”二字。曾受到封建统治者的大加褒奖与封赏。宋哲宗把他封为显烈王。宋徽宗于崇宁元年（1102年）封他为忠惠公，崇宁三年（1104年）封他为崇宁真君，宣和五年（1123年）封他为义勇武安王。元文宗天历元年（1328年）又把关羽封为显灵义勇武安英济王。明神宗万历三十三年（1605年），又封关羽为三界伏魔大帝神威远镇天尊关圣帝君。在封建统治者的大力推崇与描写刘、关、张故事《三国演义》的广泛传播双重影响下，关羽这个名字也越来越多的被人记住了，祭祀他的祠庙也在大河上下、长江南北如雨后春笋般地修建起来。而解州关帝庙就是其中最有代表性的一座。它历史悠久、建筑精美、布局特殊，闻名于世。

解州关帝庙于隋开皇九年（公元589年）初建。重建于宋大中祥符七年（1014年）。明嘉靖三十五年（1556年）毁于地震，旋即重建。清康熙四十一年（1702年）又毁于大火，后又重建，历时十年之后才竣工。这次重建为今日的解州关帝庙奠定了基础。以后虽曾多次维修，解州关帝庙一直保持着原来的规模与许多建筑。

因关羽被封为帝王，故解州关帝庙的布局也采用了封建皇宫前廷后寝的布局模式。这在其他地方的关帝庙中是极为罕见的。

【名庙巡礼】

解州关帝庙坐北朝南，面积为18300多平方米。全庙被分为南、北两个部分。南部为结义园。园中有结义阁、牌坊、君子亭与假山等建筑。君子亭内，有用线刻的刘、关、张三结义图石碑。亭外种植了许多桃树，是他们在涿州桃园三结义情景的再现。北部为解州关帝庙的主庙，亦为其正庙。所谓前廷后寝的布局，指的就是这里。北部又可分为前院与后院两部分。在前院的中轴线上，建着端门、雉门、山海坊、午门、崇宁殿、御书楼、木牌坊、石牌坊；两侧建着钟楼、鼓楼、碑亭与厢房。在后院的中轴线上建着气肃千秋坊、春秋楼；两侧分别建有印楼、刀楼等。

解州关帝庙的建筑设置颇为讲究。雉门为皇帝进出的通道。雉门的两侧排列着文经门与武经门，分别是文官与武将进出的通道。而祠庙中的殿堂建筑，气势雄伟、庄重，建筑艺术高超，无愧为我国古代建筑中的上乘之作。

御书楼原名为八卦楼。人们为了纪念康熙皇帝的题字“义炳乾坤”，于清代乾隆二十一年（1756年）把此楼更名为御书楼。

御书楼为一二层三檐的歇山顶式楼阁建筑。进深5间，面宽5间，上下两层都建着回廊。楼前、楼后分别有龟须座与抱厦，造型庄严、优美。

解州关帝庙北部前院的主殿为崇宁殿。此殿得名于关羽在宋徽宗崇宁三年（1103年）被封为崇宁真君。清康熙五十二年（1713年）重建宗宁殿，今天所看到的崇宁殿规模与建筑就是那时奠定的。

崇宁殿为一重檐歇山顶式楼阁建筑物。进深6间，面宽7间。四周环建回廊。檐下装饰丰富。殿内神龛中立有关羽身着帝王装的塑像。神龛之前的几案青铜器，铸造精致，造型美观。

崇宁殿的下层回廊上使用了26根盘龙石柱，此为其建筑的特殊之处，即使在全国的关帝庙中也很少见。

康熙皇帝题写的“神勇”横匾在崇宁殿的屋檐下，挂于门楣上方的是咸丰皇帝题写的“万世人极”横匾。在殿内神龛上挂着康熙题写的“义炳乾坤”大匾。这三块匾都是弥足珍贵的文物。

春秋楼于明代万历年间（1573—1619年）始建。今天的春秋楼为清代同治九年（1870年）重建后的遗物。据说，当年关羽在这儿曾夜读《春秋》，故而得名。《春秋》也叫《麟经》，故此楼也叫麟经楼。

解州关帝庙北部后院的主殿是春秋楼，歇山式屋顶，两层三檐。全楼进深6间，面宽7间，总高为33米。屋面上用琉璃瓦铺砌，屋脊上还安有花卉、禽兽、人物与流云等装饰物。

春秋楼建筑的重要特色是悬柱挑梁、二层回廊悬空。此楼的上层共有26根檐柱。这些檐柱把屋檐的全部重量都承托起来了。而其下端却被雕刻成莲花瓣形，在空中高高地悬挂着，作为二层平座的垂莲柱。楼板下伸出的横梁挑承屋檐和这26根檐柱的全部重量，并通过横梁将其传递到下层的檐柱和金柱上，如空中楼阁一般。像春秋楼这样的建筑，在我国现存的古代建筑物中极为罕见。

代县杨业祠

【名祠简介】

坐落在山西省代县城东的鹿蹄涧村的杨业祠，离县城20公里。它是一座供奉与祭祀宋代名将杨业和他的夫人、后世子孙的古代祠堂建筑群。规模不大，布局严谨。

【名人故事】

杨业，麟州人。公元986年同辽兵作战，受伤被俘，因拒绝吃饭而死。杨业年轻时勇武过人。之后，他被父亲送到太原，做了北汉刘钧的养子，并且赐姓刘，改名刘一。原任北汉建雄军节度使和侍卫都虞侯。他领兵同契丹军队作战，英勇顽强，战绩显赫，被称为杨无敌。北汉破灭，宋朝成立，杨业归宋，恢复了杨姓，单名业，并且任知代州兼三交驻泊兵马都部署。太平兴国二年（公元977年），他仍然领兵同契丹作战，曾以数百骑击败契丹军十万，声望震惊全国。雍熙三年（公元986年），宋太宗赵光义决定派兵攻辽，杨业率军协助，自西路攻打辽军。杨业相继收复了云州、应州、寰州以及朔州。就在杨业连连大胜的时候，宋军于河北一带遭受大挫折；杨业在主将和监军的错误指挥下，带着士兵单枪匹马同敌人奋战，被围困在陈家谷口。杨业不幸中箭被俘，于辽营中绝食而亡，享年60岁。

其子杨延昭、孙子杨文广等，均是宋代名将，而且于代县等山西北部一带驻守作战。人们感恩于杨氏子孙的忠心耿耿和保卫国家的大无畏精神，便在他们驻守过的地方建祠立庙。

根据史料记载，代县杨业祠初于元至元十六年（1279年）兴建。它是杨存中奉圣旨修建的，称为杨忠武祠。明、清均对杨业祠进行了修缮。新中国成立以后，也对杨业祠进行了修缮。这座祠堂到现在仍保存完好。

【名祠巡礼】

杨业祠有前、后两院。前院有三间大门。门上正中悬一块盘龙竖匾，题“忠武祠”三个金色大字。祠门前檐排挂着三块金字大匾并且呈一字形，题“三晋良将”、“一堂忠义”、“奕业将略”。于前院的东面、西面及北面，都盖有三间房屋。在此祭祀着杨业的后代。

一座悬山顶式的木结构殿堂建筑在后院正北，它为代县杨业祠的正殿，面宽5间。殿前是廊。廊柱上题有对联：“丰功伟烈著边疆，勇冠千军称无敌；浩气英风留古塞，声威万代佩专诚。”殿里，供奉着杨业及其夫人佘太君的彩色塑像。左右两旁，是杨氏八子的彩色塑像。后院的东、西、南三面，都有三间房屋。房里有杨家将 22 人塑像。

另外，此祠内，还保留着文字清楚的古代石碑。有《杨族世系碑》、《龙虎卫上将军杨友碑》等。杨友曾驻守代县，德高望重。他曾出去打猎，射中一只梅花鹿。而梅花鹿负箭奔跑，至一处山涧，却没有了踪影。杨友到处寻找，始终没有发现。相传，人们还在涧中挖到了一块石头，石上有带箭的梅花鹿与鹿蹄印。从此，人们把这个村子称为鹿蹄涧村，而且把鹿蹄印石也移到了杨业祠里，安置在正殿的前面。《龙虎卫上将军杨友碑》记载着杨友的事迹，刻立于元天历二年（1329 年），碑文为赵鹤鸣撰写。

同时，杨业祠里还保存着杨存中受封为昭庆军节度使的一件诏书，杨存中等人的五幅画像，以及宋代文学家范仲淹赞颂杨业与杨业祠的诗句等。

内蒙古自治区

【怀古诗话】

单车欲问边，属国过居延。
征蓬出汉塞，归雁入胡天。
大漠孤烟直，长河落日圆。
萧关逢候骑，都护在燕然。

——唐·王维《使至塞上》

呼和浩特

【名城简介】

蒙古语“呼和浩特”是指“青色的城”。呼和浩特市坐落在内蒙古自治区的中部，东同卓资县、凉城县及和林格尔县毗连；西同土默特右旗接壤；南濒黄河，同鄂尔多斯高原隔河遥望；北枕大青山，同武川县交界，为自治区的首府。呼和浩特市目前辖4区、4县、1旗，总面积17224平方公里，常住人口291万（2011年），其中有41个民族。1986年国务院把呼和浩特列为国家历史文化名城。

【名城历史】

夏商周三代，北方许多游牧部落在此活动。赵武灵王于阴山河曲建立云中城，秦置云中郡，治在云中城。汉仍然置云中郡，公元201年分云中郡增设定襄郡，建成乐城为郡治。魏设云中县。公元240—254年，鲜卑族拓跋部定都成乐城，改叫“盛乐”，北魏建国以后设立为北都。北齐在这里设置紫河镇。隋唐时称“白道川”与“哈罗川”，先后为突厥人和回纥人根据地，中央王朝同他们有时开战有时讲和。隋于盛乐城置金河县，并在它的南面建立了大利城。唐在这里设置单于都护府。唐神龙三年（公元707年），边将张仁愿筑东受降城，用它来阻止扼杀突厥。辽、金、元三代称作“丰州滩”，公元916—921年筑丰州城，金、元继续使用。辽初又在东受降城设置东胜州，金、元依然沿用。明洪武四年（1371年）在东胜州旧址设置东胜卫，并于南部置镇虏卫。明成化年间，蒙古达延汗统一蒙古诸部，驻守这里；后其孙阿勒坦汗率土默特部驻牧丰州滩，明隆庆五年（1571年）接受明朝封“顺义王”，第二年筑归化城。清初是清王朝靖北据点。雍正元年（1723年），设置归化城理事同知厅，直隶山西朔平府。雍正十三年（1735年）议筑绥远城，是八旗兵驻防。

公元1739年，设将军署，后来增加设置绥远同知厅。1912年改为归化县，1913年合并绥远厅为归化县，1914年改为归绥县。1928年建立绥远省，归绥城区设归绥市，为省会。

1950年归绥市人民政府在呼和浩特成立，1954年4月25日撤销归绥省，而且归入内蒙古自治区，改称呼和浩特市，定为自治区首府。

【名胜古迹】

在呼和浩特有特别多的喇嘛寺庙，著名的有大召、席力图召、以及乌素图召等。文物遗迹与名胜古迹主要有：文明远古的奇葩“大窑文化”遗址，历史悠久的赵长城遗址，民族团结的象征昭君墓，见证历史的古丰州城万部华严经塔，漠南第一召“大召”和清真大寺、五塔寺、清公主府等。

萨拉乌苏遗址

【古迹简介】

内蒙古自治区乌审旗境内萨拉乌苏河两岸坐落着萨拉乌苏遗址，北起曲家沟湾，南至清水河湾，绵延20多公里，有9个地点。先后发掘有400余件石制品，包括小型边刮器、端刮器、凹缺刮器、尖状器以及雕刻器等。人类化石有额骨、下颌骨、胫骨及牙齿等共20多件。最早发现的一枚小孩门齿，被称为河套人。脊椎动物化石包括哺乳类与鸟类等共45种，而羚羊角化石超过300余件。距今35000年左右。

【古迹特色】

萨拉乌苏遗址众多的石制品和人类化石为研究中国及东亚地区晚期智人与文化的发展提供了宝贵的标本，接连的地层剖面同丰富的脊椎动物化石已经是恢复那时人类生存环境的重要依据。

岱海遗址群

【古迹简介】

新石器时代的岱海遗址群在内蒙古自治区乌兰察布盟凉城县岱海周边。乌兰察布盟凉城县岱海周围由王墓山、老虎山、园子沟等组成。此遗址分成上、中、下三区，总面积约17万平方米。半地穴式房址21座、灰坑15个，距今6000年到5000年。老虎山遗址总面积约13万平方米，有半地穴式房址68座、灰坑34个、窑址及墓葬各3座。房址都按照等高线成排分布在多层台地上，外围修筑有石墙，平面稍呈三角形。距今4500年至4300年。园子沟遗址总面积约16万平方米，有窑洞式或半地穴式房址87座、灰坑14个、窑址6座，出土陶、石器200多件。房址都按照等高线成排分布，居住面和墙壁上抹有白灰面，这批保存较好、布局结构适中、形制规范的窑洞式房屋很少见。此遗址是了解内蒙古中南部地区考古文化聚落形态和文明发源的代表。

庙子沟遗址

【古迹简介】

庙子沟遗址是新石器时代坐落在内蒙古自治区乌兰察布盟察哈右翼前旗新风乡庙子沟村的古文明。总面积约23万平方米。已经发掘整理出半地穴式房址53座、窖穴与灰坑132个、墓葬43座。房址都成排分布，门道向东，室内皆有窖穴。在室内外长方形、圆形窖穴与灶坑内发现有死者埋葬的现象，或单人葬，或双人葬，或多人合葬在一起。多侧身屈肢，头的方面不固定。随葬品大多是陶、石、骨器，多少不确定。距今5500年左右。

【古迹特色】

庙子沟遗址保存状况较好，整体布局规划有序，出土遗物十分丰富，这些遗迹已被正式命名为“庙子沟文化”。

架子山遗址群

【古迹简介】

青铜时代的架子山遗址群坐落在内蒙古自治区赤峰市喀喇沁旗西北部，是由架子山、大山前和城子顶三个聚落遗址为主组成的大型遗址群落。在30平方公里的地域范围内，分布有33个具有代表性的遗址，主体是繁荣发展时期的夏家店下层文化，距今4000年到3500年。架子山遗址主要区域面积达8万平方米，根据山势修筑9层平阶与庞大的围壕，山梁和平阶上能够发现特别多的石圈和石墙。大山前遗址共分为5个地点，而1号和4号地点具有祭祀性质。2号、3号、5号地点为居住址。而城子顶遗址包括5个地点，其中，城子顶遗址本身稍呈圆台形，面积约4万平方米。在不同地点先后清理房址、灰坑、墓葬、祭祀坑等数百座，出土陶、石、骨、蚌、铜等遗物约7000余件。

【古迹特色】

架子山遗址群在夏家店下层文化分布区的中心位置，规模庞大，遗址众多，联系密切，层次清晰，充分表现了夏家店下层文化繁荣时期社会组织结构、生产力水平以及地域文化风貌。

大井古铜矿遗址

【古迹简介】

青铜时代的大井古铜矿遗址在内蒙古自治区林西县官地镇中兴村大井自然村北1公里，总面积约2.5平方公里。遗址集中分布在山冈和坡地上，主要有采矿坑、冶炼坩埚或工棚建筑遗迹等。共有露天采矿坑47个，最长的约102米、最短的7～8米，宽度为0.8～2.5米，深度为7～9米。矿坑之间没有连接，或顺坡纵向开采，或横向开采。此遗址属于夏家店上层文化，距今2900年到2700年。为研究我国北方古代铜矿开采、选矿、冶炼、铸造技术同发展水平提供了宝贵资料。

土城子遗址

【古迹简介】

汉至唐的土城子遗址在和林格尔县城12公里的北方。大概是北魏重镇盛乐城与唐代单于大都护府故城遗址。城址呈不规则多边形，总面积约349万平方米。夯土城墙目前遗存最高约10米，城门、瓮城、角楼和建筑基址保存基本完好，城内街道还能够辨别出来。城址分三区。

【古迹特色】

南区目前遗存东墙南段和南墙，初建在战国，盛于西汉，北魏时做了修缮；北区目前遗存东墙、西墙、北墙和西南墙，属于唐代遗址；中区目前遗存东墙和北墙，大概是辽金元时期的城址遗存。

1960年起，多次对城址进行发掘，而且在城外清理了数十座汉唐墓葬，获得了丰富的珍贵实物，有北魏镶嵌宝石金猪佩饰、唐三彩鹦鹉提壶、贴塑塔形釉陶器和北魏至唐代壁画墓等，均具有非常高的艺术价值。

黑山头城址

【古迹简介】

金、元时期的黑山头城址在内蒙古自治区额尔古纳市黑山头镇5公里正北处，在研究政治、经济、历史、文化等方面都具有相当重要的学术价值。该古城为成吉思汗大弟拙赤·合撒儿及其家族居住的主要居住城池之一，约建于蒙古汗国早期。

【古迹特色】

黑山头城由内城和外城组成，城墙土筑，气势浑然。外城差不多是方形，墙体周长2355米，面积为34.6万平方米。墙体目前高度为2～3米，最高处达4米，顶宽大概2米，底部坍宽大概16米，还有护城壕。四面均有一扇门，门外设有瓮城，墙体外侧每隔约100米有一马面。内城稍偏西北，呈长方形，总面积约1.89万平方米。另外墙体残高约1.3米，顶宽约1.5米，底部坍宽约7米。墙外也有围壕。内城只有一南门，宽约18米。内城中部偏北有一大型宫殿式建筑基址。基址表面露出排列有序的花岗岩柱础。地表采集有黄、绿色琉璃瓦和灰色砖瓦。

应昌路故城遗址

【古迹简介】

元代的应昌路故城遗址在内蒙古自治区克什克腾旗达日罕乌拉苏木达里诺尔畔。应昌路故城为元代弘吉剌部所建；元顺帝所建北元，曾经在这里定都。城址呈长方形，南北长800米，东西宽650米，有东、西、南三面都有门，均设方形瓮城，没有马面建筑。城内中部偏北为宫殿基址，汉白玉石柱基础保存完好，东西宽220米，南北长240米，四面均有一门楼建筑，南部为市肆区。并且，城内还有社祭坛、孔庙、报恩寺等遗址。

【古迹特色】

故城遗址布局讲究。以应昌路城址为中心，城外西面是白塔寺遗址，东北为元代墓葬群；城外东边有城隍庙与十三敖包遗址，南侧有关郊遗址，城外曼陀山下发现龙兴寺遗址和应昌县等遗址。总面积约20平方公里的遗址群，保存极为完整。应昌路故城遗址是蒙古民族北方早期非常具有代表性的一处重要文化遗产，具有很高的考古和历史价值。

喀喇沁亲王府及家庙

【名宅概观】

清代蒙旗衙署建筑群为喀喇沁亲王府，在内蒙古赤峰市喀喇沁旗镇政府驻地锦山希伯河北岸的西南20公里。建筑占地2.98公顷，面积3870平方米。

【名宅特色】

喀喇沁亲王府初建在1679年。目前中轴线五进院落，有建筑22栋，西跨院建筑11栋以及府前广场等。喀喇沁亲王府的主要建筑是完整的四合院、硬山式厅堂、卷棚环廊式客堂、藏传佛教楼阁等。此府为内蒙古目前保存最早、规模最大、规格最高、保存最完整的王府，反映了地区特色及民族、宗教特点，具有清式官式建筑基本风格，具有宝贵的历史文化价值。

和硕恪靖公主府

【名宅概观】

在内蒙自治区呼和浩特市新城区赛罕路公主府街 11 号为和硕恪靖公主府。建筑面积 4800 平方米，占地 1.8 公顷。

【名宅特色】

1697—1706 年建成和硕恪靖公主府。此府现存四进五重院落，房舍总共有 69 间。和硕恪靖公主府是内蒙古地区保存最完整的一座皇族府邸建筑，为清政府推行联姻政策的历史证据。

开鲁县佛塔

【古迹简介】

元代的藏传佛教覆钵式佛塔，又叫开鲁白塔，在开鲁县开鲁镇的烈士陵园东北部，建立于元至元十六年（1279 年）。高达 17.7 米，砖砌结构，表面用白灰涂抹。由基台、塔座、覆钵、十三天、塔刹等五部分组成。基台是正方形。塔座也是正方形，边长 6 米，高 4.1 米，上部是五层砖阶收缩。覆钵高 3.7 米，下窄上宽，四面各设置佛龛，南面佛龛下有券门可通往塔心室。塔心室是方形，边长约 2 米。相轮也是砖构。外形是八角形，共计十三层逐层收缩。塔刹是圆形，砖构，最上端是黄铜铸造的圆形葫芦状的刹顶结顶。

【古迹特色】

开鲁县佛塔是内蒙古地区保存很少的元代藏传佛教复钵塔之一。构造比例适中，形体美观，相轮壮肥，且为八角形，没有设置华盖，体现出蒙古族地区典型的覆钵塔的地区形制。

纳林塔秦国长城遗址

【名城简介】

该长城位于伊金霍洛旗纳林陶亥乡南约 2.5 里布尔洞村，名为束会敖包梁的山丘上。是秦昭襄王为抵御匈奴入侵而修筑的，系“秦昭襄王长城”的一段。南从陕西省神木县，途经伊金霍洛旗纳林陶亥乡，向北进入准格尔旗，全长 40 多公里。其中纳林塔长城遗址是现鄂尔多斯市境内保存最好的一段。该段长城是用自然石片垒筑而成，墙缝没有砌泥，也没有刷白灰。遗迹高约 1.7 米，宽 3 米多。

纳林塔战国秦长城是内蒙古自治区境内最早的长城之一，它对研究早期长城的建筑史其有重要价值，对研究战国时期秦国历史以及与周边地区的关系史等也具有重要价值。

清水河县长城

【古迹简介】

清水河县长城坐落在内蒙古自治区呼和浩特市清水河县与山西省偏关县、平鲁区交界的地方，长达 150 公里。在 1396 年始建，直到明末才完工。现存建筑主要包括长城主体、火墩台、敌楼、烽火台、烽燧等。清水河长城以砖石包芯，重要的关险、隘口、城墙、敌楼均为砖石砌筑。这段长城在建筑设计和修筑上充分体现了明代的建筑艺术和技术，反映这一时期政治、军事、地理、历史状况。

辽 宁 省

【怀古诗话】

山宠川骄宇殿辉，悍杰侍寝一朝城。

骁骑风卷辽天雾，岁尊清基三百归。

——王树远《沈阳东陵》

沈 阳

【名城简介】

沈阳地处中国东北地区的南部，是辽宁省省会，它的中部、西部是辽河和浑河冲积平原。面积约 1.3 万平方公里，现辖 9 区 3 县，代管 1 市，总人口 810 万（2010 年）。沈阳市为多民族居住的地区，除汉族外，还有 32 个少数民族。1986 年国务院把沈阳列为国家历史文化名城。

【名城历史】

战国时期的沈阳，在燕国辽东郡境内。燕昭王十二年（公元前 983 年），燕国著名将领秦开在这里戍边，设立候城，是沈阳建城的开端。秦始皇统一六国后，把天下分为 36 郡，沈阳属辽东郡境。西汉时沈阳是东北的军事重地，是中部都尉治所，已初步达到县城规模。汉武帝元封三年（公元前 108 年）设玄菟郡。经魏晋至隋唐，部分为玄菟郡所辖。唐总章元年（公元 668 年），隶安东都护府。辽神册六年（公元 921 年），在沈阳境内设置沈州，堆砌有土城。13 世纪初元金大战时期，沈州土城被毁。

元贞二年（1298 年），元朝更改沈州为沈阳路，并重筑土城，这时沈阳已成为关内外交通要镇。明洪武五年（1372 年）明军攻克沈阳，1386 年改沈阳路为沈阳中卫。清天命六年（1621 年），后金汗王努尔哈赤带兵攻克沈阳。1625 年，清太祖努尔哈赤迁都沈阳。1634 年，清太宗皇太极下诏沈阳为盛京，为大清王朝的国都。1644 年，清朝迁都北京后，沈阳作为陪都。清统一全国后，顺治十四年（1657 年）在沈阳设奉天府。1913 年更名奉天县，1929 年设沈阳市。1945 年恢复沈阳名称。1948 年 11 月 2 日，中国人民解放军解放并接管沈阳。

【名胜古迹】

清王朝和奉系军阀的发迹之地是沈阳，目前存在古遗址、古城址、古墓葬、古建筑、烽火台、边墙以及历史纪念物、革命纪念物 400 余处，4 处全国重点文物保护单位、16处省级文物保护单位、60处市级文物保护单位。并且沈阳故宫是中国目前存在的完整的两座宫殿建筑群之一，1960年6月被列为全国第一批重点文物保护单位。沈阳东陵公园为努尔哈赤和皇后叶赫那拉氏的陵墓福陵。沈阳古迹亦有永安石桥、净光舍利塔、长安寺、实胜寺、太清宫等。

海城仙人洞遗址

【古迹简介】

旧石器时代的仙人洞遗址在辽宁省海城市孤山镇孤山村东青云山脚下，系一石灰岩洞穴。目前已经发掘石制品近20000件，包括大量的石核、石片以及废片。石器主要是由石英制作的各类中、小型的刮削器、尖状器、钻具和雕刻器、精制的骨角器等。装饰品类有穿孔兽牙和贝壳等，还有晚期智人的牙齿化石。已发现的动物化石有27种哺乳动物，以及鱼、鳖、鸟类及蚌类等。地层里厚层灰烬和大量烧土与烧骨是人类长期居住的结果。距今40000年至20000年。

【古迹特色】

各类繁多的旧石器文化遗存、保存完好的洞穴和周围的自然环境，为研究当时人类生活提供了实物证据，也是了解旧石器时代晚期人类在东北地区发展历史的重要材料。

新 乐 遗 址

【古迹简介】

新石器时代的新乐遗址在辽宁省沈阳市皇姑区内黄河北大街，总面积5.25万平方米。遗址共分上中下三层，命名为新乐上层文化、偏堡文化和新乐文化，时间从新石器时代中期到青铜时代。其中新乐文化为遗址的主要部分，至今7000多年，主体内涵丰富。发现了由40余座房址构成的较完整的聚落，而且出土有大量的陶器、石器和煤精、玉石、木雕工艺品。还出土了磨盘、磨棒和碳化谷物等同农业生产联系紧密的遗物。

【古迹特色】

新乐遗址的发现，补充了辽河中下游地区新石器时代早中期考古学文化的不足，为辽河流域及东北地区一处典型的史前聚落遗址。

燕长城遗址

【古迹简介】

战国时期燕国的长城遗迹，在辽宁省朝阳市建平县烧锅营子乡。该段长城遗迹为现存燕长城最完好的一段。燕长城的修筑方法有土筑、石筑和“天然屏障”三种，石墙一般宽2~3米，保存高度1~2米。建平县境内的燕长城总长度达7公里。长城沿线的台址、障址和城址等各种防御建筑设施还保存完好，沿线出土了灰陶豆、盆、罐、瓮与各种席（绳）纹板瓦、兽纹瓦当、燕刀币等各种文物。燕长城为秦长城的修建打下了基础，它对研究中国北方长城遗迹具有重要历史价值。

吉 林 省

【怀古诗话】

长白雄东北，嵯峨俯塞州。
迥临沧海曙，独峙大荒秋。
白雪横千嶂，青天泻二流。
登封如何作，应待翠华游。

——清·吴兆骞《长白山》

吉 林 市

【名城简介】

吉林乌拉为吉林市的原名，坐落在吉林省中部偏东，总面积 2.71 万平方公里，市区面积为 1.765 万平方公里。目前辖 4 区 1 县，代管 4 市。有汉、朝、满、回等 20 个民族。1994 年被国务院批准为国家历史文化名城。

【名城历史】

吉林市在殷周时期就已经有氏族部落。在秦代以前，肃慎人就居住于此。汉代和晋代这里是挹娄国；北魏时是勿吉国；隋改称靺鞨；唐代是女真国。唐开元元年（公元 713 年），唐册封大祚荣为左骁卫大将军渤海郡王，因此改称渤海，吉林是渤海涑州治所。公元 926 年，辽国歼灭渤海，吉林一带为辽东京道所辖。1115 年吉林为金国领地，始属金之咸平路，后为上京路会宁府管辖。元代初为开原路，之后隶辽东宣慰司，明代叫乌拉国。清康熙十二年（1673 年），造吉林城。雍正四年（1726 年）设置永吉州，隶属奉天府。乾隆十二年（1747 年）更名叫吉林理事厅，光绪八年（1882 年）封为吉林府，光绪三十三年（1908 年）改为吉林省。

1913 年，吉林府为吉林县。1929 年，又为永吉县，同时设置立吉林市政筹备处。1931 年 9 月 21 日，日军侵占了吉林，1932 年 3 月 1 日，设立伪吉林省公署。1945 年 8 月，国民党成立“吉林地方治安维持会”。同年 10 月，在中共吉林市委组织下成立市政府。同年 11 月，成立吉林省政府，省会设在吉林市。1946 年 5 月，国民党成立吉林省政府和吉林市政府。

1948 年 3 月 9 日吉林市解放。同年 3 月 10 日，吉林省政府自延吉市迁至吉林市，同年 3 月 23 日，成立吉林市人民政府。1954 年 9 月，吉林省人民政府自吉林市迁往长春市。

【名胜古迹】

青铜时代西团山文化便是以市区内的西团山遗址命名的。东团山和帽儿山一带是中国古代夫馀王国前朝都城所在地，地上地下依然保存有这一时期的城址及成千上万的墓葬群。北山寺庙群位于风景如画的北山公园，为吉林省内最大的寺庙群。乾隆皇帝游玩于吉林时提写的“灵著豳岐”御匾悬挂在北山关帝庙的正殿。

西团山遗址

【古迹简介】

吉林省吉林市船营区欢喜乡吉兴村坐落着青铜时代的西团山遗址。遗址包括生活住址和墓地两部分，面积4万多平方米。墓葬为石棺墓，大部分呈长方形，用板石和块石砌筑，板石都是竖立而砌，块石垒砌。地表没有封堆。墓葬基本分为三种，长方形有副棺的石棺墓、长方形无副棺的石棺墓和近方形小石棺。葬式大部分为仰身直肢，头朝山顶，脚朝山麓。

【古迹特色】

西团山文化为我国东北地区第一个命名的考古学文化，含有浓厚的地方特色。西团山文化是最具代表性的墓地之一，在青铜文化研究中占据重要位置，具有重要的影响。并且，对研究古代民族关系也提供了特别重要的材料。

万发拨子遗址

【古迹简介】

战国至晋国的万发拨子遗址坐落在吉林省通化市郊金厂镇。遗址面积15万平方米，分为东西两部分，西部为生活居住区，东部则发现数量可观的墓葬。

【古迹特色】

遗址年代悠久，大致包含了吉林省东南部、辽宁省东部和朝鲜半岛西北部的文化序列。积石墓、方坛积石墓为高句丽时期的一种特殊葬俗，发现的这两种墓葬同期的生活居址对研究高句丽的起源与发展、早期社会生活具有广泛影响。万发拨子遗址对了解东北地区的考古学文化遗存及朝鲜半岛的文化具有十分重要的意义。

二龙湖古城遗址

【古迹简介】

位于吉林省梨树县石岭乡二龙山村北崴子屯的二龙湖古城遗址，平面呈方形，南偏西30°，城址的西北部残缺，面积35000多平方米。城墙由黄土夹砂石堆砌，残留高度1~5米，墙基宽12~15米。在南墙近中部遗留有城门缺口。

【古迹特色】

城址里发掘有战国时期铁铜制品及陶罐制品等器物，还有绳纹的板瓦及筒瓦等建筑构件。陶器具有非常醒目的战国时期燕文化的特征，为研究战国时期燕文化与东北地区的紧密关系提供了重要的材料。这也是现今所知最北的城址，所以具有较为重要的历史、文化价值。

罗通山城

【古迹简介】

汉至魏的罗通山城在吉林省柳河县东北25公里罗通山中部主峰上。此城由密切相连的东西两城组成，中间共用一段城墙，全城周长7.5公里。城垣是土石混筑结构，充分利用了地理优势。东西两城共有5门，形制差不多相同，都是用石材砌筑成半圆形内瓮门。西城东北角、西北角有角楼台基，西城内目前遗存“点将台”与蓄水池遗址。

八连城遗址

【古迹简介】

唐代的八连城遗址位于吉林省珲春市，城址平面差不多呈方形。城址是内外两重，外城周长2894米，而城墙保存较好处残高1米余，墙基宽约6米。在外城四墙中部均有一门，墙外有护城壕遗址。墙体残高1~5米，墙基宽6米。在南、东、西三墙的中部都有一座城门。而内城共有八处建筑遗迹，在内城的中轴线上有两处，南部是朝殿，北部是寝殿，两座殿址由回廊相接。东西两侧各有3处配殿。朝殿建在由河卵石与黄土夯筑的基础之上，规模非常大，南北宽32米，东西长45米，高2米。在城址的东南和正南还分布有三处寺庙遗址，曾出土有残佛像和一些建筑构件。城址内出土了较多的建筑构件，如筒瓦、板瓦、指压纹和凤尾纹檐头板瓦、浮雕式牡丹纹以及绿釉或黄绿釉琉璃瓦，许多瓦上有戳印或刻画的文字。

【古迹特色】

八连城为唐渤海国文王的东京龙原府治所，是当时渤海国的王都，此城的布局同渤海上京、中京相似，都模仿于唐长安城，具有重要的史学价值。

六道沟冶铜遗址

【古迹简介】

六道沟冶铜遗址位于吉林省临江市东南 70 公里的宝山镇、六道沟镇辖区内的宝山。遗址面积约 20 平方公里。包括古矿洞、古冶炼址和居民住址。当今发现古矿洞 8 处，矿洞延伸最长的达 800 多米，有 52 处古废渣堆。已发掘 1 处居住址、4 处冶炼坑、1 处水井、1 处房址、3 处灰坑，清理出了鎏金铜带侉及铁器、陶器等物品。陶器具有较明显的靺鞨女真器物特征。

【古迹特色】

宝山—六道沟冶铜遗址为东北亚地区发现的唯一一处渤海时期冶炼遗址。遗址面积大，遗存种类多，为研究渤海时期的生产力发展水平及其与东北亚地区同时期遗存的关系做出了重大贡献。

塔　虎　城

【古迹简介】

辽代的塔虎城在吉林省松原市前郭尔罗斯蒙古族自治县北部嫩江右岸。古城平面呈正方形，周长 5213 米。墙体夯筑，高 5 ~ 6.5 米，每面城墙上有 16 个半圆形马面，四角有圆形角楼。城址四面各有一门，各有半圆形瓮城。外侧还有两道护城河。城内西北角有大型的建筑基址，东部与北部有大面积的居住址。城址外东北角遗存有夯土台。

【古迹特色】

古城出土遗物十分丰富，有石器、陶器、玉器、铁铜器等，并有大量的建筑构件。包含了定窑、钧窑、磁州窑等不同窑系，亦有北方系统的辽三彩、长颈瓶、鸡腿瓶等器物。

【历史事件】

根据历史记载，辽代东北路统军司、金代东北路招讨司都设置在这里。这一带也是辽、金皇帝“春猎”必到之处。对研究辽金各方面具有重要作用。

黑龙江省

【怀古诗话】

龙沙万里戍楼空，斑点离离塞草红。
六十四屯遗迹在，何人光复大江东？
曾渡雄俄十万兵，沿江布阵势纵横。
无端一夜萧萧雨，疑是当年饮马声。

——边瑾《龙江吟》

哈 尔 滨

【名城简介】

黑龙江省省会哈尔滨，位于松辽平原的松花江中游地区，东北同佳木斯市毗邻，北同绥化市相接，西同肇东市接壤，南同吉林省扶余县连接，东同牡丹江市所辖的海林市相连。面积 53067.95 平方公里。现辖 7 区 7 县，代管 3 市，市辖区人口 1063 万（2011 年），共有 40 多个民族。1994 年国务院把哈尔滨列为国家历史文化名城。

【名城历史】

在辽代时期哈尔滨地区分属夫馀国、渤海国鄚府以及辽国东京道管辖。公元 1114 年，女真族首领完颜阿骨打率兵攻打辽，发动“宁江州”、“出河店”之战，1115 年称帝，建立金国，年号收国，并且定都会宁府为金上京的京畿地区。

哈尔滨元、明时，又是成吉思汗三弟斡斤家族的领地及奴尔干都司的辖地。乾隆二十一年（1756 年）在阿城设立阿拉楚喀副都统，哈尔滨被他所管理。清中后期，大量满、汉族百姓移居哈尔滨地区。1896 年，清政府签订了不平等的《中俄密约》，沙俄获得了中东铁路的修筑权。自 1897 年开始以哈尔滨为中心修筑中东铁路，并作为城市开始兴建。1898 年，沙俄曾将其改称“松花江市”，1903 年又恢复哈尔滨市。中国政府 1913 年在哈尔滨设置滨江县，1914 年设滨江道。1921 年成立哈尔滨市政管理局，1926 年成立哈尔滨特别市。

1931 年，日军侵占东北，成立了伪哈尔滨特别市。1937 年 7 月又取消特别市，把哈尔滨变成伪滨江省省辖市。1945 年 8 月 15 日，日本投降后，哈尔滨成为国民党政府中央直辖市。

1946 年 4 月 28 日，东北民主联军接管了哈尔滨，它成为中国共产党接管的第一个大城市。1946 年 5 月，哈尔滨隶属新成立的松江省，11 月改为哈尔滨特别市，1949 年恢复哈尔滨市。1953 年改设为中央直辖市，由东北行政委员会代管。1954 年 8 月，哈尔滨改为黑龙江省省辖市和省会。

【名胜古迹】

哈尔滨市现有 5 处全国重点文物保护单位，53 处省级文物保护单位，90 处市、县级文物保护单位，134 处保护建筑，1100 处各类遗址。它汲取北方少数民族历史文化精华于一身，融合中外文化荟萃于一城。有文庙、极乐寺、西方古典建筑以及造型独特的东正教、天主教、基督教的教堂等格调醒目的各式建筑，文艺复兴式、巴洛克式等经典之作随处可见。

奥里米城址

【古迹简介】

金代的奥里米城址在黑龙江省绥滨县北岗乡永兴村，临近松花江。城址平面稍呈圆角长方形，周长大概 3224 米。北墙遗存最完整，夯筑，全长 912 米，残高 3 ~4 米，遗存有 18 个马面，城墙外侧有护城壕。东南面三墙保存状况较差，东墙残遗部分也有马面，中部偏北有城门，并设有瓮城。

【古迹特色】

奥里米城址是辽金时期五国部之一的奥里米部故城，多次见于《辽史》、《金史》之中。城址建在河岸附近，是通往黑龙江下游的水上交通要道，是研究当时的历史、地理的重要资料。

八里城遗址

【古迹简介】

位于黑龙江省肇东市四站镇八里村东八里屯，是金代的八里城遗址。城址平面是正方形，周长 3761 米。夯筑城墙，四墙上都有马面设施，每侧 14 个马面。四墙均有一门，在城墙的中部，门 8 米宽；并有半圆形瓮城。四角上有角楼，呈半圆形。城墙外侧大约 10 米处有护城壕。而护城壕外侧有一道土堤环绕。城内发掘了铜器、铁器、瓷器等器物，铁器的种类较多。

【古迹特色】

八里城开始建在金太宗天会八年（1130 年），称肇州。松花江北最大的金代古城址是八里城遗址，并且保存完整，为研究金代政治、经济、建筑技术及生产力发展水平提供了宝贵的实物资料。

江苏省

【怀古诗话】

苍苍金陵月，空悬帝王州。
天文列宿在，霸业大江流。
渌水绝驰道，青松摧古丘。
台倾鸟鹊观，宫没凤凰楼。
别殿悲清暑，芳园罢乐游。
一闻歌玉树，千古不胜愁。

——唐·李白《月夜金陵怀古》

南 京

【名城简介】

南京系江苏省省会，地处中国长江下游平原，东临大海，西至荆楚，南与安徽浙江毗邻，北联江淮。全市总面积 6587 平方公里，目前辖 11 区 2 县。户籍人口 636 万人 (2012 年)。1982 年国务院把南京列为国家历史文化名城。

【名城历史】

越王勾践命范蠡在今中华门外，秦淮河畔长干里砌筑“越城”。公元前 472 年，为南京建城之始。公元前 333 年，楚国于今清凉山西麓石头山上设置金陵邑，此后南京又称金陵。为南京行政建置的开端。

公元 229 年，孙权于武昌称帝，9 月迁都南京，改称建业，是南京建都的开端。公元 317 年，晋琅琊王司马睿把中心设置在东吴旧都，建立东晋政权，改称建康。此后，宋、齐、梁、陈都在此定都。公元 937 年，南京称为江宁府，成为南唐的首都。公元 1356 年，朱元璋打入南京，改称应天府。1366 年，朱元璋开始建造闻名世界的明南京城，这也是南京建城的开端。1853 年，太平天国于此定都，改称天京。1912 年元旦，中华民国临时政府成立，孙中山先生在南京担任中华民国临时大总统。1927 年，国民政府把南京作为首都。

1949 年 4 月，南京解放。1953 年 1 月 1 日，南京市同苏南、苏北行政区合并成立江苏省，定南京为省会。

【名胜古迹】

南京是中国四大古都之一，文化古迹分布广泛，从中能够探寻历史的源头。中山陵结构缜密，靠山而建；夫子庙建筑群厚重古朴，漫步其间，让你体会清时代的繁荣景象；中华门气势恢宏，独运匠心，置身城内，壁垒森然，耳边好像有战马嘶鸣；另外还有灵谷寺、石象路及三国东吴所筑石头城遗址、明代朱元璋的陵墓以及革命纪念地雨花台等，给人无限的想象空间。

苏　州

【名城简介】

苏州位于江苏省东南部的长江中下游平原，东靠上海，南与浙江交界，西濒太湖，北临长江。总面积 8488 平方公里。全市辖 6 区，代管 5 市，有 51 个少数民族，约占全市总人口的 0.1%。1982 年国务院把苏州列为国家历史文化名城。

【名城历史】

公元前 514 年苏州建成，吴王夫差的父亲阖闾命令楚国叛将伍子胥建立阖闾城。春秋时期，苏州是吴国的都城，汉高祖六年（公元前 201 年）凭借三郡五十三县置荆国，国治苏州。元末，张士诚自立吴王，都治苏州。历史上的苏州，一再是省会所在地：唐时的江南东道、浙江西道，至元、明、清、民国时期、日伪时期以及中华人民共和国成立后的苏南苏州行政专员公署等均在苏州。

【名胜古迹】

苏州现有 489 处文物保护单位，属于国家级 15 处，省级 85 处，数量仅次于北京和西安。苏州古城坐落在纵横交错的河网之中，街道沿河而建，水陆并行；建筑临水而设，前河后巷，形成“小桥流水人家”的独特风貌。糅合建筑、山水、花木、雕刻、书画为一体的苏州园林，是人类文明的瑰宝，此外，拙政园和留园列入中国四大名园。

扬　州

【名城简介】

扬州，在江苏省中部，东面同泰州、盐城市交界；西面同南京市六合县和安徽省天长市接壤；南面濒临长江，同镇江隔江相望；北同淮安市毗邻；中部纵贯南北的京杭大运河同万里长江在这里交汇。总面积 6638 平方公里。全市辖 3 区 1 县，代管 3 市，共有 36 个民族。1982 年国务院把扬州列为国家历史文化名城。

【名城历史】

西周初年，现在此地一带称邗国，后属吴、越、楚。秦统一中国后，改称广陵县。

汉代相继为荆国、吴国、江都国、广陵国。两晋南北朝时期，相继称广陵郡、广陵县、南兖州、东广州、吴州。

隋开皇九年（公元589年）始称扬州。大业元年（公元605年），改其为江都郡。唐武德三年（公元620年）改叫邗州。武德九年（公元626年）再称扬州。随后晋升为大都督府、淮南道节度使驻地。天宝元年（公元742年）又称扬州为广陵郡。乾元元年（公元758年），又改称扬州。天复二年（公元902年）杨行密在扬州建立政权，改扬州为江都府。其后南唐元年（公元937年）改江都府为扬州府。宋时，扬州相继隶属于淮南道、淮南路、淮南东路。元至正十七年（1357年）改称淮海府，又更名维扬府，最后复名扬州府，都是江都县治。明、清沿传至中华民国。

1949年1月，始称扬州市，另置江都县。1983年3月，扬州市改为省辖市。

【名胜古迹】

扬州有春秋时代的邗沟，汉代广陵王墓，隋代炀帝陵，南北朝古刹大明寺，唐宋古城遗址，唐鉴真纪念堂，宋伊斯兰教普哈丁墓，仙鹤寺，明清私家园林个园、何园等众多名胜古迹。大运河开凿后，冠有“雄富冠天下”的称号。最为著名的瘦西湖颇受历代造园专家的青睐，在湖区两岸，弥漫着“两堤花柳全依水，一路楼台直到山”的湖区仙境；寺院遍布观音山上，有“江南第一灵山”美誉。

镇　江

【名城简介】

镇江市地处江苏省中部，长江下游南岸，西接南京，东面以上海、苏州、无锡、常州为邻省，北面同扬州隔岸相望。目前辖3区3市，有回、蒙古、满、藏、维吾尔、侗、白、黎、高山、锡伯等少数民族。1986年国务院把镇江列为国家历史文化名城。

【名城历史】

镇江是江南历史悠久的文化名城。按出土文物和史籍考证，古代隶属禹贡九州之扬州。西周时是宜侯封地，故名“宜”。春秋时叫“朱方”，隶属吴国。战国时属楚，称“谷阳”。秦统一天下后，改名为“丹徒”。汉末孙权在现在北固山的前峰筑“铁瓮城”，古代意思为“绝高为京”，又称“京城”，这是镇江建城之始。此地原名京口里，又改称“徐陵”，地高而临江，故又叫“京口”。此后，因政权更迭，名称各异，东晋时叫“北府”，隋初称“延陵”，后改“润州”，唐曾改称“丹阳”。北宋政和三年（1113年）建镇江府，始称镇江，时经宋、元、明、清，一直沿袭至今。民国建立以后，设县，1929年江苏省省会设于此。

1949年4月镇江解放后，成为地区辖市，为镇江公署驻地。1983年为省辖市。

【名胜古迹】

镇江的文化深厚悠久，焦山碑林、丹阳南朝陵墓石刻、镇江英国领事馆旧址是全国重点文物保护单位。焦山碑林中有“大字之祖”《瘗鹤铭》和苏轼、米芾、黄庭坚、陆游等大家的碑刻及摩崖石刻。南朝陵石刻遗存有齐梁两代帝王的陵墓，是南朝石刻的瑰宝。有17处省级重点文物保护单位，其中有焦山古炮台遗址、昭关石塔、相传为孔子所写的季子碑、铜钟、古代建筑瑰宝隆昌寺无梁殿和铜殿等。还有66处市级重点文物保护单位。

常　熟

【名城简介】

常熟市在江苏省东南部，东倚上海，南连苏州，西邻无锡，北临长江与南通隔江相望。常熟是苏州的辖市，面积1264平方公里，管辖有24个镇，人口103.7万。1986年国务院把常熟列为国家历史文化名城。

【名城历史】

商末，周太王二子泰伯和仲雍投奔南方，成立了勾吴国，常熟便是勾吴北境。春秋时受吴国辖属，秦汉时是会稽郡吴县北境，三国隶属吴南沙乡及虞乡，西晋太康四年（公元283年）常熟建县之始，东晋时设立南沙县。南朝梁大同六年（公元540年）把南沙县改名常熟县。隋朝开皇年间，常熟升为常州，没过多久，常熟复为县，属苏州。唐武德七年（公元624年）搬迁县治至海虞城。宋时属两浙路平江府苏州。元朝时晋升为常熟州，属平江路。明又把此地称为县。清雍正四年（1726年），西境置常熟县。清宣统三年（1911年），把昭文县同常熟县合并为常熟县。

1947年4月27日中国人民解放军接管常熟，按城区设常熟市，县市并治。1954年11月，常熟市晋升为省辖市。1958年4月，撤销市，建立虞山镇，为常熟县。1983年1月，国务院决定按照县域范围重设常熟市。

【名胜古迹】

历经3000年沧桑变迁，古城常熟有翁氏故居彩衣堂、碑刻馆、方塔园、读书台、燕园、赵园等。翁氏故居彩衣堂，是一所典型的具有江南风格的封建官僚宅第的明代建筑。原本是清代仁阁大学士翁心存住所，其子翁同龢曾在这里有美丽的童年及安享的晚年，是国家级文物保护单位。南宋方塔是常熟古城的标志性建筑，四面九层砖木结构，造型奇异。城中燕园原是清乾隆间台湾知府蒋元枢所建。

徐　州

【名城简介】

素有“五省通衢”之称的徐州位于江苏省西北部，地处苏、鲁、豫、皖四省交界，东临淮海，西接中原，南屏江淮，北扼齐鲁。徐州市目前辖5区4县，代管2市，人口以汉族为主，另外还有49个少数民族。1986年国务院把徐州列为国家历史文化名城。

【名城历史】

尧封彭祖在此地是原始社会末期。春秋战国时，为宋国辖管，后归楚，秦统一后设彭城县。楚汉时，西楚霸王以彭城为都。西汉设置彭城郡，东汉设都彭城、彭城国。三国时，曹操迁徐州刺史部至彭城，始称徐州。隋时后改彭城郡，治彭城。唐时，徐州与彭城郡名称屡次互改，中后期徐州是节度使驻地。宋元两朝以徐州为都会，隶属和辖领变化较频。明初徐州曾直隶京师，后属南京。清初始，徐州相继为江南省和江苏省所属。雍正后期升为徐州府，置铜山县，徐州同铜山并称。1938年开始称徐州。1945年正式设市，辖属江苏。

1948年12月，建立人民政府，徐州一度为山东省辖市。1953年1月，依然划归江苏，为省辖市，并设徐州行政专署。1983年3月，江苏省统一实行市管县体制，徐州废县改市。

【名胜古迹】

汉高祖刘邦的故乡是徐州，两汉文化遗存相当丰富，汉墓、汉俑、汉画像石并称“汉代三绝”。两汉彩绘兵马俑，是第三批重要发现。徐州也是南北朝宋武帝刘裕的故乡。白居易、苏东坡、文天祥、方孝孺、潘季驯、李可染以及著名音乐家马可均曾在徐州任职或生活过。

淮　安

【名城简介】

淮安市地处江苏省北部，东靠盐城市，南连扬州市，西邻安徽省，北邻连云港市，原名淮阴。面积1.06万平方公里，目前辖清河区、清浦区、楚州区、淮阴区、涟水县、盱眙县、金湖县、洪泽县8个县、区。1986年国务院把淮安列为国家历史文化名城。

【名城历史】

在春秋时期，淮安是吴、越两国的属地。战国时属楚。秦时属古淮阴。汉武帝元狩六年（公元前115年），淮安建县的开始。自东汉末年开始，逐步发展成为古代苏北地区的政治中心。建安五年（公元200年），广陵郡治迁淮安。东晋时相继为兖州、青州和山阳郡治所。南北朝齐永明七年（公元489年）易称淮安。隋时曾设楚州，唐时一度改称淮阴郡。元时设淮安总管府，晋升为淮安府路，所辖范围占苏北大半还有安徽的部分。明代改淮安府路为淮安府，1914年废淮安府，设置淮安县。1945年置淮城市。1948年12月与淮安城合组成立两淮市。1951年成立清江市。1958年8月与淮阴县合并，成立淮阴市。1964年10月市、县分置，复原称。新中国成立后淮阴地区为专员公署，驻淮阴城。1983年3月撤地建立淮阴市。2001年2月，国务院把原淮阴市更名为淮安市，辖治的原淮安市改为淮阴区。

【名胜古迹】

最早见诸著录的《水经注·淮水》就有淮安的古迹文物，记载了清水墩与漂母墓等。明清两代修府、县志，大都设古迹卷，描述古庙宇道观、名人墓葬、碑刻题记等。先后发现古遗址、古墓葬600多处，有16处被省政府列为省级重点文物保护单位，29处被市政府批准为市级重点文物保护单位，例如：下草湾旧石器遗址、东阳秦汉古城址、明祖陵等，均受到妥善保护，而且逐步整修兴建、扩建了淮安勺湖公园、清江城南公园、楚秀园、涟水五岛公园等。

锦　溪

【名镇概观】

锦溪坐落在昆山市西南23公里处，东面与上海市青浦区接壤，西与苏州市吴中区为邻。全镇占地面积90.69平方公里。锦溪素有“三五”之称，境内湖河纵横密布，全镇有16个大小湖泊，238条河道，湖水清澈见底，绿波粼粼，风景隽逸，土地肥沃，气候宜人，物产丰富，是具有代表性的江南鱼米之乡。

锦溪的交通相当发达，水陆空等交通工具十分完备精良。

【名镇历史】

新石器时代，就有人类在此繁衍生息，创造了灿烂的文化。吴越春秋，伍子胥受命在苏州筑古城；辅助光武帝刘秀的历史名将马援曾在此驯马练兵；三国时期大臣张昭，葬在此地；东晋安帝义熙年间的大画家顾恺之，辞官长年隐居此间。南宋建都临安时，孝宗赵眘宠妃陈妃路过此地，因陈妃被锦溪美景迷恋，流连忘返，死后水葬于锦溪五保湖中，孝宗便将锦溪改名陈墓长达840年。

“镇为泽国，四面环水”，“咫尺往来，皆须舟楫”，这便是锦溪写照。水巷、河埠、拱桥、骑楼等二千余年的历史文化孕育表现的水乡神韵，好比一幅牵动人心弦的神奇画卷。沈从文把它比喻为“睡梦中的少女”，冯英子赞誉其为“淡抹浓妆总相宜”，刘海粟称它是“江南之最”。

自古锦溪就是文人墨客集中的地方，南宋名人卫径、高启、文徵明、归有光等人都为它留下了千古诗文。

如今，锦溪不仅凭借如诗如画的水乡风貌吸引着无数游客，而且锦溪镇党委、政府又将古镇增添了新的文化内涵。近几十年建起“中国第一古砖瓦博物馆”，以及徐州古钱币收藏家黄风子先生开设的“中国历代钱币珍藏馆”。锦溪镇还将推出：已故工艺美术大师刘海粟老先生的关门弟子张省先生的“张省美术馆”以及“中国根雕博物馆”、“中华奇石珍品馆”等，这些民间收藏品博物馆的相继开设，更加提升着锦溪旅游的文化品位，让锦溪成为实实在在的“中国民间博物馆之乡”。

【名胜古迹】

陈妃水冢

锦溪镇是昆山陈墓镇原来的美誉。清晰如流云的小河贯穿锦溪全镇，河桥众多，分布如网，一镇有36座桥，“水乡小桥多”、“人家尽枕河”描写的恰是锦溪镇。锦溪两岸风景秀丽，特别是古莲池和池旁的莲池院，被誉为“世外桃源”。

它与陈墓有何关系呢？据传南宋绍兴后期，金主完颜亮夺位不久，调军南下。宋军退守镇江，向临安告急。金兵攻占扬州，驻守瓜州。高宗赵构闻报，闻风而逃。而皇太子赵玮满怀愤慨，进谏高宗慷慨陈词，表示愿意出师迎击金兵。他的决心感动了高宗，便下诏亲征，由扈跸同行。

赵玮准备出征，到东宫告别众妃。陈、葛二妃竟然奏请同往，由于这两个妃子与梁红玉交往甚密，深懂兵法武艺，也是女中丈夫。正值金兵南犯，国难当头，两人效法梁红玉巾帼从戎，便要求跟随太子出征，到疆场杀敌立功，以保宋室江山。赵玮很高兴，同意带陈、葛二妃登上战船。

而当时聚集在临安出征的水师只有四万余人，大小船只千余艘，欲与数十万金兵交战，真正是寡不敌众。因为高宗御驾亲征，太子随军压阵，因此上下将士个个摩拳擦掌，敌忾同仇，要同金兵决一死战。战船从杭州出发，顺着运河直驶平江。先锋部队直逼进镇江，突然接到探哨：金兵不知为了什么，已在凌晨从瓜州拔寨撤退。敌寇为何不战自退呢？原来瓜州驻军发生内讧，几个将领于夜间潜进大帐，刺杀完颜亮，几十万大军败阵逃跑，赶回燕京去拥戴新主了。南宋水军立即发动军队回朝，但是为了以防万一，高宗暂留赵玮驻扎平江观察敌情。

太子赵玮当时便在战船上摆宴庆功，高兴无比，陈、葛二妃左右作陪，士兵献上新应市的大闸蟹祝贺凯旋。陈妃由于多吃了几只蟹竟积寒腹中，腹痛不止。又找不到名医高手，痛了三天三夜，便病逝。

陈妃的死给赵玮带来莫大的痛苦，他准备将灵柩运回临安安葬。正开丧讣告四方的时候，圣旨到，召赵玮即速回京。因高宗年老力衰，精神恍惚，难以坐朝秉政，决定让位于太子。而禅让是封建王朝一项极其隆重的大典，是举国共欢、普天同庆的一桩大喜事，陈妃的灵柩是哀丧之物，自然要避讳而不能一起回京了。赵玮派人立即在平江一带寻觅风水圣地。有个阴阳先生看中了锦溪镇五保湖中一个隐藏在浅水层里的独圩墩，说，找到了一处龙穴，陈妃的棺材可落葬在那里。太子坐进龙椅后国泰民安。赵玮亲自护送陈妃灵柩至锦溪进行水葬。

赵玮做了皇帝更名赵昚，也就是孝宗。他平时非常信佛教，尊崇达摩，生活比较俭朴。为了纪念安葬在锦溪独圩墩的陈妃，就下令在湖畔建造一座莲池院，并盖寺庙诵经念佛，照管陈妃墓。池院旁的湖荡筑了条长堤，堤外是菱塘，堤内是荷花池。

不久，葛妃病殁，死前遗言也要葬于此地，好与陈妃为伴。孝宗成全葛妃的遗愿，把她安葬在锦溪三里外一处土墩上，葛墓的地名由此而来。

一直到宁宗皇帝赵扩嘉泰三年（1203 年）这座莲池院才竣工，造得气势宏伟，规模宏大，成了锦溪镇上最重要的名胜。五湖四海的善男信女纷纷进香，人们走进莲池院自然会想到埋葬在独圩墩上的陈妃，时间长了，直接叫做陈妃墓，把莲花池易叫为古莲池。

莲池禅院

莲池禅院是锦溪镇的一处名胜古迹，当然也是“锦溪八景”中最负盛名的景点之一。据传陈妃葬于五保湖中后，在水冢的锦溪口菱荡湾南侧建造了寺庙，派僧诵经护墓。寺边挖池栽荷，因此取名莲池禅院，亦称古莲寺、古莲池。由于寺内有天君王灵官——红头发紫胡须，面赤又三眼，身披盔甲、手托宝塔的塑像，被俗称为灵官殿。

此院历经宋、元、明三代，到清顺治十三年（1656 年），若山和尚来此住持，着手扩建鼎新。孙垣捐银五百两，才让殿堂、廊庑次第告成，计有弥勒、三世、大悲、观音等殿，又傍添斗坛、方丈、三官堂、鹤来轩等处。寺外建筑长长的提岸开挖大型沼河，前后榆柳袅娜有致，放生池里芙蕖风摆掩映，曾一直改名为阿律寺。

若山和尚，湖北楚黄人，法号通郁，小时候在金陵双忠寺削发为僧。顺治丙申（1656 年）飞锡莲池院的开山祖师，道行相当高，能诗并精通书法。圆寂后数十年龛化时正坐在火中央，耳目口鼻俱有青光吐纳，藏骨于大悲殿西隅塔院中。塔院在雍正七年（1729 年）由主僧天宁建造。若山曾给卓锡天童寺道徒儿本披剃。道字木陈，广东人。除参讲之外，兼通翰墨，非常有才华。顺治十六年（1659 年），被召入都，顺治皇帝赐封弘觉禅师，并赐御书法宝。康熙九年（1670 年）奉旨南归建造平阳山，至莲池禅院拜访通郁大师，有《留赠若山耶公诗》：“郁公潜迹锦溪滨，楚水吴山一样春。辟草开荒劳种值，攫头输与住山人。”离时又留诗：“才辞金厥泛河滨，客路风尘九十春。不道锦溪留十日，归帆又作渡江人。”

道的徒弟本姓陈，湖南茶陵人，字大渊，又字钓雪。在顺治十六年（1659 年）被召入都，到中途得师若山札子，折返省视。在莲池禅院参讲，闲暇之余同镇上诸前辈相唱和。于松江瑞光禅寺圆寂，法徒元垅请尤侗铭其塔。

元垅是华亭巨族李氏子，字牧堂，又字大白。天生资质，工诗文，拜大渊为师，卓锡瑞光禅院。清康熙四十四年（1705 年），正值皇帝南巡，元垅诣涯恭敬，受邀作诗，深受赞赏。康熙赐金赐茶外，又赐御扇一柄，其上有御笔《登玉峰诗》。康熙驻銮松江时，又命十三贝勒胤祥到瑞光寺上香，再赐元垅匾、对、经卷等。康熙回銮，元垅送到淮阴，由于寺未修完，没有随驾进京。几年之后，他才到京里进呈亲手缮写的《大灯传录》，得到康熙许多赏赐。他回到松江年纪已老，忆起锦溪莲池禅院为师公卓锡之处，于是来到溪上与陈鲁庵、陆恬人等辈结社赋诗，充实安逸。出家人和俗家人聚会于清静的莲池净界，随兴即唱，情景交融，是一种怎样的超俗圣境。因此莲池被列为莲池八景中的一景。

文 昌 阁

【古迹简介】

文昌阁，耸立于古莲池畔，高 15.6 米，四面三层，呈浮屠状，是锦溪镇上保存完整的一处名胜古迹。

文昌阁又叫文星阁、片云阁。供奉主宰文运、点派状元的魁星，也叫文曲星。因为封建社会推行科举制度，八卦先生说：读书人应试、考取或落榜，乃是魁星在考生的命运中决定好了的。因此，建阁敬魁星，无非是祈祷神灵，保佑地方士子能金榜题名。一般城市里人口多，文化教育发达，都建有文昌阁。除锦溪建文昌阁外，其他各地恐怕也都建有文昌阁，由此说明锦溪自古以来的崇文风气，相对较好。

文昌阁原建于通神道院内，后被移建到莲池院去。乾隆三十年（1765 年），里人张大钧书有《重建莲池院、建文昌阁捐启》，并开始着手集资筹备，终于在乾隆三十八年（1773 年）峻工。

文昌阁同古莲池相对，前有石台，上有石栏，东南堤梗杨柳，西面有宝阁琴楼，下设琴堂、莲舫、惜字会。因此，更加使地方上的读书人与有文化修养的僧道兴奋不已，“文举于斯”。

文昌阁历经无数春秋，直至新中国成立后，政府多次拨款整修，批准为重点保护文物单位，才恢复其面貌，凌云高歌“少年壮志不用愁!”兴盛和平的日子越来越美好。

从文昌阁上放眼四眺，能够俯瞰全镇景致，又可望到湖水与天相连接，帆与鸥竞渡。如人间仙境，令人不忍离去。

沙　溪

【名镇概观】

沙溪镇坐落在江苏省太仓市中部，离上海虹桥机场50公里，沪宁高速公路在此开辟了出口处，从上海至沙溪只需30分钟。沙溪素有“东南十八镇，沙溪第一镇”的美誉。目前的沙溪镇辖区东连金浪镇，南临城厢镇，西与昆山、常熟交界，北接归庄镇，面积67.5平方公里，江苏省首批对外开放的乡镇之一，是全国和江苏省乡镇百强之一。

【名镇历史】

元末是沙溪建镇之始。明治年间，市镇日渐繁荣。例如监察御史苏赞的“御史府”，山西道御史曹逵、刑部郎中叶遇春等显贵，先后在这里建府造第，街景日好，“沙溪八景”家喻户晓。至明清时，随着工商业的发展，大批商人集聚于此，成为一个文化交流、商品经济活动的地点。所以，沿戚浦河而建的临水建筑脱颖而出，典雅的石拱桥横跨戚浦河，如“印溪书舍”、“南野斋居”、“连蕊楼”等一批古宅名居凸地而造，枕河人家，小桥流水，小巷深处呈现独特的具有浓郁文化的景致。

随着改革开放，沙溪镇发生翻天覆地的变化。最近几年，先后被评为江苏省文明镇，社会治安、计划生育、绿化工作、文化教育先进镇。

自古以来沙溪镇人才辈出，是引进西方文化较早的名镇，明清时就有一批文人出洋留学。例如史学家桑悦，古琴家徐上瀛，星象学家龚树模，儿童文学家龚堡，他们均是土生土长的沙溪人，这都说明沙溪镇人才济济，骚人墨客甚多。历史文化悠久深厚，给古老而美丽的沙溪增添了浓郁的人文气息。

【名胜古迹】

沙溪曾是民族工业的发祥地之一，为太仓的工业重镇。如清光绪三十二年（1907年），江苏省第一家轻纺工业济泰纱厂成立。

沙溪镇民俗民风，风趣淳朴，民间灯会妙不可言。沙溪从古至今香火很旺，特别是以普济寺、长寿寺、延真观最甚。沙溪的风味小吃、特产也名声远扬。

沙溪最显著的特色是江南水乡古镇。“古巷同户宽，古街三里长，古桥为单孔，古宅均挑梁，户户有雕花，家家有长窗，桥在前门进，船在门前荡”，形成了一幅幅优美清秀的水乡风俗画。沙溪临水建筑和同里、周庄各有其特点，家家有河棚、水桥、临河落地长窗可眺望远景，并且房屋脊梁、门窗雕刻精美，别有江南水乡特色。

周　庄

【名镇概观】

厚重古朴的江苏昆山的周庄古镇把它最美的一面呈现给世人，周庄没有大山大河的雄壮，亦无姹紫焉红的花草，然而穿行于石板路上，脚下滴答作响的声音，仿佛是周庄在低诉几百个春夏秋冬的故事。

流连周庄之中，我们能理解西晋文学家张翰“秋思莼鲈”辞官归隐的行为，唐代诗人刘禹锡、陆龟蒙沉醉在美景中的激情，和柳亚子、陈去病踏足石桥的往事。春秋战国吴王少子摇封地于此，这里便有了“摇城”之说。到了宋元祐元年（1086 年），由于周迪功郎捐田设庄为百姓造福，百姓感恩之余改名“周庄”，便有了周庄 900 年的历史。至元代沈万三经商发达后，沟通古运河，周庄成为了商业繁盛之地。到了清代便成为“姑苏葑门外一巨镇”。

【名胜古迹】

水与桥的冥想

周庄，被誉为水的世界。陆地是狭长岛屿形的，北接澄湖，南含张矢鱼湖，东临淀山湖，西濒白蚬湖，还有无数的湖泊河港，水浪惊岸。“井”字形河流穿过庄子，缠绕着只有 0.47 平方公里的古镇区，水波悠荡犹如一片水中桃源，被称为美丽的“东方威尼斯”。

60% 以上的居民住在河道两岸的明清时建的古建筑中，错落有致的深院老屋依水而造，一处处过街骑楼、水阁廊坊神韵仍不减当年。从 2000 年周庄进行“三线下地”工程后，这里的古色古香更加和谐淳朴，相映生辉，像一位气质典雅、高贵大方的公关小姐在迎接着四面八方游客，把清淡典雅的风韵展示于世人面前。

乘船是在周庄浏览最好的方式。轻轻地摆着船桨，荡漾在水乡河道间，有一种令人陶醉的澄静，仿佛进入了国画丹青之中。两岸是临水而建的古宅，走马飞墙，粉墙黛瓦。大街小巷接踵的人流，热闹的市井，鳞次栉比的特色店铺充满了厚重的商业气息。吊桶突然从小楼上吊入水中，“扑通”一声，盛着水乡居民的平淡、欢愉，进入人们的生活，使人不禁忆起“吴树依依吴水流，吴中舟楫好夷游”的元代佳句。船行水巷，你能看见水巷墙壁上镶嵌着的缆船石，居然是一块块花岗石浮雕，雕刻着各种形态，如鲤鱼跳跃等，还有的用几块规则或不规则的石板拼成凝重浑厚的浮雕艺术品。不得不让我们惊叹艺术家表现艺术魅力的细微。

坐在舟上飘于水中，偶尔看到一只飞跃头顶的青鸿，那种感觉比走在桥上更令人兴奋。这里有明清石桥 14 座，最令人神往的应该是著名的“双桥”了。“双桥”见其名而知其义，它是由两座桥组成，一横一竖的两座姐妹古桥相建在清澈的银子浜与南北市河的十字交汇处。建在银子浜上的叫永安桥，方孔构形小巧别致；横贯南北市河上面的是世德桥，拱形单孔。一圆一方，构思奇特，这桥如同一把古老的钥匙，因此被人们俗称为“钥匙桥”。双桥的造型是钥匙，它却是周庄艺术的精髓。对于双桥，还有一段美丽的故事。数年前旅美画家陈逸飞满怀着对江南古镇深深的陶醉，船行至周庄，当饱览秀丽柔美的景色后，心中再也按捺不住对艺术的痴迷，将神奇的双桥景色展于画卷，创作出一幅融中西结合的举世佳作《家乡的回忆》。仅是一幅油画，让一座桥、一个镇面向了世界，小镇赋予给世人的也不只是一片美景，而是心与人感应的绝美。后来美国石油巨商阿曼德·哈默来访中国时，把这幅惊世之作赠送给邓小平同志。第二年油画便被选为联合国首日封邮票图案，至此双桥便成为周庄以至中国江南水乡的标志，恬静地走向世人，为越来越多的人所陶醉。

古朴建筑

沈厅同建筑有着亲密的关系。沈厅原名敬业堂，是清乾隆年间所建，坐东向西，前后共七进五门楼，占地2000平方米，据史载为沈万三后裔的豪华旧宅。建筑前面是水光碧波的南北市河，近处是优雅的富安桥，依水而筑的水墙门光鲜亮丽。门内是镂户雕窗的倚街楼、古香古色的茶厅、轩敞明亮的正厅。厅堂中央悬挂着一方匾额，上面有张謇所写的“松茂堂”三字。厅堂粗圆大浑的玄漆厅柱，支起横梁斗拱，雕刻的蟒龙、麒麟、飞鹤、舞凤等图案，生动逼真，技艺精湛。另外天井里的青石老井、迎客古松、恢宏夺目的砖雕门楼，好像均在诉说着当年“积厚流光”的岁月痕迹。

沈万三的传奇故事弥漫整个沈厅乃至整个周庄。此人名声显赫，其发迹致富史也是各有说法，充满了传奇色彩。据传沈万三原本是一个靠捕鱼为生的穷苦人。一次撒网捞到一只泥乎乎的盛器，拿回家后做了鸭食盆。不料盆中谷物变成了黄灿灿的金子。自发现聚宝盆后沈万三更是觉得自己还有“左脚踏金，右脚踏银”的特异财气，兴奋至极，乡邻知道后更是大惑不解。从此沈万三运用手中的财富，通航运，进行海外丝陶贸易，成为富可敌国的江南第一商业富豪。再据传富起来的沈万三让朱元璋心生嫉妒，三次遭受祸害，由于在马皇后劝说下免死发配荒僻云南。从此家道衰败，一落千丈，客死他乡。时事变迁，这位神奇的人物，如今留下的也只有残旧的建筑和缤纷的传说。

临河古街上到处是一幢挨着一幢的江南小酒楼，周庄名吃“万三蹄膀”的香气是小巧的阁楼上飘散的。这酒楼和蹄膀是周庄所特有的，在小镇上几乎随处都是。蹄膀是红糖、酱油、茴香、姜片等为佐料，用砂锅焖煮而成。万三蹄膀得名源自沈万三“家有宴席，必有酥蹄”，因此每逢佳节百姓都会用蹄膀为贵重的礼仪菜肴款待。卖蹄膀的酒楼周庄到处都是，可坐在迷楼中吃蹄膀，意境就大不相同了。迷楼原名德记酒店，由于柳亚子、陈去病、沈君崇等“南社”巨子汇集于此，将大志抱负寄托于诗酒之间，抒发胸中豪情壮志而名声大振。他们借景抒情，创作出了诗文华丽的《迷楼集》。迷楼中弥漫的无论是蹄膀之香，还是诗书之气，都为这座古老的建筑涵盖了更丰富的内蕴。

宗教建筑在周庄是别有风格的建筑。当人们还在睡梦中时，便可听到一声声浑然洪亮的钟声。钟声是由镇西北的全福寺传来的，传声数里，划破黎明的长空，余音袅袅，被誉为古镇的八景之一“全福晓钟”。全福寺和周庄有着同样悠久的历史。寺院挺立在清悠涟漪的水上，如飘浮在仙境。有着浑然天成的气势，堪称“敢与杭州灵隐寺相媲美”的江南名寺。山门匾额书写着“水中佛国”四字；宝殿中供着如来、文殊、普贤三尊佛像，大雄宝殿旁那口巨钟依旧晨鸣，让人惊醒；地藏殿中悬挂着名人字画；指归阁翘角飞檐，四面皆有窗户，好一派“指归春望”的景象。

全福寺把水乡气息和佛哲思想融于一体。除了佛寺，我们还可饱览到具有江南神韵的千年道院——澄虚道院。前后三进的澄虚道院，殿宇清幽，是闻名于吴中的道教圣地。门厅里面目可怕的王灵宫鞭笞着世间的罪恶；圣帝阁前塔顶香炉烟云缥缈；玉皇阁屋脊上“风调雨顺、国泰民安”八字以及阁内“三清”塑像，体现美好的心愿。在每年农历六月下旬，道院便会香火弥漫，善男信女汇集于此，设坛祭祀。廿一、廿二日祈祷火神，廿三、廿四日祭祀雷公，祈祷安居乐业、国泰民安。

同　里

【名镇概观】

同里的灵秀、清纯，犹如一个身着洁白连衣裙的纯洁少女，如此恬静，文雅。

同里以悠久的历史、灿烂的文化与“小桥流水人家”的韵味驰名海内外。它属辖江苏省吴江市，坐落太湖之畔，京杭古运河的东面。镇外四面环水，邻接同里、九里、叶泽、南星、庞山五湖之中，数条小河将同里分割成7个小岛，几十座古桥又把这些散落的珍珠贯穿起来，更加绚丽多彩。同里是江南水乡中保存最为完好的古镇，也是江苏省最早、唯一的一个将整座古镇作为文物保护单位的古镇，它的美征服了所有游客。

【名镇历史】

它是一个早在5000多年前就存在的小镇；有崧泽文化与良渚文化的历史，祖先在这里进行生产劳动，生息繁衍，创造出一片富裕水乡。“富土”土地肥沃，盛产稻米与油菜籽儿，故有“粮仓”之说。湖荡平原孕育了丰富的水产，是名副其实的鱼米之乡。此地有被称为“水中人参”的特产芡实。

唐代初年，由于“富土”这个名字听起来让人垂涎三尺，屡次被抢劫，因此改叫

“铜里”。而宋代又把旧名“富土”两字相叠，拆字为“同里”传用至今。宋、元、明、清时，同里已是吴中大型的集镇。这座幽静的古镇以舟楫与外界相连。在烟波飘渺的湖面上，晃晃荡荡的船只载着同里的富裕和隽逸，摇曳于太湖之滨。也正因为这纵横的水网，才使这般典雅安静的同里犹如迷宫，多少年来免遭战火硝烟之灾，成为富绅阔商避乱安居的港湾。

这片悠远的“富土”兴学风气举世瞩目，历代才子佳人辈出。元代诗人倪瓒，留下了赞美同里的千古佳句：“一水东西云窈窕，几家杨柳木芙蓉。”陈去病，与陈去病、柳亚子并称为清末民初吴江三杰的国学大师金松岑，以及《吴江报》创始人、创作了著名的电影剧本《乱世英雄》、《西厢记》、《秦淮世家》、《三笑》等的范烟桥，都是从同里走出去的。现在的同里人更是继承了前人文杰的才智，登上世界舞台。小小的同里古镇，蕴含了如此厚重的文化积淀，这块钟灵毓秀之地涌现如此众多的儒士大夫，云集各领域的名人，均是深受吴越文化的陶冶与感染，才有了自己独特的文化氛围，这着实让人赞叹不已。

【名胜古迹】

同里是一座远离都市的古老小镇，是水乡泽国，大自然赐予了它浑然天成的秀丽风光。明代初期就有了长山岚翠、林皋春雨、莲蒲香风、南市晓烟、野寺昏钟、水村渔笛的“同里八景”。不管是近郊湖光水色，还是古寺建筑景观都散发着诗意的美丽与灵气。而到了中期又有了东溪望月、西皈夕照、北山春眺等“后八景”，后来又添加了罗星听雨、梅山香雪、白云遗迹等，它们更为这座古香古色的小镇增添了神奇的魅力。

小桥、流水、古巷、人家蕴含着一股儒雅气息，仿佛进入隔世的桃源和香雾萦绕的人间天堂。这便是元代大画家倪瓒要以“依微同里接松陵，绿玉青瑶缭复萦，为咏江城秋草色，独行烟渚暮钟声”来赞许同里风光的理由。“江南四大才子”之一的文徵明也有诗云：“扁舟卧听三更雨，一苇难航九里湖”、“绕榻波涛归梦短，隔林烟火远村孤”。清末画家陆廉夫也将同里美景留在“笠泽避兵”、“话雨谈诗’的立轴之中。现在就让我们来感受一下“小桥、流水、古巷、人家”的绝美意境。

一园二堂三桥

若旅游在江南的同里，千万别错过了“一园二堂三桥”的绝美。被余秋雨称为中国古典园林中特别让他称心满意和最吸引人的景致便是退思园，现已成为世界文化遗产保护单位。无论是雕刻技艺精湛的崇本堂，还是清秀隽逸的嘉荫堂，都将同里的清秀典雅表现得淋漓尽致。穿越名园、“二堂”，踏过迷幻的“三桥”，是一种同里独有的魅力，让人感受到犹在的遗风。并且清代同里出了一位名流任兰生，由于他业绩显赫，先后担任记名盐运史、候补道布政使等职，光绪五年（1879 年）开始担任安徽凤颖六泗“兵备道”，建筑城墙，整治驿路，建桥梁，开船塘，设育婴堂，立戒烟局，业绩显著。光绪十一年（1885 年）由于镇压捻军不力，被小人加害而辞官归隐家乡。他命袁龙设计并花费数万两银子，建起了一座占地几千平方米的私家花园——退思园。

“退思”一词不仅表达了任兰生这类失意官僚“以园言志”、“以园缘情”的意境，同时又表达出主人取《左传》“林父之事君也，进思进忠，退思补过”之用意，将园林命名为“退思园”。“补过”之意正好遮掩了园林的“富气”，逃避了朝廷的窥视，才能让这座豪华的园林安静的历经了百年春秋岁月。

退思园布局独特而紧凑，采用富而不露的横向建造，一改以往的建筑风格，也因江南地寡所限，故自西向东分别为宅、庭、园，一序而排。即使面积不大，但有别于皇家园林与寺观园林。它汲取清代园林之长，古朴厚重，亭、台、楼、阁、廊、坊、桥、榭、厅、堂、房、轩俱全，其间点缀着无数树木盆景。园中还有主人亲手所植的玉兰树，这玉兰正好道出了主人的名号。

园中的恬淡清幽之气，令人神往，与周庄的大气形成鲜明对比。安静是整个园林的主调与特色。因此，众多影视制作者纷至沓来，《家》、《春》、《秋》、《红楼梦》、《戏说乾隆》等影视作品都可以看到人们熟悉的景观。这种古典园林就如同凝固的音乐，中国古代曲论家王骥德和李渔都把编剧和工师营建宅院苑榭相提并论。美国纽约就按这座退思园为蓝本，在斯坦顿岛植物园建造了一座面积 358 平方米的江南庭园“退思庄”。退思园意蕴深刻的文化和同里源远流长的历史面向大众，面向世界。

园中的西边宅，有内外之分，外宅又分为轿厅、茶厅、正厅三个部分。轿厅也就是门厅，通常它和花厅的作用就是接纳客人的轿子。正厅只有婚嫁喜庆、祭祖典礼以示隆重时才走。正厅两侧保留着“钦赐内阁学士”、“凤颖六泗兵备道”、“肃静”、“回避”四块执事牌，人们还可感受到园林中那份官僚地位的威严。内宅是园主家眷起居的两幢“畹芗楼”，它的两侧石库门是著名的砖贴门。外侧青方砖用铁钉和糯米灌浆紧贴木门的上面，青砖防火，门上闩后能够防盗。这种砖木结构的封火门是同里明清建筑中唯一遗留的原物，它是具有历史价值的文物，犹如在叩响着光阴行走的通路。“畹芗”两楼之间靠双重走廊与之贯通，东西均设了楼梯上下，形成了“走马楼”建筑。这种建筑颇具徽州特色，大概与园主长居安徽、钟爱徽派建筑有关。

这二堂之一便是“退思草堂”。草堂古朴厚重清雅，稳重气派，单檐卷棚式屋顶，突出了园林的主题，表达了园主辞官归隐的平淡。草堂里隔屏有赵孟頫所书的《归去来辞》碑拓。“云无心以出岫，鸟倦飞而知还”，表达了园主心声。据考证，原碑与太仓墨妙亭在同一时间遭毁，所以这里的碑拓更显珍贵。

西宅、东园的过渡是中庭。庭中是主人舞文弄墨、迎宾送客的“旱船”。“岁寒居”则在“旱船”的旁边，他与好友左宗棠、彭玉麟“患难见真情”，并称为岁寒三友。

通过花窗，一股超凡脱俗的气息萦绕其间。自“退闲小筑、云烟锁钥”的月洞门通过，可睹退思园的精华。小园第一个临水建筑是“水芗榭”，飞檐翘角悬跨水面，榭下是鱼跃清塘，假山峥嵘叠嶂。石舫“闹红一舸”是最具动感的。形状极为像船，有头无尾，有身无舱，船身被湖石托起凸现水中。石舫上“闹红一舸”四字是费孝通题的词。站于船头行云流水，仿佛扁舟驶航，真是妙趣横生。园内的主要建筑均是通过九曲回廊串联起来的。这长廊曲折通幽，透过漏窗，有步移景移的惊喜。九扇漏窗上还镶《襄阳歌》的石鼓文：“清风明月还须一钱买”，道出了心与自然感应表现自然的高超艺术。被称江南一绝的“天桥”，上为桥下为廊，如飞龙越于“菰雨生凉轩”与“辛台”之间。环山绕洞，拾级登临天桥，退思园的美景一览无余。

同里古镇最具艺术特色的精美杰作是崇本堂与嘉荫堂。“二堂”的绝妙所在都是它们的雕刻。它们有的精细，有的宁静，是别处的经典建筑所不能相比的。崇本堂是同里一件雕刻精致的艺术品，它精湛的技艺和深刻的内涵吸引无数游人“贪婪”的目光。嘉荫堂有着与之不同的引人之处，嘉荫堂好像是一首从远古岁月飘来的宁静清雅的歌，那种动人心魄的静谧，让人怀念。

坐落在富观街的古朴宅第崇本堂，面积虽小，却十分紧凑与独特。它与“三桥”中的长庆桥相连。整个建筑沿中轴线纵向发展成门厅、正厅、前楼、后楼、厨房的5个部分。步入庭院，立刻就会被这座艺术殿堂的闪亮所吸引。无论是飞檐斗拱上面刻有的夔龙细纹，还是“鲤鱼跳龙门”的深浮雕，或是“望子成龙”砖雕图，都令人遐思无限。崇本堂内还有几百幅精美木雕艺术品。例如内宅堂楼的长短窗上刻有全套《西厢记》故事。1000多年来流传的经典，14幅整套木刻《西厢记》，汇聚于古宅之中。在前楼底层长窗腰板上刻着“红楼梦十二金钗图”，内容各不相同，画面简洁明快，构图栩栩如生，木雕作品的刀法圆转娴熟，无不表现出主人深厚的文化积淀和崇高的思想层次，而且通过砖雕门楼默默地传递给每位到此游览的人。使人不得不为同里人这种对生活孜孜不倦的精神和深厚精致的艺术功力拍案叫绝。

嘉荫堂的正门是石库门式的墙门，以水磨加工的细清水砖砌成，给人一种神采奕奕的印象。穿过正脊中心挂有“福、寿、禄”三星的门厅，就是仿明结构、高大宽敞的主建筑“沙帽厅”。沙帽翅的棹木上刻着《三国演义》中“三英战吕布”、“古城会”、“草船借箭”、“三顾茅庐”等八幅图画，形象逼真、淋漓尽致，实为难得，这组木雕还被《中国戏曲志·苏州分卷》所收录，可其艺术成就非同一般。四进的古宅悬挂着浮雕，小阁临水，精致美观，令每一个曾走进嘉荫堂的人留恋不舍于它的那一份令人心仪的静。

同里镇上，还有不可或缺的另一样东西，它连接两岸、跨越长河、挺立于岁月风雨中，那就是古桥。同里的岛多，好像是散落在银河系里面的小星星，49座各个年代的古桥将10多条河流、15个小岛连成一个完美的整体。同里的桥历史悠久，要么是明清之作，要么是明清时修复重建。厚重平实的石头让它们坚而不摧。同里的每一座桥都是一个故事，甚至每个名字都有它独特的深刻内涵。

“三桥”也是最负盛名的，是同里桥的代表。“三桥”位于市中心，呈品字形三足鼎立于三条小河交汇之处，它们分别被叫做太平、吉利、长庆。这三座石桥古朴典雅、小巧玲珑。太平桥是清乾隆年间同里人范景烈等重建的。它精致典雅，地跨东柳、漆字两圩，桥身“吉利桥横形半月。太平梁峙映双虹”的对联巧妙地把另外两座桥的桥名镶嵌其中。太平桥与长庆桥之间是吉利桥，呈半月形。长庆桥又称广利桥，俗名谢家桥，明代陈镛、谢忱时进行了改建。太平、吉利、长庆三桥在同里人眼里是吉祥幸福、消灾消难的象征。每逢镇上婚娶时，新郎新娘都会在鼓乐声中抬着花轿走过这三座桥，有和睦恩爱、白头偕老之意。老人66岁生日那天的午后走一遍三桥，意即通过了人生的一个关口。在同里“走三桥”是非常重要的民间风俗，据说已经流传了千百年，人们也在“走三桥”的过程中祈求幸福。

“三桥”是同里众多桥中的艺术典范。但它却不能概括同里所有的桥。古镇中桥龄最大的一座桥是“思本桥”。这座建于南宋时期，也就是700多年前的古桥，是由叶茵所造，取“国以民为本，民以食为天”之意，表明叶茵希望南宋王朝不要忘了民之本、救百姓于水火的忧国忧民之心。

小东溪桥又名“普东桥”，在明代正德元年（1506年）间始建。石桥西侧桥墩壁上刻着一副对联：“一泓月色含规影，两岸节声接榜歌。”此联记下了同里当年的兴学之风。据记载同里宋代以来出状元1人，进士42人，文武举人90余人。古时的文人雅士多聚集于此石桥之上，勤奋攻读，因此这里被称为远近闻名的“读书桥”。

当月明星稀之夜，似水月光照着半月形古桥，明净如练的溪江上，尽是宁静的影子。

登桥赏月，蓝天碧海，波水月影，还有两岸朗朗书声，一派诗情画意，好一幅让人流连的美景，这就是“同里后八景”之一的“东溪望月”。

富观桥的龙门石上的石雕，是最富神话色彩的。它寓意着那只欲入仙界的鲤鱼跳龙门时见到桥上美貌姑娘，只因动了凡心变成龙头鱼身的神话。

同里最小的独步桥仅有五尺长、三尺宽，单孔拱形，小巧别致，堪称一绝。坐落镇西北郊，当年苏州至同里必经之路，亦为古镇重要入口的乌金桥，桥面中心方石上刻有的“马上报喜”图，形象逼真生动。

一座梁式三孔跨度更大的中元桥，传说是一财主赌气而造，又称为“赌气桥”。

青龙飞腾、气势非凡的渡船桥，桥北侧“春入船唇流水绿，人归渡口夕阳红”的对联道出了桥名。南侧刻有的“一线桥光通越水，半帆寒影带吴歌”对联则点明了渡船桥所处位置：昔日这里曾经是古代吴、越的分界处。

古镇遗风

人说同里水多，但同里最多的要属贴水而建的老房子了。

同里的建筑大多是在明清时代新建，高翘脊角，浮雕木刻，粉墙黛瓦，充满了江南水乡小镇特有的文化韵味。这些贴水而建的老房子，远远望去，好像是立在水中央，形成了一幅小桥、流水、人家的美好画面。老房子是建在河道两旁的，临水岸边有许多石阶，这里的人家就踏上石阶在这河里濯洗污物。古镇人也常常驾着小舟，满载蔬菜谷物和其他生活所需沿河叫卖，小舟悠悠地穿行于河道之中，那又该是一幅多么美好的画面。

从走马楼、砖雕门楼、过街楼，到伸向河面的小阁楼，人们可用备好的木制吊桶从阁楼吊水，泡制茗茶，围坐品茗小酌，尽览秀美的河上风光，也使同里有了茶香之韵。民宅中浮雕、深雕、透雕、堆雕皆美妙绝伦，让游人不得不惊叹于它的精湛技艺。古老民宅的窗户大多是明瓦窗，这种窗户是用蜡壳、蚌壳磨成的萤白色薄片，故透光不透明，即使站在窗外也看不到窗内的风情。古镇的老房子蕴藏着丰厚的历史文化积累。余秋雨先生还曾有过“觅房安居”的奇怪心愿！

明清时代，古镇同里东南部就是居民住宅区了，这里遍布着古老的巷道街市。宋元以来同里的街道就沿用埭，有南埭、东埭、陆行埭等。如今同里主要的街道共有8条，有竹行街、新填街、富观街、三元街、上元街、东溪街、南新街。它们绿树掩映，贴水建房，风韵独特。在街道之间是许多细细长长的里弄。比如串心弄、泰弄、西弄、仓街弄等，但是最具特色的是鱼行街的串心弄。长达300米的细弄仅能容一人行走，两个人碰面需侧着身子才能过去，两旁是高耸的屋宇深院，光线从夹缝中射入，斑驳的光点在参差横排的石条路上投影，显得恬静清幽。石条正好有一个巷子之宽，一条条蔓延至远处，但参差不齐，平添一种零乱之美。

同里老街有一种摄人心魂、使人远离于世的特别的静。但新填地区的清明街，却是另外一番状况。虽然街两旁热闹非凡，但160米长的古街上原有的参差不齐的麻石路面似乎诉说着它的沧桑历史。老街上各种店铺鳞次栉比，有专卖土特产的店铺，有摆放了字画墨宝的古董店，有出售精美工艺品的旺铺，也有卖各式小吃的小店，看着眼前的这一切，自己仿佛置身于“清明上河图”中了。来到同里，从热闹都市到清幽老街，是对你的身心两种不同的馈赠。

甪直古镇

【名镇概观】

走在甪直（音：陆直）古镇的小街古巷，会有许多身穿传统服装的劳动妇女从你身旁走过。她们扎着头巾，梳着髻髻头，束有裾裙，穿着船形绣花鞋，衣服通常用各种各样颜色的布块拼成。她们总是戴着头巾，据说是因为水乡湿气太重，为了防止弄湿头发。这种淳朴的江南服饰为甪直妇女所特有，显得亲切亮眼。而且也因这古老的服饰文化让角直人有了“苏州的少数民族”之称。

【名镇历史】

被称为“神州水乡第一镇”的角直小镇，是古老的，历经有2500多年的历史。它位于江苏昆山市，古时被称为“甫里”，唐代诗人甫里先生陆龟蒙曾在此隐居，故得名。相传镇东有直港，通向六处，水流形状像一个“角”字，故又改名为“角直”。“角直”一名其实源于古代独角神兽“角端”。关于那个美丽的神话，这里不再细述。如今古镇仍树立着那只独角神兽“角端”的雕像。

角直河流纵横交错，五六公里的河道上有许多石板小桥横架着。这里有双孔的大石桥，单孔宽敞的拱形桥，也有狭小的平顶桥，装饰性很强、两桥相连成直角的双桥也有5座多。最鼎盛时镇上有桥72座。可惜的是大部分都被历史长河给摧毁了。现存的40座桥梁中有1座宋代桥、12座明代桥、19座清代桥，让游人不得不愕于它的古老。

【名胜古迹】

小镇上的古银杏树是角直古老的最好象征。7棵银杏在古镇中历经千年风霜，依然生机勃勃，高大挺拔。最大的一棵高50米，3人合抱也围不住。其中有4棵银杏种植于角直著名的保圣寺中。江南古寺保圣寺在公元503年（梁代）时建，和那些古老的银杏可谓同生共死了1500年。寺中还有唐代雕塑圣手杨惠之所作的9尊罗汉泥塑，泥塑上的罗汉有的正襟危坐，有的盘腿，据说都能看得清他们胸前的筋骨，手上的脉络，真是不可多得的珍贵文物。元代书法家赵孟頫也书写抱柱联：“梵宫敕建梁朝推甫里禅林第一，罗汉溯源惠之为江南佛像无双”。

保圣寺的西园4棵千年古树之下还留存着一代教育家叶圣陶先生的英魂。叶圣陶纪念馆是为了怀念著名的教育家、文学家叶圣陶先生而建的。角直是叶先生的第二故乡，他曾在这里教育过一批又一批的学生。叶老临终时也执意要把自己的骨灰安葬在角直西园的4棵银杏树下。他生前执教时所写文《高高的银杏树》里面，是这样描述这4棵千年古树的：“形象高大，意志坚强，气魄宏伟”。

在角直古镇，每一座桥，每一片水，每一棵古树，都会给人一种别出心裁的惬意之情。鸭沼清风、吴淞雪浪、分署清泉、海芷钟声、浮图夕照、西汇晓市、渔莲灯阜等“甫里八景”在历经沧桑之后，它们的美已经衰败，失去了当年的风采，但角直虽古老却向人诉说着别样的美丽。

浙 江 省

【怀古诗话】

望海楼明照曙霞，护江堤白踏晴沙。
涛声夜入伍员庙，柳色春藏苏小家。
红袖织绫夸柿蒂，青旗沽酒趁梨花。
谁开湖寺西南路，草绿裙腰一道斜。

——唐·白居易《杭州春望》

杭 州

【名城简介】

杭州系浙江省省会。它位于浙江省中部偏北沿海地区，东濒杭州湾、钱塘江，南接金华市、衢州市、绍兴市，西同安徽省黄山市交界，北邻湖州市、嘉兴市。现辖8区2县，代管3市，面积约1.7万平方公里，其中市区面积683平方公里，常住人口约874万（2011年），居民大多数为汉族，还有回、蒙古、满、维吾尔、朝鲜等23个少数民族。1982年被国务院批准为国家历史文化名城。

【名城历史】

杭州古时候被叫作钱唐。春秋时先属吴，越灭吴后又属于越。战国时，楚灭越国，又属楚。秦一统天下，在始皇二十五年（公元前222年）设钱唐县。西汉承袭秦朝制度，仍称钱唐。新莽时改名泉亭县。东汉又改为钱唐县，属吴郡。三国、两晋、南北朝时期，为吴国的吴兴郡，属扬州。梁武帝太清三年（公元549年）把钱唐县开为临江郡。陈后主祯明元年（公元587年），又置钱唐郡，属吴州。隋开皇九年（公元589年）把郡改为州，第一次用了“杭州”这个名字，并将城池由灵隐山下迁到柳浦西（今江干）。州治刚开始的时候在余杭，第二年搬到钱唐。大业三年（公元607年）改为余杭郡。唐武德元年（公元618年）置杭州郡；武德四年（公元621年）为了避国号之讳，废“钱唐”为“钱塘”。天宝元年（公元742年）又一次被叫作余杭郡，属于江南东道。乾元元年（公元758年）又改为杭州，州治在钱塘。五代十国时期，吴越国于893年建都杭州，五代帝王共86年。大观元年（1107年）升至帅府。南宋建炎三年（1129年）置行宫于杭州，易名临安。绍兴八年（1138年）正式在此定都，称行在所，经历了八代帝王共148年。南宋景炎元年（1276年）元军攻占临安，又改名为杭州。元在杭州设两浙都督府，后改为杭州路总管府，为江浙行省治所。至正二十六年（1366 年）改置浙江行省，仍然是省治。明改称杭州府，作为浙江布政使司治所。清代杭州府城设钱塘、仁和两县，为浙江省兼杭嘉湖道治所。1912 年废杭州府，合并钱塘、仁和两县为杭县，依旧是省会所在地。1914 年设道制，置钱塘道。1927 年废道制，析出杭县城区设杭州市，直属浙江省，仍是省会。

1949 年 5 月 3 日中国人民解放军接管杭州，5 月 24 日成立杭州市人民政府。

【名胜古迹】

杭州系中国七大古都之一。目前，有国家级重点文物保护单位 5 处，省级文物保护单位 25 处。整个城市有湖山、江川、奇峰、溶洞等，更不乏古代庭、园、楼、阁、塔、寺、泉、壑、石窟、摩崖碑刻遍布，有的珠帘玉带、烟柳画桥、蔚然奇观，有的万千姿态，有的风情万般、山清水秀，其中最著名的有灵隐寺、六和塔、飞来峰、岳王庙、西泠印社、龙井、虎跑等。

绍　兴

【名城简介】

绍兴位于浙江省中北部杭甬之间，钱塘江南岸，东与宁波市相连，南邻金华市，西接杭州市，北濒杭州湾。现辖 1 区 2 县，代管 3 市，总面积 8256 平方公里，居民以汉族为主。1982 年被国务院批准为国家历史文化名城。

【名城历史】

绍兴古称会稽。夏少康把庶子无余封在会稽，号为“于越”。春秋时，越为列国之一，都城在现在的绍兴秦望山南的平阳，越王勾践七年（公元前 490 年）越大夫范蠡第一次开始修筑。越灭吴，拓广土地到江淮，疆域包括山东东南部，江苏、安徽的南部，浙江和江西东部等。秦始皇二十五年（公元前 222 年）灭越国，以越地置会稽郡，治吴县（今苏州）。三十七年（公元前 210 年），秦始皇巡察会稽，登在会稽山上，祭奠大禹，刻石碑颂秦之勒德，在会稽郡下设山阴县，县治在现在的绍兴城。西汉沿袭秦制。东汉永建四年（公元 129 年），把浙江作为界线分郡，钱塘江北是吴郡，钱塘江东为会稽郡，会稽郡治山阴。11 年后，太守马臻主持修筑鉴湖，会稽渐渐成了富饶的水乡泽国。三国时，会稽郡属于吴。南朝宋孝建元年（公元 454 年）置于东扬州，管辖浙东五个郡，州治会稽。隋初废会稽郡，置吴州总管府于会稽。唐置越州，五代吴越国设为东都。北宋沿袭唐朝的制度。南宋初，高宗在越州建都，改元绍兴元年，把越州改为绍兴府，管辖会稽县、山阴县、萧山县、诸暨县、余姚县、上虞县、嵊县、新昌县，府治山阴。元把府改为路。明废了路又改为府。清沿袭明制。民国初，合山阴县、会稽县为绍兴县，属会稽道。1935 年设绍兴行政督察区，后又改为第三行政督察区。1949 年 5 月，中国人民解放军进驻绍兴，设绍兴专区。

1949 年 10 月成立绍兴市人民政府，其后多有变化。1983 年撤销绍兴地区，绍兴市升为浙江省辖市。

【名胜古迹】

绍兴被人们称为“一座没有围墙的历史博物馆”，同时也是中华五千年文明的最好印证。中华民族的治水英雄、立国始祖大禹就葬在这里；越王勾践发愤图强、卧薪尝胆也在这里；书圣王羲之超凡绝伦的《兰亭序》作于此；陆游的《钗头凤》也是题在这里；范蠡、西施、嵇康、徐渭、秋瑾、鲁迅、蔡元培、周恩来等历史人物都成长于此、根植于此。

宁　　波

【名城简介】

宁波坐落在浙江省东北部东海之滨，东与舟山群岛隔海相望，南与台州市的三门县、天台县相接，西与绍兴市的上虞市、嵊州市、新昌县相连，北与钱塘江、杭州湾相临。现辖 6 区 2 县，代管 3 市，面积 9365 平方公里，有壮、回、满等 30 个少数民族。1986 年被国务院批准为国家历史文化名城。

【名城历史】

春秋时是越国辖地，战国中期以后为楚国辖地。公元前 222 年，秦定楚江南辖地，属会稽郡。两汉、三国至魏晋南北朝时期，除隶属的州、国和郡名偶尔有所变动外，它的区域范围基本上没什么改变。隋开皇九年（公元 589 年），3 县与余姚合并，称句章县，县治置小溪（今鄞县鄞江镇），依然属于会稽郡。唐武德四年（公元 621 年），改置鄞州，把州治设在三江口（现宁波老城区）；武德八年（公元 625 年），属于越州，县治复置小溪。唐开元二十六年（公元 738 年）设明州，州治亦在小溪。唐长庆元年（公元 821 年）州治从小溪徙到三江口，而且建了子城。五代时被称作明州望海军。北宋建隆元年（公元 960 年）称为明州奉国军。南宋绍兴三年（1133 年）置沿海制置使，管辖温、台、明、越四郡。南宋庆元元年（1195 年）升格为庆元府。元至元十三年（1276 年）称庆元路。大德七年（1303 年）设浙东道都元帅府。朱元璋洪武元年（1367 年）称为明州府，洪武十四年（1381 年）为避国号讳，又改名为宁波府。宁波这个名字从此沿用到现在。清顺治十五年（1658 年）设宁绍台道，驻宁波。1927 年划鄞县城区设宁波市。

1949 年 5 月浙东解放，鄞县城区设宁波市，城区也是宁波的专署驻地。1983 年废专署，实行市管县体制。

【名胜古迹】

宁波素有人文渊薮之邦的美称，全市有1040处文物点，已公布文物保护单位232处，其中国家级7处，省级29处。宁波西南，有唐太和七年（公元833年）第一次修建的古代水利工程它山堰，经历了1100多年的风雨沧桑至今完好。宁波市的东面，有浙江第一大湖东钱湖，四周有陶公钓矶、霞屿锁岚、白石仙坪等10个景点以及元塔二灵塔、南宋古窟、王安石庙等名胜古迹。与其相邻的还有距今已有1600多年历史的天童寺以及至今已有1700多年历史的珍藏佛国珍宝“释迦牟尼真身舍利”的阿育王寺。宁波还有我国现存最古老的藏书楼天一阁以及江南最古老、最完整的木结构无梁殿建筑保国寺。

衢　州

【名城简介】

衢州地处浙江省西部，钱塘江上游，南与福建接壤，西连江西，北邻安徽，省内同杭州、金华、丽水三市相衔，旧时叫新安。总面积8849平方公里。下辖1市、3县、2区。人口主要为汉族，还有蒙古、满、回、壮、水、侗、黎、朝鲜等少数民族。1994年国务院将衢州列为国家历史文化名城。

【名城历史】

夏禹时候是百越所辖属，春秋时是姑蔑所辖属。楚灭越，又属楚国。秦时下属会稽郡，秦王当政二十五年，分姑蔑地设置太末县。东汉初平三年（公元192年），太末封为新安县，属会稽郡。西晋武帝太康元年（公元280年），新安县易称信安县。南朝陈永定三年（公元559年），设置信安郡。到了唐武德四年（公元621年），分婺州为婺、衢二州，于是成为州治，始称衢州。衢州由于境内有三衢山，又由于地当浙赣闽皖四省通衢，因此命名衢州，一直是浙西重镇，为兵家向往的宝地。此后千余年，衢城属于州府路道区的治署地所在。

废止衢州后，隶属金华道是辛亥革命以后的事。但1927年废金华道，实行省县两级制，因此各县直属浙江省。1935年衢州批为省第五区行政督察专署。1946年设衢州绥靖公署。至1948年又改为省第三专员公署。

衢州于1949年5月解放，在衢县设衢州市，并设衢州专员公署。1955年3月初撤销专员公署。1985年5月，国务院命令撤销金华地区建制，衢州晋升为省辖市。

【名胜古迹】

孔子嫡系后裔的第二个乡里便是衢州，境内名胜古迹丰富，历史珍宝众多，还有南宋孔氏家庙，古城景观保存良好。衢州城开始建造于汉代，唐扩城郭，历来一直修缮，目前遗存古城门6座，基本保存护城河。整个市有文物古迹2000多处，其中1处国家级文物保护单位，14 处省级重点文物保护单位，125 处市、县级文物保护单位。

临　海

【名城简介】

地处浙江中部，北接宁波，西连金华，南接温州，东依东海，属台州市管辖，这就是临海市的地理位置。下辖 18 镇 12 乡，陆域面积 2203 平方公里，海域面积 1819 平方公里，人口以汉族为主，还有一些少数民族。1994 年国务院把临海列为国家历史文化名城。

【名城历史】

在古代夏、商、周时，临海隶属瓯地，春秋时为越所辖，战国时又是楚之地。西汉始元二年（公元前 85 年）设置回浦县，设县章安，隶属会稽郡。东汉建武元年（公元 25 年）易称章安县。三国吴大帝时建临海县、临海郡。隋开皇九年（公元 589 年）废郡，章安、始丰、宁海、乐安合并于临海县，隶属处州。隋开皇十一年（公元 591 年）迁县治于大固山。唐武德四年（公元 621 年）下置台州。自唐到清，临海一直为台州路、台州府治所。民国初，存县废府，隶属会稽道。民国十六年相继分属第六、第七行政督察专署管辖。

1949 年 6 月，中国人民解放军顺利接管临海，建立临海县人民政府。1986 年 3 月，国务院撤销临海县建制，成立临海市。

【名胜古迹】

临海市境内环境优美淡雅，有人文景观和自然景观。临海古城墙，总长 6000 多米，到现在已有 1500 多年。历史上，城墙在防御外敌和抗洪防洪中发挥了重大作用，这一宝贵文化遗产，到目前仍完整地保存着，是全国县市一级保存最完整的古城墙之一，有兴善门、靖越门、望江门、镇宁门、括苍门等和 4 个瓮城及 8 个敌台、13 只墩台。雄厚气势仍不减当年，昂首屹立在灵江之滨。

南浔古镇

【名镇概观】

浙江湖州市南浔古镇有一种特产辑里丝，它曾使南浔这个平原腹地一度呈现“耕桑之富，甲于浙右”的富饶局面。辑里丝柔软光润，是湖丝中的极品，自然也是南浔人的骄傲。同时也让南浔成为湖州辑里丝最大的集散地。

南浔通过大运河、长湖申航道以及与这两河道相连的南浔市河东苕溪，把辑里丝推向了世界。东苕溪贯穿东西，是古镇的命脉印记。溪河承载了 750 年历史的积淀，是古镇人文气之源。南浔历来文化繁荣，人才辈出。宋明清三代出了40多名进士。江南四大藏书楼之一的嘉业堂藏书楼，文才纵横的刘镛名园小莲庄，文秀清雅的百间楼，它们流露的历史文化底蕴，无一不印证了“诗书之邦”的美赞。

【名胜古迹】

嘉业堂藏书楼最能代表南浔的文化气韵。该藏书楼是清代刘镛的孙子秀才刘承干在1920年始建，历经4年时间建成。藏书楼之所以出名，是因为清代皇帝溥仪赠送“钦若嘉业”的九龙金匾。刘承干视书如命，曾花费重金收集了书籍60多万卷。楼中藏有155种宋元刊本，海内秘籍珍本达62种之多，1000多种地方志书，可以称得上是全国之最。其中部分书籍是我国关于疆域划定的重要历史资料，周恩来总理也曾亲自指示要把字保护起来。藏书楼另一特点是雕印板书。宋刻本《史记》、《前汉》、《后汉》、《三国志》，统称为前四史，是刘承干的镇库之宝。藏书楼不仅藏书丰富，而且还在设计上也是独具匠心，是中西结合的园林建筑，直通屋顶的白色柱子中间均是空心的雨漏，雨水通过雨漏从院子的下水沟中流出，这样藏书楼不会受到潮湿侵蚀。

紧挨藏书楼的是小莲庄，它是清代光禄大夫刘镛的庄园。因刘镛喜爱元代大书画家赵孟頫湖州“莲花庄”这个名字，因此取名为“小莲庄”。庄园的那份灵气大多来自于文才卓越的园主，园林所更多表现的是它的秀丽。小莲庄是江南园林之佳作，也是南浔景致之最。它里面设有义庄、家庙、园林三部分，占地27亩。园中湖光潋滟，苍松幽静，楼台亭榭点缀其中，特别是那十亩荷塘，微风拂面，一池荷花频频低头，好一派清幽素雅景象。

浔溪河畔的百间楼是南浔保存最为完整的明代建筑。据传言明代礼部尚书董份的孙子和南浔兼靖进士茅坤的孙女结亲，茅家嫌弃董家房子不宽敞，让媒人说住不下陪嫁的100个婢女，于是董家马上造了100间楼房。茅家又说嫁妆里有一对高大的衣橱，董家门太小，于是董家又造了一座高大的六扇墙门。道道高耸的封火墙，拱形的水柱廊檐，桥下一闪而过的乌篷船，构成了一幅美丽的南浔山水画。

西塘古镇

【名镇概观】

拱如弯月的石桥，青瓦灰墙的老宅，桨声四起柔柔的河水，朴实如亲的人家……这便是淳朴古老的西塘。

这座有着千年文化的古镇——西塘小镇，它位于浙江嘉善。春秋战国时期，西塘小镇是吴越两国的相交之地，故有“吴根越角”之称。西塘古称为斜塘、平川。

【名胜古迹】

江南水乡中独一无二的建筑是在西塘沿河而建的廊棚。廊棚长达1000米，造型古朴，街上带着屋顶。绵延不绝、连成一体的长长廊棚，都是清一色的用黑瓦盖顶，砖木结构，宽二三米。徜徉于廊棚之下，一根根支撑廊棚的红色木柱滑过眼球，习习凉风带来阵阵怀古之情。

关于廊棚的由来还有一个动人的小故事。相传西塘的塔湾街有一位姓胡的年轻寡妇独自支撑着一家老小。在胡家旁边有一个做水豆腐生意的小摊贩王二，王二忠厚老实，经常帮助胡寡妇，胡寡妇心里非常感激，便修缮了沿河边上的棚屋，将河街全部遮盖起来，为王二挡风遮雨。于是其他人家也纷纷效仿，没有多长时间这里就连成了一片。人们还给它起了“廊棚”这个很好听的名字，也就是取“郎而建的棚屋”之意。几百年岁月沧桑，而廊棚却依旧如昔。我们依然能看到淳朴的西塘人乐于助人的美好品质，如冬日里的一束阳光，夏日里的一习凉风，给人浓浓的爱意与惬意。

乌　镇

中国大文豪茅盾的故乡是浙北桐乡的一个小镇，它位于江苏与浙江的交界处，京杭大运河的西侧，河港密布、纵横交错的冲积平原上，亦是江南六大古镇中最南端的一处景致。

这座古镇不仅拥有悠久深邃的文化底蕴，更有着悠久的历史，早在远古新石器时代，这里就有了人类生息。乌镇的历史可以追溯到东郊“漳家湾古文化遗址”那个时期。那里出土的6万平方米面积的陶器、石器、兽骨等文物中，可以显露出7000多年前人类繁衍聚居的痕迹。这种马家浜文化，对乌镇文史资料是一个重要的补充。乌镇旧称乌墩，春秋时此地为吴疆越界，唐时始称“镇”。到了南宋嘉定年间，把车溪作为界线分成乌青两镇，河西乌镇属于湖州府，河东青镇属于秀州。1950年之后乌镇从吴兴县划归桐乡县，才有了今日的小镇。

【名胜古迹】

千年古镇没有人世间的喧嚣浮躁，也没有贴水而建，但空置的房屋，流淌的河水却没有呆滞不动的风景，河埠上淘米、浣衣的欢愉也没有一丝丝的虚假。乌镇就像一杯酒，清澈、甘醇、醉人，正如乌镇特产“三白酒”。

茅盾是乌镇人的骄傲与自豪，正因茅盾让乌镇闯入了镇外人的视野。一部《林家铺子》让它所在的东大街成为镇上最热闹、最富人气的街市。乌镇上林立的店面、茶楼，都挂着灯笼，在水波之中摇曳。这里有桥里桥、厅上厅，你若雇上三轮车穿行在西大街中，还可以坐在唐代古银杏树下细品尝姑嫂饼。这里的桥姿态优美，依附在车溪之上，小巧、幽雅。

茅盾故居是清代时茅盾祖辈居住的老屋。这座老屋是以日本风格建筑的，它的深厚文化积淀与四周修真观戏台、唐代银杏、昭明书馆一起造就大文豪——茅盾先生。

在乌镇，还有另一个名人不得不提，那就是南朝梁武帝昭明太子萧统。在乌镇市河西边有一座昭明书馆，是萧统当年与老师沈约读书的地方。明代时全廷训在书馆旧址前建了座花岗岩门楼石坊，以表达他对萧统才学的敬仰之情。茅盾为此也留下了“唐代银杏宛在，昭明书室依稀”的佳句。

茅盾在《香市》中也描绘了乌镇民间风俗活动的情景。香市是一种同“庙市”、“庙会”相类似的民间风俗。这种“香市”最早可追溯到唐代，每年清明过后会持续进行半个月的时间。土地庙前的广场上到处是临时摆设的货摊，货摊上摆有各色各样的货物。庙外戏台连连，庙里香烟缭绕。每年的三月是乌镇人一年当中最活跃的季节。身着乌镇传统蓝印花布的镇民是香市一道美丽的风景。这种蓝印花布也是中国民间艺术中的绝品。蓝花头巾、蓝花伞、蓝花小袄、蓝花竹裙，在这里蓝色装点着这个世界，这个色调也成为小镇独特的韵味。茅盾成就了《香市》，香市成就了乌镇更大的辉煌。

扬州史公祠

【名祠简介】

扬州史公祠坐落在江苏省扬州市广储门外城壕北边的梅花岭上，是人们纪念和祭祀明末著名人物史可法的一组古代祠堂建筑群。“骑鹤楼头难忘十日，梅花岭畔共仰千秋”这两句诗，表述了史可法最后的艰难处境与忠贞不屈的精神，并且也体现了后人建梅花岭史可法祠对他表达的敬仰之情。

【名人故事】

史可法，生于祥符，1645 年就义于扬州。他是明代崇祯进士。相继任右参议、户部右侍郎、南京兵部尚书、礼部尚书以及东阁大学士。1645 年 4 月固守扬州，同敌人力量悬殊甚大，被清兵俘获，宁死不屈，英勇就义。

【名祠巡礼】

这是一组祠墓合一的古代建筑群。史公祠坐北朝南。自西向东，按顺序有西大门、祠堂、坟丘、享堂以及东大门。在部分祠堂，有桂花厅、牡丹阁以及芍药亭等建筑。

祠堂建筑的东面坐落着史可法的坟丘。清顺治二年（1645 年）四月十五日，清兵围攻扬州。那时，身任兵部尚书兼东阁大学士的史可法领兵坚守城池。他虽同敌人的势力不能相比，但大气凛然，毫无惧色。他在梅花岭上召开了誓师大会，并且于城内城外修筑了牢固的防御工事，亲自带兵镇守扬州的要冲。清兵久久不能攻破，软硬兼施，并派人劝降，但遭到了史可法的严词拒绝。就这样两军相峙，前后坚持了十天，最后终由于清兵的势力过大，攻下了扬州的西北角，进入城内。史可法被俘，又一次拒绝诱降，最后英勇牺牲。而他的养子、扬州守城副将史德威，遍寻史可法的遗骸但是没有找到，就把他的衣冠葬在梅花岭上。因此，史可法的坟茔实际上只是一座衣冠冢。史可法在世时就有遗言死后葬在梅花岭。

“史忠正公之墓”六个隶书大字嵌于其墓前的一座砖牌坊上。它的后面是一座石碑，上书“明督师兵部尚书兼东阁大学士史公可法之墓”。墓的周围，栽了许多梅花树、松树及柏树。在墓北有四块梅花石刻，两侧均有月洞门一座，门上嵌“梅花岭”三字。继续向北，为梅花岭与遗墨厅。此厅的墙壁上，镶嵌着史可法的遗书石刻，是极其珍贵的历史实物。

史可法墓的东边是享堂。堂前门上悬挂着朱德元帅题写的“史可法纪念馆”匾额。它的檐柱上，挂着一副对联：“时局类残棋，杨柳城边悬落日；衣冠复古处，梅花冷艳伴孤忠。”对联工整，大致叙述了史可法生前的处境与梅花岭上祠墓的情景，寓意深远。

享堂之内，“气壮山河”极其醒目。在此，有史可法的草书对联手迹：“涧雪压多松偃蹇，岩泉滴久石玲珑”；还有史可法手写的对联拓片：“斗酒纵观廿一史，炉香静对十三经”；甚至还有他用过的玉带片和当年扬州守城用过的铁炮炮身拓片。并且堂内还有他的七世孙临摹的史可法画像。史可法身穿红袍，头戴官帽，重现他的凛冽雄姿。同时，当代名家郭沫若、邓拓、吴晗等人的题字、题诗，均悬挂于此。

明时，梅花岭是一座用挖掘护城壕的泥土堆成的小丘。渐渐地，人们在这里种植梅花，兴修馆舍，并且办起了一座称为崇雅书院的学堂。1723—1735 年，人们重建学堂，而且把它改叫梅花书院。至乾隆时期（1736—1795 年），因为弘历皇帝褒奖明末的忠臣烈士，追谥史可法为忠正。所以，史可法极为受重视。乾隆三十三年（1768 年），史公祠正式建成了。一直以来，经过人们的保护与维修，扬州史公祠成为历来人们凭吊与纪念史可法的场所。

楠溪江中游古村落

【名村概观】

南北朝刘宋时期，谢灵运就任永嘉太守，他被永嘉一带依山傍水、宅居静谧的秀丽风景折服，忘情于山水之间，创作出“叠叠云岗烟树斜，弯弯流水夕阳中”的千古诗篇，是中国山水诗写实的始祖。这处令谢公忘情赞美的地方，便是楠溪江。

永嘉楠溪江是个山清水秀的地方。河流发源于 1270 米高的大青岗，缓缓地流过 36 湾、72 滩，蜿蜒曲折贯穿整个永嘉，被誉为“中国山水画摇篮”。这里的水清纯得如如同婴儿的肌肤。放眼观赏绵绵青山，郁郁滩林尽收眼底，舟歌晚唱，江风轻柔，一片幽情逸致，令人神往，犹如听到柳永的《安公子》中的吟唱：“远岸收残雨，雨残稍觉江天暮。拾翠汀洲人寂静，立双双鸥鹭。望几点，渔灯隐映蒹葭浦。停画桡，两两舟人语，道：去程今夜，遥指前村烟树。”得天独厚的山水融化在诗意的文字中，真是令人心旷神怡。

人们的所有感受同自然相交汇、相融合，山有情，水亦有情。许多儒士大夫踏足于此，深切地传达了对山水的向往。“仁者乐山，智者乐水”，南朝，从中国山水诗鼻祖谢灵运的“清旦索幽异，放舟越埛郊”，到当代文人墨客的大加赞美，从古到今留下了多少文人墨客挥洒的情思。谢灵运的“逶迤傍隈隩，迢递步陉岘。过涧既厉急，登栈亦陵缅”。不管是顾盯步还是石径，都留下诗人的足痕。丘迟留下了“暮春三月，江南草长，杂花生树，群莺乱飞”的千古名句。另外陶弘景在《答齐高帝诏》中表达了对楠溪江的歌咏。唐代诗人孟浩然到这里后兴奋不已。清代学者朱彝尊也表达了“登华坛之绝顶，眺雁岩之回峦，云容容兮欲雨，水嘈嘈兮下山”的感叹。

生活在山清水秀的地方，受到千年来古人文化的陶冶，就连一草一木、每一句诗咏都蕴含着人文的气质精华，让人们满足“耕读文化”的情调。同时这里便形成了独立的文化圈。楠溪江中游两岸散布的许许多多的单姓村落，既没有上游过去的贫困，也不及下游温州一带的现代。兴旺的中游古村落体现着宗法共同体的古朴厚重，独特的风景增强了乡中文人对楠溪江文化的审美意义。就连建筑也有浓厚的乡土书卷之气，封建礼教的遗迹也清晰可见。这些井然有序的古村落、简朴的乡土建筑同乡土文化弥漫着浓郁的“耕读传家”的生活理想，勾勒出一副隽美之图。

在这里，村民们养花种草，用寨墙截阻渠水，形成几个小水库，利用它建成美丽的公园。在村中风景秀丽而安静恬淡的地方，建有许多书院。读书进士思想根深蒂固，使整个楠溪江村落弥漫着浓郁的文风。差不多每一个村落都有不同等级的书院，溪口村的明文书院、豫章村的石马书院等，都是当时德高望重的高等学塾；还有以科考为目标的义塾和一些私人书斋。不管是科名仕途，还是立纪明纲，读书都是大事，所以永嘉地区也出了不少学术地位甚高的学者。楠溪江人在科举上独占鳌头，从唐至清，永嘉共出了600多位进士，进士以下的科甲就更为普遍了，文风相当繁盛，“鹊起蝉联”。

宗祠是血缘村落宗族的标志。一个宗族一般分为几个房派，房派又分有支派。最高宗祠称“大宗”，只有一个；房派的宗祠称“厅”或“小宗”，一个村有好几个。宗祠里供奉着祖先的牌位，为了光耀门楣、督促子弟上进，按时祭祀，祈求先人保佑族人仕途兴旺。

其实，楠溪江中游古村落中所有的建筑均刻有悠久岁月印迹。唐、宋、元、明、清时的古塔、桥梁等古建筑，在古村落中比比皆是。宗祠中摆放着大批完整的百家姓宗谱、族谱等，记载它们起源、布局、家法、礼仪等内容。通常在宗谱卷首的“叙”中都会描述为何将村址选在这里，以增强宗族的凝聚力。楠溪江流域有200座以上古村落，中游的主要村落都有着严格的布局，规划井然有序，合乎阴阳风水构思的八卦说法。这些村落的祖先为了躲避战乱，来到了楠溪江中游最大、最肥沃的盆地。这里水源充沛，交通便利，物产丰饶，风景秀丽。在东南方的巽位都会有尖尖山峰的“文笔峰”或“卓笔峰”标志着浓厚的文墨风气，主修文运。

到楠溪江中游躲避战乱，祖先为了自卫护家，村子就筑起了防御性的寨墙，用大块蛮石砌筑，通常2米高，厚约1米。寨墙是楠溪江中游古村落中最耀眼的建筑。它不是一般的石头堆砌物，而是用石头在作画。这些石墙有许多种砌法，或用条形石块整齐地排列成一条条垂直的麻花辫，或在底部垒上大石头，越往上石块越小依次上排，还有的干脆下面一半圆石堆垒，上面一半横卧着条形麻花辫，朝向道路的一面都会有一个精美的寨门，又叫“溪门”。不管寨墙还是寨门，就连道路都是几十层石头铺成，那些古建筑到处流淌着各形不一的石头的魅力，它们虽没有江南的富贵华丽，却充满着古朴厚重的灵气。这些建筑也就是用原木与蛮石制成，但却突出地表现了率真自由的性格。村民们用木头自己制作成仿鹅形木桶，称“鹅兜”，修长的曲项小巧细致，据说是为纪念王羲之而作。

这一带的几百个古村落中，以芙蓉村、岩头村、苍坡村、蓬溪村四个古村落为楠溪江最悠久古老、最富乡土特色的现代“永嘉四灵”。

芙蓉村

芙蓉山处在楠溪江中游，高峻突兀，并有三座峰崖。在早霞柔美的照射下，透着粉色的光泽，如同一朵含苞欲放的芙蓉花朵，又好像昭示文运仕途的乌纱帽，因此又被称为“纱帽崖”。山脚东北处一望无垠的平原土地上扎根着一个古老的村落，由于山而得名为芙蓉古村。它是陈氏集聚之地。芙蓉村始建于唐代末年，有着悠久的历史，从河南开封一户陈姓人家侨迁至此，到现在已有1000多年历史了。《陈氏宗谱》记载：“唐末，为避乱世，有陈氏夫妇，从永嘉县城北徙，沿楠溪江就深山坳里，至芙蓉峰旁，只见此地前横腰带水，后枕帽岩，三龙抢珠，四水归塘，于是筑屋定居。”也就是由于背靠着这兴文运的“纱帽崖”，据说南宋时村中出了近20位高级京官，村民们都说是择了这处风水宝地的缘故。

一些残破乱散的青石在芙蓉山脚蔓草丛里，据说，它是南宋咸淳元年（1265年）进士陈虞之的墓。此村是陈虞之的故乡，而他就葬身于此。村民们还知道他悲壮感人、可歌可泣的事迹。陈虞之在广五府记室参军、秘书省校勘兼国史院任职时，对君主忠心耿耿，直言进谏，却遭奸党嫉恨，于是辞职回乡。陈虞之目睹外受外来侵犯，内部昏庸无道，心怀忧愤。夫人赵氏陪同登临芙蓉崖远眺时，眼见世道沧桑，睹物生情，留下佳句：“儒冠儿扫地，天意竟何如？朝士交游少，山林玩赏多。兴来诗遣送，愁别酒消磨。伴我惟鸥鹭，应无俗驾遇”，表达了怀才不遇、力不从心之意。南宋景炎（1276年）元年，宋帝被俘，元军攻打温州。陈虞之同文天祥号召率领800多人抗元，但最终因为寡不敌众，退至村后的芙蓉崖。战争持续两年之久后，后闻幼主被元军折磨死，深感宋朝的气数已尽，于是陈虞之身着朝服与夫人策马扬鞭，跃下万丈悬崖。芙蓉峰下葬着英烈尸骨，仿佛山峰之间还弥漫着英雄壮烈的气概，让人不禁感慨。如今陈氏家族后人还保存着陈虞之从元军手中缴获的黄金官印“总把”。每次祭祀时村民都会把这价值连城的东西拿到宗祠瞻仰，来缅怀先辈的丰功伟绩。

元军曾在陈虞之自杀殉国后，把芙蓉村烧毁了。后来元末明初陈氏宗族人重建了村落，并且村落的外围筑上了一道青石寨墙，用来保卫村子的安全。墙上开有铳眼，也就是射击眼，而且筑有七扇造型各异的木石寨门。寨墙里面的布局规划是按照“七星八斗”的方案策划的。“星”是一个方形的道路交汇平台，“斗”是一个方形的水渠交汇处的水池，星筑台，斗筑池，象征着天上星同地上人相对应，芙蓉村可容纳天上星斗的意义。

村子正正方方，坐西朝东，正门称溪门也就是村子的东门。两层的楼阁，画栋雕梁，飞檐翘角。东门前的两个石狮子瞪目雄威，目视着来来往往的人们。陈氏大宗祠在溪门右边，它前有一个大院子，中央开了一方水池，是“相承池”，这便是一“斗”了。宗祠面向南有“光宗门”，面向北有“耀祖门”。这些门名和池名正好道出了宗祠的主题，并且也纪念了陈氏英雄的豪情壮志。陈氏宗祠旁边的戏台，是附属建筑，是专门用来敬祖酬神、请祖宗看戏的地方。并且在这些戏台上诞生了著名的“南戏”——永嘉昆剧。

“如意街”正对溪门，它是一条用卵石铺成的笔直的主街，朝西正对芙蓉峰，在它的中段南侧有一个古村内湖，这便是芙蓉池，是“八斗”水池之一。池中竖立有一清代四角玲珑小亭，双层羽翼犹如展翅欲飞，优雅的造型映入清碧的湖水中。并且池边草木芬芳沁人，简直就是背靠芙蓉峰、坐落芙蓉村中心、芙蓉池碧波之中的一朵盛开的芙蓉花，所以亭子有了一个美丽的名字“芙蓉亭”。一切的一切都与芙蓉有缘，竟然连芙蓉池后的书院也名叫芙蓉书院。它的布局特别正统，东西向的轴线上按顺序排列着泮池、仪门、杏坛、明伦堂和讲堂。明伦堂后壁中央供奉着孔子的神厨，而且讲堂后壁则有两扇窗子，窗外有一道很窄的采光天井。书院南侧便是山长住宅，宅前有个小花园，逶迤的小溪、郁郁葱葱的竹林，体现了乡土隐者优雅的情趣和清高的品格。书院中琅琅的读书声，儒化了村民的文香翰墨，浓厚的文化气息弥散于整个村落中。

村中具有最高学术性的书院是芙蓉书院，并且村中还有启蒙教育的学塾，如司马第学塾。它是康熙年间所造，由三幢一模一样的两退四合院并列组成。共用一个厢房，却各有各的正门。有着各种各样美丽的漏花屏墙，小巧的假山小池，犹如一座微型的园林。

村中还有陈氏大宗祠、将军府、陈虞之纪念馆、追元书院和古旧的民居等古建筑。这里的民居大多是木质结构，错综复杂的屋顶，白墙青瓦的清醒色调，和谐素雅的形态，非常有吸纳自然灵气之韵味，建筑中也能蕴含着儒雅之风。小小的民宅自然豪放，装饰如意街南北的古木碧水之间。交错的卵石小巷光润得能够反射出几百年前先辈的足迹。溪水畔，有村姑们汲水浣衣的轻快欢乐的笑声；美人小亭中，老人孩子舒适地与檐廊下的雏燕低语。这一切都重现了古朴厚重的村落所孕育的千年永恒的文化精髓。

岩头村

岩头村是南宋初开始兴建的，紧挨着芙蓉村。它坐西朝东，是楠溪江中游最大的村落，并且也是楠溪江古村落中仅有一座依据综合水利设施规划布局的古村，水上交通发达。整个村落住宅规划协调统一，别致精巧，对水的运用简直就是绝妙。流过村子的活水同每一条街巷相配，形成了错综复杂别具韵味的沟渠网。村北的引水口汇集水流到几个池沼中，用来灌溉农田，最后注入楠溪江。

据说明代大阴阳家“国师”李白实说村头的屿山是一巨蟒所变，对金氏宗族的繁盛有威胁。因此他在村中规划了四条东西向的窄巷，再加旁边三条如“镗”小巷，拼成了七件直指屿山的镇山武器，自此金氏家族过着国泰平安的生活。

溪门、献义门正对着东西通村的横街，它将整个村子都串起来了。中段同进士街丁字相交，交会处有一座苏式店面，这是楠溪江西岸唯一的商店，亦为全村的中心。店面成为村落中商品集散市场。雕花的门窗，矍铄的村中老翁，好像都在述说着岩头村600多年的传奇故事。进士街西北、北门仁道门前面的进士牌楼高8米，是明世家赐的。它表示着岩头村诗书礼教的表征。据说宋代大学者叶适曾在村中读书。

花前街、桂花街、中央街和连接横街西端的浚水街都在横街的南面。四街周围布满了民宅，最多的就数浚水街了。7米宽的街面有着2.7米的水渠，把村北的溪水引入村南的丽水湖。水渠同街道并织，勾勒了一幅四通八达的动人生活画卷。

壮美的公共园林的形成与街道水渠网有着密不可分的关系。水渠朝南连接着村中最大的公共园林区。这里有湖、有桥、有亭、有塔，被寨墙半包围着，是最美的园林，它是整个岩头村的精华所在。

丽水街是献义门向南的一条长达300多米的商业街。它倚丽水湖南畔，是一弯沿湖方面前搭出粉壁青瓦的厦廊掩盖着街道，路面是自然镶嵌的鱼鳞般的青色卵石，沿江还有一段别致的美人靠。丽水街本来是一段兼作拦水坝的寨墙，对丽水湖有截水的功能。丽水湖是嘉靖年间的人工湖畔，湖水如镜的湖面上，莲花遮天，炊烟袅袅，这里就是岩头村十八胜景之一。街廊上有一对联：“萍风碧漾观鱼栏，柳浪翠泛间莺廊。”廊檐下挂着一串长长的灯笼，晚上红灯映水，像两条蜿蜒的珠链，特别的壮观。

丽水桥是明代嘉靖年间建造的一座三跨青石桥。桥非常古朴大方，连接着湖水北面的居民。桥头古老森森的樟树伸开双臂，抚佑着湖边的生灵。这棵古樟茎干需几人才能围抱，树荫下的左右两旁的是造型各异的乘风亭和接官亭。东北边的是乘风亭、单檐歇山顶，简朴大方；桥西南是重檐攒尖、大气庄重犹如官帽的四角方亭——接官亭，由于建于荷花池畔，又称“花亭”。这里却是村民解决纠纷的地方，楹联上“情理三巡酒，理情酒三巡”显示了村民不斤斤计较、和睦相处的朴实民风。

镇南湖在水桥西面，同丽水湖相连，北面和进宧湖平行。琴屿是两湖之间长长的半岛陆地，长满了好看的木芙蓉，粉的、白的，像锦云一片。西端是汤山，山顶有一座7层高、大理石筑砌的文峰塔，汤山东麓是文昌阁与塔湖庙。森秀轩紧挨着塔湖庙，是桂林公的书斋。这些公共园林是村中文人儒士诵词咏诗作画的地方。幽雅闲适的风格充满了郁郁生机，更是突出了楠溪江高超的造园艺术。岩头村的“金山十景”中有八景就在这处园林中：有“长堤春晓”的“结伴连朝频载酒，行吟不惜绕长堤”；“丽桥观荷”的“坐对嫣然如解语，乘风散步纳凉时”；“清沼观鱼”的“沼堤荷柳可行歌，笑看游鳞跳锦波”；另外还有“碧屿流莺”、“笔峰巡翠”、“水亭秋月”、“曲流环碧”、“塔湖印月”等美景，让人忘情在岩头村乡人惬意的生活情趣和古朴的文化底蕴之间流连忘返。

苍坡村

假如把文房四宝同自然环境的村落相结合，会形成一种怎样的情致呢？苍坡村就是一个例子。它的每一座山，每一池水，每一条街，每一寸土，都体现着文化意韵和气质。

岩头村以北、永仙公路的西侧是苍坡村。它是一座李姓宗族的聚民村。五代后周显德二年（公元955年），李氏始祖为逃避乱世，自福建长溪迁徙于永嘉灵山附近，并建造了“苍墩”的村落。后由于避宋光宗赵惇的名讳便易称“苍坡”。经过800多年的风雨沧桑，苍坡村才有了今天的人丁兴旺、家族庞大之规模。

由于村中文运气息浓厚，村落才能拥有如此庞大的规模。村西的三座蜿蜒曲折的尖峰，在阳光的照耀下，呈现出五光十色的景象。这三个山头在村民眼中被视为“笔架山”，象征着主文运。也许正是始祖择了这处风水宝地，才使苍坡村历经几百年的沧桑依然家族兴旺不衰。

它的正门开在村子的南面寨墙上，称为“溪门”或“车门”。半拱式单顶飞檐的木质车门上悬挂一牌匾，上面有“苍坡溪门”四个大字，两侧的楹联上写的是气势浑厚的“四壁青山藏虎豹，双池碧水储蛟龙”，暗含着苍坡村是“藏龙卧虎”之地。这顶车门为宋代苍坡七世祖李秋山修建的，是全国唯一的宋代建筑珍品。我们能够从中感悟到日本“国宝级建筑”奈良东大寺南大门相若的痕迹。楠溪江中游古村落寨子的正门大都朝东，只有苍坡村车门朝南，当然这里面是有文章的。据说苍坡村与霞美村以前有着世仇，因此两村都在建村风水上斗法。而村门面南正对着霞美村，可能也是一种威镇的作用吧。

进入车门内首先映入眼前的便是一池绿水。池中荷叶连连，池边柳枝依依。这一池溪水叫做“西池”，与“东池”遥相呼应。宋孝宗淳熙五年（1178年），李嵩邀请国师李时日运筹建村规划时，在村落四周开渠引溪，溪水清快的串过苍坡村，流入东南角，由于寨墙被加高加厚，溪水就蓄拦成两个大大的水池，形成了东池、西池。夕阳中笔架山倒映池中，宛如笔架旁静立的“砚池”一样。在两个砚池边沿，有着用条石砌成的石槽，好像砚槽。

苍坡村唯一的主街在西池的北岸。它非常平直，石板路横在村前，正对着村西的笔架山，几乎就是山为笔架，街为笔尖，因此这条主街叫做“笔街”。笔街和西池之间有一段空地，躺着三条横排的石条，这便是墨锭了。笔街以北那四方四正古朴的建筑区与阡陌交通、恬淡的耕地农田，中间穿插着小巷，构成了一张笺纸。

“笔架山”为村西所靠。村中东西向横卧“毛笔”街，街旁有两座“墨砚”池，有“墨锭”石，街北摊着“白纸”土地，这一切根本就是“文房四宝”的实物射影。“笔墨纸砚”全都具备，正好反映了宋代宗族社会中的“耕读世家”，以儒家思想为主、封建伦理道德为基础的“诗书传家”的思想文化。是一种依照阴阳风水理论奇巧设计的村落布局，充分体现了继承祖业、光宗耀祖、维持宗族稳定繁荣的深远含义。

这些古建筑是用文房四宝撰写的诗文，有的文辞古朴，有的饱含深情。任何地方都能表现苍坡村的灵气。

村中圣地，是东西池之间的李氏大宗祠。它集宗法、神教、道教于一体。这是苍坡村与方巷村宗族聚会和举行重大族中庆典之地。方巷和苍坡是李氏的同宗村落，虽然两村相隔两里，可是在这里却能感到血缘宗族的情愫。苍坡村全村的建筑都是坐北朝南，面朝“砚池”和“车门”，只有这座宗祠却是直面西方，注视着千年不变的西池与笔架山。宗祠的祠规中有两句：“耕为本务，读可荣身”训义，恰好体现了千百年来耕读理想的寄托。

仁济庙是南宋孝宗淳熙年间李伯钧建造的。仁济古庙三面临水，临水的三面均设有敞廊，村民们倚在上面读书赏荷，万分惬意。门屋正殿均是五开间，在中间有一个小“水天井”，造型大方得体，气象森严。庙中供奉着平水圣王周凯的神像。话说周凯为西晋人，治理水灾特别神奇，唐时被封为平水显应公，到宋时加爵护国仁济王。水是农业的精髓，不管是水神，还是平水功臣，均受到村民的崇敬。所以苍坡村才会在临水之处建筑这一座充满神奇色彩的人性化建筑。

望兄亭和水月堂是一南一北，在长达一百几十米的东池附近。这两处地方包含着两个动人的故事。

在东池南岸这一座“望兄亭”，是南宋高宗建炎二年（1128年）建造的。关于它有一个温馨浪漫的故事。第七世祖李秋山迁居在方巷村，弟弟李嘉木每日都在村口远望，盼哥哥回来相聚，“会桃李之芳园，叙天伦之乐事”。感情深厚的兄弟便各自在村口盖了个小亭，用来表达相思之意。在苍坡村建的是“望兄亭”，方巷村建的叫“送弟阁”。两亭就是一对双胞胎，遥相呼应。望兄亭上“礼重人伦明古训，亭传佳话继家风”的对联也警示着宗族子弟和睦团结的亲情是宗族兴旺的保证。

而水月堂则处于东池的扁湖之中，四周被水所围，波光粼粼。水月堂的故事有些凄美的哀思。在宋徽宗时，苍坡第八世祖李霞溪担任迪功郎，其兄李锦溪任成忠郎，兄弟感情笃深。宣和二年（1120年）兄长伐辽，割下胡须表示“决一死战”的决心，最终壮烈战死沙场，烈骨埋葬他乡。其弟肝肠寸断，辞去京务，回归故里。为了让子孙世代牢记祖先忠举，让家乡的青山绿水永驻先人英魂，便筑起了这座水月堂。在南山垅上的“胡须故”也体现了苍坡人民对那些已故英雄的崇思和爱国之情。

一堂一亭，它们的故事传承至今，人们能够深深感受到苍坡村和睦团结的礼教人伦儒家传统和深厚的文化底蕴。

蓬溪村

永嘉的莲溪村是楠溪江最优美的村落。蓬溪村坐落在楠溪江东北支流鹤盛溪南部，东西南三面环山呈袋形盆地里。三面高山绵延不断，北临鹤盛溪，如口袋反弯封住。隔溪还有低丘屏障，整个村子处于地势最险固的风水宝地之中。狭长的村子就偏居于这个盆地的西侧。东侧有一个大湖，湖中央是凤凰屿。山清水秀，鹤唳萦绕婉转，唯有在蓬溪村才能让你享受到这种桃源仙境般的景致。

在蓬溪村村口面向鹤盛溪处有一霞港头，霞港头在溪流急转弯时被不断地冲刷，就在溪西船摩崖绝壁上石刻着朱熹的“钩台”两字和一首五绝：“观鱼胜濠上，把钓超渭阳。严子如来此，定忘富春江”。诗中囊括了庄子、姜子牙、严子陵三位的典故，同时这里也便成了蓬溪村水口的最佳旅游胜地。可惜的是这些石刻文字已经消失，但它们却永久地留在人们心里。朱熹在浙江做官时曾多次拜访蓬溪，并在绝壁旁留下墨迹。村民通过先人开凿的一条栈道，走出了山村。当年狭窄的栈道如今已变成了宽敞的公路。村民供奉来自各路的神仙，其中还有孙大圣。在栈道一端的霞港头建了一幢关帝庙，庙里香火旺盛，还有十多尊泥塑木雕，镇灾降魔，保佑平安。鹤盛溪边、关帝庙旁有一棵巨大的密叶繁织、枝广如盖的古樟树，关帝庙正好被遮挡住了。为了给单调的生活注入一点欢愉，每逢年节这里就会有舞龙唱戏的活动。

从霞港头沿溪顺流而下，北部是一个广阔的潴湖，山泉交汇的地方形成了“水聚天心”。湖中央的小岛有个美丽的名字“凤凰屿”。岛外东南方层叠的群山之上有圆锥形高峰，那正是在巽位的文笔峰，“笔人砚池”的风水传说预示了文运昌盛的宏愿。

蓬溪村古风宛然、山水文秀。蓬溪村的古风文气最先来自于远祖谢灵运，该村民主要都是谢氏名门之后。东晋谢玄之孙、袭爵位康乐公的谢灵运在刘裕篡夺司马氏政权后政治上不得志。南朝宋武帝永初三年（公元422年），38岁的谢灵运被放逐至永嘉做太守。到永嘉后，谢灵运整日郁郁寡欢，只得寄情于山水以排遣苦闷之情，“遂肆意游遨，遍历诸县，动逾旬朔，民间听讼，不复关心”（《宋书》）。中国最早的一批山水诗就出自于他的手，他也就成了中国山水诗的鼻祖。刘宋文帝元嘉十年（公元433年）谢祖广州遇害，他的二儿子扶柩回永嘉，在温州城内飞霞洞旁修建了坟墓。到了北宋谢氏子弟在楠溪江畔繁衍生息，南宋时整个楠溪江发展到鹤阳、鹤盛、蓬溪、鹤湾等20余个村落，谢氏总祠设在了鹤阳，那里供奉着谢灵运的神主。

谢灵运的总祠并不在蓬溪村，不过蓬溪村却有一座设计精美的康乐亭，单顶在高台上面，只有木柱支撑。亭里挂有康乐公的肖像。现在此处已成为年轻人浪漫潇洒之地，完全不顾康乐公当年的心情。

正对康公亭的是一条街道，这是村中通向南北方向的主街。街东是水波荡漾的潴湖，街西则是一片匝密的建筑群。建筑群中的院落多小巧精致，三舍或四舍的两层住宅则腰檐飞翘。有些明朝建筑，两进院落间都镶有方形水池。前院中央与甬道相通两进，把水池分成两半，造型独特。早在谢氏定居之前，蓬溪村已经有姓李的人住了。南宋咸淳元年（1265年）蓬溪村出了一位叫李时靖的状元，因此那条又直又宽、铺砌得相当精美的主街被叫做“状元街”。状元街南面则是李时靖宅。

建于晚清的“近云山舍”就是蓬溪村最精致的老屋。这幢建筑带有江南青砖石匾门楼特色，门额上有南宋大儒朱熹的题字“近云山舍”。两边是用石头雕刻的“忠孝持字远，诗书处世长”的对联，文字传达了儒家传统文化的教诲。“近云山舍”中有两扇砖雕对称的花墙，图案相当精美。如今这处珍贵的保护文物虽已破败严重，但从残留和修补的痕迹中，我们依然能感受到当年蓬溪村名门之后的辉煌以及流传至今的文化韵味。

石 塘 镇

【名镇概观】

石塘镇位于浙江温岭市，东南濒临海边。它没有像邻近西子湖的浓妆淡抹，也不如小桥流水的绍兴美，但它却以它石质粗犷的特质，吸引着画家、游人的眼球。

【名镇历史】

石塘，古称石塘山，原来是一个海岛。由于风雨的侵袭，海港不断地淤积泥土，逐渐与大陆连在一起，形成了现在的半岛。它背靠塘山，面对峭壁悬崖，三面环海，海风卷着白浪奋力击打着黑色的崖面，村落就在山与崖之间的一条狭长的谷地中央展开。成片的石屋建筑散落在山脊下面，靠山建筑，尽显风雨沧桑。虽为渔村，却历史悠久。据说元代时（1279—1368年）这里便有人类撒网捕鱼、繁衍生息了。明末年间，福建省惠安县的渔民在海上遇风暴，于是进入石塘避风。石塘在一片山石相映、港湾曲折、水产丰饶的环境中，呈现出一派生机勃勃的景象，于是人们就在这里定居下来。

为了防止海盗登陆抢劫和台风袭击，他们充分利用这里丰富的石料资源，开岩凿谷，砌石屋，造石墙，铺石路，在此安居乐业，繁衍后代。据《台州府志》记载："塘多泥筑，少石砌者，唯此塘独砌以石，故即以为全岛总称。"

【名胜古迹】

在石塘放眼望去，只有满山遍野的石头，无论是当年的惠安人，还是现在的石塘人，他们因地制宜、就地取材，把石头建成一座座石屋，是石塘最能引人驻足的地方。石屋、石街、石巷、石级，独具特色，俨然一个石头的世界。这里的石头坚挺厚实，把它一块块凿下，砌成房屋，再将小石块点缀在瓦上，一片一片；看上去厚重踏实，如欧洲中世纪坚固的城堡。

西北石塘山是石塘的一天然屏障，随着地势的升降，谷地中部低周边高，石屋也就高低不等，错落有致。石屋的窗户用坚硬的花岗岩石凿成，窗格上还雕刻有千姿百态的图案，如双鱼、葫芦、狮子等，寄托着渔民对丰产的美好希望。石屋顶上压着一块块石头，黑瓦白石，像一道道花边镶嵌在屋顶上，有的干脆就在屋顶用石头压出"喜"字、"福"字，真是匠心独运。这种对美好生活的祝福与向往，感染着每一个走进它的人。

当年惠安渔民的涌入，把和闽西相似的习俗也传入了石塘，如戴头花、祭妈祖、大奏鼓……按传统，已婚妇女都梳着发髻，并插着各色各样的小花。在村民眼里，头发可以反映人的喜怒哀乐和性格。故即便石塘人民饱经风吹雨打，但时时刻刻都保持着洁净、自然、清爽，体现了一种积极向上、要求完美的人生态度。

石塘村有许多独特的风俗，这与这里的渔民世代以捕鱼为生是分不开的。他们经常需要出海，但出海又不是每次都一帆风顺。比如渔民吃鱼忌挖鱼眼，在船上吃鱼忌翻鱼身，帆船因与"翻船"同音而改称篷船，出海前禁忌妇女上船，也忌穿草蒲鞋上船。渔民们为祈祷航程一帆风顺总会在出海先拜祭妈祖。在石塘村任何一个人都会说上一段妈祖的故事。

妈祖是中国福建沿海渔民祭祀的一位女神，这一习俗是随着惠安人迁入此地而一同被传入石塘的。据传言古时妈祖的父兄出海打鱼，她在梦里看到父亲和兄弟相继落入水中，于是自己变成了一只飞鸟，用嘴衔着父亲，爪子抓住兄长。忽然雷声轰鸣，他们再次落水，她也被惊醒，然而父兄再也没有回来。那时起，妈祖怀着痛苦的心情为每一位出海的渔民祈祷，时间长了，渔民便把出海前受妈祖赐福当成了一种习俗。虽然现代化科技发展了，有了天气预报和航海技术，但渔民们仍不忘妈祖神，并且每年都有举办妈祖节等活动。在妈祖节的时候，出海捕鱼的渔民陆续赶回家，摆上戏台，唱起赞美妈祖的祭歌，妈祖庙内摆上多种多样的点心以及全猪全羊。渔民在庙前的香炉上香许愿，静坐于妈祖像前祈祷。场面热闹宏大，歌声悠悠扬扬，香烟袅袅升起，萦绕在祭坛之上的女神周围……

千年大奏鼓该是石塘最具民俗特色的事物了。大奏鼓最早在台湾高山族发源，后传到福建惠安，随着惠安渔民的迁居，在明代带到了石塘的箬山。它是我国渔村中唯一的传统民间舞蹈，每年元宵闹花灯时，渔民们就跳这种舞蹈。这种舞蹈由10位男扮女装的男士表演，他们脸上涂脂抹粉，然后抹着两个火红的圆圆的腮红，把蓝花布条和羊角巾扎在头上，耳朵挂着金黄耳环，套上手镯、脚镯，穿着有鱼形图案的套服，一派女人的装束。他们中一个人敲大鼓，两人扛鼓，一人敲木鱼，两人敲小锣，两人敲钹，两人敲钛锣，随着大鼓的节奏而变换队形。小花脸加入夸张的舞蹈动作，虽然很丑，却引来人们无数的欢笑声。

大海的风姿，突兀于海中的山崖，屋咬着山、山抱着屋的石头建筑，千年历史的大舞鼓，使这个村子具有一种独特的魅力，吸引着吴冠中、张仃、沈柔坚、袁运甫等一大批当代艺术大师在此写生创作，人们把石塘称为“画中镇”，并且给予了一个更加光荣的称号——“中国的巴黎圣母院”。

海风凛冽，石塘粗犷，但石塘美景依然。墨池字迹、横塘帆影、蓬屿冲波、石镜涵蛙、雷锋怪石、石穴窥天、鱼池映月、龙喉曲水、狮峰聚秀、澄海观涛，此石塘十景定会让你恋恋不舍。高耸入云的金阿顶是石塘第一高峰。登上这座高峰，万物尽收眼底。清晨海上观日，夜晚渔村饱览夜景，渔舟号子，点点风帆，美在点点滴滴间。蚊虫岛和半边屿之间，有一个海港横卧在那儿，这是“海上长城”。倘若“城”外惊涛拍岸，但“城”内依然波澜不惊。诗句中也有曰：“外搏惊涛骇浪，内拥一湾春色，沐浴晨光落幕，窥看点点渔光。”海港上还有于光远先生亲笔题写的摩崖石刻“观浪听涛”。石塘西南的听天寺，飞阁流云，背山面海，诗意盎然。石塘东南的三蒜岛又叫英雄岛，岛上怪石林立。一线天、风帆礁等景点还保持着自然的风貌。2000年1月1日，当新世纪的第一缕曙光照到石塘时，这里举行了声势浩大的新世纪曙光节，这个近千年历史的古镇在新世纪的曙光照耀下更显丰姿。

诸葛村

【名村概观】

中国人几千年来一直追寻一种和睦的家庭氛围，家园中蕴含了不同的哲学思想，都希望通过各种形式的聚落形态表达出来。风水、八卦是中国璀璨的传统文化中的典范之一。当这些中国乡土文化中形成的风水、八卦与村落空间相联系，便有了独特风情的民居文化。诸葛村就是这么一个融入八卦风水于一体的村落，它在浙江兰溪市城西18公里处，是我国最大的诸葛后裔聚居地。

【名胜古迹】

诸葛村古称“高隆”，又叫“八卦村”。如今的诸葛村是在浙江兰溪和国家级风景名胜区“二江一湖一山”的衔接点上，亦是前往新安江、富春江、千岛湖、黄山的必经之地，交通十分便利。但在建村之前，这里是一片荒僻的丘陵，前是平原，后有高山。发源于天池山的石岭河，从这里蜿蜒而过，然后斜向正南，流经数十公里外的游阜镇注入兰江。这里可耕可樵，可渔可猎，自然条件如此优越，人类若在这里生活，定会丰衣足食、福泰安康。南宋末年这里便开始有人居活动，《高隆诸葛民宗谱》中就载到：“修林茂竹，抚北阙以千里，崇山峻岭，并南阳以齐名。”元代中叶，诸葛氏第27世孙诸葛大狮来到高隆一带，风水师看这里地形似“葡萄状”，据测这里后世子孙繁衍跟葡萄一样，定会硕果累累，于是在这里定居下来。不久大狮公依靠经营药材生意发达，家族兴旺起来，并依据风水将全族宗祠“丞相祠堂”的位置设在牝门旁边，这牝门也就是风水意象中“引水聚财”的水池。到了明代万历年间，这里已经发展成为“族属数百家，人民几千口”的规模。

蜀汉丞相、武侯诸葛亮系河南人，不过至今仍搞不清楚究竟是河南襄阳人还是河南南阳人。但诸葛后裔最大的聚居地却不在这两个地方中的任何一处而是在浙江的诸葛村。它纯正的风水文化和历史悠久的文物古迹，吸引着众多游客的眼球。

诸葛村把诸葛亮的父亲诸葛圭作为始祖，同时为了纪念先祖诸葛亮，便按传统习俗最大投入地营建了这座家园。村中按先祖创造的九宫八卦阵式，精心建造了这个设计奇巧罕见的村庄。后裔们纷纷迁居此地，逐渐形成了200多座豪华、气派、完整的明清古建筑群，在兰溪一带相当出名。

堵葛村之所以又叫“八卦村”，是因为村落格局似八卦图。村外有八座相连的小山，从高处看，八座小山环绕着村落，好像是天然的外八卦；村内的正中心是座圆形池塘——钟池，它是整个村落的核心。《易经》上说东南为阳，西北为阴，钟池——一半水塘一半陆地，有水一半成阴，无水干地为阳，非常像具有象征意义的鱼形太极八卦。水塘边沿为圆形，陆地边沿呈方形，与中国“天圆地方”之说相符。陆地一面设有一口水井，如同阴阳鱼的眼睛，也形成了八卦阵的阵眼。整体看上去如众星捧月，为村子增添了一丝神秘的气韵。钟池周围构筑的八条弄堂呈辐射状延向四周，使村中的所有民居自然的分成了八块，形成了内八卦，而且自然归入坎、震、巽、离、坤、兑、乾、艮八个部位。村里弄堂似通非通，8条巷道上又派生出许多支巷，纵横交错。八卦阵势玄妙变幻，让人赞叹它精巧别致的构造、雄伟壮观的气势。

大狮公之所以要把诸葛村设计成如此玄妙的内外八卦形，是有着重要原因的。宋元年间，战乱频繁，为了起到防卫作用，诸葛村才根据当地复杂的地形，设计成巷弄布局变化无常的迷宫。相传抗日战争时期，也因为这里村落布局奇异，才使日寇经过高隆岗大道时未曾发现这一繁华村落，免遭劫掠之灾。

村落中融合了深邃的阴阳之学，古井、巷道、祠堂阴阳相克，祥瑞人和。它把景观学、建筑学、生态学、地质学、美学等古建筑设计理论集于一体。让这里的人们充分享受着大自然的恩泽。先祖诸葛亮是整个宗族的骄傲，自大狮公迁居高隆后，村落便开始修建大量祠堂，用来进行隆重的祭祀活动，增强家族的凝聚力和向心力。目前保存完好的祠堂有：大公堂、丞相祠堂、崇信堂、崇礼堂、雍睦堂、大经堂、崇行堂、春晖堂、文与堂、燕贻堂和敦复堂11座祠堂。其中最著名自然要属丞相祠堂和大公堂了。

大公堂是为了纪念武侯诸葛亮而建的——也是江南唯一一座武侯公纪念馆。它坐落在八卦村的坎宫位置，坐北朝南，面对着村中心的钟池。大公堂最早是在元代时开始修建，是座面积700多平方米、五进三开间牌楼式的特殊礼制建筑。方形的柱子，漆黑的大门，一层层斗拱向外挑示。正门口高悬着白底黑字的“敕旌尚义之门”的横匾，横匾上有一块“圣旨”的直匾。相传这两块匾是明英宗时赐给诸葛氏祖先诸葛吉的。明英宗正统四年（1439年），诸葛吉出谷1121石赈救灾民，因此皇帝赐给了他那两块匾，并下《旌诸葛彦祥义民敕》的圣旨说：“国家施仁，养民为首。尔能出谷一千一百二十一石，用助赈济，有司以闻，朕用嘉之。今遣人敕谕尔，劳以羊酒，旌为义民，仍免杂泛役三年。尚允蹈忠厚，表厉乡俗，用副褒嘉之意。钦哉。正统四年七月初四日，广运之宝。”这件被载入《兰溪县志》的事是诸葛氏族的最高荣誉。两边的粉墙上各写着硕大的楷书“忠”、“武”二字，体现了家族祠堂的显赫与威严。堂前四周的矮墙、四角的台门、大片粉墙黛瓦、一池碧水交相映衬，使大公堂显得格外庄严夺目。

堂内墙上分别挂着《高隆八景图》、《诸葛氏族直系表》、《中药名祭文》、《诫子书》、《诸葛亮故事图》、《出师表》、《后出师表》等图文。二进大厅中也悬挂有“舌战群儒”、“三顾茅庐”、“七擒孟获”、“草船借箭”、“空城计”、“借东风”、“白帝城托孤”、“巧布八阵图”8幅和诸葛亮有关的画幅。三进大厅中的正太师壁上书写着武侯诫子书，其中“非淡泊无以明志，非宁静无以致远”，表现了武侯高洁的品质，同时也成了中国文人修身的至高境界。大公堂四进中有三面是天井，建筑式样似屋似亭，“四梁八柱亭”的形式只有丞相这样地位的大家族才能营建，可显当年大公堂显赫地位。第五进中悬挂着武侯公的画像，气宇轩昂、英姿勃发。大公堂内随处都洋溢着前贤的豪情，让人感受到豪放忠良的气概，并时刻勉励自己。

诸葛村最壮观、最宏伟的是丞相祠堂，是诸葛氏族的总祠。它占地近1400平方米。位于东南方的巽向，坐西朝东的祠堂最早在明代万历年间修建，它的建筑形式十分特别。门庭、左右廊庑和享堂组成一个“口”字结构，又在“口”字正中营造了一个高大非凡的正方形“中庭”，这样整个丞相祠堂就形成了一个独特的“回”字形。古时庶民宗祠只能有三开间，但丞相祠堂不论门庭、中庭，还是供奉诸葛亮神主的享堂都是五开间，更重要的是还设有钟楼、鼓楼，这是三品以上官员的宗祠才可享用的规格。门庭正中间是正大门，每开间在金柱位置都做有四扇木板门。左右廊庑各有七间，供奉着始祖之后14个支派的祖先牌位。再向后走，地势既陡又高，从两厢拾阶而上，钟鼓楼分列在两旁，中间是寝室，明间正中供奉着武侯公的灵位与他的座像。两侧是族中受到旌表的忠、孝、义、烈与乡贤的神位。“中庭”作为祭礼大厅，宽五开间，三间进深，全部敞开，上用歇山顶，它建在约一米高的台基上，脊高10米，翼角高翘，木刻相当精美。为了取“松柏同春”之意，中庭选用了四根直径为50厘米的松木、柏木、桐木、椿木作为中庭四根大金柱。中庭的建造使原来有点空阔的院落显得十分紧凑、牢固而庄严。

诸葛村不仅仅有雄伟的祠堂，还有209间明清民宅建筑，使它被誉为“传统民居古建筑的富金矿”。历经600多年的风雨沧桑，村落现在已发展成如今18座厅，18座堂，18口井，3座明清石牌坊……雕梁画栋，古朴典雅，更有“青砖、灰瓦、马头墙，肥梁、胖柱、小闺房”的建筑风格，是中国古村落、古民居的典范。其中雍睦堂和天一堂最具特色。

雍睦堂是诸葛村中18厅堂之一，从诸葛亮第32代孙宗良公于明代正德年间（1506—1522年）修建以来，到现在已有五百多年历史。现在这座构思巧妙、气势宏伟的建筑已成为诸葛村耕读文化展览馆。堂中数百件生产用具、生活用具、文房四宝等实物，个个是一段历史，件件有一个故事。诸葛后裔们就在先祖“乐躬耕于陇亩兮，吾爱吾庐”的耕读精神激励下，创造了以“躬耕”、“勤读”为要事的诸葛家族耕读文化。

天一堂是浙江药业中著名的百年老字号药店，它这个名字享誉全国。

天一堂药号的名声最初是在诸葛村天一堂起始的。它始建于清代同治年间（1862—1875年），后花园的百草园中种植着几百种药材，使天一堂成为一个中药活标本园。

中国的知识分子一向主张“达则兼济天下，穷则独善其身”，“耕读”思想既包含着积极的猎取功名又有消极的隐逸闲适两层含义。乡中知识分子在攻读经书的同时，也培养了对田园山水的美感。正因为对田园山水和耕读生活的钟情，才会出现洋溢着传统文化恬淡隐退的“高隆八景”。

“南阳书舍”就是一处田园式的建筑。“西坂农耕”展现了“平坂日暖趁牛眠，草满西郊水满天……农耕东作方兴天，稼熟西成大有年”这样一道美丽的景致。在“双井灵泉”证实了诸葛村的药材业有很高的地位。“清溪夜雄”、“菰塘雾月”、“石岭祥云”、“砚山夕照”、“翠岫晓钟”等美丽景致以及“高隆八景”使诸葛氏建筑融合了人文与自然的和谐情感，洋溢着浓浓的乡村气息。

诸葛村现在已是一个有4000多人的大村落。在1996年11月国务院批准诸葛村为全国重点文物保护单位。这里不但建筑古老，而且民风朴实。诸葛后裔以先祖《诫子书》为族训，淡泊明志，宁静致远，夜不闭户，路不拾遗。从大狮公定居此地经营中药生意以来，清代诸葛村民在全国经营的药行、药店就有200家之多。良医高手遍布大江南北，施展妙手仁心，袭承了诸葛武侯的施药精髓以及拯救民生疾苦的高尚品格。无论是风水堪舆的迷宫布局，还是"不为良相，便为良医"的立家之本，只要观看那幢幢古色古香的楼阁厅堂，就会从心中迸发出一种依稀的景仰，感受到淡淡的书香。

如今诸葛村数百户村民经营的丝绸厂、药店不计其数，新开的大路上矗立着规模不小的卧龙饭店，品尝着诸葛莱、诸葛馒头、诸葛点心仿佛让人们回到了武侯的那个年代。祭祀诸葛亮的纪念活动在诸葛村是一大民风特色，村中无论是农历四月十四诸葛亮的生辰，还是忌日农历八月二十八，全村几千名诸葛后裔以及全国慕名而来的诸葛后裔都会在此地举行认祖归宗的祭祀活动。

新 叶 村

【名村概观】

一个古村落延续着一脉宗族的血统，几千年来流传至今。浙江新叶村就是由叶氏家族独自撑起的、许多代人聚居的一个村落。

【名村历史】

你会相信成语"叶公好龙"里的叶公确有其人吗？是的，在浙江建德市32公里处的新叶村，叶公成了活生生的人物。在这里几乎全村姓叶，他们眼里"好龙"的叶公就是自己的祖先。远古的神话在这个拥有3000年历史的新叶村能得以证实，真是令人兴奋。

这个叶氏聚落就位于兰溪边界上。和著名的诸葛八卦村隔着一条330国道遥相呼应。沿着新安江而上，到建德市白沙镇，再驾车20多公里，就来到了这座在宋末元初始建的千年古村落。村子在玉华山下，山上郁郁葱葱，溪水缠绕，整个村落隐隐被连绵起伏的山峦环抱。玉华山古称白岩山，因此新中国成立前新叶村又称"白下里叶"。新叶村所在的建德自古就是兵家必争之地，但从1120年宋代方腊起义开始，经历800多年战火硝烟，新叶却还是比较完整地保存下来，真是难能可贵。同时保存下来的《玉华叶氏宗谱》详细记载了玉华叶氏的家族历史，这更是令人瞠目。中国宗族制度影响深远，修建谱牒之风在南北朝时就开始广为盛行，但能见到的"尊祖、敬宗、收族"的宋代宗谱极为少见。故新叶村的宗族文化有重大意义。新叶村和河南叶县的叶氏是同宗。宋代为了逃避战乱，叶氏先祖叶坤从河南向南迁徙，其中一支来到浙西，定居新叶村。从叶坤的两个儿子开始，玉华叶氏出现了里、外宅的分脉，外宅逐渐兴旺，成为叶氏家族的主体。到叶坤的孙辈叶氏第三代时，整个宗族血统脉络确定下来了，这时开始确立了新叶村的村落格局，整修水利、修建宗室祠堂、建立书院以及发展教育。780个春秋后已成为一个有三十几代、800多户人家的古老村落。

【名胜古迹】

来到新叶村，仿佛踏入了时空隧道，眼前好比明清时的景象。近200幢老宅子中，明代建筑就有15栋，清代建筑保存至今的约150栋。偏僻封闭的格局，加上血缘聚落的家长制宗法观念，让这里的祖上基业、古老建筑得以保留下来，不容拆毁。即使惨遭自然灾害，照样可以还原一新。

新叶村的老宅子同皖南、赣北的建筑有许多鲜明的相似之处。整个群落建筑按照五行九宫安排，寄予我国传统的“天人合一”的哲学思想。特殊的村落格局，100多条曲曲折折的幽深街巷，高大的封火白墙，把一户户内向的人家严严实实地围在一个个天井院落中。这里的住宅多建于明清，主要形式有三合院、四合院。三合院大多由三正房、两厢房和天井组成，被称为“三间两搭厢”。大门一般开在侧面，把其中一个厢房作为门厅。四合院又称“对合式”，是一个连续的整体。天井很狭窄，大门开在前屋，正屋和厢房之间的夹道又叫做“四尺弄”。

新叶村中的明清住宅一个很有趣的特征是：明代的建筑大多为中型老宅，建筑特点简洁流畅，情趣较高；而清代的建筑多是规模较小，但风格却富丽堂皇。到了近代新叶民居又表现出一种返朴归真的脉络。不同时期的建筑风格、雕饰图案，都各自不同，每一座沧桑的古建筑都好似一个古老的神话。

在新叶村的村口，有一组使人不禁驻足的风水建筑：抟云塔、文昌阁和土地祠。抟云塔在明代建立，是一座风水塔，塔高七层，平地起高塔耸入云端，故又称为“文风塔”、“文峰塔”。白粉塔墙，青瓦飞檐，塔身朴素端庄无任何修饰。抟云塔与其300年后建的文昌阁，同样表达着昌盛的文运愿望。建于清代同治年间（1862—1875年）的文昌阁坐落在塔脚下，是抟云塔的配套建筑。

土地祠建在阁塔以北，紧贴文昌阁而建。《寿昌县志》卷九《文昌祠碑记》中有载：“尝谓主文之柄者神也，兴文之运者人也，继文之脉者地也。三者相须，缺一不可。”故祈求丰收的土地祠和文昌阁、抟云塔在一起，集中表现了农耕时代“耕读传家”的理想。土地祠规模并不大，三开间建筑全部向天井敞开着，不设立门窗。木质结构简陋粗糙且不加雕饰。在玉华山北坡脚下原本曾有座“五谷祠”，小祠门前自山间而下的一道溪水，一块天然大岩石横于广溪之上，成了进入五谷祠的唯一一座桥梁。五谷祠保佑年景丰盈，在幽静的山谷之中是一处香火旺盛的圣地，但清末的一场火灾把五谷祠给毁了。五华叶氏宗族共同出资，在文昌阁旁重建了这座土地祠。重建土地祠以来，这里便开始举行一年一度的庙会，人们称之为“春社”。每年农历三月初三起，叶氏族人便会纷纷来到这里赶庙会，祈求平安富康的一年。

在抟云塔与“有序堂”两点之间连线，则正好是这个古村落所在轴线。中轴线两旁按等级依次排列着一百多座住宅、祠堂，错落有致的街巷又把村落分割成一片片。村落中最重要的建筑是“有序堂”，它始建于宋代。有序堂是玉华叶氏的总祠，也是新叶村的结构中心。村中那么多等级层次分明、规格齐全的祠堂全部围绕在它的周围，新叶村最早的住宅也都在它的两侧分布。新叶村现存的还能找到明代花园痕迹的两处建筑之一有序堂，被称之为“东园”。以前这是叶文山家的花园，叶文山是白崖山人叶一清的父亲，到叶一清掌控叶氏宗族大权之后，这座东园便献给了宗祠。

新叶村最早的祠堂是西山祠堂，它建于元代，是玉华叶氏的祖庙。新叶村最高大、最宽敞、最华丽的祠堂是崇仁堂。一般的祠堂只有两进、三进，而崇仁堂却是很少见的四进，总进深26米，这使得崇仁堂在玉华叶氏家族中占据了重要地位。

新叶村另一处带有明代花园痕迹的建筑是“梅园”，它位于崇仁堂前面小冈之上。这处占地约1000平方米的明代建筑是叶良鲸家的花园。那时村中的一些豪门旺族在建宅之后，都会建立一处独立的书斋，作为自己的花园。叶翁为了督促晚辈们读书进仕，便建了这幢坐西面东的书斋。叶翁在园中以及小冈上遍植梅花，冬日香气四溢，夏时绿叶成荫，清新幽雅，建筑故得名“梅园”，书斋取名“梅月斋”，叶翁也自号“梅月翁”。宗谱里有梅月翁写的一首《梅月斋》诗：“筑傍幽林爰养真，种梅留月助诗神。清辉溢处琴由润，疏影横时句得新。太液池边光彻夜，罗浮梦里暖回春。调羹无上休相问，留待黄昏伴隐身。”

新叶村除“梅园”处，还有过以行、松、兰等为号的居士斋轩。但到现在保存下来的仅有“东园”与“梅园”。

新叶的祠堂是祭祀先祖的地方，同时也是祖上各要事展开的场所——难怪这里庄严肃穆。所以族中村人把祠堂修饰得典雅精美，雕梁画栋，美轮美奂，让人不禁怀疑：是祠堂还是殿堂?

木雕在梁、枋、斗拱中非常多见。镂空的人物图雕，眉眼、衣带皆跟真的一样；灵兽、百灵，犹似活物；木梁上“百兽图”、“九赐言”、“凤采牡丹”等戏文，堪称传世精品。这些精美的木雕正是古人智慧的结晶、驱邪祥瑞的迷信色彩以及东方艺术的意韵所在。

新叶村虽已被时代尘封，但却不能封闭它浓浓的书香文风。仅仅是兴文运的“文峰塔”、“文昌阁”，就能窥出新叶村对文化传统和进仕思想痴痴追寻的一斑。正如江南许多宗族世家一样，新叶村人一向很注重子弟读书识理。村中不但开办有书院、私塾、义学、官学堂，在私宅中村民也会开辟一处独自的书斋，用来修身养性，明达其身。新叶村的街巷大部分都可以直接到达学校，并且街上还铺着一块块的石板，为了让读书人前往学校足不涉泥、不湿脚而铺设，足见文人在家族中的地位。

许多宅院在通往书房与正房之间的通道旁，都设着石阶和池塘，池中植有浅红的睡莲，加上两面高高的白粉墙合围着，宁静淡雅，营造出一处极好的读书环境。同时也反映了以淡泊、耕读为主的乡村知识分子的文化情趣。

门在住宅中起着画龙点睛的作用，它暗示着主人的门第家风。村中占四分之一的宅门是石库门，石上有些小小的雕刻，凹凸有致，如同一张张生动丰富的脸。门额上大都题写着吉祥的字匾，比如“渔樵耕读”、“群峰会秀”、“桂馥兰芳”、“芝兰挺秀”，等等。字匾之上还有彩饰的披檐，端庄典雅。门联上贴着文气儒雅的对联：“以文常会友，唯德自成邻”、“孝悌双亲乐，和气万事成”、“读可荣身耕可富，勤能创业俭能盈”、“门外青山水流秀，户内人家财源兴”、“雨浇桃杏红欲滴，日烘杨柳绿初浮”……即使在豆腐房、牛栏、猪圈的门上，也不乏一些文雅的对联、横幅。比如在豆腐房有“磨珠结玉”，牛栏、猪圈有“槽头常兴旺，厩内永平安”，等等。

龙 门 镇

【名镇概观】

龙门古镇坐落在浙江省杭州市西南富春江南岸、仙霞岭余脉的龙门山下，由富阳市所管辖。相传东汉严子陵游龙门时曾赞叹道：“此地山清水秀，胜似吕梁龙门！”龙门镇由此而得名。全镇占地面积 18 平方公里，其中古镇面积 2 平方公里。这里便是三国东吴皇帝孙权后裔的聚居地。

【名镇历史】

龙门古镇四周资源丰富，土地肥沃。明、清时，是浙东通往浙西、浙中、浙北以至苏南的陆路交通重镇。明嘉靖至清康乾盛世，龙门孙氏子孙人才辈出，有书记载：“丰列儒林，咸饶富有”，这一时期该是孙氏家族的鼎盛时期。从宋初孙权第二十六世孙宋奉议大夫迁居龙门到 1939 年间，孙权的后代在此已繁衍到第六十五世。如今，镇上 2600 余户、7000 多人口中 90% 以上的村民姓孙，成为一个庞大的孙氏世系聚居自然村落。

【名胜古迹】

走进龙门，映入眼帘的是一条条卵石铺嵌而成的巷道、山墙，它们用粗犷原始的卵石铺砌，充满了渔樵耕读的田园气息。小镇中有一条横贯东西的卵石小街，长约 400 米，街道狭小，两侧房屋多是清末民初所建。龙门镇原有 60 多座厅堂，历经战乱，如今保存较完好的尚有 2 座祠堂、30 多座厅堂、3 座砖砌牌楼以及 1 座古塔、1 座寺庙。

古镇建筑的总体布局恰似中国古代封建社会家族的布局规制。由一座座以厅堂为中心的居住院落组合而成，简称“厅屋组合院落”，此乃龙门古建筑的一大特色。“厅”与“堂”原是不同的建筑单位，“厅”在前，是重大的祭祀庆典活动的场所；“堂”在后，是接待宾客和生活起居的地方。在重男轻女的封建社会，妇女只能活动于堂中，所以，在这里妇女被称为“堂客”。后来“厅”、“堂”不分了，如龙门的五边厅叫明哲堂，冬官厅叫承恩堂，百狮厅叫慎修堂。从厅堂建筑形式这个角度而言，可分为“井”与“回”两种字形。“井”字形建筑可以小孙氏智七公一脉聚居的前后敞厅为代表，“回”字形建筑可以官房厅余荫堂为例。原来，每一座厅堂都是一房或一小家族的祠堂，并把这座厅堂作为中心，周围建有宅，围建高墙成为龙门孙氏总族下一房一支的集居点。后来由于发展成厅堂与民居混合组建，民居与厅堂的组合建筑，即楼上、左右是厢房，偏间是民居，楼下、中间为厅堂。这种组合建筑流行于晚清到民国，如山乐堂、迎曦堂、居易堂，宅居与宅居之间，有门廊相通，有的是鹅卵石铺砌成的狭长弄巷，墙檐相接、房廊相连，故有“大雨天串门，跑遍全村不湿鞋”这一说法。

这里保存的古建筑群落规模庞大、形式齐全。有同兴塔；有孙氏宗祠余庆堂和思源堂；有百狮厅、百步厅、百花厅：有义门、“粉署流香”和工部门楼；有庙岩寺；有太婆桥、万安桥和万庆桥，等等。这些古建筑自前到后、由内而外，逐渐展开，具有清晰的层次感。总之，龙门古镇以其庞大有序的古建筑群，述说着一个家族上千年来生息繁衍的故事，是中国封建社会家族宗法制度的一个鲜活标本。

绍兴舜王庙

【名庙简介】

位于浙江省绍兴市东南稽江镇小舜江北的舜王山巅的绍兴舜王庙，是我国许多舜庙中颇有特色的一座。它又名大舜庙，是后人为纪念和祭祀传说中的部落联盟领袖虞舜而建的一处古代祠庙建筑群。舜王庙规模不是很大，殿宇也不是很多，但庙内雕刻精美，引人入胜。

【名人故事】

我国远古时代传说中的五帝之一——舜，姚姓，或妫姓，名重华，号有虞氏。据说，通过四岳的推荐，他继承了尧位，当上了部落联盟的首领。他曾四方巡狩，任人唯贤，兴修水利，消除水患；他曾兵伐共工、三苗、瞄兜和鲧，为民众除去了“四罪”。舜在位共39年。这些年里，人民安乐，天下太平。他南巡之时，故于苍梧（今广西梧州一带）。

《史记》中记载，舜是上虞人。“去虞三十里有姚丘，即舜所生也。”上虞与绍兴紧挨着。舜出生于此，躬耕于此、且在这里长大成人。故后人在这里为他立庙祭祀。

现在尚无从知晓，绍兴舜王庙最初建于何时。但在南宋所编撰的《嘉泰会稽志》上这样载到：“舜庙在县东南一百里。”其地理位置大体接近于今日的舜王庙。由此可推断，绍兴舜王庙当在南宋之前始建。

【名庙巡礼】

今天的绍兴舜王庙，在清代的咸丰年间（1831—1861年）重建，同治元年（1862年）重修。之后，舜王庙曾经多次维修。

绍兴舜王庙坐于西北面朝东南。戏台、山门、大殿与庑殿是它的重要建筑。

戏台在山门的后面。其台高12米，宽4.7米，长5米。这座戏台是一座重檐翘角的建筑物，没有一根横梁，屋顶由4根立柱支撑，造型巧妙。

舜王庙中的主体建筑是大殿。高9米，深23米，宽13米。殿前为4根石柱，中间的两根是云龙柱，两侧的两根为舞凤柱，精巧美观。此殿有前、后两进，且前小后大。前面的虞舜神像比后面的虞舜神像小。此二尊神像与庙中的石雕、木雕一起，并称为绍兴舜王庙中的“三宝”。可惜此二塑像毁于“文革”中，今天的塑像为后来新塑。

绍兴舜王庙中的石雕、木雕和砖雕颇有名气。在这些雕刻中下述几件颇具代表性：

绍兴舜王庙中的一件石雕杰作，即山门旁边的山墙花窗。背景为一布局匀称的花格，主体是四位正在兴致勃勃地观看图画的老人。形态美妙，表情生动，栩栩如生。而山门梁柱上的木刻游鱼、走兽、飞禽，也刻得逼真生动，令人流连。

在戏台两厢的门窗和其楣梁上，又雕刻着《三国演义》与《水浒传》中的许多人物。另有两组木雕立于戏台两侧的看台前，一组刻有十二生肖像，一组刻有农夫、樵夫、渔夫与书生的生活画面。雕刻细腻，内容丰富，无愧为木雕之中的杰作。

石雕的“西湖十景”在大殿两侧的山墙前。竹、树、多山、湖水，活灵活现。

现在，绍兴舜王庙四季游人络绎不绝，已成为当地的一处胜景。

绍兴禹王庙

【名庙简介】

在浙江省绍兴市的禹陵乡禹陵村的绍兴禹王庙又称禹庙，它坐落于会稽山麓，与市区相距约5公里。后人为了祭祀远古时期著名的部落联盟首领大禹而修建了这处古代祠堂建筑群。现在，它已成为全国重点文物保护单位之一。

【名人故事】

大禹，又名禹，姓姒，名文命。因其是夏后氏部落之首领，故还称夏禹。虞舜执政期间，他任司空。受舜的派遣，曾率民众劈山开河，疏浚水道，前后治水共达十三年，才消除了全国的水患。这位传说中的治水英雄，曾三过家门而不入，这被后世传为佳话。他公而忘私颇受后人称赞。之后，舜又选禹为自己的继承人，担任部落联盟领袖。相传，禹在南巡之时病故于浙江的会稽山，并被安葬在那里，死时享年一百岁。

禹为夏朝的开国元勋。他死后，其子启与重孙少康等先后为他建祠立庙。因大禹治水成功，唐时曾赐大禹庙易名为告成观。文献记载，今天绍兴的禹王庙在南朝梁大同十一年（公元545年）始建。经历代屡次修缮，至今尚完好。

【名庙巡礼】

绍兴禹王庙，坐北朝南，依山而建。各类殿堂和配房错落有致，井然有序。殿宇之间，分布有花木、甬道、台阶与广场，庄严肃穆。在其中轴线上，由南向北，依次为照壁、岣嵝碑亭、棂星门、午门、祭厅与大殿。分列于两侧的是东、西配殿与御碑亭等建筑。

禹王庙的最南端是高大宽厚的照壁。照壁正中，浮雕上刻有“贪兽顾日”的图案，充分显示了大禹治水有方、为民造福的伟大功勋。于清代雍正十三年（1735 年）重建的午门，系一单檐歇山式建筑物。它面宽三间，长为 11.6 米；进深为 7.05 米。三扇大门上，分别安有七行门钉。祭厅亦叫拜厅。其结构与午门相同，是历代皇帝与政府官员祭祀大禹之地。在两侧的配殿中，共保存 30 多座明、清碑刻。碑文都是对大禹的颂词。

大殿，又称为正殿、禹王殿。重檐歇山顶。这座大殿高、宽都是 24 米，深 22 米。在民国二十三年（1934 年）重建。为钢筋混凝土仿木结构。屋脊上有用石灰堆塑的龙凤图案。屋顶上悬挂有“地平天成”的横匾。这是康熙二十八年（1689 年）到此巡视时清朝玄烨皇帝所题。殿内设有神龛。神龛中供奉着高达 6 米的大禹全身立像。9 幅图绘于神龛背后的墙壁上，是大禹治理了九州洪水的象征。神龛之前是一副康熙皇帝题写的对联：“江淮河汉思明德，精一危微见道心。”表达了对大禹治水功绩和公而忘私精神的赞颂。

在绍兴禹王庙中，还有许多颇珍贵的文物。列举如下：

在大殿之前有御碑亭。亭中的石碑上刻的是清代乾隆皇帝歌颂大禹的诗文。

位居东、西辕门之间的岣嵝碑原来安置在湖南省衡山的云密峰上。因衡山又名岣嵝山，故石碑才得此名。石碑上有六行文字，共 77 个字。是一些对大禹功绩的歌颂文字。但碑上的文字既不是蝌蚪文，也并非隶书和草书。人们都觉得非常奇怪。据记载，今天的这块岣嵝碑，于明代嘉靖二十年（1541 年）由绍兴知府张明道依照岳麓书院的藏本复刻而成。虽如此，仍异常珍贵。

绍兴禹王庙、大禹陵，向来就是这里的一处胜迹，闻名遐迩。历代文人墨客，都曾先后来禹王庙游览或考察。今天的绍兴禹王庙和大禹陵已是当地的一个风景名胜区，游人四季不绝。

绍兴王右军祠

【名祠简介】

王羲之的官名是右军。王右军祠即王羲之祠。

位于浙江省绍兴市西南 18 公里的兰渚山下的王右军祠，坐落于兰亭景区之内。是为了祭祀和纪念王羲之而建的古代祠堂建筑群，布局严谨，小巧玲珑。后来，人们把王右军祠与其所在的兰亭景区，称为我国的书法圣地，闻名遐迩。

【名人故事】

王羲之，字逸少，西晋琅琊临沂人。他是西晋丞相王导的侄子，东晋太尉郗鉴的女婿。有人说他在公元303年出生，在公元361年谢世；也有人说他在公元321年出生，在公元379年谢世。死后葬于嵊县金庭，即今浙江嵊州市。

王羲之一生几乎都隐身于山水草木之间。虽然他先后任过秘书郎、右军将军与会稽内史等职，但因他并不喜欢做官，故称病辞官，定居于会稽山下的绍兴。

在很小的时候，王羲之就喜欢书法。刚开始，他是向姨妈卫夫人铄学写字的。以后，他学习张芝草书，学习钟繇的正书。王羲之并不因循守旧、墨守成规，而是吸收各方营养，推陈出新，创造出一套自己的书法体系。人们说，王羲之的字“飘若流云，矫若惊龙”。唐太宗在重修的《晋书》中，对王羲之的书法有过“尽善尽美”如此之高的评价。故人们称之为“书圣”；并把兰亭——王羲之写作《兰亭集序》之地，称作书法圣地。

《兰亭集序》，也叫《兰亭序》、《临河序》、《兰亭宴集序》。全文共28行，324字。此为一文学名著，亦是一书法珍品。

《兰亭集序》于东晋永和九年（公元353年）写成。同年农历三月初三，王羲之邀请孙绰、谢安等名士41人，会聚于兰亭的曲水边上。因越王勾践曾在这里种植过兰花，汉代还设立过驿亭，故人称兰亭。王羲之等人到齐之后，大家分坐两旁，将觞放在水中。酒杯随水而游。杯子停在谁眼前，谁就须作诗。若作不好诗，便要罚饮一斤半醇酒。结果，写了两首诗的有11人，写了一首的有15人，被罚酒的有16人。王羲之乘着酒兴，把大家所作的37首诗汇集成册，并写下了名传千古的文学与书法杰作，《兰亭集序》便这样应运而生了。于是，王羲之的这篇《兰亭集序》，便作为他家的传家之宝一直流传至今。

王羲之的《兰亭集序》，由其子、孙子一直传下去。到了第七代后，其后代当了和尚，法号智永。智永把《兰亭集序》带到了寺庙中。那时，已是唐太宗当政。唐太宗虽敬重王羲之，更爱他的书法真迹。当他得知《兰亭集序》在智永手中后，便指派一位法号辩才的和尚，与智永交往。辩才很快就得到了智永的信任，成了好朋友。最后，辩才从智永那里偷来了王羲之的《兰亭集序》，把它献给了唐太宗。唐太宗在临驾崩前，还下诏令把《兰亭集序》葬入昭陵。据说时至今日，王羲之的《兰亭集序》真迹，还埋藏于唐太宗的昭陵之中。

因为《兰亭集序》使得王羲之受到后人的推崇。于是，人们便在兰亭这里兴修了王右军祠，用以纪念王羲之。

王右军祠的始建年代没有详细史料记载。据载，现存的王右军祠与它附近的鹅池碑亭、流觞亭、兰亭碑亭等，于明代嘉靖二十七年（1548年）重建。清代又对其多次进行过重修或维修，并兴建了御碑亭等重要建筑。1949年以后，又对其进行过维修。

1980年的全面修缮，使得王右军祠与祠堂所在的书法圣地兰亭，成为享誉国内外的名胜古迹和山水园林风景区。

【名祠巡礼】

王右军祠周围环水，是一组长方形的建筑物。全祠由墨华亭、大门、回廊和正殿组成。大门居于祠前。门上悬挂着灯笼与一书有“王右军祠”四个大字的匾。

王右军祠大门之内是一长方形的水池，人称墨池。池两侧环建回廊。廊壁上镶有历代书法家临摹王羲之《兰亭集序》的刻石。池中有一方形石台，通过一石桥把大门与正殿连通。台上建有一亭，翘角飞檐，造型美观，名为墨华亭。亭内摆设有几案，是现在人们进行书法交流与开展书法比赛的地方。我国的许多重要领导人与当代名士，都曾留手迹于此。

位于全祠的最后是王右军祠的正殿。殿前，是当代书法家沙孟海写的一副对联：“毕生寄迹在山水，列坐放言无古今。”殿内正中，悬挂有王羲之的全身画像。殿内还陈列着唐、宋、元、明、清书法家临摹王羲之《兰亭集序》的临摹本。人们公认的最接近王羲之真迹的临摹本是唐代冯承素的。此临摹本被陈列于橱柜中。

流觞亭位于兰亭景区的中心，在王右军祠的西侧。亭子四周建有回廊。亭上悬挂着书有“流觞亭”三字的一块大匾。亭前有弯曲的水溪，长30多米。此地即为当年王羲之与他的41位朋友举行流觞活动的地方。

流觞亭于明嘉靖二十七年（1548年）重建，清时再度重建，1980年进行过大修。

兰亭碑亭位于流觞亭东。亭内立有一书有“兰亭”二字的巨大石碑。此系清代康熙皇帝的手笔。“文革”时，此碑被断为三截，现在用水泥衔接，但“兰”字缺尾，“亭”字缺头。因人们喜爱兰亭，也喜爱康熙书写的“兰亭”二字，故此碑又被叫做“君民碑”。

王羲之酷爱白鹅，并常以鹅的形态来揣摩书法。鹅池碑和鹅池碑亭，与兰亭景区大门相距不远。鹅池碑名“父子碑”。亭旁有小池与小溪，翠竹丛丛，几只白鹅散落其中。

御碑亭位于王右军祠的后面。它修建于清代，1983年对其进行了重建。重檐，八角攒尖顶。亭中耸立着一块大石碑。碑高6.8米，宽2.6米，厚0.2米，重约3600斤。是我国现存的大石碑之一。碑的正面，刻写着康熙皇帝书写的《兰亭集序》。康熙的字苍劲有力，很接近王羲之的字体。不过，其中也有些败笔。比如“一”字就写得又粗又长。然而，人们说他是皇帝，理应特殊一点。碑的背面是乾隆皇帝题写的诗《兰亭即事》。据传言，乾隆皇帝当年春天，想来兰亭参加三月初三的曲水流觞活动。但因路途太远、交通不便，当他赶到兰亭时，已是三月初八了。于是，乾隆便题写了这首诗。因乾隆为康熙之孙子，两人的字迹刻于同一座碑上，故人们称此碑为“祖孙碑”。

祖孙碑、父子碑、君民碑，合称为“兰亭三绝”。

在王右军祠和御碑亭之后，是兰亭书法博物馆等建筑。在兰亭书法博物馆内，陈列着许许多多古往今来海内外的书法精品。这同是对“书圣”王羲之的纪念。

杭州岳王庙

【名庙简介】

杭州岳王庙，也叫岳飞庙，俗称岳庙，坐落在浙江省杭州市西湖岸边的栖霞岭下，与西湖的一角岳湖相临。它为一座祠墓合一的古代祠堂建筑群，是祭祀与纪念南宋抗金名将岳飞之处。岳王庙依山傍水，草木茂密，极富浓郁的江南园林特征，风景宜人。1961 年，国务院将此地公布为全国重点文物保护单位。

【名人故事】

岳飞，北宋相州汤阴人。1142 年遇害时只有 39 岁。

岳飞出生以后，宋朝政治腐败，国家力量渐衰常被金兵侵扰。岳飞原在抗金名将宗泽手下任统制，而且协助宗泽守卫开封。之后任清远军节度使、少保等职。他驻守广德、宜兴等地，而且相继收复了建康、鄂州、邓州、信阳、郑州等地。在著名的郾城一战中，岳飞大败金兵，并破拐子马，令金人有“撼山易，撼岳家军难”的感叹。可惜，宋高宗赵构与宰相秦桧极力主张议和。于 1142 年一月二十七日，秦桧等用“莫须有”的罪名，将岳飞和他的长子岳云杀害于大理寺里的风波亭下。而狱卒隗顺，冒着生命危险把岳飞父子的遗骨偷出，并且葬于九曲丛祠的北山坡下。绍兴三十二年（1163 年），宋孝宗给岳飞平反，并且重修坟墓，把岳飞父子的遗骨迁葬在现在的地方。另外宋宁宗赵扩追封岳飞为鄂王。

智果观音院是杭州岳王庙的前身。南宋嘉定十四年（1221 年），人们把观音院改名为褒忠衍福禅寺，并于寺里供奉岳飞像。之后修建祠堂。此后，这里便被称为岳王庙。明、清两代，杭州岳王庙屡建屡毁。于民国十二年（1923 年）再一次重修。1966 年，杭州岳王庙被毁，但于 1979 年重建。

【名庙巡礼】

杭州岳王庙整体有两部分：第一部分是祠堂，第二部分是墓园。

杭州岳王庙的祠堂部分，由门楼、忠烈祠、启忠祠、南枝巢、正义轩、精忠柏亭等建筑组成。

杭州岳王庙的大门是门楼，重檐歇山式屋顶。在上下檐之间，悬一块绘有龙凤图案的黑底竖匾，题“岳王庙”三个大金字。门里为 12 根大立柱，柱头上记录了岳飞一生的主要经历。

杭州岳王庙的主殿是忠烈祠。这座大殿五间面宽，结构为重檐歇山式屋顶。上下檐之间挂着一块横匾，题有“心昭天日”四个大字。

有一尊岳飞彩色坐像在忠烈祠正中。岳飞身着金甲紫袍，头戴红缨盔，目光平视镇静，威风凛烈，体现了忠心为国、宁死不屈的节气。坐像的上面挂有一匾，写有“还我河山”四个大字。为岳飞的手笔。两侧墙上，嵌有“尽忠报国”四字。天花板上，绘有仙鹤370多只，象征着岳飞勇往直前的精神。

坐落在忠烈祠西侧的启忠祠，曾经为岳飞父母的祭堂。如今，它为岳飞史迹陈列室。

坐落在忠烈祠的西侧精忠柏亭，亭里陈列着八段古柏化石。据说，岳飞父子于风波亭被害之后，亭旁的柏树居然枯死了。令人不解的是，自南宋经元、明、清朝，历时几百年，树死竟然不倒，反而越变越坚硬。太平天国时期，起义军还用它的树皮治过病。然而，清兵用它治病则不灵。恼怒之余，他们将古柏劈为八段。这也只是一个传说。但是，它却表达了人们对岳飞品格的崇敬。实际上，它只是远古时期柏树的化石而已。

坐落在忠烈祠南面的是杭州岳王庙的墓园。

岳飞墓园，又叫精忠园。它由墓门、照壁、甬道、墓冢及南、北碑廊等建筑组成。自墓门到墓冢的石甬道两旁，有明代留下的三对石人像，清代留下的石马、石羊、石虎各一对。

岳飞墓坐落在石甬道的尽头。古柏相拥，环境肃穆。在墓前有一块石碑，题“宋岳鄂王墓”。望柱上有一副对联：“正邪自古同冰炭，毁誉于今判伪真。”能够看出，人们对岳飞极为尊重，对他沉冤昭雪感到欣慰。

另外岳飞墓的左侧，为其长子岳云的墓冢。墓前的石碑上题“宋继忠侯岳云墓”。

还有一件有意思的事，岳飞墓园门内两旁，有四尊铁铸的人像。三男一女，均反绑着双手，面向岳飞坟跪着。他们分别为陷害岳飞的秦桧及其老婆王氏、万俟卨、张俊。

在铁人像旁的石柱上，有一副对联：“青山有幸埋忠骨，白铁无辜铸佞臣。”

在照壁前的左、右两侧是南、北碑廊。此地遗存着历代留下的碑刻100多座。北碑廊中，陈列着岳飞的诗词与奏章。在南碑廊中，陈列着历代人们凭吊岳飞的文章和修缮岳王庙的简况。另外，明代书法家文徵明书写的岳飞词《满江红》、明1621—1627年刻立的《忠烈庙增建五祠记》碑等极为宝贵。

诸暨边氏祠堂

【名祠简介】

它坐落在浙江省诸暨市边村，在市区北面的六七十公里处。为浙江省保存最完整的一片古代祠堂建筑群。它原为边氏宗族祭祀祖先与聚会议事的场所。这就是著名的诸暨边氏祠堂。

【名人故事】

边氏家族曾居于现在河南陈留一带。汉朝时，边氏就是当地的一个旺族，而且出现过一些著名人物。到北宋末年，由于金兵的威逼朝廷南迁，边氏家族也因此迁到诸暨边村定居。到了清代，边氏族人开始建祠堂，来祭祀祖先。由于一直以来不停地修缮，诸暨边村的边氏祠堂终于完好地保存到现在。

【名祠巡礼】

就建筑风格而言，诸暨的边氏祠堂与当地的民居完全相同，朴素清幽，落落大方。可是进入祠内一看，建筑雕刻精致富贵，让它披上了一层祭祀建筑的浓重色彩。

此祠堂是由大门、戏台、正厅、后厅、厢房以及廊庑等建筑组成。形制别致独特，远远胜过了当地的民居。就拿戏台来说，它既是祭祖演戏的地方，也是举行祭祖大典的通道。它是正脊甚短的方形建筑物，并且四角上翘，总体造型小巧玲珑，犹如祭祀建筑的性质。可它在结构与装饰上又充分利用空间，刚好适应了祭祀活动的需要。其下有左、右两个部分，中间分开，为一条从大门直通正厅的通道。中间通道上覆木板，同左、右两部分组成了戏台。假如人们要进入正厅，可以走戏台两侧的旁门。如此结构的建筑，在古代祠堂建筑中颇为少见。

另外诸暨边氏祠堂戏台正脊的装饰也独树一帜。通常殿堂正脊的两端均置鸱吻，但这座戏台正脊两头设的是双龙含脊，真是与众不同。

边氏祠堂的各类建筑都用石柱支撑，每根石柱均以整石制成，这类建筑在浙江的普通民居中特别少见。

丰富的木雕是边氏祠堂里的一大特色。它的大门、厅堂与廊庑，通常均施以船篷式天花，露出了屋顶的各类构件。而这些构件，人们以浮雕、圆雕与镂雕的不同手法，有的刻出山水，有的刻出花鸟，有的刻出人物，而且用红色作为基础，再夹杂金色，使这些装饰艺术品显得更形象，也更富丽堂皇。

边氏祠堂一直以来就特别受到人们的重视。以前，边氏族人珍视它，保护它。目前，边氏祠堂又以建筑与雕刻享誉全国，而且受到人民与政府的刻意保护。

安 徽 省

【怀古诗话】

奇峰三十六，仙子结青鬟。
日际云头树，人间天上山。
九州人共仰，千载鹤来还。
遥见樵苏者，披云度石关。

——宋·郑震《晓看黄山》

皖南古村落

安徽南部山区有一个美丽的世外桃源。那里有奔腾直立的马头高墙，有行云流水般的飞檐翘，有交错精美的斗拱，还有巧夺天工的木、石、砖三雕，这些都应该是每个人梦中向往的理想家园。

曾有人说：“想了解古代帝王生活就去京城，想了解中国明清百姓民风就来皖南古村落。”在皖南能感受到中国最具特色以及中国最具影响力的古村落群体，并且在皖南地区风格鲜明的徽派建筑基础上，形成了文化底蕴深厚的“徽州文化”。

【名村概观】

安徽自北向南依次是淮北平原、江淮丘陵、皖中平原和皖南山地。这里四周是连绵的群峰，交通闭塞，形成了这里世外桃源般的景象。皖南古村落集中在黄山市境内。黄山市以山命名，因为市东北是闻名于世的世界自然和文化双遗产——黄山。黄山市共管辖三区四县：市政府所在地屯溪区、黄山区，黟县、歙县、徽州区、休宁县、祁门县等是古村落聚集的地方。这里是古徽州文化的发源地，古代“徽州文化圈”是一个历史地理的概念。

【名村历史】

中国明代戏剧家汤显祖，因为一生无缘游览这里曾遗憾地吟道：“欲识金银色，多从黄白游；一生痴绝处，无梦到徽州”。诗中所言“黄白”即古村落所处的黄山、白岳。白岳是中国四大道教圣地之一的休宁齐云山。黄山白岳之间的古徽州“山限壤隔，民不染他俗”。它最早在公元前221年成立，秦代设置黟歙两县，到现在已经有2200多年历史了。隋唐以来，设立新安郡，统领黟、歙、休宁、渍溪、祁门、婺源，因此徽州又被叫做新安。婺源有一段时间称上开至州，北宋宣和三年（1121年），方腊在婺源举旗造反，朝廷虽然把他们镇压下来了，但仍然有后顾之忧，所以用具有“约束”意思的“徽”字，把地名改作“徽州”。徽州这个名字一直沿用到民国二十三年(1934 年)，婺源被划入江西省上饶市，绩溪归入安徽宣城市，黟县、歙县、休宁、祁门归入皖南黄山市。至此古徽州的六县由一个整体而被分割成几个部分。

“徽商”是黄山市的发祥地。徽州向来有“八山一水一分田”的称号，意思是可耕种的田地只占总面积的十分之一，剩余十分之九全部是不可以耕种的山地和溪流。地形的局限造就了“徽商”的美誉。

随着徽商的崛起，一座座园林宅居如雨后春笋般地拔地而起，园林宅居往往雕琢出造型风格独特的民居、祠庙、牌坊、园林等徽派建筑。走进徽州古村落便会禁不住惊叹。那一幢幢因地制宜、鳞次栉比的古民居，错落有致、粉墙黛瓦的马头墙，玲珑精致、依水口而建的“水口园林”，聚集了各地的建筑艺术精华同徽州特有的地理环境相结合，达到了“天人合一”的境界。

徽州文化是中华民族传统文化领域中一颗耀眼的明珠，丰富的内涵不论在各个层面都形成独特的风格和流派。除新安画派、徽派建筑和徽商外，还有祖籍徽州的程颢、程颐和朱熹共同创立的“新安理学”。它使徽州文化的理性思维得以提升，培养了深厚的理性主义传统。在清代中期徽剧风靡全国，它是徽州艺人在明清时期集弋阳腔与西秦腔于一体，并经过衍变而形成的一个唱、念、做、打并重的完美剧种。三庆、四喜、春台、和春“四大徽班”进京，从此徽剧的名声便响遍了大江南北。道光年间它又同汉剧结合形成了国粹京剧。此外还有新安医学、徽州漆器、徽州版画、徽州雕刻、徽茶、文房四宝（徽墨、歙砚、澄心堂纸、汪伯立笔）。徽州文化被称为徽学，与敦煌学、藏学中国三大区域文化形成三足鼎立之势，也正是反映出它深厚的内蕴真谛。

黟县

名声显赫的世界自然与文化双遗产——黄山，因为处于黟县境内，所以人们称之为“黟山”。相传轩辕黄帝在此取石炼丹得道成仙，于是改黟山为黄山。在古徽州的一府六县中，黟县是最古老的。它北部正靠着黄山，南可以望到白岳，民风淳朴，山川秀丽。曾有人这样赞叹道：“黟县小桃源，烟霞百里间；地多灵草木，人尚古衣冠。”这里珍藏有许许多多古老的珍宝，其中最引人注目的就是黟县东南角、被世人称为“桃花源里人家”的西递古村以及黟县北缘、被联合国教科文组织喻为“科学与诗意最完美的结合”的宏村。这两处也是我国唯一的古村落类型的世界遗产，可见其宝贵程度。

西递古村

距离安徽省黄山市黟县 8 公里处，有一群山环绕的古村落，即西递古村。三条溪流从村北、村东流经全村，汇合于村南的汇源桥。西递村东西长 700 米，南北宽 300

米，古民居错落有致地排列着。

之所以古村历经千百年仍能够发展到现在，就是因为这里是以宗教血缘关系为纽带而形成的村落。西递村就是个典型的例子。在西递12.96万平方米的村落里，居住着1万多村民，其中百分之八十姓胡。这种居住方式使村中形成了一股强大的凝聚力。相传，西递胡氏系唐皇后裔。《胡氏宗谱》中还记载着这么一则故事。胡氏始祖其实并不姓胡，他是唐朝皇帝昭宗李晔的小儿子，也是唐朝末代皇帝李柷的弟弟。公元904年春，企图篡位的梁王朱温胁迫唐昭宗李晔从长安迁都到洛阳。在经过河南陕州时，皇后何氏生下一个男婴，李晔预知一路上定会劫难重重，恐怕凶多吉少，就把婴儿藏匿在民间。陕州官员胡三秘密将皇子带回了老家歙州婺源，改名为胡昌翼。公元907年朱温灭唐立梁时只有胡昌翼幸免于难。100年后，胡氏五世祖胡士良途经西递时被这块风景怡人的风水宝地吸引，于是，全家迁居西递，才繁衍发展至今。西递的历史让整个村子神秘重重，每一处景都是桃源胜地。

雄伟耸立的走马楼是西递村口的第一座建筑。走马楼是一种楼阁式的回廊。高大的白粉墙上嵌着青色漓漏的花窗，高墙之上是30米长、4米宽廊亭，走马楼说不准还真的可以在楼上走马呢！回廊一端矗立着四角“凌云阁”，灯笼高高地挂着，登上高楼向下俯瞰景致，有种居高临下的优越感。这座走马楼建于清朝道光年间，是江南六大富商之一的西递胡贯三为了给儿子迎娶军机大臣曹振镛的女儿而建的。后来，这里成了族中迁客骚人吟诗论事的地方。

走马楼旁边的胡文光牌坊是西递村的标志性建筑。它又被称为“西递牌楼”、“胡文光刺史牌坊”。当年的西递村头曾有牌坊13座，它们是给村中“忠、孝、节、义”的楷模而立，胡文光牌坊排在最后一位。然而历经百年风雨沧桑，存下来的仅有这座胡文光先生的牌坊。它制作精致，规模宏大，距今已有400多年历史。牌坊高12米，宽9米多，是个三间四柱五楼式的单体结构。四根坊柱下，是用黟县特有的黑色大理石雕刻而成的四只石狮，姿态各异，高大威猛，栩栩如生。牌坊东西两面是分别刻着“荆藩首相”和“胶州刺史”大字的大块匾额，说明胡文光曾当过官。牌坊每一楼都雕刻精美，运用了典型徽派工艺的浮雕、透雕、圆雕。无论是凤凰、麒麟、仙鹤、梅花鹿，还是八仙、四大文臣武将，无一不蕴含着牌坊庄重典雅的气质，是徽派石坊中的杰作。这座仅存的牌坊见证着几百年来西递的沧桑变化。

村中一条纵向的街道和两条沿溪的大道，是村落的脉络。40条保存完好的青石铺地的巷弄散布于全村。明沟在青石的两边，住宅临水而建，店铺、茶馆、酒肆林立街边，呈现出江南村落的繁华景象。二合、三合、四合的楼式建筑，要么阶梯状要么方形的白粉马头墙，以及用来防火防盗的围护，还有瓦檐、月梁、瓜柱上栩栩如生的木雕，梁枋、斗拱上典型的彩绘，无一不体现了徽派居民的特色。

在西递民居中最常见的要属徽派建筑风格中巧夺天工的石、木、砖三雕艺术品，它见于现存的124座明清古宅之间。西递明清民居中的经典之作有：清朝典型的庭院式私家宅院——旷古斋，具有徽商浓厚文化精髓的瑞玉庭，西递唯一的一幢住宅与书塾连在一块的建筑——桃李园，把园林景致和私宅结合在一块的西园、东园，村中现存最古老的建筑——尚德堂与仰高堂，还有惇仁堂、临溪别墅、大夫第绣楼等。

处于村中心地位的“敬爱堂”是最值得一提的。它是西递村现存最大的胡氏祠堂，而且祭祀胡氏列宗和家族议事、婚庆、教斥子孙等活动往往在这里举行。明代时曾被火灾烧毁，清乾隆年间重建，如今已占地1800平方米。大门气势宏大，门前飞檐翘角，厚重古朴。祭祀大厅的横枋上高悬匾额“敬爱堂”，四周挂着“天恩重沐”、“上国琳琅”、“四世承恩”、“盛朝英俊”四块金字匾额，用来彰显胡氏当年的风采。里门上枋悬挂着一个一米见方的大“孝”字，相传这个“孝”字是南宋朱熹的墨迹，不过是否属真品，还有待考辨。不难发现这座举世瞩目的古村落早已被伦理的说教潜移默化了。如今取而代之的是“西递民居展览馆”，恭候着一批批前来游览的游人。

履福堂是众多民居景点中名气最大的。拥有300多年历史的二层老宅中写满了主人——清代知名书画收藏家胡积堂的“诗情画意”。堂中那幅“几百年人家无非积善，第一等好事只是读书”的楹联，反映了在封建社会文人眼里读书的重要性。这里收藏的数以千计的宋元明清书画精品，有很多现已保存在故宫博物院了。不管是前厅大堂上“松鹤延年”的画轴，或是上方斗大的“履福堂”大字，以及天井两旁的门扉上雕刻完整的《二十四孝故事图》，使每位游客、甚至光临此处的国家首脑都不禁赞叹。这个古香古色村落中，这种浓郁的诗书气息和优雅清淡更令人心动。

宏村

粉墙、青瓦的古村落宏村的美景折服了全世界到此游玩的游客。

宏村被列为世界文化遗产，背靠着黄山西南余脉雷岗山，前临虞山溪，是一片绕山环水、山清水碧的画里乡村。这个古村的构造令人折服，因为这座聚族而居、历史悠久的村落融合了仿生学、风水堪舆以及历史学、生态学、美学等多种学科于一体，造就了举世无双的“牛”形古村落。村落20余万平方米，布局规划得十分绝妙。以高昂挺拔的雷岗山为全村“牛头”，满山郁郁葱葱的古树是牛的“头角”，村内井然有序的建筑群为“牛身”，村南碧波荡漾的塘湖为“牛腹”，拥堂绕屋的水圳是“牛肠”，水面似镜的月沼为“牛胃”，北部村边的4座木桥便是“牛腿”了。这种奇思妙想实为罕见。

它的形成还有一段动人的故事。宏村是汪氏家族之地，雷岗山下便有了汪氏家族生息的历史。远在800多年前的南宋时期，村中还有韩、谢、董、汪四姓，可是到了南宋绍兴年间时局动乱，强盗四起，祸乱乡里，另外的姓氏都逃走了，只有汪氏难舍山水秀美之故土，就顺水而上，在雷岗之阳建起了宏村。宏村最早因“扩而成太乙象，故而美曰弘村”。清乾隆年间正式称为“宏村”。正如其名，几百年间村中家族繁盛。至明永乐年间，宏村汪氏家族更是崛起一批徽商巨贾。宏村汪氏世祖汪思齐以宗谱祖辈遗训，结合阴阳风水，请来海阳“国师”“详审脉络”，算出了卧牛形状的村落整体规划。引用溪水凿挖圳坎环绕村屋，在地势低洼处注入水形成池塘，几百年的兴旺发展印证了风水阴阳之说。徽商巨贾行列汪氏家族就占了许多，并且宏村汪氏再未遭遇到战乱，宗族历代要求耕读并重，商儒并存，村运中兴，便有了如今的恢宏。

“牛胃”是以沼为中心的半月形水塘。它占地数千平方米，由于貌似弦月而得名月沼或月塘。当年汪思齐按照祖训，在村中开拓了这一月沼。村人便按月沼为中心相继在四周建起了井然的房屋，青石板沿岸而铺，弦部用13根石柱连接石板，形成石雕栏杆，但弓部只留一条沿沼的小道。村妇在此洗衣打闹，并且月沼上平静如镜，房檐倒映之中，微风徐来，炊烟袅袅，形成宏村八景之一“月沼春晓”的天然水墨画卷。

村中“牛肠”的建造是最具动感色彩的，这些建筑大部分围绕月沼周围往外扩散，纵横交错的街巷同人工水系连接。“牛肠”中的水同自来水差不多。每天早上8点前村民从“牛肠”中汲水饮用，而8点之后才可在“牛肠”里浣洗。不少人家还利用这水，在自家庭院建造鱼池、花台、水榭，使村中也形成一种类似江南水乡的画面。

月沼本来就是一口活井，水圳便发源于此，养育着这里的人们，因此月沼便成了村中的一块圣地。村人在月沼弦部建起了象征宗族团结的汪氏总祠——乐叙堂。它与月沼同建于明永乐年间。“乐叙”源自“族人和乐融融，聚叙一堂”之意。祠堂是由门楼、大厅、祀堂三部分组成的祭祖和庆典的场所。

明万历丁未年（1607年），村子发达繁盛，人们深感月沼水仅够生活所需，灌溉用水很令人担心，于是在村南建造起村中最后一道面积18000多平方米、凿深数丈、四周砌石岸的庞大池塘，取名南湖，因其在村落南面，它便是牛形村的“牛肚”。湖光十色、半弧形的南湖在400年间经过三次疏浚，目前是一片远山近水、粉墙青瓦的诗情画意景象。南堤上砌有上下两级石岸，十层沿湖用石板卵石铺地，下层种植的绿柳荫荫。南湖中间筑有阡堤，一座单拱的画桥矗立湖中，把湖一分为二。每到盛夏，湖中菡萏争艳，荷叶连连，被誉为“黄山脚下小西湖”。多少慕名者顾名神往而至，留下千古诗句：“万山深处隐澄湖，湖上烟花似画图；一片鸥波迷浩荡，四时鲰菜未荒芜。颓崖落日摩秦碣，古寺昏钟吊宋儒；最是夜阑风浪静，楼台灯火半模糊。”垂柳下的石堤、画桥如梦境，雷岗山苍郁，此种美景正映射着山下六所明末的私塾建筑“倚湖六院”。

这个村子表现了中国古徽州农耕文化对牛的尊崇。所以这种民俗文化同乡村水景相结合，是任何水乡都不能相比的完美风景。就算是意大利的威尼斯同荷兰的阿姆斯特丹都没有宏村这样独有的民居环境与景观价值。

宏村目前保存完整的明清民居多幢。村中建筑气势宏伟、古朴厚重，“三雕”技艺精湛绝伦，而其中独一无二的当推“民间故宫”美誉的“承志堂”了。清末徽州盐商汪定贵于咸丰五年（1855年）返归故里营建的徽州第一私家宅院是承志堂。承志堂坐落月沼以北，水圳中段，占地2100平方米，建筑面积3000平方米，屋内7处楼层、9个天井、60余间厅堂、60个门扇、136根木柱，雕镂贴金消耗黄金100多两，是名副其实的金碧辉煌、光彩夺目。它最大的特色就是宅中精巧独特的三雕艺术杰作。在正对中门前厅横梁之上精心雕刻的《唐肃宴官图》，约一米长，一尺多宽，木雕着四组人物围绕在八仙桌旁，有的抚琴、有的对弈、有的书画，都以唐肃宗为中心。每个人物只有拇指大小，惟妙惟肖，可谓徽派木雕宝库中的精品。两边额枋上有元宝和金钩钓鱼图，天井下檐的四根立柱上是活灵活现的《渔樵耕读》，还有《百子闹元宵》、《三国演义》、《郭子仪寿图》、《九世同堂图》、《百天受禄》等，雕功精湛，细腻美观。同时宅中雕刻技艺的精华令人拍案叫绝，为整个承志堂增色不少，也使整个建筑富丽堂皇。就连当联合国教科文组织与国际建筑大师贝聿铭观赏之后，也由衷地感叹它是“一流的住宅建筑”。

南屏古村

南屏村背靠南屏山，它始建于元代末年，有着1000多年的历史。古时属黟县五都管辖，也叫五都叶村。元末叶氏从祁门白马山迁徙此地，迅速发展成叶、程、李氏三大宗族齐聚的兴旺景象。古村中的36眼水井、72条巷道、300多幢民宅可以反映出当年的鼎盛气势。

全村被纵横交错的72道巷严严实实的网布着。墙高巷深，即使是正午时分，巷内也是暗淡幽静，好像穿越时空的隧道。就在巷道的两边遍布着稀稀疏疏的大小祠堂。三大宗族之间的竞争，让南屏出现了无数人才，村中人为纪念先人的功德而建起了一幢幢各氏族的祠堂，形成了一个庞大的祠堂群体。村中最具特色的景观就是气势宏伟的祠堂群了。南屏每个氏族都有自己的宗祠，也是整个氏族祭祖议事的地方。宗祠周围有很多的支祠，它是同一支脉的后代祭祀婚嫁的公共场所。而支祠之外又有许多家祠相围，毫无疑问家祠是直系亲属祭祖的地方，因此各家都把住宅建在家祠的周围。这样各家围着秀气别致的家祠，家祠围着支祠，而支祠又绕着宗祠，构成了封建宗法制度下恢宏的南屏特色。

“叙秩堂”是最突出的叶氏宗祠。坐落村中心的叙秩堂建于明成化年间，面积2000平方米，坐东朝西，歇山重檐，端庄轩昂。大门上悬挂着“钦点翰林”、“钦赐翰林”、“钦取知县”三块金字匾额，两旁一对石狮雄威庄重。有上、中、下三厅。上厅是享堂，中厅是礼堂，80根硕大的木柱支撑着这座磅礴建筑。

也正是南屏村所表现出的古朴厚实，张艺谋、巩俐拍摄的电影《菊豆》就是在此拍的，并且赢得了1989年法国戛纳电影节的奖项。自此南屏迎来了大量接踵而来的摄制组，成为《大转折》、《徽商》、《复活的罪恶》等数十部影视作品的拍摄场地。从此它便成为了中国的影视村。

南屏还有一个吸引人的故事。据载元朝初年，陶渊明的三十五世孙庚四公为避战乱，依据陶渊明《桃花源记》的描绘，探索到了南屏，自此过着男耕女织世外桃源的生活。他作诗曰："卜宅南山下，依然气象新。地钟淋沥秀，俗爱古风淳。"这里南山便是南屏村边的淋沥山。随着叶、程、李三族的崛起，古村日渐喧嚣，于是陶氏无奈地迁往别处了。但这里还是遗留了陶渊明后裔的《陶氏宗谱》，让人寻味世外桃源的真实性。

关麓古村

"西武雄关"就是西武岭原称，在黟县最西端，山岭脚下有一座古老的村落。以前黟县通往祁门、安庆、江西等地的主要道路都要穿过古村，所以又取为"官路"。历经沧桑演化，便成了现在的"关麓"古村。

关麓村始建于唐初。隋末农民起义的首领绩溪人汪华带兵攻克新安、宣州、睦州、婺州、饶州后自立为吴王，同唐高祖李渊两军并立。高祖命李世民进军南下，汪华顺势上求归附，被唐朝封为越国公。而越国公汪华的后裔在唐末黄巢起义时为躲避战乱，大批迁居到此，距今已有1100多年历史了。由于清代中叶汪氏在沿江一带经商发迹之后，把大量钱财带回故里，建宗祠、筑书屋、修住宅等，每一幢建筑都体现着徽商商儒并重的建筑特色。清乾隆时已成规模，而保存较为完好的古民居就有100多幢。

关麓村最著名的就是独具风格的连体古居"八大家"了。

具有200多年历史的关麓"八大家"，是汪氏徽商八兄弟在村中所建的占地6000平方米的一片绵延相连的聚居古民居。"八大家"共有16幢楼房、两幢四合屋、学堂以及书斋各一幢。"八大家"彼此联通，屋楼上下皆有串结，构成很醒目的整体。其实，这八处相继建造的宅院各有特色，是相对独立的八个单元。

村中最核心的建筑群是关麓"八大家"。各自独立的八座宅院紧挨地连成一体，显出令人生畏的肃穆。据说这是老公婆为了教育八房子弟而不用四方奔波而设计的，体现了旧时的族风与家规之严谨。八家建筑都是宏伟宽敞的四合式院落，雕梁画栋，小巧玲珑。八家古宅自北向西依次排开，"武亭山居"为首。而"武亭山居"是汪氏家族中著名的书画家汪曙的故居。依次是"涵远楼"、"吾爱吾庐"书斋，八家中现存最古老的宅居"春满庭"，源自"双双蟾宫折桂"的"双桂书室"，由于朱熹名句"问渠那得清如许，为有源头活水来"取名的"问渠书室"，再者如"安雅书屋"、"容膝易安"书斋。仅一个宅名就有四家同书屋有关，并且从每户摆放的书桌中能够知道读书的盛行和村中经商习儒的风俗。"八大家"虽然经历百年风雨沧桑，但依然光彩夺目。空气中仿佛还飘散着古朴厚重的关麓村魅力。

呈坎古村

呈坎古村在徽州区北部、众川河穿越而过的地方。那里有一片四周青山环绕、山明水秀的肥沃之地，村落倚山面河，坐西朝东。将近 2 万米长的众川河南北穿村，河东河西分别有上结山和下结山，龙山和龙盘南北相对。形成了“枕山、环水、面屏”的理想空间模式，正是典型的浑然天成的风水宝地。

呈坎这个有 1000 多年历史的古村落有许多故事。据说东晋大诗人陶渊明周游至此，看见一个捕鱼老翁，便问他：“腹饿，公有何赠?”回答说：“呈上一片坎坎洼洼的沃地。”村中许多川河的方位正好是八卦中“坎”方，代表水和北方，从此呈坎的名字便产生了。此说法是不是真的，无从考证，全当是个美丽的故事。但在呈坎村的《罗氏族谱》中记载道，“豫章（今南昌）柏林罗氏堂兄弟天秩、天真于唐末迁居金陵之鸡公山。相传长春山有炼丹台遗址，天尊曾炼丹于此。天秩、天真二公深明堪舆之学，察其地，众水环抱，丰山挺秀，知后必能兴旺，于是定居下来”，这也是一个关于呈坎由来的说法。

罗氏两兄弟在这里定居之后，这片风水宝地给村里的人带来了福音，发展成了清代建筑 200 多幢、明朝民居 30 余幢、5 街 99 巷的欣欣向荣景象。古建筑群的类型多、风格不同，古建总数居黄山市首位，因此有“呈坎民居甲天下”的荣誉。几百座黑白相间、粉墙黛瓦的古民居，高低错落地穿插在几条与众川河平行的大街和近百条纵横阡陌的小巷两边。各类古建筑与自然山水融于一体，构成不同的风景。两条人工水圳引众川河水连通密密麻麻的沟渠绕巷穿村，从而形成贯穿全村四通八达的沟圳网络。明代大规模建造的水利设施，不仅为村民提供生活用水，还有消防、泄洪、灌溉、养鱼以及改善村庄小气候等多项功能。水利设施的科学发达和整个村落的布局，体现了《易经》中的“阴（坎）阳（呈）二气统一，天人合一”的风水理论。

宝纶阁在呈坎村最引人注目。宝纶阁曾叫“贞靖罗东舒先生祠”，于明嘉靖年间的约 1542 年前后始建。由于它是 1996 年村中第一个被列为国家重点保护单位的文物，所以人们喜欢叫它“国保”和“国宝”。许多游人慕名而来，就是为了一睹它的雄姿。

宝纶阁气势雄伟，虽说是个祠堂，却气宇轩昂，高耸俨然，绝不逊色于王府豪宅。它并非呈坎的罗氏总祠，只是罗氏的支祠。当年罗氏二兄弟各占据山前山后创立门户，宝纶阁就是前罗系第一支祠。罗洁宗主持创建这座私祠，是为了祭祀学者罗东舒。罗东舒博学多才，元初他屡召不仕，终身隐居，子孙们非常尊敬崇拜他。死后族人尊称他“贞靖”，“贞靖罗东舒先生祠”便是由此而来。

古祠是由罗氏后人罗应鹤主持扩建的，当时是参照文庙的建筑格局兴建。坐西朝东，占地 7000 多平方米的规模，有照壁、棂星门、左右碑亭、仪门、阁庑、享堂、寝堂等，融“古、大、雅、美”于一体，像一颗明珠。如此气势恢宏、规模巨构的大宗祠，应该是江南“祠堂之冠”了。

在卷洞门前一块大照壁前落着几块硕大的上马石是下马落轿的地方。棂星门是祠堂头门，六柱顶端各踞一石狮。棂星门后面是一条狭长的天井，在其左右顶端各有一处阁亭，亭中石碑刻有建祠的考工记。紧接着是仪门，这是祠堂的第一进。另外三间大门，两侧都有抱鼓石，门槛两侧墙脚都是须弥座式。享堂是第二进。堂前院落中竖着 38 块青石栏板，有的雕有龙戏灵珠，有的刻着奇花异草。堂上匾额为明代著名书法家董其昌所题的“彝伦修叙”。堂中并列六根石柱，剩下的为木柱，梁上是荷花手盘斗、冬瓜梁端以丁头拱承托。而享堂之后有小天井，第三进就是宝纶阁了。其实，宝纶阁仅是贞靖祠的第三进而已，整个祠堂的精华部分也在于此。据说主持续建的罗应鹤曾担任监察御使和大理寺丞职位，深得明神宗重用。罗应鹤“盖之以阁用藏历代恩纶”，所以取名于“宝纶阁”。以至于整个祠坚的名号也叫宝纶阁。

祠堂一进比一进高，而第三进的宝纶阁便平地升高巍峨飞扬，比享堂高出一截。第三进事实上是一寝堂，自享堂到寝堂有左中右五道七级台阶，青石板上雕刻图案艺术精湛。此阁二层十一开间，脊高 16 米。屋面有圆穹形的，有檐角飞翘形的，梁柱间荷叶瓣平盘斗、卷云拱眼雕，令人眼花缭乱，显示出宝纶阁的独树一帜和磅礴气势。如此气派的建筑不由让人感叹：十一开间的皇家建筑已很是罕见，而宝纶阁的十一开间确实有僭越之嫌。

除了宝纶阁呈坎还有同样为国家保护文物的长春社。它是村中年代最早的建筑，建于北宋。苏轼的亲笔题名为这个徽州古代建筑增色不少，具有可贵的史料价值。横卧在村南众川河下游的隆兴桥，长 46 米，宽 7 米，是江南规模最大的单孔石拱桥。有三座仅存的明代更楼坐落在十字路口与丁字路口。村中许多的古建古桥，在徽州文化历史发展中别具一格，独占鳌头。

呈坎古建筑体现着浓厚的文化底蕴，造就了村中人杰地灵的人文景观。呈坎徽商自宋代兴起，文化教育事业生机勃勃。科举不断，钟灵毓秀，英才辈出。例如宋代吏部尚书罗汝楫与其子史志学家罗愿，被朱熹并称为“呈坎双贤”；还有明代制墨大家罗龙文，地理学家罗洪先，清代书画家“扬州八怪”之一的罗聘，均为呈坎人。苏东坡的《罗氏族谱》中写着“文德武功名留简竹，理学真儒后先继续”，呈坎真是个人杰地灵的地方。

唐模古村

唐模曾为歙县所辖，现属于徽州区，被群山所环绕。唐模西边是紫霞山，东边是飞布山，南边是天马山，北边倚灵金山，一条千余米的檀干溪贯村而过，远山近水，美景如诗如画。

唐模村是汪叔举于唐朝时建造的。至公元 923 年五代后唐建立之际，诸侯纷争。

越国公汪华的后裔汪思立携带家眷归家乡徽州，暂居于徽州山泉寺。学识渊博、精通天文地理的汪思立根据易经八卦之术，相中了狮子山，那里有祖辈们种下的大片茂盛的银杏林。汪思立率领子孙迁到了狮子山下，根据盛唐时的建筑模式和风范建起了新的村庄，逐步形成了一个兴盛聚族的村落。汪氏子孙时刻牢记祖先隋朝名将汪华归顺唐朝后被封越国公、死后谥为“忠烈王”的事迹，没有忘记唐朝对祖先的恩泽，因此以“盛唐楷模”的意义，取名“唐模”。

徽州古村落的典范是唐模村规划布局的创举。一条宽7米多、长千余米的溪水平展向东流去，建筑民居均紧紧地排列在溪水两岸。在溪水两旁夹岸设市，市井街道被称为“水街”。绕水而建的水街，北岸的街道搭建了避雨长廊，廊下设置有美人靠。民居依靠观水，十分安逸舒适。

具有徽州园林典型风韵的檀干园在村子东面。它是一座清初徽派水口园林建筑。檀干园的由来有一个故事。据说唐模村有一许氏巨商对母亲十分孝顺。可是年迈的母亲心中向往着杭州西湖的美景，因高山阻隔，交通不发达，路途遥远，不能去。于是这位孝子花费巨资在村口挖塘垒坝，虚构模仿西湖景致，修筑亭台楼阁和水榭长桥，供母亲颐养天年。园内到处种满檀花，又有一泓水溪缓缓绕流，主人就取《诗经》中“坎坎伐檀兮，置之河之干兮”的意义，给这片“借”来的江南园林命名“檀干园”。

“玉带桥”把园内的人工湖分为内、外两湖格局，村中人叫它“小西湖”。湖中莲叶田田，荷花娉婷。玉带桥旁，园中心是“小瀛洲”镜亭。镜亭四周绕水，亭外石砌平台，亭柱楹联：“春桃露春浓，荷云夏净，桂风秋馥，梅雪冬妍，地僻历俱志，四序且凭花事告，看紫霞西耸，飞布东横，天马南驰，灵金北倚，山深人不觉，全村同在画中居。”这是书法家方德书写的林承尧诗句。意境悠远的格律，非常巧妙地写出了“小西湖”四季美景和地貌。此外亭内四壁的大理石上嵌有历代名家的18块书法雕刻。6块短石分别刻有朱熹、苏轼、倪云路等六位大家的行草，而旁边12块较长的刻有米芾、蔡襄、黄庭坚、董其昌、祝允明、罗洪先、八大山人等12人的正、行、草、隶、篆书。仅此一亭之内珍藏如此多书家大家的精品，由此能够看出徽商经济文化的繁荣昌盛。

离村不远有一座“沙堤亭”，清康熙时建造。亭榭共三层，四边都有虚阁，八角飞檐各悬铁马飞铃，所以又有“八角亭”之称。并且亭上两匾额：东写“沙堤”，西写“云路”。它的不远处便是同胞翰牌坊，这是唐模村的门户和标志。八角亭是为旌表村中许承宣、许承家两兄弟在清康熙同入翰林而建。石牌坊三间四柱，高16米，宽10米，两对石鼓，四头石狮，佩饰有禽、鸟、鱼、兽等花纹雕刻，生动逼真。并且还有白堤、“三潭印月”等景观。真乃是徽州园林中的瑰宝。

歙县

歙县是历史悠久、文化深远的古城。全县共有570处地面文物，特别多的古牌坊、古祠堂、古民居称为“三绝”，还有令人拍案叫绝的“三雕”，以及古桥、古寺、古塔等，让歙县有了安徽“文物之海”的美誉。另外还占了“文房四宝”中的两宝：徽墨与歙砚。从古到今，歙县人才辈出，例如“扬州八怪”之汪士慎、新安画派创始人黄宾虹、人民教育家陶行知，都是歙县人。仅明清两代就有 542 个进士，1531 个举人，“连科三殿撰，十里四翰林”是多么贴切。

在歙县古村落中最著名的是县城西部 5 公里处的棠樾古村。村中有棠樾牌坊群，因此村子有“牌坊之乡”的美誉。棠樾又称为“唐越”。隋末唐初，东晋新安太守鲍弘的后代鲍安国兄弟 10 人及其族人 300 余口世代忠正耿直，他们的居所被称为“十安堂”。由于鲍安国妻弟汪华封为唐“越国公”，因此为“唐越”。《诗经·甘棠》歌颂周宣王招贤纳良，改革政治，在一棵甘棠树下亲自为民解忧。后人就用“棠阴”比喻德政，“樾”指树阴，“唐越”谐音“棠樾”。“棠樾”村名暗示着对封建社会道德礼义的歌颂，封建礼教的历史载体正是棠樾牌坊群。棠樾村的鲍氏家族历代为豪商巨贾，堪称“江南首富”。因此富有的棠樾人在村头大道按顺序建起了 7 座排列成半弧形的牌坊。分别是鲍象贤尚书坊、鲍逢昌孝子坊、鲍文渊继妻吴氏节孝坊、乐善好施坊、鲍文岭妻汪氏节孝坊、慈孝里坊和鲍灿忠孝坊。

“鲍象贤尚书坊”是最东面的第一座。鲍象贤是明代嘉靖八年（1529 年）的进士，担任过户部右侍郎、刑部右侍郎、兵部右侍郎等职。戎马一生，功绩辉煌，因为人秉直、鄙视权贵，屡次遭小人所害。隆庆初过世，追封“工部尚书”谕予葬祭，在明天启二年（1622 年）建起了尚书牌坊。额匾上的“官联台斗”、“命涣丝纶”八字出自《特赠工部尚书鲍象贤诰命》。第二座与第三座是清朝所建的“鲍逢昌孝子坊”与“鲍文渊继妻吴氏节孝坊”，顾名思义为“孝、节”牌坊。第四座“乐善好施坊”，清嘉庆年间安徽江浙三省军粮严重缺乏，鲍家父子奉献了三年的军饷，并且洪灾之年捐麦米赈救灾民，并修筑淮河八百里河堤，办学铺路，这些行为赢得很好的口碑。嘉庆帝被鲍家“屡次捐输、叠奉恩旨、以优论叙、加一须”感动建起了“乐善好施”牌坊。第五座便是“鲍文岭妻汪氏节孝坊”。汪氏 26 岁不幸丧夫，守节孝顺公婆，抚育幼子，45 岁因病而逝。儿子为尽孝心给母亲立了这座节孝坊。而第六座是“慈孝里坊”，是明永乐年间所建，明弘治和清乾隆时整修过两次。相传元代歙县守将李世达率兵叛乱，四处抢劫掠财。得知棠樾鲍家非常富有，将鲍氏父子绑架，父子二人都以死来换取亲人的性命，感动了叛军，父子俩最终得救。叛军是否真受感化无从查证，但这种危难之时的孝义令人敬佩。后儿子步入官途，朝廷为表彰父慈子孝，赐建了这座“慈孝里坊”。乾隆帝下江南闻知此事，也留下了“慈孝天下无双里，锦绣江南第一乡”的诗句。

最西边的“鲍灿忠孝坊”也有一个生动的故事。鲍灿是明代学识渊博的儒生，特别孝顺。据说其古稀老母脚生毒疮，他昼夜不离侍奉饮食，并用嘴把毒汁吸出来，疮口终得以治。而他的孙子鲍象贤时嘉靖帝追赠鲍灿为兵部右侍郎，并建起了这座孝子坊。棠樾的牌坊群，集结了我国儒家思想的“忠、孝、节、义”于一体。

还有两座祠堂，在牌坊群以北。一个是鲍氏敦本祠堂，也叫男祠。男祠在明嘉靖年开始建造，坐北朝南，占地700多平方米，三进五开间，八字门外砖雕墙，门厅五凤楼，四周石碑有许多座。正对男祠有一座坐南朝北的鲍氏妣祠，亦称“清懿堂”，俗称“女祠”，源自“清白贞烈、德行美好”之意。坐向根据《易经》中“男乾女坤，阴阳相悖”的哲理，歌颂了母恩母德。封建社会时期男尊女卑，女人不允许进祠堂，而这座女祠可谓绝无仅有。女祠占地约800平方米，三进两天井五开间，在门前一对抱鼓石，中进拱形轩顶，“清懿堂”匾额高挂，还有曾国藩手书的“贞烈两全”匾额。天井蓄池，寝室供奉女主牌位。由于徽商常年奔波在外，因此徽州女人终年过着非常孤寂艰辛的日子。

寿　县

【名城简介】

坐落在安徽省腹地，淮河中游南岸，东与合肥市相连，北与淮南市毗邻，与阜阳市隔河相望，这便是安徽省六安市辖县的寿县。现辖18镇14个乡，面积2986平方公里，人口124万，还有许多少数民族。1986年国务院把寿县列为国家历史文化名城。

【名城历史】

在古代寿县叫寿春。殷商时是南方诸侯的封地。而周代是州来国地。在公元前493年，楚昭王攻伐蔡国，蔡昭侯求吴保护，把国都迁到州来，易称下蔡，寿春便受蔡管辖。公元前241年，楚国把国都定在寿春，改名“郢”。秦统一中国后，江淮之间为九江郡，治所设寿春。汉初封王，淮南王刘长定都寿春。公元前122年，淮南国灭，复九江郡制。东汉末年，袁术当皇帝，以寿春为都。东晋末，改寿春为“寿阳”。到隋文帝废郡，改称“寿州”。唐时受淮南道辖属。宋时设寿春府，府城保存至今。而金兵占领后，改属南京路。元时又属安丰路。明属临濠府。清时虽有几次变更，可是治所多设于此。民国属泗道。1949年1月17日成立寿县人民政府。

【名胜古迹】

蔡、楚两国的故都是寿县，它也是淝水之战的古战场，目前遗存文物古迹160余处，其中省级文物保护单位5处，县级保护单位13处，国家级文物保护单位1处。国家与省级文物保护单位有“天下第一塘”安丰塘宋代古城墙、淮南王刘安墓、廉颇墓、江淮名刹报恩寺、华东最大清真寺、道家圣地四顶山以及我国“十大趣泉”之一的珍珠泉等。

合肥包公祠

【名祠简介】

坐落在安徽省合肥市南部的包河著名的包公祠公园里，四面环水，位于风景优美的香花墩上。它是人们为祭祀与纪念宋代名臣包拯而修建的一处古代祠堂建筑群。它被翠竹古树包围着，白墙青瓦，犹如江南民居。

【名人故事】

包拯，北宋庐州合肥即今安徽省合肥市人。1023—1031 年考中进士。相继担任监察御史，京东、陕西、河北转运使，三司户部副使，龙图阁直学士，开封知府，御史中丞，三司使，枢密副使等职。逝世后又被追封为东海郡开国侯，追授礼部尚书，谥号孝肃。

在历史上我们都应该知道包拯是一位著名的孝子。他为了孝敬父母，在考中进士后竟然十年没有做官。在他二十几年的官涯生活中，执法严正，廉洁自律，是清官中的一位代表人物。据载宋仁宗欲将浩瀚的巢湖赐给他，可包拯婉言谢绝，只是请求获得家乡合肥的一段护城河。从此，包氏后代便住在这段河流的两侧，靠种藕、打鱼谋生。因此，人们便把合肥的这段护城河叫做包河，将护城河上的小岛叫做包岛。包岛也叫香花墩。它是根据包拯于城内镇淮楼凤凰桥巷读书台的名字命名的。如此称谓，充分表现了人们对包拯的尊敬与怀念。

合肥包河的香花墩上曾有一座古庙。1488—1505 年，庐州太守宋鉴把岛上的古庙易称包公书院。嘉靖十八年（1539 年），御史杨瞻又把包公书院易称包公祠。后来，包公祠被战火毁了，1644—1661 年重建。可惜太平军同清军的战争，合肥包公祠又被毁掉了。光绪八年（1882 年），直隶总督、北洋大臣李鸿章捐银 2800 两，又一次进行重建。民国三十五年（1946 年），重修包公祠。1949 年后，合肥包公祠得到政府和人民的重视与保护，而且多次修缮。

【名祠巡礼】

合肥包公祠是一座封闭式的三合院落。它有照壁、大门、二门、正殿、回栏轩、清心亭、留芳亭、廉泉亭、直道坊、东轩以及内外廊房等建筑。布局规整，竹树郁郁葱葱，鲜花常开，极具江南民居和园林特征。

包公祠的大门是一座三开间的八字形建筑，中间的大门上悬挂着一块竖匾，并且有“包孝肃公祠”五个大字。而大门两侧有一副对联：“忠贤将相，道德传家。”它是那个年代的人们对包拯的最好评价。在大门两侧的门拱上，都刻写着“廉顽”、“立懦”四字。

面阔五间的正殿是合肥包公祠中的主体建筑。在殿内有一尊高达 3 米的包拯坐像。

坐像是古铜色，并且包拯头戴长翅乌纱帽，身着官服，面容威严，犹如正在升堂办案。在坐像上方的横梁上挂着大匾，并题有“高风岳立”、“色正芒寒”、“庐阳正气”、“节亮风清”。

包拯的石刻画像在正殿的墙壁上。它为包拯任开封知府时，请画师给他绘制的。尽管这副画像是清代的临摹本，但也特别珍贵。

在正殿的左堂里，保存着龙头铡、虎头铡、狗头铡三口铡刀。相传，龙头铡是专铡犯罪的王公贵族的，虎头铡是专铡犯罪的文武大臣的，而狗头铡是铡犯罪的平民百姓的。

合肥包公祠的东南角上，有一座六角形的亭子，叫做龙井亭，又叫廉泉亭。亭顶的龙头倒影水中，颇为醒目。亭里有一口古井，名廉泉。据说，由于廉泉的水沾有包拯的灵气，因此可以扬善惩恶：清廉者饮了，甘甜爽口，心中舒畅；而贪污腐败者饮了，头痛肚痛。

包公墓的出土文物和包拯妻董氏、长媳崔氏、次子包绶、次媳文氏、长孙包永年等人的墓志铭都陈列在包公祠里。都是一些特别珍贵的历史资料。

1062 年，包拯病逝于北宋京城开封。第二年，他的遗骸被运回合肥东郊的公城里东村安葬，此地后来便是包公墓园。半个世纪后，因为金兵的南下，包公墓被毁掉了。他的后人把他的遗骨重葬在距原坟 30 米处。1987 年，人们把包拯的遗骨迁葬在现在的地址，而且根据北宋二品官的礼制，建造了包孝肃公墓园，供人凭吊。

绩溪龙川胡氏宗祠

【名祠简介】

胡氏宗祠坐落在安徽省绩溪县瀛洲大坑口村，在县城西面 12 公里处，是当地宗族修建的一片祭祀祖先与族人聚会的古代祠堂建筑群。此宗祠不仅历史悠久、布局严谨规整，木雕艺术也颇细致，有“木雕艺术厅堂”的美誉。被国务院列为全国重点文物保护单位。

【名人故事】

胡氏是安徽绩溪的一个人丁兴旺的氏族。在历史上，胡氏不但子孙多、人丁繁盛，而且也出现了达官显贵。明代嘉靖年间（1522—1566 年），胡氏宗族中的胡宗宪考中了进士，相继任浙江巡按御史、右都御史及太子太保等职。因为他在防御倭寇的斗争中战绩突出，并且同权贵、大奸臣严嵩关系亲近，曾经名望显赫，富甲一方。后来由于严嵩的罪行被揭露，胡宗宪也受到牵连，被捕入狱，1565 年死于狱中。可是，就在胡宗宪为官期间，胡氏宗祠有了很大规模的修缮，为胡氏宗祠建筑发展史上的一个顶峰。

【名祠巡礼】

绩溪龙川胡氏宗祠坐北朝南，此祠堂青砖白墙，厅堂幽雅典致，竹树掩映，环境清幽，极具浓郁的徽州民居特征。

胡氏宗祠，前后有三进。祠里主要是大门、正厅、寝室和廊庑等建筑。门、厅、室、廊之间有天井。在天井中辟有甬道，并且栽种了花木，富有江南农家的风格。

大门是一座重檐歇山式的门楼建筑，屋角上翘，总体造型犹如大鸟展翅欲飞。

胡氏宗祠的主体建筑是正厅。以前，它是胡氏族人聚会与祭祀祖先的场地。厅里的梁柱门窗制作和装饰细致富贵，厅里是四根主柱，均用银杏木制作而成，此种建筑很少见。

在绩溪龙川胡氏宗祠内的木雕，举世闻名。浮雕、圆雕和镂空雕都分布在祠堂建筑的每一个构件上，图案精巧绝伦。大门的额枋，为一件完美的木雕艺术品，枋上不仅雕刻着历史戏剧的画面，而且二龙戏珠、狮子滚绣球的图案也跃然枋上，栩栩如生。全枋的雕刻，内容丰富，工艺精湛，布局得体，一直受到观者的称赞。

一些建筑的梁柱、檩枋甚至柱础等部件上，均布满了精心制作的木雕艺术品。正厅两旁落地隔扇上的雕刻，却极为引人注意。此落地隔扇的扇面上雕刻着祥云、瑞兽、珍禽以及人物。它们做工精细，线条流畅，活灵活现，真不愧是木雕艺术品中的佳作。

绩溪龙川胡氏宗祠的建筑与木雕艺术，不仅有浓厚的地方特色，而且又保持着明、清时期的艺术风格，为我国古代建筑与古代祠堂的研究提供了重要的实物资料。

马鞍山青莲祠

【名祠简介】

青莲祠，其全称为唐李公青莲祠，也叫太白楼、谪仙楼，坐落在安徽省马鞍山市西南7公里的地方，翠螺峰采石矶的南坡下。它以其悠久的历史、富丽堂皇的构筑、严谨而又多变的布局吸引着古今中外众多游客的目光。

【名人故事】

青莲祠所在的采石矶，与岳阳的成陵矶、南京的燕子矶一样有名。传言这里曾出现过金牛，故又名牛渚矶。而之所以命名为采石矶，是因为这里出产五色彩石。采石矶与长江濒临，江涛汹涌，山势挺拔，松竹茂盛，它不仅为兵家必争之地，而且风景奇秀，四时宜人。历史上的著名人物，如梅尧臣、沈括、陆游、文天祥等，都曾在这里留下了足迹。当代著名文学家、史学家与诗人郭沫若，也曾来此游览，并写出了许多诗篇。李白晚年也在此留下了不少脍炙人口的诗篇，如《夜泊牛渚矶怀古》、《牛渚矶》、《慈姥竹》、《望夫山》等。于是，当他仙逝不久，人们便在采石矶为他修建了祠堂。

安徽当涂县，原称为太平府。采石矶曾隶属当涂县，现已划归马鞍山市管辖。

据《太平府志》记载，采石矶青莲祠于唐元和年间，即公元806—820年初建。当时是谪仙楼。重修于宋代天圣年间（1023—1032年）。元、明、清三代，青莲祠曾屡遭毁坏，也多次重修。清雍正八年（1730年），进行过一次重修，并更名为太白楼，也叫唐李公青莲祠。同治年间（1862—1874年），青莲祠毁于火灾，公元1877年重建，后经不断维修，成为了我们现在所看到的模样。

【名祠巡礼】

马鞍山青莲祠顺依山势而建。全祠有一楼两院。所说的两院，即前、后两个相隔且相接的院落。而一楼，则是指位于前、后两院之间的主楼。因地势高矮不同，故后院的正房地面比主楼的二楼略低。通过游廊和洞门，使它与主楼二层的回廊相连，构成一封闭式院落。游廊则又通过洞门，与两侧的耳房相连。整个青莲祠的布局高低错落有致，层次丰富，布局严谨而又不拘一格。

大门为一单檐歇山式的建筑物，设有三座拱门。在中拱门上方悬有“唐李公青莲祠”六个大字的匾。门前两旁，各放一只石狮子。在两侧的墙壁上镶嵌着《重修太白楼碑记》与有关李白生平的两座碑刻。

主楼是一座古代木结构楼阁式建筑物，高三层，重檐歇山式屋顶。在第三层的屋檐下悬有“太白楼”三字的大匾。此座楼阁的一层，摆一大屏风。屏风的内容为李白畅游采石矶。在二三层楼内，分别有一尊李白立式与卧式的黄杨木雕像。墙上还挂有宋代人王端绘制的人物画与清代人郑板桥绘制的墨竹图等。楼内还陈列着李白的各种版本的诗作与有关的文物。

在采石矶的悬崖上有一块人称捉月台的石头，也叫联璧台、舍身崖。传说，此地即为李白酒醉之后跳江捉月的地方。李白的衣冠冢就在附近。

现在，安徽马鞍山采石矶、怀谢亭、蛾眉亭、横江馆、烧犀亭、翠螺轩、醉月斋等古代建筑，都已修缮过了，焕然一新。现在的采石矶公园，已是马鞍山市的一处著名的历史文化游览区。

福建省

【怀古诗话】

三十六峰飞翠寒，手携玉杖叩元关。
神仙曾到有遗迹，天地已来无此山。
木杪楼台浮海上，月中笙乐奏云间。
天宫借得宁王笛，骑取萧郎赤凤还。

——元·萨都《剌武夷山》

福　州

【名城简介】

福建省会福州坐落在东南沿海闽江下游的河谷平原上，东濒大海，总面积约 1.2 万平方公里，目前辖 5 区 6 县，代管 2 市，户籍人口 649 万（2011 年），以汉族为主，还有 20 多个少数民族。它是全国著名的侨乡，并且福州籍海外华侨约 85 万人。1986 年国务院把福州列为国家历史文化名城。

【名城历史】

从秦到清朝，福州相继设：闽中、冶城、侯官、建安、晋安、闽州、长乐、闽县、福州等郡县府置。在唐开元十三年（公元 725 年），设福州都督府。这是“福州”定名的最早年代。由于唐末以后城内广植榕树，因此又称“榕城”。宋至道三年（公元 997 年）设置福建路，下设六州二军，福州的地位日益重要和巩固。在北宋仁宗年间，福州已同大名、江宁、苏州、杭州并列。福州曾两次作为中央流亡政府的临时都城。直到 1276 年南宋益王于福州登基，世称宋端宗，将福州定为“福安府”；1645 年，明末唐王隆武，易称为“天兴府”，号“福京”。第二年，清兵南下攻取福州，又复名“福州府”，治理周围十邑地区，按照现在八一七路中轴分界：东为“闽县”，西为“侯官县”。直到民国二年（1913）才合为闽侯县。1943 年，为纪念辛亥革命老将林森，国民政府把闽侯县改称“林森县”。县级治理先是福州，后来是洪塘，再后为尚干。

自民国年间到中华人民共和国成立后，福州一直是福建省省会。

【名胜古迹】

福州城内的于山、乌山、屏山鼎足而立，景色宜人。冠有“五大丛林”、“十大名刹”盛名的鼓山，岩壑幽奇。自马尾港区至闽江口还有罗星塔、金刚腿、南北龟、皇帝洲、五虎岛等景色优美的游览胜地。现今，有林则徐墓、华林寺大殿等2处属国家级文物保护单位。另外属省级文物保护单位的有鼓山摩崖石刻、瑞岩弥勒造像、林则徐祠堂、三峰寺塔、龙江桥等45处，并且属市级文物保护单位的有39处。

永定土楼村落

【名村概观】

被日本评为1986年最佳邮票的是“福建民居”这一套邮票。就是因为这张小小的邮票，全世界都认识了这世上独一无二的雄伟奇特土楼。古朴奇特的福建土楼成为东方建筑历史文明的一颗璀璨明珠和我国山区民居古建筑的瑰宝。我们从这块瑰宝也认识了一个奇特的聚落，它是一个被圈起来的家园，这就是福建永定县土楼村落。

【名村历史】

这座雄奇的土楼同客家迁徙史有紧密关系。早在四世纪初，中国处于西晋末年。匈奴、鲜卑、氐、羌、羯等北方游牧民族，借“八王之乱”入主中原，“五胡乱华”让中国民族分裂争斗，形成南北对峙的局面。汉族士大夫由于战乱饥荒，纷纷从黄河流域携带亲眷迁徙到南方，聚集在福建、广东、江西交界地带，被当地的土著人称为“客家人”。他们为了安定生活，就开始在这块土地上发展生产。他们利用当地的地理优势，根据中原的传统建筑风格和技术，营造防御性较强，并且有防风、防潮、防火、防盗作用的土楼，逐渐形成了一种特殊的客家文化。

清代永定的条丝烟兴世闻名，是永定的主要财源。经济高度剩余又是永定土楼的建造高潮。建造的土楼也由简陋逐步发展到精美，由于土楼影响的扩大和人口的繁衍，让永定人口外迁，永定土楼及建造技术逐渐传到毗邻地区。在闽南的南靖、平和、云霄、诏安，广东的大博、饶平等都依次建起了土楼，这些土楼依然沿袭了永定土楼的本质特征，所以人们把永定称为“土楼之乡”。

【名胜古迹】

永定县是福建土楼最集中的地区。坐落在福建西南山区的永定面积为2223平方公里，许多小村落散布着8000多座各式土楼，土楼隐藏于茂密山林之中，那一幢幢特别高大的民居建筑，在古老的山林中闪闪发光。永定土楼五彩斑斓，形式各异，可分为三类：五风楼、方楼、圆楼。圆楼有360多座，是最具特色的、也是最吸引人的。

“开漳圣王”陈元光所处的年代，北方有58姓南迁闽南，根据闽南地形，从兵营、山寨扩展到四合院式城堡，再到五风楼，然后是防卫性强的方楼，最后方楼四角抹圆发燕尾服圆形的土楼。圆楼除了防卫御敌外，还有防震、防火、防盗和通风采光、隔热保温、冬温夏凉的特点。不管怎样，这些永定土楼都是世界建筑史上独一无二的瑰宝。这处令世人惊喜的人间杰作会以它独有的姿态展现于所有人的眼前。

不管是连绵不绝的崇山峻岭，茂密树林，还是青翠的田园，均点缀着无数的圆形土楼，像充满于神奇、独特的山寨之中冒地而出的蘑菇，又若似天上掉下的飞碟，让全世界为之惊叹。土楼的外墙是用生土夯筑的，这生土选用黏性较好并且含砂质较多的黄土，拌和白灰、沙子，圆墙非常坚固厚实。墙脚用卵石干砌，用来防备洪水浸泡，墙厚度也从底层1.5米厚渐渐朝上递减至0.9米，使得结构上坚固稳定。从土楼唯一的大门走进去，里面便是另外的景象。庞大的瓦顶出檐，檐下全部是木质的东西，环周几十间的木结构楼房连成一串，一排排的木柱，一层层回廊，特别有层次感。这些木头完全是选用百年老松，木质赤色，油质饱满，泡水不烂。圆圆的木柱撑起一环环屋檐，构成了同外围截然不同的景观：夯土厚墙，木梁圆柱；厚实、轻巧、封闭、敞开。木柱承重内檐，统一的木件不仅省料，而且平衡地传递水平力，抗震性能极佳。这种结构不但通风纳光好，而且面积大很多。并且，圆形高墙挡住四面寒风，任何一个房间的保温都特别好。

顺着黑色的瓦顶勾勒出一个圆圆的天空，好像置身古罗马剧场般不自觉的晕眩起来。而正对着大门的底层房间是厅堂，一个土楼是一个家族的聚居地，因此厅堂成为整个家族集会、祭祀的公共地方。堂中供奉着先祖的牌位，厅堂两边排开的房间是他们的厨房、杂屋，二楼为粮仓，三楼以上方可住人。一幢土楼居住着几十户人家，数百口人，他们朝夕相处，友爱互助，洋溢着客家先民自身团结的凝聚力精神。

这种凝聚力在悠长的历史岁月中使客家人丝毫没减弱团结奋进的精神，表现了对异族文化的渊博和吸收。永定土楼中石柱雕联、石鼓承柱，天井、盆景、鱼池设立其中，雕梁画栋让人流连忘返。土楼中还设有学堂，教导族人遵纲纪、重才德，这些文化印记都闪耀着汉族文明崇文尚书、耕读传家的精神光芒。土楼中集合了无数家文化同建筑艺术的灵魂，是“中国南方山中的传奇”。

永定土楼的确是一座古香古色的神奇建筑。客家人从中原“耕读传家”带来的传统，他们耕种辛勤，也发奋读书仕进。他们尊崇中华民族的人文鼻祖孔子，永定的下洋村本德楼能够看到这样一副对联：“本植书田为世宝，德培心地是家珍。”两句首字恰好点出楼名。这对楹联在建楼时就有了，可惜后来遭焚毁，如今的是重写的一幅，但我们依然可以品味出永定人对文化人格的追求。承启楼门前那对“承前祖德勤和俭，启后孙谋读与耕”的老祖宗遗训，体现了客家人教育子孙后代发扬祖上“承”与“启”的那种高尚品德。相传承启楼的子孙后代真的没有背弃祖宗的遗训，古代考中进士做了大官的就有40多人，近代培养出的大学生、博士生也有80多人。

藏于深山的其他土楼像一个个满腹经纶的隐士，同样有着雅致的名号，而且楹联大部分出于饱学之士的手笔，古老的牌匾，土楼各小屋的小门上贴着的对联，甚至连厨房都体现着一种以儒家文化为标准的迹象，家族的美好期望与子孙的远大抱负都付诸文字，当成家训激励族人奋发图强、光耀门楣，成为客家人自尊、自强、自立的精神追求。

福建永定的客家人从迁徙至此便开始了发展经济，正是因为受了中原文化的影响，以烟叶种植、烟草加工获得的收入，筑起了永定土楼。永定工匠打造的烟刀同永定的条丝烟一起远销东南亚等地，它们是永定的支柱产业。永定许多村落的土楼中还能寻找到当年的条丝烟贸易的遗迹。

山居建筑有悠久的历史，规模的宏大、结构的精巧，矗立于世界民居建筑艺术之林。

“深远楼”是最大的一座土楼，直径达 80 多米；最小的土楼是“如升楼”，直径只有 18 米左右；最古老的土楼是“馥馨楼”，建于公元 769 年；还有永定土楼中最具代表性、最富丽堂皇的“振成楼”等，均为土楼的经典建筑。

振成楼

圆楼中的明珠是振成楼，坐落在永定湖坑镇洪坑村。1912 年始建，占地 5000 平方米，悬山顶抬梁式构架，有内外两圈，形成楼中有楼的格局。外圈根据八卦图设计，前门为“巽卦”，后门为“乾卦”。外圈又四层，每层 48 间，每卦 6 间，而且设有一楼梯，卦与卦之间用拱门相通，还隔有防火墙。内圈上下两层，祖堂就如同一个舞台围在内圈之中，由四根近 7 米高的大石柱支撑，并且二层廊道有精致的铸铁花格栏杆，大厅和门楣上有民国初年黎元洪大总统的“里堂观型”、“义声载道”的题字。楹联上让人深思的“振纲立纪、成德达才”八个字，时刻告诫着大家，也暗示了楼名之经典。中华传统文化中的经典之一是八卦，永定客家人从中原迁徙于此，受中华传统影响极深，所以在建造居住楼房时，根据八卦原理，按排兵布阵之法抵御敌人，反映出他们的聪明智慧。

楼中的建筑透露着苏州园林的印记，并兼有古希腊建筑的丝丝遗痕，神奇的结构艺术，堪称中西合璧的建筑奇葩。1995 年振成楼同北京天坛的建筑模型代表中国圆形建筑参加美国洛杉矶世界建筑展览会，荣获“东方建筑明珠”称号。

承启楼

承启楼在永定高头乡北村，于清康熙四十八年（1709 年）建造。全楼有三圈一中心，外圈有四层，高 16.4 米，每层有 72 个房间；第二圈是二层，每层 40 个房间，第三圈是单层，有 32 个房间；中心是祖堂。全楼有 400 多个房间，还有三扇大门，两口水井，居住着 80 多户、400 余人。这般高大雄伟、造型奇特的建筑，历经 300 多年风霜，圈中有圈，充满着浓郁的山乡神韵。另外，1981 年承启楼被收入《中国名胜辞典》，并号称“土楼之王”，同北京天坛、敦煌莫高窟等中国名胜一起展现光辉。

遗经楼

永定土楼中硕大的遗经楼，可谓现今方形土楼体积的最大者。它坐落在高陂镇上洋村，于清咸丰元年（1851 年）建造。其后座主楼高 17 米，共 5 层，也为永定现有土楼中最高的。主楼左右两头各垂直连着一座四层的楼房，同主楼平行的四层前楼紧密连接，围成一个巨大的方楼。方楼中间有祖堂，前楼左右各有一所学堂，学堂中间有个石坪，前面建有大门楼，大门高 6 米、宽 4 米。并且主楼后面有一座花园、一口鱼塘和碓房、牛舍等附属建筑。此楼共有 280 个房间，51 个大小厅堂，整个建筑布局谐调，井然有序。

如升楼

永定众多土楼中最小巧玲珑的土圆楼是如升楼，也叫“米升楼”，距今近百年历史。楼主林高林本来没有住房，由于后来梦到一轮红日落于这里，他认为此地为风水宝地，于是千方百计筹措资金，用了三年时间，建成了这座最小的圆楼。因为当时经济条件有限，日升楼仅是单圈结构，楼周长也只有 56.6 米，直径为 18.2 米。另外屋内天井呈圆形，屋顶瓦面的内侧边缘是八卦形，外侧边缘是圆形。楼内住有 6 户人家，家居紧密但不拥挤。由于楼小，如客家人昔日用竹筒做的量米“米升”，故取名“如升”，并且还有“如日东升，光明万年”的意义。

馥馨楼

馥馨楼坐落在湖雷镇下寨村，到现在已有 1200 多年历史，是土楼中最古老的一座。面积约为 1275.76 平方米，高 4 层，全部以生土夯成。馥馨楼没有石基，继承并沿用了中原先祖的建筑技术与建筑形式，充分说明了永定土楼与黄河流域传统民居的历史渊源。另外土楼四周有四米宽的护楼壕沟，门前设有吊桥用来通行，它底墙的生土掺拌石灰、红糖，砌起后极为坚硬。

振福楼

1913 年始建振福楼，坐落在靠山傍水、风景秀丽的湖坑镇下南溪。“凤起丹山秀，蛟腾碧水环”的门联是振福楼和周围环境构成的一幅和谐山乡风景画的真实写照。它的大门正对着潺潺而来的南溪，而屋面正好坐落在峡谷两侧的山峦之间，楼不高不矮，若隐若现，正好是两山之间的“过渡”，构成了以振福楼为中心典雅而恬静的山水田园环境，融天、地、人为一体。

它是一座雄伟壮丽的圆楼，它根据八卦布局设计，楼内用了许多石料和砖料，雕刻精细，又是一座外土内洋、中西合璧的土楼，被称为振成楼的姐妹楼。中厅高二丈、宽二丈二，两边为花岗岩石柱，上刻“振兴有庆瞻轮奂，福履同绥颂炽昌”的对联，楼名便隐于文字之间。楼外的右边是以前的制烟工厂、工人住房等；左边已坍塌的建筑是原先一座西洋式学堂和游艺场，“文革”期间被毁。

五凤楼

道光八年（1828 年）始建五凤楼，道光十四年（1834 年）建成，是王氏十九代祖所建，住有31户、120余人，它分为上、中、下三堂，沿中心轴线纵深排列的三堂制。下堂是出入口，设于最前面；中堂居中，是全家团聚核心之地；上堂供奉祖先牌位，处在最后也是最深藏、最崇高、最安全的地方。建筑造型也都依据地理位置和所起作用不同而采用不同的形式。下堂基本用途是界分内外和出入，既方便安全，又能标志家族的社会身份和地位。在下堂明间外侧作成单间两柱三楼的形式，中央主楼突出，两侧次楼相拥，角翘檐飞，再加上彩绘雕塑，在山间旷野中雄姿英发。中堂为家族聚会、婚丧喜庆、迎宾待客的公共场所。“文翼堂”匾额就悬挂于此。它高大宽敞，三大通间，堂堂正正，油漆彩绘，木雕砖刻，非常富丽堂皇。上堂又叫后堂，四层楼高，由夯土筑墙，木屋顶、木楼板，明间较宽为堂屋，后半部设屏风，并有横向楼梯，其后为并列两小室；沿进里面并列3室，超过8室以上，四层四堂32室。因为这种形式端庄大方，主次分明，错落有致，很富有宫殿情趣，取名为“五凤楼”。大门口匾书“大夫第”三字，建筑界称之为“大夫第式”土楼民居。它的建筑风格为三堂屋两横楼，靠山背水，融合山川灵气，体现了中原文化之传统。

光裕楼

永定洪坑村最早、最完整的正方形土楼是光裕楼，在1775年建造，距今约240年。方楼是三层建筑，占地面积8000平方米左右。共有102间。楼内石门木窗精雕细致，充分体现了昔日辉煌。清初，林氏十六世祖林福成经营烟刀，财产显赫，于是建造光裕楼和书屋萃豫斋。由于重视教育，自迁进此宅后，族中繁荣兴盛，人才辈出，功名显赫，清朝就有大夫9人、进士40余人、武秀才2人。

衍香楼

衍香楼坐落于新南村，是一座圆形土楼，创建人苏谷春小时家里贫困，中年后在家乡和上海等地经营条丝烟生意，发家致富，因此盖了此楼。衍香楼主体底墙厚1.5米，直径40米，顶墙厚0.7米，墙高14.5米，只有一个大门，两口水井，三个厅堂，四副楼梯，并且每层34间，四层共136间。第一层是各家厨房餐厅，第二层是粮仓，三四层是卧室。大门上钉有钢板，门内的上头设有灭火的水喉水箱，以前曾有匪贼行劫，欲跳过火烧门，都没有实现。

主楼根据八卦构建，内厅仿照府第式建筑，有后堂、中堂、前堂。内厅左右两侧有厢房，厅内和楼外围墙、左右小门都雕刻细致，墙壁上书画精美，龙凤相舞。整体布局协调规整、实用、美观。楼前小溪流水，风景美丽。此楼的地势左有“文星独秀，马鞍相随”，右有“鹦哥呈祥，架上金盆”，前为“笔架玉案”，后面是“凤凰展翅”，风景极好，令人赏心悦目。更神奇的是楼后三棵200余年的古松树。在1979年至1981年间，连续三年在夏秋之交的傍晚，出现直上云霄的徐徐烟雾的奇异景观。1993年5月7日傍晚又出现同样奇观，这个奇异景象，至今没有科学的解释。

这个土楼的名字中暗含着“繁衍子孙昌盛发达，书香门第世代流传”之义。楼外大门上悬挂“大夫第”的匾额，两旁对联是：“积德多蕃衍，藏书发古香”，横批为“涛礼传家”，而且苏氏后裔13个孙辈中有5个秀才、1个举人，目前住在衍香楼里的有16户，近百人，有教师25人，大中专生32人。它是一个典型的书香门第。国家文物委员会郑孝燮副主任题诗：“远山近水土圆楼，隔壁残垣且伴留，耕读传家犹传世，诗情画境何悠悠”。

环极楼

环极楼规模宏大、气势壮观，位于南中村，是创建人苏卜臣于清康熙癸酉年(1693年）建成的土木结构的两圈大圆寨。外圈四层：第一层32间房屋，是厨房与餐厅，并且设置有一个较大的门厅与正厅；第二层34间，是贮仓，第三、四层各34间，是居住所用。而一层高的内圈建有二厅十室以留待客之用，还有男女浴室各二间。内圈走廊宽1.56米，外圈檐廊约宽1.82米，楼门高约2.96米、宽约3.4米，而且加钉了铁皮。楼内外圈各有水井一口。附属建筑还有马房、碓磨房。环极楼目前居住有21户、116人。苏卜臣后裔在乡中有400多人，侨居南洋、缅甸的很多。

此楼名的来历有个说法：北极星居子位向午方，从来不见移动，为天体众星之主。有诗“有水必趋东，无星不拱北”，意为众星拱绕北极而旋转。这座楼位于北壬子向丙午之位，因此取名“环极楼”。另外还有一种说法：环即圆，“圆”就是吉词，“环极”，也就是愿其吉祥、至极的意思。

抗震性能特强是环极楼最大的特点，它历经多次地震，据载，1918年2月13日，永定发生7级大地震，仅余震数次，共计10余分钟。环极楼正门上方第三、四层厚墙被震出一个深约20厘米、长约3米、宽为30厘米左右的裂口。之后，由于圆楼的向心力和架构的牵引作用，裂缝居然奇迹般地慢慢合拢，只留下一条细长的裂痕，而整个楼体安然无恙、雄然矗立。此外在它的中心点上，用力跺脚或放声呼唤、歌唱，可以听到极为清晰的回声。

此楼还有一个很特别之处，楼内中心仅是空旷的院落，这在永定众多土楼中是独一无二的，在繁缛礼节的封建社会也是不可思议的。因此环极楼又被称为“忤逆楼”。人们在称赞环极楼建筑艺术的同时，也敬佩建筑师富于创造性的反叛精神。

奎聚楼

奎聚楼坐落在湖坑镇洪坑村，是宫殿式结构的方形大土楼，从远处看非常有“布达拉宫”的气势。从高处看，楼宇和背后的山脊连成一体，如猛虎下山，“虎头”即是奎聚楼，楼前围墙上有两窗，好像虎眼，设计人翰林学士巫宜福是楼主林奎扬的结拜兄弟，他们就是按照此虎形地理特点而设计的。

奎聚楼建于1834年，已有160多年历史，面积为6000余平方米，高约15米，目前居住24户、107人。就在100多年里，楼里考取进士和官达七品以上的为4人，大学生为20多人，海外华侨为40多人，恰如大门对联所言："奎星朗照文明盛，聚族于斯气象新"。此楼中厅高，两厢低，经160多年沧桑，岿然如山。中门一般不开，贵客来到，才打开中门迎接。楼内檐梁雕刻精巧细致，可惜"文革"期间遭到破坏。

福裕楼

福裕楼坐落在湖坑镇洪坑村，是永定府第式土楼的杰出代表，于1880年兴建，耗资10多万光洋，占地面积7000余平方米。它是林仲山、林仁山、林德山三兄弟请朋友汀州知府张星炳设计的，外形像三座山，暗含楼主的三兄弟"三山"的意思，楼名也由张星炳题写。并且在主楼的中轴线上前低后高，两座横屋，高低错落有致，层次分明。楼前有3个大门，在主楼同横屋之间有小门相隔，外观连成一体，内则有3大单元。楼门坪与围墙用当地河中卵石铺砌，技艺手法十分精细，同大自然融为一体，十分和谐统一。

四　堡

【名镇概观】

四堡，是福建省历史文化名乡，明清时期全国四大雕版印刷基地的唯一幸存者，目前保存有最完整的古线装书与雕版印刷工具。

它现存100多处保存完整的古书坊，都建于明清时期，规模宏大，结构紧致，实用性强，是典型的家族式书坊建筑。

【名镇历史】

在清乾隆、嘉庆、道光三代，四堡雕版印刷进入鼎盛时期，著名的有林兰堂、万竹楼、五美轩、敬业堂、文海楼、素俭山堂等40余家，中小书坊更是比比皆是。四堡所印书目的种类特别多，已查证有9大类900多种。明末清初四堡几乎垄断印书业，它的印刷书籍远销13个省，因此有"垄断江南，行销全国，远播海外"之美誉。

美国俄勒冈大学博士包筠雅女士曾多次千里迢迢一个人来到闽西四堡考察，和四堡人结下了不解之缘。

1999年四堡被福建省政府命名为首批"历史文化名乡"，后来又被国务院公布为全国第五批重点文物保护单位。四堡古书坊以它独特的风姿，赢得了世人的一致好评。

四堡位于闽西长汀、连城、清流、宁化的交界地。这里虽闭塞，但却是明清时期中国华南重要的出版中心，与当时北京、南京和江西的许湾并称为"中国清朝时期的四大雕版印刷基地"；目前这四大雕版印刷基地中印刷文物保存最完整的是四堡，连城县已对这一文化名胜进行了整修，并开辟为旅游胜迹。

四堡雕版印刷业的鼻祖是邹圣脉（1523—1598 年）。根据记载，当时他为了教育后裔，从当时中国印刷中心杭州引进最先进的印刷技术，四堡印刷业由此开始了。

翻开四堡邹氏和马氏的族谱，可以发现他们家族的出版萌芽于宋，在明朝时得到了较好的发展，清朝时已达到了鼎盛，最盛时出版物“行销全国，垄断江南，远播海外”。所印出版物有儿童启蒙读物、医学、经史子集、诗歌、小说、对联集、堪舆、卜筮、星算等上千种，种类繁多，其中不少还是经典之作。

书坊系从事雕版印刷业的基本场所，四堡古书坊建筑全部用耐火砖建成，防风防火，当地人把这些印书场地称为“风火屋”。今天这类风火屋在四堡主要从事印刷业的两个中心邹氏聚居地雾阁村和马氏聚居地马屋村处处可见。四堡雕版业鼎盛时期，分布于这两个村世代相传的大书坊至少百余家。据老人回忆，当时从事印书业的男女老少不下 1200 人。

四堡印刷业的发展繁荣过程中，涌现出“族商”和“儒商”这两种商人。美国俄勒冈大学包筠雅博士便是看到一篇有关这方面内容描述的论文，从而使她强烈地想探究四堡。四堡的许多出版商，他们的商业活动与家庭和家族联系紧密，并通过这种方式维持严密的销售网络。四堡雕版业的发展因为“族商”的出现而进一步走向繁荣。虽现在四堡雕版印刷业已趋于沉寂，但这种以家族和家庭组成的经营方式仍然部分地沿用到现在四堡人推销当地农副产品方面，效果颇为显著。还有一句谚语曰“四堡没有销不出去的产品”。四堡“儒商”则大多由一些科举落榜者和读书年轻人组成，这形成了一帮特殊的从事商业活动的群体，他们一边赚钱，一边传播文化知识。

【名胜古迹】

四堡，有着十分丰厚的文化积淀。如今四堡人重视子女教育在闽西一带被传为佳话，在闽西学有所成者也是相当多的。在四堡，但凡遇婚嫁喜庆之事，送一副联文给对方作贺礼，或者结社吟诗、操琴作画等是最常见不过的了。

连城县现存的四座古廊桥之一玉砂桥，位于四堡马屋村村口，在清康熙二十三年（1693 年）第一次修建。此桥设计精巧、美观，长 30 米，宽 5 米，高 10 米，桥面是用鹅卵石铺砌的，两旁扎着栏杆，上面张着伞蓬，廊分九楹，首尾中间建着殿式的小阁，鳞次栉比，构局合理。桥头匾上写着“朗朗上行”，中匾写着“玉砂桥”三个字，桥尾匾上写着“活活回映”。桥底下是用水成岩石垒砌的鳌墩，上面架着枕木。两岸是葱茏古木，桥下为波光粼粼，徜徉于其中，仿佛步入了诗情画意之境，真是让人流连忘返。第一次国内革命战争时期，谭震林等老一辈革命家曾在桥上雨篷亲笔书写告示，新中国成立后题有告示的雨篷被锯下运往北京军事博物馆收藏。

若想欣赏美艳的四堡桃花，那么请在阳春三月来四堡。这里有 7200 亩桃花，酿成的蜂蜜味道特别甜。在四堡团结水库，可看到花似的水面，那是片片桃花瓣，若有雅致，则还可在上面垂钓、荡舟。

四堡最古老的风情——吵嫁：来到四堡旅行，若运气好，碰上当地人结婚那就更有趣了。在儿女成婚的大喜日子里，亲家要上演大“吵”一场的戏才可以，据传言这是中原的风俗。“吵嫁”通常是指，迎亲时女方对男方提出一些无理取闹的要求，进而发生争执，一两个小时之后才肯为新娘放行。虽个个“吵”得脸红耳赤的，但心里都知道是在演戏，所以被“指责”的人也不会恼火，叫干吗就干吗，反正红包照拿，点心照吃。当地人解释说，只有热烈地吵过，婚后才能富贵双全、白头偕老。

漳　州

【名城简介】

漳洲是水仙的故乡，故人们把水仙作为漳洲的市花。漳州城经历了 1300 多个春秋，它是福建省著名侨乡和台胞主要祖居地，也是国务院公布的国家历史文化名城。

【名胜古迹】

漳州位于福建省最南端，与台湾相对，南临港澳，在厦门、汕头两个经济特区之间。地势从西北向东南倾斜，地形多样，山地、丘陵和平原皆有，漳州平原是福建第一大平原。漳州市海岸线全长 680 余公里。

漳州山川秀美，人文荟萃，既有丰富的自然景观也有深厚的人文景观。主要有如下景点：云洞岩、东山岛、南山寺、慈济宫、三坪寺、灵通岩、仙字潭、天宝蕉林、土楼以及历史名人遗址黄道周纪念馆、威惠庙、陈元光墓等。开辟了海滨度假、宗教朝圣、寻根访祖、土楼之旅、花果观赏等一系列特色旅游项目。

东山岛位于福建省南端，它由 43 个小岛组成，总面积有 194 平方公里。主要的旅游点有风动石景区、马銮湾和乌礁湾海滨森林公园等。

东山岛的旅游配套设施较为完善，比如岛上有众多的宾馆酒店，此外还有不少海鲜馆、中西餐厅、咖啡屋、夜总会。

坐落在东山岛东北部的铜山古城在明代洪武年间修建，当时是为了防御倭寇侵犯，江夏侯周德兴在这里用石头垒城，设立水寨坚守海防。古城屡遭战争洗礼，但到今天风姿未减，城楼依然宏伟壮观。

城中关帝庙附近海滨石崖上有一块重约 200 吨的临海巨石，形状好像是兔子蹲伏在那儿，底部仅几寸接触，风吹的时候石头就会动，摇摇晃晃地好像快要倒了，故名风动石，该石被誉为“天下第一奇石”，载入《世界地理之最》，当地有一句俗语叫“不观风动石，枉到东山岛”。附近有另一块石头，后背又好像披着袈裟、躬着身朝拜的和尚，前方隔海相望恰是一座宝塔，正好构成“石僧拜塔”景观。古城西北面是九仙山，明代抗倭名将戚继光和民族英雄郑成功都曾在此安营扎寨训练水师。山顶一块镌刻着“瑶台仙”的巨石，系当年的水操台，周围古老的榕桐郁郁葱葱，树根攀附盘扎于石缝之间，景色独特。

漳州土楼在漳州市的南靖、华安、平和、诏安、云霄、漳浦等各山区都有。它造型奇异、风格独特，被誉为“神话般的山区建筑”。

唐朝陈元光开漳时的兵营、城堡和山寨建筑是土楼的前身，它是闽南地区在特殊社会环境下的产物。漳州土楼的主要材料是生土，掺上石灰、细砂、糯米饭、竹片、红糖、木条等，经反复舂压、夯筑而成。一般高三到五层，一层是厨房，二层是仓库，三层以上是居室，可居住200到700人，具有聚族而居、防盗、防震、防兽、防潮、防火、冬暖夏凉、通风采光等特征。

漳州有800余座土楼，其中华安县沙建镇的“齐云楼”是历史最悠久的土楼，也是目前所发现的最古老的有确切纪年的土楼，在明洪武四年（1371年）修建。诏安县官陂乡的“在田楼”是其中规模最大的土楼，其直径达94.5米，有“超级土楼”之称。土楼造型各异，有圆方、椭圆、半月、交椅、雨伞、风车、八卦等形状，南靖县书洋乡田螺坑的土楼最为奇特，它是由一方一椭三圆五座土楼组合而成，气势宏大，令人惊叹。

位于龙海市步文乡鹤鸣山的云洞岩，距离漳州市区10公里远。云洞岩上有一石洞，每逢下雨，云雾从洞中飞出，雨过天晴云雾又从洞外往进飘，故名“云洞”。山上洞壁非常多，最大的洞穴中可以容得下1000多人，故名“千人洞”；山坡上岩石林立，峡谷中有一潭泉水，若有月光穿过石缝照在泉水上，水中的月影又会反射到石壁上，形成“三月交辉”的异景，这即“月峡胜境”。云洞岩上另有摩崖石刻150多处，这些石刻的年代从十世纪到十九世纪中叶不等，不少名人都曾在这儿留下题刻，行书、楷书、草书、篆书，等等，因此云洞岩又被称作“闽南碑林”。

闽南佛教名刹三坪寺，在平和县文峰镇，距漳州市区47公里。三坪寺内供奉开山始祖、高僧杨义中，他被人美名为“三坪祖师”，唐玄宗曾赐号“广济大师”。三坪寺在公元66年的唐代初建，至今香火鼎盛，在闽南及港澳、东南亚地区名声显赫，香客络绎不绝，尤其在每年农历的正月初六、六月初六、十一月初六以及三坪祖师的诞辰、出家、圆寂的时候更是人山人海、香火缭绕。现存的寺院是在清末时重修的，整个寺院靠山建筑，有山门、大雄宝殿、祖殿、斋堂、僧房、塔殿及钟、鼓二楼等建筑。1996年又兴建了广济园、迎客园、百果园、仰圣山庄等服务配套设施。园内还有相茗居茶庄和药膳堂，那里有三坪祖师留下的生活和饮食良方。

华安“二宜楼”在华安县仙都镇大地村，它是我国圆土楼古民居的杰出代表，历来有“土楼之王”、“国之瑰宝”等美名，它以规模宏大、布局合理、设计科学、保存完好著称于世，吸引了许多中外专家、学者和旅游者前来参观、考察，1996年12月国务院批准其为全国重点文物保护单位。“二宜楼”楼匾已被收入《中华名匾》一书。这里共存226幅清代壁画，228幅彩绘，大小木雕349件，墙壁对联100条，柱子楹联

63 对，无愧为一座艺术宝库。

“二宜楼”乃蒋氏第 9 代后裔蒋士熊在清乾隆三十五年（1770 年）创建的单元式和通廊式相结合的圆土楼，直径 73.4 米，底层墙厚 2.53 米，通高 16 米，全楼分为 12 单元，共 192 开间。圆楼有内外两环，外环四层方楼是居室、祖厅，内环平房为炊室、餐厅。各单元内都设有天井、梯道。四楼墙厚 80 厘米、宽 1 米的隐通廊墙体沟通 12 单元，既有隐私独立性，也不乏凝聚联系性。土楼的防御设备也齐全，大门和两个小门上有漏沙泄水孔用来防火攻，四层开窗，通常用来观看外面美景，作战时则可当枪眼用，有上屋顶和置灯装置。层底设有暗道一直通向楼外，各单元设有传声道，方便内外联系。各单元都设有竖孔，从一楼到四楼做维修屋顶吊物用，碰到紧急情况人也可从这里上下。楼中有两眼水井，供居民饮用。

“二宜楼”的大门朝西，是拱形，用上好的花岗石砌成，墙体上有两小孔，若你对着小孔朝楼里喊话，楼里人都可听到，神奇之至。门额石匾上镌刻着各 40 厘米见方的“二宜楼”三字，它因为“宜山宜水、宜家宜室、宜内宜外、宜兄宜弟、宜子宜孙、宜文宜武”的寓意和秀丽的字体被收入《中华名匾》一书。这三个字出自一位安溪举人，他花了一个多月、用去了好几箩筐的纸。刚开始，“二”字和“楼”字总写不好，那天，即最后一天，举人借酒浇愁，准备再写不好字就走人，连润笔的银两也不要了。喝到八分醉意时，举人的灵感被激发了，他乘着酒兴，泼墨挥毫，总算一气呵成。

据统计，从第 9 代蒋士熊到第 26 代，聚居在“二宜楼”内的蒋氏后裔已有 17 代之多，从这里走出的海内外蒋氏宗亲共有 1 万多人。

在“二宜楼”，传统的书画、楹联、雕刻是最丰富的文化景观。国画、人物、山水、花鸟等样样俱全，技法以写意、兼工带写为主，作品大都是雪山民间画师及渔山“二宜楼”主人亲笔所作，且大部分模仿名家的作品。这些清代彩绘壁画，色彩鲜艳，维护完好，在闽西南遗存的诸多土楼中实属少见。

在楼内的四个单元之中，篆书、隶书、楷书、行书、草书、魏碑样样俱全，各具秋色。在第十单元，一幅兰花图中，用变体隶书笔法题写的“风露兰”，被称作“螃蟹字”，好像三只螃蟹踽踽前行，极有新意。

在第六单元蒋承杰家中，珍藏着一张 100 多年前的古床，蒋承杰说这张床是他家第 20 代祖辈经商回乡后叫人模仿台湾的样式做成的。这张床共 18 个小橱子，既可放衣服，又方便藏书籍，用途广泛。床的前端两侧是用竹叶叠成的“竹叶字”对联——“帐念桃李风，笔拥江山气”。床上还有山水、花鸟、人物画，多姿多彩，还有用篆书、楷书写的喻世名言。

在各单元之间穿行，一幅幅楹联对仗工整、意蕴深远，令人不禁驻足不想再移步。如“倚杯石而为屏，四峰拱峙集邃阁；对龟山以作案，二水潆回萃高楼。”“派承三径裕后光前开大地：瑞献九龙山明水秀庆二宜。”“祥钟大地且继琼林开六秀，庆溢二宜还向龟山对九龙。”“大地著蜚声孝思维鼎，二宜昭令德祀事孔明。”“日月两轮天地眼，诗书万卷圣贤心”“一帘花影云垂地，半夜书声月在天”等。

“二宜楼”的另一特色，就是木雕、石刻神态各异、雕刻精细。在12个单元中，每个单元门户的半门顶部都有木雕，有的是莲花，有的则是虎头，各具特色，形态各异。在正大厅门口的一对抱鼓石，鼓面精雕宝瓶花、如意锁、龙戏珠等纹饰，和门楣的两个八卦木雕遥相对应，寓有“门当户对”之意，它精致的雕刻，不得不令人赞叹。

“二宜楼”内的书法、楹联、国画、雕刻，是古代文化在民间的体现，而现在楼内的洋装饰、洋报纸、洋床，则早表明圆土楼在清代已由封闭走向开放。

第十单元是80岁的蒋火炉居住的，墙壁和天花板上，贴着20世纪30年代的英文报纸——《纽约时报》和《纽约晚报》，这说明土楼的先辈们在很早已经懂得对外开放，接受外来的新事物。

深受封建思想统治的中国农村，门楣上一般都装有“姜尚到此”或“八卦图”，有驱鬼辟邪保平安之意，而在三楼通往走廊的四个门楣上，一个画着西洋美女，另外三个则画有罗马古钟，美女的上方写着“号松风”，三个古钟上分别写着“资之深”、“居之安”、“秦楼月”等传统横批，下面是古罗马文字，融中西文化于一体，相得益彰。在男尊女卑的封建社会，里面竟会有那样的设计布局，在当时应该是不成体统的一件事，足见那时楼里的人已经开始受到外来文明的影响。

钟表广告的标准时间是10点30分，这是为大家所司空见惯的一件事，在“二宜楼”的4个单元的门楣上画着的15个时钟，时间各不相同，这是否指世界各地的时间差，还有待进一步的考证。

2008年，我国把以“二宜楼”为主的华安土楼与南靖、永定的土楼合称为“福建土楼”，申报世界文化遗产，成功列入《世界文化遗产名录》。“二宜楼”正以其丰厚的文化内涵，吸引着越来越多世人的视线。

洪坑古村落

【名村概观】

这处古村落位于漳州近郊天宝镇洪坑村，古称为鸿湖社，占地面积约130公顷，主体是按一字排开的七座三进、五进大屋，每座大屋的两侧均有两排单层护厝。古屋砌墙基都用大条石，砌墙壁主要用青砖，当地人称“青砖石壁脚”。大屋和大屋、大屋和护厝、护厝和护厝之间用小路达到相通。村内共有石板街道4条，排水沟18条，古井8口，两口池塘恰在村落的一前一后。整座村落结构有序、错落有致。

值得注意的是村庄内大小道路纵横交错，在其中漫步，仿佛进入迷宫。只要七座大屋的大门锁上，外人便无法进入村庄，而村内各家各户却不受一点影响，行动自如。

相传新中国成立前国民党到这个村庄抓壮丁，一进村便迷了路，转来转去就是出不了村。

【名胜古迹】

大屋结构宏伟，窗、梁、壁上的图案精美细致。其中，祖祠“世泽堂”第一次于明洪武年间（1375—1379 年）修建，到现在已有 600 多年历史。“鸿湖乐居”是一座圆形的三层石楼，楼中央有一口八角形石井，枪眼设在二层楼上，木制通廊设在楼内，与各个房间相通，整个布局酷似客家土楼，只是材料规模有点不同。村内还保存着一块在清康熙年间刻的“鸿湖社会禁牌”，乃漳州最早的乡规民约石碑。

据说，古村落内还有“开漳圣王”陈元光女婿戴君胄的后裔。在明末清初商品经济刚刚萌芽，戴氏四兄弟经营粮、布生意，开设当铺，在这一带算得上最富有的了。鸿湖村富丽堂皇，在闽南一带名声显赫，当地传说“有鸿湖的富，无鸿湖的厝”，“有鸿湖的路，无鸿湖的石铺（路）”。

洪坑古村落古老的年代、宏大的规模、独特的布局，它的发现，对研究闽南古代民居建筑有着重要意义。

田螺坑

一贯享有“神话般的山区建筑”之美称的漳州土楼，起源于唐朝陈元光开漳时的兵营、山寨和城堡。它是闽南地区自唐以来“外寇之出入，蠡贼之内讧”的特殊社会环境的产物。漳州土楼众多，其中华安县沙建镇“齐云楼”，是目前所发现的最古老、有确切纪年的土楼，在明洪武四年（1371 年）修建，距今已有 600 多年的历史；诏安县官陂乡“在田楼”，直径达 94.5 米，是最大的土楼；南靖县书洋乡田螺坑有一座由一方一椭三圆五座土楼组合而成的土楼群，是中国最美的土楼群。

【古迹特色】

田螺坑土楼群是几代山里人沿着山势而建构的居所，前后相隔达一百年之久，以一座清嘉庆年间建的方楼“步云楼”为中心，四周围分布着“和昌”、“振昌”、“瑞昌”、“瑞云”四座圆楼。虽未故意策划，但整个土楼群在高处。从上往下看，整个村落造型奇特，安排得当，恰到好处，疏密得体，错落有致。来“中国最美的土楼群”的游人愈来愈多。

崇武古城

【名城简介】

崇武古城是我国仅存的一座比较完整的石头城，也是我国海防史上一个比较完整的古迹，被列为全国重点文物保护单位。

崇武古城位于泉州市惠安县东南24公里的崇武半岛南端。崇武半岛环境优美，民俗淳朴，引来了许多游客；而这座巍峨的古城，更是魅力无限，许多学者、专家、游客都千里迢迢慕名而来。

【名城历史】

崇武位于福建省东南沿海的突出部，三面临海，西与陆地相连，地势起自大雾山脉，蜿蜒起伏，十分壮观。崇武夹在湄州湾和泉州湾之间。北侧和莆田的南日、湄州相接；往南又与晋江的永宁、祥芝互为犄角；东部与台湾海峡相邻。近处海域遍布岛屿与礁石，地形复杂，易守难攻，历来为兵家必争之地。

崇武顾名思义崇尚武备。据说宋朝时，这里就称为崇武乡守节里。于宋太平兴国六年（公元981年），惠安置县，在这里设小兜巡检寨。元朝初期改为小兜巡检司。明朝洪武三年（1370年），在朝鲜和我国沿海活动的日本海盗集团——倭寇突然登陆祥芝的蚶江，严重地威胁着泉州地区的安全。洪武二十年（1387年），明太祖朱元璋为了防御倭寇入侵，委派江夏侯周德兴在东南沿海一带巡视。周德兴系一军事工程专家，泉州外沿海地区海岸线曲折，地形险要，故这个军事工程家做出了这样的决策："一郡者设所，连郡者设卫"。当年，泉州设永宁卫，管辖五个所，即中左、福全、高浦、金门、崇武五所。惠安有五座城，即崇武城、小昨城、獭窟城、黄崎城、峰尾城。崇武城乃其中之一，隶属福建司永宁卫的一个千户所，距今已有600多年的历史了。

崇武古城用白色花岗岩垒成，城墙共长2457米，城基高5米，墙高7米，并设跑马道两层。墙上有1304个墙碟，1300个箭窗，26座窝铺。四面设城门，内门每扇高3.2米，宽1.3米，前门每扇高2.6米，宽0.9米。东、西、北三座城门相似，各有城门两道，城门上各设烽火台一座，南城门外还设有一照墙。在城内莲花山制高点还有一瞭望台。四面城边各有一潭一井以及涵井，一直通向城前面城内的十字大街，相接四个城门。明朝永乐十五年（1417年），城墙又增高1.3米。城墙、窝铺、门楼、月城、墩台、捍寨和演武厅，差不多是我国古代一套完整的战略防御工程体系。曾有诗人这样赞道："孤城三而鱼龙窟，大昨双峰虎豹关"。

崇武古城作为海防的最前沿，曾经在明代倭患期间第一个冲锋陷阵，多次受到袭击；也曾痛失城楼，破败不堪。古城军民，几百年来浴血奋战，英勇抗敌，涌现出一大批英雄。这里的"护龙官"、"崇山官"、"崇报祠"、"元饲宫"、"十二爷官"等，就是古城军民为纪念抗倭牺牲英雄而建造的。

享有"百家姓，万人丁"之称的（现尚有98个姓氏）崇武刚刚建城时，各地大量抽来的防守兵士们，为捍卫古城做出巨大的贡献。据史书记载，明朝永乐二十二年（1424年），有1000多倭寇来袭击崇武。崇武的千户张荣率领军民英勇抗倭，力战身死，终于保住古城，免去一场浩劫。明嘉靖三十九年（1560年）正月，倭寇偷袭崇武城，全城军民虽浴血奋战，但因孤立无援，粮尽城陷。倭寇入城洗劫 42 天，无恶不作，令人发指。明朝隆庆元年（1567 年），抗倭名将戚继光亲自指挥剿倭，人民方得安居乐业。十年倭乱平定后，崇武也成了东南沿海的重镇。

崇武古城还曾目睹郑成功大军挥师东渡，收复祖国宝岛台湾的壮举，也亲见了崇武军民随人民解放军扬帆南征，解放祖国南大门厦门岛，还有 1956 年周总理亲自指挥崇武海战，击沉击伤入侵的美蒋“永泰”、“永昌”号军舰的壮观场面。

古城不仅有一批骁勇善战、勇猛威武的儿女，还成就了大批文人雅士，其作品深受人民喜爱。在崇武城南郊峡道壁谷，盘石岩，峭壁间有著名诗、书、画名家黄吾野亲手执笔而就的“海门深处”石刻。黄吾野曾经“十年避乱别江湾”。隆庆三年（1569 年），倭患平定，黄吾野重归故里，他心情无比喜悦，咏唱了平倭后的太平景象：“海天南望战尘收，漠漠平沙罢唱筹。渔艇已鸣烟前橹，农人又住水边洲。”明代布政使惠安人戴卓峰也曾在崇武的龙喉岩上刻了一联，“嘘吸沧溟涵地脉，吐吞日月镇天池”，对气势雄浑的崇武进行了高度概括，照见了先贤的万古英风。

【名胜古迹】

今日的崇武城仍保存着宋、明、清历朝所修建的寺庙庵堂 30 多座，主民宅也有 10 余处。其中有宋代的“云峰庵”、“水潮庵”，有明代的“关帝庙”、“东岳庙”，也有敬奉海神妈祖娘娘的“天妃宫”，以及“灵安王庙”等，这些古建筑的保存，增添了古城古朴典雅韵味。崇武古城有较高的研究价值，也有一定的欣赏价值。

登上崇武古城俯瞰，金沙碧水的“半月沉湾”和“西沙银蛇”天然海滨浴场，淋漓尽致栩栩如生的“神龟戏水”，绚丽多彩的海螺贝壳，孤岩兀立的“峰后险石”，“白鹤升天”、“狮石照晚”、“玉碧传音”等美不胜收，令人流连忘返。站在此地，观赏脚下海景，又岂不是令人荡气回肠的一件事。更令人叫绝的是，这里偶尔还会出现海市蜃楼的罕见景观，分外难得和令人神往。

自古以来，崇武就是一个比较开放的古城。崇武和台湾仅一水之隔（海上距离 97 海里），两地常通过舟楫往来，语言相通，风俗相似，地缘、血缘、文缘等关系非常密切。崇武山海资源丰富，但因战争的缘故，它曾被列为“海防前线”，很大程度上限制了经济的发展。如今，战争的遗痕已被淹没。为了方便台湾渔轮前来停靠和台胞上岸旅游访亲，早在 1988 年福建省政府即把崇武列为全省沿海建设的重点区域。现在已建成了全国首座对台贸易专用码头，还扩建了台轮避风港以及红十字会救护站、台胞接待站等设施。近年来，对台贸易的条件更加成熟，昔日的前线已被两岸交流和台商投资的热线所取代，通航的条件也愈来愈成熟了。

崇武古城不仅城楼坚固，风景如画，更有勤劳勇敢、纯真朴实的人民。

漫步于崇武城，映入眼帘的是：头戴黄斗笠，扎着花头巾，束着银腰带，穿着短上衣、宽裤筒的惠安女，再配点那精巧艳丽的头饰，真是美丽至极，难怪会闻名中外。

俚语称之为：封建头、民主肚、节约衣、浪费裤。惠安女勤劳贤惠，这里的男子多外出谋生或出海打鱼，因而惠安女成了建设家乡的主力军。她们开公路、修水利、补渔网、敬公婆、教子女、洗衣服，里里外外一把手，可称得上全能媳妇。

来崇武古城一定要看一看“石雕之乡”。几百年来，这里的石雕艺匠走南闯北，洒下辛勤汗水，美化环境，点缀江山。雄姿英发的狮子、巨龙飞腾、香炉玲珑剔透、影雕栩栩如生，包罗万象，姿态纷呈。

崇武古城，它是一座古朴壮丽的城，也是一座闪着光环的城，它将永远高耸在东南沿海的疆土上，也高耸在古城人民的心中。

长　汀

中国最美丽的两个山城之一就是福建的长汀。

长汀又叫汀州，坐落在福建省西部，是闽赣两省的边陲要冲，又是著名的革命老区。全县设置11镇8乡，总面积3099平方公里，是全省第五大县。长汀是丘陵地形，属亚热带海洋性季风气候，年平均温度18.3度，最高气温39.4度，最低气温零下7.4度，年平均降雨量1731.9毫米，适合多种农作物生长。它是国家历史文化名城、客家首府，也是著名的八闽汀州故地与福建古代文明发祥地之一。长汀自盛唐到清末均是州、路、府的管辖，也是客家人的主要聚居地，因此有“客家大本营”和“客家首府”之称，每年都有成批港、澳、台及东南亚各国的客家人来此寻根。汀江更被喻为客家人的母亲河。

【名城历史】

长汀有悠久的历史文化，客家文化与革命旧址为当地独特的旅游资源。长汀留下了丰富的文化遗产，城区目前有保存完好的唐代建筑古城门、三元阁、朝天门、唐至明代的古城墙、汀州文庙、汀州诗院和唐代的双柏树、宋代双阴塔、朱子祠等宝贵的历史文物。另外长汀的革命遗址主要有福建省苏维埃政府旧址、中央红军医院旧址（福音医院）、周恩来旧居、中华基督教堂以及刘少奇旧居等。

长汀除了以上景点，唐代名相张九龄、宋代民族英雄文天祥、爱国诗人陆游、明代《天工开物》的著者宋应星、世界法医鼻祖宋慈和清代《四库全书》总编纂纪晓岚等名人都曾在长汀留下足迹。

这里山川隽秀，风景如画，与悠久的历史、斑斓的文化相映成趣，有卧龙山、拜相山、官坊溶洞等山水风光，并且还有朝夕烟霞的朝斗岩，均是不能错过的风景。

【名胜古迹】

长汀城，地处闽粤赣三省交界处山谷斗绝的盆地中。四周肥土一望无际，城内卧龙山，一峰突起，不和群峰相连。但倚山顺河修筑的古城墙，将半个卧龙山圈进城内，组成了挂壁城池，形成城内有山、山中有城的别致布局。而汀江更像一条飘逸的白练，穿城而过。这样，山城枕山临溪，犹如一颗闪闪发光的明珠，镶嵌在汀江的边缘。宋朝汀州太守陈轩把它描述为：“一川远汇三溪水，千嶂深围四面城”。

长汀青山碧水，龙山白云、云骧风月、朝斗烟霞、霹雳丹灶、拜相青山、苍玉古洞、宝珠晴岚、通济瀑泉等八景，以及汀江龙门、官坊奇洞、岀龙凌空、东华翠嶂、大悲观日、虎忙天池、叶花古庵、龙嶂云峰、西岭松涛、乌石龙潭、丽礁虹辍、白沤映碧等十二胜景，驰名海内外。

福建新石器文化发祥地之一长汀，有着悠久的人文历史。早在4000年前，它是古越族人休养生息的地方。全县目前有200多处新石器遗址，出土了大量的石器和陶器，其中西周的陶印拍、商周的陶尊、唐代的多角盖罐、宋代的陶谷仓等，均属国家文物宝库中的珍品。

汀州，它是以客家先民为主设置的州，在大唐盛世中产生。从那时起一直到清代，它一度是州、郡、路、府的所在地，是历代闽地政治、经济、文化的中心，最大的福建客家人聚居地。

客家人创建了汀州的同时也创造了独特的客家文化。汀州的建筑、饮食、民风，有它独特的魅力。

云骧阁是典型的南方古代楼阁建筑，于唐大力年间始建，融合奇山、碧水、古木、桥梁、楼阁于一体，反映了当时汀州先民的聪明才智和高超的建筑技艺。

在长汀保存完整的古建筑，比比皆是。唐、宋、明、清的古城门，气势磅礴的文庙、精雕细刻的天后宫、金碧辉煌的庙宇、神奇的双阴塔、唐宋古街区等让人流连忘返，美不胜收。

客家建筑文化的另一特色是长汀的传统民居建筑，它沿袭了中原的宗族府第式的风格，两边沿中轴线展开，层层递进，并且前后左右对称，布局规整。这种规模大的民居可容纳一个家族几十户人居住。有的前面设门楼，后面设置闺阁绣花楼，而且“美人靠”弧形栏座椅，特别典雅精巧。这类客家民居建筑以长汀围屋最为典型，它是客家人聚族而居的“家族城寨”。

另外汀州古井“双阴塔”是世界上的罕见建筑，堪称一绝。此塔是唐代古井“八卦龙泉”与宋代“府学阴塔”的合称。据载，汀州人建造“双阴塔”，它不是用于饮食，而是用于“以镇文风”。历经一千多年沧桑，“双阴塔”依然常年井水不枯，清澈可见，并且汀州人才辈出，源远流长。如元朝名将罗良、刘国轩，清代海内名士黎士弘，画坛巨匠上官周，近代名士、“真诗人”江庸等，他们使长汀光彩夺目。

长汀被誉为客家的首府，则汀江更被喻为客家人的母亲河。要了解客家人就要先了解长汀。可惜长汀的一些人只识得保护“汀州诗院”等一些建筑，却不会保护民宅建筑。

唐代古城门三元阁目前“保护”得很好。其实古城门图片里的样子已不复存在。它的四周古建筑已全部拆空。附近居然建成崭新的3层商住铺，并且强行修了一条黑水环流的护城河，顺着古城南大街行走，街上深沉的青砖围墙，门面破旧的雕梁，屋顶上青瓦层叠，高低不齐，都不时竞相表现着这座古城昔日的光辉。

步入破旧的紫云公祠，映入眼帘的是石雕门洞下两扇还残留“加冠”、“晋爵”字样的门扇，七进厅的布局，显现着往昔主人的豪气；倒在地上的木雕梁柱、屏风门扇又显出当今主人的无奈。

富有代表性的赖氏坦园公祠、陈氏宗祠等都是好几户人家居住着，像这一类的建筑在长汀古城不下几十间，想象那时的繁荣市井，商贾聚集是一派如何繁盛的景象。

长汀的建设街更是一条古街，那里有一颗600年高龄的老铁树，还有许多木雕工艺品店，散发出阵阵的木香，非常诱人，让人沉醉在汀州的古文化之中。

鲤　鱼　溪

【名村概观】

周宁县鲤鱼溪地处华东区地势最高的县城里，海拔888米，夏季清风徐徐，清凉舒适，素有“天然空调城”的美称。

【名村历史】

长里许的鲤鱼溪上有许多小桥，独木桥、石板桥、石拱桥、水泥桥，把鲤鱼溪装饰成一道迷人的风景。溪岸边遍植垂杨翠竹，只看到泄于紫云山麓的鲤鱼溪水从浦源村曲折贯穿而过，宽数米，长约一里，溪中各色大小不同的鲤鱼成群结队，在溪水里逍遥自在的游戏，令人陶醉的江南水乡风光中蕴藏着深厚的文化背景。据介绍：溪中有上万条色彩各异的大鲤鱼，到目前已有800多年的历史。据说这些鱼是宋代遗存下来的，相传郑氏八世祖晋十公为清理水源，于是在下游村口筑坝蓄水施养红鲤鱼，被传称神鱼，张扬表明不得捕食，否则降灾得疾。为了让这条纪律表现出严厉的权威性，晋十公实在是煞费苦心。他暗示其子“偷捕”，然后当众把他的儿子吊打得血肉模糊，并“罚宴”全村三日。“涧水施兰翠，游鳞遂浪多，羡鱼休唱钓鱼歌”即指此事。此后乡规民约越来越严厉，禁止捕钓，繁衍到现在。甚至在三年困难时期，百姓情愿吃糠饼野菜也不敢偷吃鲤鱼。

【名胜古迹】

踩着脚下历经几百年沧桑的青灰石道，时不时能看见身着清代服饰、裹着小脚的老妇人。

鲤鱼溪中悠游着2万多尾五光十色的大鲤鱼，游客走近溪边，鲤鱼群“闻人声而至，见人影而聚”，显然是期待人们抛食物给它们吃，但它们也不仅为了食物，而是生性喜欢和人同乐。假如你给它们抛出饵料，鲤鱼即争相逐食，彩鳞星闪，能够听见吞咽食物的声音，姿态闲舒可爱。夏季，村里的孩子便光着身子跳进溪中同鲤鱼嬉戏。或者村姑到溪边洗菜，鲤鱼也群集觅食，时而甩尾激起水花，落在村姑的脸上、身上，时而张嘴衔根菜叶拖向水中，有时还会给村姑的手上印一个鱼唇吻。这种怡然自乐的美景，是举世无双的，这便是鲤鱼溪为何优胜于其他“鱼景”的原因了。当山洪暴发，溪中鲤鱼居然乖巧地紧咬岸边蒲草和藏身石中以求存身，不愿离开“故土”。

鲤鱼溪两岸的民居结构也是古朴典雅，大部分二至三层木质结构，建筑上盖青瓦。沿着逶迤的小溪，一座座原木的小屋参差有序，体现着明清乡间建筑特色。

溪下游更有看着简单但很别致的民居，它的底部由数十根大松木桩撑起，是鲤鱼躲避洪水或过冬之处，下面是一片水塘。整个浦源村俨然一座明清民居建筑博物馆。小溪贯穿下游的村边，郑氏原祠巨大如船坐落于此。

鱼冢是村民们葬鱼的地方，大鱼老死后必葬之，台上还有鱼冢，焚香礼拜，供奉它们如神灵一样。

鲤鱼溪的山也特别美。浦源有石牛西卧、天马南旋、松间鹤语、涧水鳞潜、紫云晓霁、半月沉江、麻岭春晴、双峰插汉。“涧水鳞潜”就是现在鲤鱼溪景观。

鲤鱼溪民风乡土气息简朴浓厚，纵身其间，古意盈盈，有种穿过时空回到古代的感觉。在这里还可品尝别味的风味小吃，例如泥鳅面、甘薯粉条、糯米糍粑、高汤扁肉、清炖石鳞、菜糍、苦茹、苦菜、蕨菜、松菇等，还有各种烹调方式的药膳，让人意犹未尽。

于宋代始建的郑氏宗祠，据说是河南荥阳迁到浦源的朝奉大夫郑尚公八世子孙晋十公建立的，清道光二十年（1814 年）整修。在“文革”时遭到毁坏，1996 年秋大规模整修，是现今华东地区保存最完好的宗祠之一。

宗祠造型别致，形同古船，前窄后宽。在它的右前方有一株千年柳杉，高十丈，干粗六围，树腹中空，可是枝叶茂盛，村人把它当作神明供奉，称之“灵樯”。据传，郑氏祖先朝奉公于这里休息，梦见自己乘一巨舟，从此大门上“郑氏宗祠”四个字为竖幅。相传在古代只有皇亲国戚的宗祠才能这样建造，它是三进式中国古典殿堂建筑，精雕细刻，雍容华贵。

宗祠正厅敬奉着北宋驸马郑南公、始祖朝奉公及他们夫人赵氏、吕氏塑像，左边是郑晋十公及夫人塑像，右边是郑九公塑像，两侧按顺序陈列着历代珍藏的龙头祖牌，像“家谱”一样。龙头祖牌底座为“八仙过海”、“西游记”等各种木刻，顶部是镂空龙头木刻，技艺精湛，小巧玲珑。“文革”时，浦源村人将这些龙头祖牌藏在夹墙或村外山洞，没有遭受破坏。现在，经修复，是华东地区最完整的龙头祖牌。

祠中还有颇多匾额楹联，金碧辉煌，书法精湛。正厅高悬明朝状元、礼部尚书翁正春“蕴藻流芳”。此外在二进厅有省军区司令员任永贵的“明德惟馨”，有民国时宁德县知事黄式苏的“咸林望族”，有民国福建省长、海军上将萨镇冰的“硕德耆年”等题写的匾额。

有的匾额有很高的艺术价值，如“文魁”是清宣统年间兵部尚书的原字大小刻成；有的歌颂郑氏某族人的高尚品德，主要体现在“孝”、“节”上，如“孝迈黔娄”和“孝德动天”说的是替父送死的郑锡繁公，“筠贞柏翠”说的是叶氏孺人守寡六十载洁身自好，还有歌颂节妇“晚节弥芳”、“节顺流芳”等；有的表扬家庭和睦相处，如“一堂五代”、“堂联五代”等；最后一类是歌颂家族的，如“源远流长”、“荥阳世族”等。每块匾额都有一个故事，差不多与封建制度相关，可是如孝顺父母、家庭和睦的这些例子还是值得后人借鉴的。

并且还有一些楹联，大多是歌颂祖先，书法颇为精湛、流畅。有些大楹联以整块檀木做成，历时久远。有的还有一段故事，如“舍身救父不得谓之轻生，毁体瘵慈斯真能养大体”。此外戏台上的一副对联“偶来顾曲聊遣闲情，试问登台谁称出色”，显示人生的意义。

一年一度农历三月初三，就打开祠堂大门，拿出家谱让村人翻阅查看。并且，演“社戏”二天。演戏之前，全村人集聚，共商一些村中大事，场面很隆重，看上去特别民主。

整个祠堂弥漫着浓郁的文化气息，如果我们流连其中，定会被中国古代宗族文化的博大精深所吸引，不忍离开。

泉　州

【名城简介】

泉州市坐落在福建省东南沿海，与台湾隔海相望，目前辖制鲤城区、晋江、石狮、南安市以及惠安、安溪、永春、德化、金门等县和肖厝管委会，面积 10865 平方公里。它是著名侨乡与台湾汉族同胞的主要祖籍地。并且全市海外华侨、华人和港、澳同胞有 670 多万人。1982 年国务院把泉州列为国家历史文化名城。

【名城历史】

夏禹时泉州属扬州城，到周时为七闽地，春秋战国时是越国所辖。秦汉时，中原汉族人民南迁，这里初辟蒿莱。在唐朝初年，归武荣州所辖，直至唐景云二年（公元 711 年），才改名为泉州。五代后汉乾祐二年（公元 949 年），泉州易称清源郡。北宋时在泉州置市舶司，专管海外贸易。南宋时泉州成为和广州并驾齐驱的全国两大商港。宋景炎三年（1278 年）到元大德二年（1298 年）二十年间，相继四次在泉州置福建中书省衙，泉州改为泉州路。大德二年改称泉州府。延祐元年（1314 年）恢复成立泉州分省。明洪武元年（1368 年）易称泉州府。可是雍正十二年（1734 年），永春升为直隶州，德化归它所辖。民国元年（1912 年），废除泉州府，复县设道。泉州开始属于厦门道，后属泉州道。民国十六年（1927 年），废除厦门道，设行政督察专员公署，它划为第四行政督察专员公署。而民国二十二年（1933 年）“闽变”后成立兴泉省，于泉州设省政府，旋即即废，后改为第五行政督察专员公署。

1949 年 9 月 1 日泉州解放，并且在 9 月设福建省第五行政督察区。1950 年改为福建省泉州行政督察专员公署，之后为晋江区行政督察专员公署。又经历几次变革，于 1985 年撤晋江地区，成立泉州市。

【名胜古迹】

泉州市风景点绚丽多彩，文物古迹颇多，列为各级重点文物保护单位 399 处，其中国家级 12 处，省级 37 处。唐时，泉州刺桐港便是我国四大外贸港口之一，这里长期汇聚中西文化，造就了一大批的文化名人，遗存了以南戏、南音、南少林为代表的灿烂古今的文化遗产和许多独一无二的中外历史文化瑰宝。仅仅属国家级文物保护单位的就有开元寺、清净寺、老君岩、草庵、伊斯兰教圣墓等寺院，还有洛阳桥、安平桥、崇武古城等传统建筑，又有九日山摩崖祈风石刻等遗址以及民族英雄郑成功墓、著名的民间信仰宗庙天后宫和德化屈斗宫古窑址等。

鼓 浪 屿

【名胜纵览】

坐落在福建省厦门市西南的鼓浪屿，面积特别小，1.87 平方公里，居民 1.6 万多人，为厦门市区隔海并肩的著名旅游胜地。它曾叫圆沙洲、圆洲仔，后来由于岛上石洞在波浪的冲击下，声音訇然如擂鼓的声音，于是改名叫“鼓浪屿”。该岛也叫“钢琴之岛”、“海上花园”等。目前，鼓浪屿的景点主要有郑成功纪念馆、菽庄花园、日光岩、皓月园、厦门博物馆、海底世界等。

【名胜景致】

郑成功是福建南安石井村人，在日本出生，回国后入南京太学就读，明朝已经败落，南明隆武帝于福州登基后，赐忠心耿耿的郑森姓朱，改名成功，为“国姓爷”。1653 年，南明永历帝封他“延平王”。自 1646 年起，郑成功便一直坚持抗清，而当时的金、厦为他的抗清根据地，同清军缠战于闽越、江、浙，甚至北伐至南京。并且，郑成功还同侵占我国领土台湾的荷兰殖民者展开斗争。事实上，荷兰入侵者已侵占台湾达 38 年之久，人民生活在水深火热之中，因此，郑成功发兵赴台，得到了台湾人民的大力支持，仅仅用了几个月时间，荷兰侵略者就投降了，另外郑成功下令不得屠杀降兵，所以侵略者退走时，羞愧万分，便鸣礼炮以谢其不杀之恩。从此，郑成功名声大振。现在岛上日光岩下有一座红砖大楼，楼正门匾额题有“郑成功纪念馆”。

菽庄花园建于1913年，坐落在鼓浪屿东南海滨，同观海园东面相接。它是一座私人花园，为台湾富商林尔嘉所有，由于其字叔臧，便用谐音“菽庄”命名，所以叫作“菽庄花园”。新中国成立后，园主在1956年将它献给国家，由政府重新修建。菽庄花园有“藏海园”、“补山园”两大景区。它临海建造，背倚日光岩，视野开阔，环境清幽，是游人游玩的好去处。新建的盆景园给游客以雅俗共赏的享受。整个园林布局规整有序，搭配和谐，依然是一个绝盛的地方。

日光岩是岛上另一处风景名胜地，也称晃岩，又叫“龙头山”，为鼓浪屿的海拔最高点，坐落在鼓浪屿中部偏南。传说郑成功来此后，见风景迷人，比日本的日光山更胜一筹，因此把“晃”字分拆，称之为“日光岩”。岩区有1573年丁一中所书“鼓浪洞天”石刻与清道光年间林缄手书“鹭江第一”的题刻，一座于明代正德年间建造，后为万历年间重建的莲花庵，同它紧相依的是“龙头山寨”，当年民族英雄原来屯兵于此，寨门有两尊驻守山门的古代兵雕像。日光岩不但古色古香，并且现代的游乐项目也给它增色不少。

皓月园是纪念民族英雄郑成功的主题公园。其石雕像，由质地优良的白花岩精雕而成，共用了625块。该像有25层，深入地层的岩基大概3米，是如今我国最大的历史人物石雕像，它与郑成功青铜群雕像合称“皓月雄风”。该园坐落在鼓浪屿东南端，依山傍海，气势恢宏。园中的景点有：郑成功石雕像、青铜浮雕群像、孔雀园等，整个游区气候宜人，布局规整，落落大方，确为风光景点。

神奇的厦门海底世界，坐落在鼓浪屿岛上，为当今我国规模最大、最新颖，集有许多珍稀海、淡水生物的大型水族馆。馆里有太平洋的巨大海龟、长江中华鲟等，并且“海洋水族馆”、“海豚、海狮表演馆”和“世界上最大的抹香鲸标本馆”均能吸引游人的眼球。在此真正体现了人同动物的和谐共处情景，它的新鲜、刺激满足了游人的猎奇心理，是不可错过的游览景点。

鼓浪屿尚有一处称为“钢琴之岛”、“音乐之岛”的人文景观。岛上琴声到处能够听见，而其他诸如小提琴、手风琴等，难以数计，小小一个岛上居然有近千台钢琴，极为罕见。

【历史地位】

因为中英鸦片战争，列强把厦门辟为“五口通商”口岸之一，鼓浪屿因此变成英、法、美、日等国的“公共租界”。中外风格各异的建筑物在这里融汇共存，因此，又有“万国建筑博览”的称号。同时，鼓浪屿上的毓园、鼓浪石、亚热带植物引种园、琴园、百鸟园等各有千秋，确实是旅游的好地方。

在宋元时鼓浪屿称“园沙洲”，明时叫做“鼓浪屿”，一直沿用到现在。由于无秋冬霜雪的原因，林深草茂，鲜花四时竞放，山水景物与人文景观构成了一道独特风景，引来了无数的游人。

德远堂张氏宗祠

【名祠简介】

在福建漳州南靖县塔下村的德远堂张氏宗祠，环境优美，风格独特，此种祠堂建筑极为少见。

【名祠巡礼】

张氏宗祠与塔下村相结合，其优美的自然环境是村子的一重要组成部分。塔下村被群山环抱，楼屋座座造型别致，乡土气息浓厚，修建在一条长约一公里的清溪两岸，高低错落有致。沿溪还铺有宽广的村道，村道两旁高低错落的石阶通向家家户户。人们还常沿着石阶下到溪边浣洗衣物，取水烧煮饮用。在溪水之上，每隔一百米左右，架设一座石孔桥，使两岸村子连为一体。桥下水声潺潺，鱼儿游动，呈现出一派小桥流水人家的图景。

祠堂建于塔下村后的山麓台地之上，前面有一座半圆形的水池，形成一种背山面水的风水格局。大门开在朝向村头的侧面，这样就可以起到面迎清溪源头的效果。而祠堂整个朝向仍然向南。入口大门为一个三间两柱的牌楼式门楼，门顶为一高低错落的歇山式屋顶，正中有一间高高突起，脊上有龙鱼异兽等花饰，显得富丽堂皇。在门楼正中镶一巨大的“张氏家祠”匾额。进门之后，便来到一宽广的庭院，四周筑有高墙。祠堂与庭院相对，平面为前后殿与左右厢围成的四合院布局。过了前面门殿是一较小的天井，即主要的祭殿“德远堂”。殿中间悬挂“德远堂”的金字匾额，殿内雕梁画栋，装饰华丽典雅。正中的大神龛里，供排着自开基祖起的历代列祖列宗的神位。左右分别摆放钟鼓，两边的四间厢房，用来供祭祀时用。

在“德远堂”内，珍藏着厚达500多页的《张氏族谱》，记载着张氏在塔下村开基的经过与迁徙情况。族谱中载到：德远堂张氏的开基始祖系张姓的一百二十二世孙宋代淳熙年间进士张化生的第九世孙张小一郎。在明宣德元年（1426年）小一郎携妻华氏与子光昭迁到平和县小溪，继而迁到南靖县马头背，就在这一年的七月十四日又从马头背迁到塔下村，距离现在已有500多年的历史了，已繁衍到二十三世。

“德远堂”张氏家祠堂前面大月池边竖立着精美高大的石刻旗杆群，这一重要特点在国内外宗氏家祠中都很少见。这些旗杆群也体现了张氏子孙发奋图强的精神，且是福建山区人向海内外开拓精神的体现。每一根石刻大旗杆上记载的都是他们各自在海外、在他处建功立业的事迹。

从现存的旗杆中，可明显看出塔下村张氏族人到外地和海外，或取功名或创业致富而荣归故里，报答祖宗恩德的情况。

“德远堂”其中两根旗杆分别镌刻了“大清嘉庆元年丙辰科明经恩进士，十五代孙张振东立”与“嘉庆壬申科进士，十六代孙张克忠立”的字迹。最晚的一根旗杆是1982年才立的。上面的刻字反映了爱国爱乡远居海外的华人，虽已有了一定的成就仍不忘家国的情怀。

这一祠前的石旗杆柱群，记录了“德远堂”塔下村张氏后裔的功名、创业致富与热心公益，还记载了他们爱国、爱乡、爱族的情怀。

在“德远堂”的保护、维修中曾多次得到海外子孙的支持资助，且其建筑形式也被传到海外。如清同治九年（1870年），“德远堂”进行第二次维修，张石敢的裔孙就不仅派人回乡捐款，还派人特地丈量、测绘了“德远堂”的建筑规格，临摹了壁书和牌楼门、石旗杆柱上的题字、匾额。归台之后，在台南兴建了与之相同的一座家庙，也叫“德远堂”。1905年和1947年，张石敢之后又两次派人来塔下捐资，用以保护维修“德远堂”这处祖祠。

江 西 省

【怀古诗话】

南昌城郭枕江烟，章水悠悠浪拍天。
芳草绿遮仙尉宅，落霞红衬贾人船。
霏霏阁上千山雨，慧慧云中万树蝉。
怪得地多章句客，庾家楼在斗牛边。

——唐·韦庄《南昌晚眺》

南 昌

【名城简介】

南昌是江西省省会，坐落在江西省北部，赣江下游，鄱阳湖西岸。目前辖5区4县，面积7402.36平方公里，户籍人口约505万（2011年）万，有38个民族。1986年国务院把南昌列为国家历史文化名城。

【名城历史】

南昌市建有若干个原始居民点，早在公元6000多年前到公元3000多年前，南从青云谱北至艾溪湖，发展并形成了古代南昌居民的聚集部落。公元前202年，汉高祖刘邦派遣颖阴侯灌婴到南昌一带驻守。第二年（公元前201年），灌婴带领兵士在今南昌火车站东南四公里左右的皇城寺附近建造了一个方圆十里八十四步、辟有六门的土城，人们把它叫做灌城，这才是南昌建城的开始。在西汉开始出现南昌这个名字，寓“昌大南疆”之意。然而南昌城池多次变迁兴废，城名多次变换，别名诸多，例如汉晋时称豫章郡，隋唐时称洪州。南唐中主李璟曾建南都在这里，称南昌府。宋改隆兴府，元称龙兴路，明清时称南昌府，民国初立豫章道。1926年北伐军攻克南昌后始设市。1949年5月22日南昌解放，批准为江西省省会。

【名胜古迹】

自南昌建城以来，一直均为府、州、省、道治所。目前有文化遗址1000多处，国家级、省级、市级的重点文物保护单位共50多处。历史悠久的名胜融合在奇妙的自然风光之中，秀丽的山水点缀着江南文化古城的独特风貌，形成此地特有的旅游资源。东有京东瑶湖水上娱乐区；南有青云谱、八大山人纪念馆文化游览区；西有梅岭，梦山度假、宗教旅游区；北有鄱阳湖、南矶山、象山候鸟观赏区。独居江南三大名楼之首的滕王阁矗立在赣江的滨岸上。

赣　州

【名城简介】

赣州市坐落在赣江上游，江西南部，简称赣南。东与福建省三明市和龙岩市相连接，南临广东省梅州市、河源市和韶关市，西倚湖南省郴州市，北与本省吉安、抚州两地区相连。辖1区15县，代管2市，面积3.94万平方公里。1994年国务院把赣州列为国家历史文化名城。

【名城历史】

春秋时属百越，而战国时先属越，后属楚。秦时是南野地，属九江郡。汉高祖六年（公元前201年），使灌婴驻守江南，赣县始建置，到现在已2200年，其间城址城名多次变换。城址开始在现在市区西南蟠龙镇一带的古溢浆溪。到西晋太康末年（约公元289年）迁至今水东镇虎岗一带，名葛姥城。东晋永和五年（公元349年）太守高琰在章和贡两江间筑城，为南康郡治，因此叫南康郡。到隋开皇九年（公元589年）为虔州治，故称虔州，因“虔”为“虎”字头，又叫虎头州、虎头城。隋唐时期，虔州、南康郡名屡改，城名亦随之变化，而且有虔南别称。五代后梁开平四年（公元910年）是百胜军管理，后晋天福二年（公元937年）为昭信军管辖。北宋开宝八年（公元975年）为军州、虔州管辖，因赣州城居章、贡两江汇集之处，因此北宋时曾名合流镇。南宋绍兴二十三年（1153年），认为“虔”有虔杀的意思，易虔州为赣州，取章、贡两江合流之义，城名一直用到现在。元至元十四年（1277年）为赣州路管辖。明清为赣州府治。民国三年（1914年）为赣南道管辖，民国二十一年（1932年）是第十一行政区专署驻地，民国二十二年（1933年）是赣南地区专员公署驻地，民国二十三年（1934）是第四行政区专员公署驻地，民国二十五年（1936年）把城区分置城东、城西、城南、城北、东郊5镇，于1943年5镇合并，称赣州镇。

1949年8月14日中国人民解放军解放这里，8月15日将赣州镇从赣县划出设市。中华人民共和国成立后，一度是专区、行政区、地区行政公署驻地。1998年12月国务院把赣州地区改市，原赣州市改为章贡区。

【名胜古迹】

赣州是全国独一无二的宋城。它以宋代古迹文物遗存的数量最多和品位最高，被誉为“宋城博物馆”。全市被列为国家级文物保护单位有17处，省级文物保护单位48处，有始建于唐末、繁盛于宋代的通天岩石窟寺；有宋代江西名窑七里镇石窑遗址；有宋代砖城墙；有称为城市建筑史上神奇的地下排水系统；有名闻遐迩的郁孤台。有开始建在北宋的“虔州八景”之一的八境台。并且，还有夜语亭、拜将台等许多名胜古迹。

流 坑 村

【名村概观】

明末著名旅行家徐霞客游至现在江西抚州地区东安县西南一处村落时，便留下了“其处寰绕纵横，是为万家之市，而董氏为巨姓，有五桂坊焉”的记载。“五桂坊”的董氏村落就是流坑村。

乐安县东南朝西是一片中低丘陵地带，流坑村便处在这片丘陵边缘的金鼓峰下。此峰海拔不高，坐落在山脉的西北麓。赣南于山发源于此，绵延千里逶迤朝上，到东安的西南处形成了群山环抱的小盆地，站在村东的东华山能够俯瞰全村，流坑村被郁郁青山包围着。悠悠乌江自西南而来，环绕村子流过，依山傍水，景色绝佳。

【名村历史】

隋唐时，这里人烟稀少，杂草遍生，非常荒凉。直到五代南唐升元年间（公元937—942年），董氏祖先徙居此地。流坑村方圆3平方公里的肥沃土地，地势开阔平坦。据记载，董晋第八世孙董合和他的祖父董清然的墓田共有1300亩，鱼塘8口，寺院若干。徐霞客称其“万家之市”。充分体现当年村落气派。虽然历经数次战乱，但村民重新整建，村落历经千年沧桑而久盛不衰。

流坑村有着1000多年的历史，该村以董姓为主，有少数曾姓、何姓相掺杂。村中人尊西汉大儒董仲舒是始祖，把唐代宰相董晋当作他们的先祖，而南唐董合是流坑村董氏的一世开基祖。历经风霜，几经战乱，才有了如今的村庄面积3.61平方公里、800余户的大村落。而前500年耕读文化融入全村，后500年这里走的是农商并举耕读之路，凭竹木贸易成为富甲之地。看似平淡安然的村庄，却在过去的几百年涌现了众多的状元、进士、举人。例如北宋初年，董合的太孙董文广，积极发展教育，培育子弟。在两宋期间（公元960—1279年），流坑人才灿若繁星，仕宦兴旺，董氏一族就出了26名进士；仅在宋、元、明三朝流坑村人中进士就有33人之多，文、武状元各1名。官职大到宰相、司徒、司空、师保、尚书、侍郎，小至知府、知县、主簿的流坑村人有200余人。还出了两名御医与许多理学、教育、文学、武术、书法、建筑和经商等方面有成就的人。农村中私塾、学馆一直没有间断，明万历年间有26所，清道光年间达28所，能够充分体现出流坑村文风之盛。

在宋景祐元年（1034年），董洙、董汀、侄孙董仪、董师德、董师道同时考中进士，当时是董氏家族的骄傲，被传为佳话。于是族人建起了显示殊荣的“五桂坊”，能够一门同族同时5人考上进士，这在中国历史上亦颇为少见，所以族中人如此兴奋骄傲，为了纪念而建坊。

流坑村董姓家族科考名额众多，儒士宦官颇盛，而且职位颇高，是抚州其他王、曾、乐、晏家族所不能相提并论的。流坑村董氏家族的发展史千年以来还能流传不衰，除了依附于自给自足的小农经济外，还有就是血缘关系。

族谱的修纂成为流坑村宗族封建社会化的重要标志，为了巩固血缘纽带，这个家族的发展历史都详细系统地记载在 20 多部历代族谱之中，可称为流坑村的“二十四史”。在这个家族中，族谱被称为“故谱”，自南宋初年董良史撰写第一部族谱为始，元代至顺年间修整，由吴澄作序，明成化二十二年（1486 年）修成《董氏新谱》，从此修谱便成为惯例，没有间断，并且日趋完善。族谱记载了流坑村的始建、兴起、衰微以及繁荣的千年历史，并清楚明了地记载了族中的房派支系。族众形成了强有力的向心群体。

大宗祠的修建是与族谱修纂并称为流坑村董氏宗族发展的重要标志。流坑村董氏本来没有宗祠，北宋清明时节祭祖均由族长率众墓祭。到了明代洪武二年（1369 年）造了第一座宗祠，嘉靖时又建起了“宋赋大司徒董公大宗祠”，坐北朝南，并且祠中设师保、魁元、追元、孝敬、育贤王堂，总祭是每年春秋两季，族众全部都来参加，跪拜分胙，隆重肃穆。可惜 1927 年祠堂被军阀孙传芳残部焚毁，可是我们从断壁残垣中还能看出往日的丝丝辉煌。

族谱修纂和宗祠修建让流坑村家族制度和文化十分繁盛。并且明代的嘉靖举人董燧设立“尊圣训、供赋役、崇礼教、敦俭朴、广储蓄、息争竞、积阴德、善贻谋、修武备、端蒙养、宗正学、禁邪巫、禁佃朴”的十四条祠规，还积极编撰大宗族谱。他之所以成为族史中有声望的人物，最主要的就是他对流坑村的规划与建设起了举足轻重的作用。

流坑村曾叫白泥塘，坐落在恩江的北岸、河道的拱背处。恩江自东往北再向西流，三面被水环绕，一面背山，被称为“活水排形”。董燧就在西南请人工挖掘了沟池，蜿蜒如龙，因此命名为“龙湖”。湖水和恩江水连成一体，在村庄东侧沿江北岸种植了大片香樟，扩展到牛田镇，浓荫覆盖数里。董燧还将村落内部辟出“一纵七横”八条巷道，还有星罗棋布的小巷与之贯通，规整出了“横补直泄，补泄相济”的古老风水原理。巷道边建有民宅，巷侧还有排水沟道，雨水和生活污水均可由此排入龙湖。巷头巷尾均建有巷门、望楼，用来关启防御，战时便是守望碉楼。全村落外有恩江、龙湖环绕，里面有村墙门楼，麻雀虽小，五脏俱全，布局井然有序。经过董燧的规划，流坑村的布局规整，环境防御有所改善，全村大致根据房、宗、支居住，现在的村貌也基本一如往昔，承接这位先人的余惠。

【名胜古迹】

流坑村目前遗存 500 多栋古建筑，明清两代民居有 260 多栋，明代民居 30 余栋，50 座祠堂，8 处宫观庙宇，文馆、戏台各 1 处。这里古居之多在中国非常罕见，它们清一色的青砖灰瓦，朴实淡雅；高大坚实的马头墙，冲天昂起，防风防火。

沿着龙湖的西面建有一条南北向的街巷，它是流坑村的墟市所在，这里的各类店铺繁华不已。街北端同棋盘街相交，五桂坊和锦衣坊南北对立于棋盘街上。村西南高高矗立着一座远近闻名的状元楼。状元楼在南宋孝宗隆兴二年（1164年）始建，为恩科状元董德元而建。它的结构是砖木的两层重楼，前后门是直通的过道。古代前门直对村口官道，传说“文官下轿、武官下马”，也非同一般地敬穆。正阁悬挂着“状元楼”的大匾，是宋代理学家朱熹的手迹。

从里仁门到风雨亭，再欣赏明清的住宅，我们定会有种飘然欲仙的感觉。流坑村建筑大半是清代住宅，明代住宅少见，现存的“怀德堂”和“永享堂”两幢明代住宅，其照壁上的壁画和镶雕工艺精湛高超，国内绝无仅有，堪称国粹。

清代住宅是明代住宅的传承，清代康熙丁丑年（1697年）所建的敬吉堂，结构就是穿斗式木构架。它面宽五间，两个天井都紧靠前后墙。进门就是前天井，前墙作照壁，用雕花砖和异型砖砌成牌楼。并且明间花枋有“文明有象”的篆字横额，署款“康熙丁丑夏”。前堂为四柱穿斗式的构架，明间是厅堂，堂心斜铺成菱形图案。后堂的后墙也做成照壁，有个长条形的天井。敬吉堂平面设置左右不对称，并且前后堂明间尺寸不一，因此明间梁架前后错位。加上青砖尺寸偏大，以砖雕为主要的装饰，不见人物造型的图案，均是同明代建筑的区别。

清初以后，住宅大门才移至中间。门楣和屋檐装饰有雕刻、彩绘，屋内墙壁、门柱、窗棂、柱础、枋头、天花板，等等，都是木刻的。绘制的花鸟虫鱼、人物山水、神话传奇，极其丰富，雕工绘制，精细别致，风格各异。并且又借鉴了南方雕绘技艺的精华，流光溢彩，令人陶醉不已。在一些明清屋宇的门额上均刻有造型庄严的辟邪浮雕，有远古留传下的雕像，有泥塑、青石雕，工艺精湛，淳厚典雅，堪称国粹。并且村中屋宇堂上挂匾、门旁有联，保存完好的就有400多幅匾额，100多幅楹联，充分体现了主人的身份、家族的骄傲，并且大部分都出自名家之手。

流坑村把董仲舒奉为始祖，董合在战乱时隐居乡间，自然对儒家文化也就有了不一样的情感。他崇尚读书，以尊礼教的训诫，继承着千年古村的文化积淀。他的孙子董文广博览群书，中举没有任官，回乡用全部家产兴办教育，创办私立学校。明代中叶董燧创建了流坑村最有名的圆通书院。至万历年间，书院已发展到26所。这个传统文化蕴含深厚的大家族以儒家理学的正统思想给村人注入了“修齐治平”的生机。

村中最珍贵的文物“衣冠图”，布上彩绘有15位身着官服的先祖，正襟危坐，威风严肃。一般人很难见到衣冠图，可是“何杨灯会”却是每年游人都能亲临感受存在的近千年的习俗。每年正月初一的早晨，村民开始争相燃放鞭炮，敲击小铜铃，为每家每户厅堂中设立的神龛上供，诚心诚意祈祷。到了初九黄昏时分，几名老者敲锣打鼓，用火把引路，一名已婚男子手捧何杨神像从神庙中走出，亲临各家各户，意为赐福全村。另外家家摆设香案，鞭炮相迎，仪式会进行通宵。到底这个“何杨神”是怎样一个大神仙呢？何杨神是流坑村信仰的主神。据说宋代流坑村的董敦逸出使契丹，契丹国王逼他夜读皇陵碑，何姓、杨姓两位忠臣的在天之灵招来萤火虫，帮助董敦逸背熟碑文，才能够完成使命。他为报答何、杨，于是在村中的神庙里供奉神像，让村民祭拜。

这个习俗延续到现在，祭祀时还有地方特色的“傩舞”。它们又与生殁葬娶、墓祭祠祭有紧密的关系。在万历族谱中可以看到董氏流坑村很早就有禁与小姓通婚和黜族的规定。族人崇礼教，因此先人定下祠规：“不肖子孙，贪利忍耻，将男女约婚小姓……照旧规罚银拾两，仍追谱黜族。《董氏大宗祠祠规》以女配小姓者，尤为辱先，本父母黜族，系伯叔兄主婚者亦不载，各终身不许入祠”。即使到了民国年间，同村中外姓佃仆人结婚，或村中同姓男女结婚，还有的未履行请媒、送贴而自行婚配者，族中都不予承认，肯定会被逐出家族。现在这种风俗与国家制定的《婚姻法》相悖，已经消退了它的威仪。

婺源古村落

【名村概观】

沿着徽州从皖南至赣东北，便到了江西婺源古村落。它与皖南有着同样的人文风景，被誉为“中国最美的乡村”。朱熹这位理学大师，祖籍婺源，他在这片美丽的土地上传经授道，赋予了这“最美的乡村”以瑰丽的理韵。

这位理学大师感叹江西婺源的山水为“郁郁层峦夹岸青，春溪流水去无声。烟波一棹知何处，鹍鸠两山相对鸣”。这里的确是一块美丽的土地。它北与安徽相连，东倚浙江，西接景德镇，南连三清山，坐落在赣皖浙交界地带。它具有代表性的江南丘陵地形，近百个山头的大鄣山连绵于北部，它的最高点是1630米的擂鼓尖。石耳山在东北方向，中部耸立着福山，西南是大游山。山峰之间贯穿着婺江水系，从东北向西南汇入鄱阳湖。丘陵低洼处插水稻，山地遍植茶叶、竹林，山青水碧，松竹绵延。周围均是令人神往的风景，处于其间的婺源自然不会逊色。

【名村历史】

婺源这个村落历史文化悠久，自唐开元二十八年（公元740年）建立县制开始，婺源就属安徽管制，是古徽州一府六县之一。至东晋时期北方士族南迁，浓郁的人文之风影响了古徽州，婺源也不例外。明末清初的百年间，徽商兴旺起来，各地形成了“无徽不成市”的繁华局面。山清水秀的婺源由于地处偏远山区，险阻天成，几乎没有兵革之乱，没有人发现这个地方。那些风格鲜明的徽州古建筑在乡村间繁如星星，古村茶亭、廊桥驿道，是中国徽派古建筑遗存最完整、最多的县。那一座座古香古色的古村落，是生态文明的闪光点。许多名士游览之后都不禁赞叹：“五岳归来不看山，婺源归来不看村。”

【名胜古迹】

婺源还是一个“四古”之乡。所谓“四古”就是婺源感到骄傲的古建筑、古文化、古溶洞与古树。这古建筑就是与徽州古建筑一脉相承的“艺术殿堂”。不必说理坑的官宅府第，也不必说思溪古村中那刻着百寿字样的民居木格门，单是气势宏伟的俞氏宗祠、经义堂，都是那样古朴壮美。它还遗存着以理为本的精髓，延村汇聚着徽商华宅之大成，村中的经典是汪口村的根脉俞氏宗祠，另外晓起村一派“水口”风韵，千年古村庆源满载着悠久沉重的历史，盈满了许多代村民心中的向往和憧憬。清华镇的彩虹桥，它是中国最美的廊桥，桥下缓缓的溪水弥漫着岸边杨柳野菊以及泥土的香气，轻轻远去，并缠绕于对思溪村过往的回忆。这里不是桃源，却似韵味无穷的山水画，置身其中有种返璞归真、超脱自我的沉静之感，好像世界都静下来了。

山涧道旁有许多千年古木名树，枯朽的藤蔓植物相缠着，依倚于一段段残垣断壁之间。每一棵古树、每一绕苍藤都有一个故事。半亩方塘，天高云淡，潺潺流水，朱熹就在这清静的境界中，创造出闻名遐迩的新安理学，并把它传播到中国各个地域。并且这里还是铁路之父詹天佑的故乡。铁轨从这里延伸出去，将这里灵秀山川、物博产丰、广众贤俊展现于世人面前。除了朱熹、詹天佑之外，各领域的名家灿若繁星，并且还有明代爱国将士汪铉、清代音韵学家江永、科学家齐彦槐/皖派篆刻创始人何震/李白、黄庭坚、宗泽、岳飞等均曾到这里游览过。从宋至清，人杰地灵的婺源孕育了进士 550 人，出仕文武官员 2665 人，龙山乡潘氏更是“一门九进士，六部四尚书”。并且历代文人学者著作 3000 余部，有 172 部被选入《四库全书》。

婺源最具神秘色彩的民俗活动是别具一格的傩舞鬼戏。这种最古老的娱神舞蹈在《论语·乡党》、《古今事类全书》以及《后汉书·礼仪志》都有最早记载。古时每逢新春、打醮，村里人便会跳起傩舞，跳鬼祭神，驱除瘟疫避恶鬼。在李坑、长径和庆源村傩舞曾风靡一时，它们被誉为婺源傩舞之乡。现在这门古老的民间艺术已是中国古代舞蹈艺术的瑰宝，特别是傩舞中的“尼行步”更是很少见的最为精彩的舞蹈。另外还有旧时乡间举行娱神活动的台阁地戏，以及反映农家婚寿喜庆场面的唱堂班会、清乾隆年间进京献艺后于是成为国粹京剧的徽剧和表现婺源人“敬、和、俭、静”道德追求的茶道茶礼。在婺源最值得一提的是茶，它有“茶乡”之称的“千崖献奇，万谷汇碧”，孕育出“颜色碧而天然，回味香而浓郁，水叶清而润厚”的婺源绿茶。“婺绿”在唐朝就载入《茶经》，宋时更是被誉为绝品。名闻海内外的“婺绿”与中华荷包红鱼、果白如雪的江湾雪梨以及中国四大名砚之一的“砚国明珠”龙尾砚齐名，誉为婺源“四色”。如此光亮的色泽给这座古色淳朴的聚落增添了无尽的古文明神韵。

还有古溶洞群也是一处让人赞叹的风景。灵岩国家森林公园内绝妙的灵岩石窟群共有溶洞36个。洞口石笋石柱石幔姿态各异，或雄浑奇伟，或玲珑秀美，泉潭参差不齐，有蓬莱仙阁、金阙瑶池、仙猿揽月等景观，犹如仙界。还有2000多处自唐朝以来文人墨客在洞壁上留下的题名诗句，如“岳飞游此”、“吴徽朱熹”还保留至今。

不管是古溶洞群，还是古建筑、古文化及古树，均融合在徽派遗风密集的古村落之中。

清华古村

【名村概观】

让古村清华出名的是这里的桥，这里倚山临水，风景宜人。清华有“桥乡”的美称，这个称号标志了清华800年历史的彩虹桥。一条长达1.5公里、承载了古聚落800多年风霜岁月的老街，与140米长、“从”字形的彩虹木桥相连接。这座木桥六亭五廊，呈半月形弧线，背靠青山，横卧绿水，这座“中国最美的廊桥”有一个安静恬淡的传说。

【名胜古迹】

传说南宋时清华村有一位出家和尚胡济祥和一位桥梁专家胡永班。他们想让这里有一座永久性的桥供子孙生活行走，胡姓和尚化缘三年积攒资金，胡永班用了四年设计修建了这座廊桥。宽阔的河面上廊桥如一道彩虹，六个半船形桥墩上耸立着六个亭子，墩和墩之间有桥廊连接着，六个亭顶略高出廊檐，错落有序，因此又有“廊亭桥”之称。桥墩之间距离不等，这种差异主要是以汛期洪流方向来确定的。主流量的地方墩距较大，减小洪水对桥墩的冲击力。并且半月形、流线型的桥墩具有分解洪水的作用。而木质的桥面榫头之间都用木钉固定，可以保存上百年，延用许多代，应该算是奇迹。

相传桥墩以条形岩石砌成，大小长短各不统一的条石用一定方法镶嵌在一起，中间用砂石填充。那时的工匠把砂石从河水里清理出来，在底层的岩石上堆砌起重达百斤甚至上吨的条石，因此有了这座像长虹一样的廊桥，它的绝妙设计实在让人惊叹村民工匠手艺的伟大。

傍晚夕阳西下，一道亮丽的彩霞透过云层，恰好映在山之东的廊桥上，展现出一幅优美的画卷。不禁使人联想到李白的“两水夹明镜，双桥落彩虹”的诗句。也因如此，这座清华廊桥便有了“彩虹桥”这个如虹一样美丽的名字。为了纪念两位建桥先人，村民在中间的亭子里奉置了神龛，一个是募化僧人的神位，一个是建桥胡氏之位，中间还立有镇水之神胡氏始祖禹王的神位。

晓起古村

【名村概观】

晓起，一个多么美丽诗意名字。一座座古色古香的石拱桥，矗立于田边的一片片高墙，湾湾清澈的溪水，丘陵上面是茂密的风水林，构成一幅“古树高低屋，斜阳远近山，林梢烟似带，村外水如环”的山水图。这里就是晓起。

【名村历史】

晓起在公元787年始建，据《汪氏宗谱》记载：唐乾符年间（公元877—879年），歙县篁墩汪万武始居，因逃乱至此天刚破晓启明，而称晓起。之后有洪姓迁入清溪上游定居，因此就有了上、下晓起村。无论是哪个晓起村，亭阁老屋、古树苍樟均顺着溪边水口而建。透过粉墙黑瓦、弯道青石中便可以感受到水口徽州的气息。

这里的墙檐都是微派建筑的传承，可依然有着区别于皖南的景致。粉色的墙上开满了特别小巧的窗户，远远看去仿佛是留给燕子的小巢。相传这“秀气”的小窗在徽商眼里有聚财的功能，并且徽商长年外出做生意，小窗对长年留在家里的妇女是安全的。

【名胜古迹】

水口是一个个小小的水坝。徽商认为水就是财富。晓起人在村口和村尾依水建起了水口，以蓄财源。晓起人依水而居，靠水生活，用水灌溉，水便是晓起的命脉。就连建筑中的天井，也被村中人称为聚宝盆。雨水沿着瓦流入天井四方水枧里，再流入地下的水沼。因此“四水归堂”就是聚财的意思。

养生河边的“礼耕堂”同“继序堂”，“忠孝节义”的砖雕，“文王访贤”的故事，“连中三元”的喜庆，都体现出晓起别具一格的技艺。美其名曰“舒园”的茅厕，好像也充满了书香世家的灵气。置身在飘荡的炊烟之中，使人不入宅堂就能品味一顿那婺源特色风味“天然饭”的淳朴和清淡。

延川古村

【名村概观】

延村原名“延川”，是明初金姓人家从沱川迁入这里建立起来的村落。村子不大，布局呈“火”字形，五条街道在村中交汇，祖先就在村子核心处挖出一口井。不仅为聚族而居的村民提供了生活用水，并且也起到了防火的作用，调节了阴阳二气。

【名胜古迹】

有位名人说：“建筑是凝固的音乐。”浓郁的雾气覆盖着一顶顶飞翘的屋檐，高低参差，如同跳跃的音符，在稻田中翻涌层层绿浪，是轻风奏起的阵阵乐音。延村的建筑是徽州文化的一部分。玲珑的院落，院门偏隅一边。屋角砌成无棱无角的弧形，偏门和圆角是一支舒缓的轻音乐，伸展着夜盼人归的情思。天井下铜锁形的青石板与下水道相连，叮咚的雨水顺檐而下，从铜锁的缝隙缓缓流入，这是一曲多么动人的大自然的音乐。住宅中木砖、石雕有浮雕、透雕，有阴刻、阳刻，有龙凤吉祥喜鹊叫枝的喜庆，有莲花鲤鱼吉利的谐音，以及蝙蝠寿桃“福寿双全”的喻意。整个住宅从上到下，由内到外，四处都散发着浓郁的文化内涵、高超的技艺和醉人的民歌。不论是“崇本堂”、“福绥堂”，还是“十家老屋”，任何一处均可以感受到婺源古建筑优美的情致。

思溪古村

【名村概观】

在电视剧《聊斋》中，鬼怪蛇神的传说所弥漫的村落，充满着神奇的吸引力，给人们留下了深刻的印象，思溪就是这样的村落。自延村顺着一条青石铺就的田间小路步行十几分钟便到了思溪古村。

【名村历史】

早在南宋庆元五年（1199 年），俞氏祖先为躲避战乱便于泗溪边建起了庄园式的建筑群，并取鱼思恋溪水的意思把村子叫作“思溪”。明清时思溪族人相继从商，经营茶庄、木行，加入到徽商的行列。并且归乡回家的商人们捐出许多财产建起了大批府第楼阁、祠堂牌坊，繁华程度不逊色于婺源其他古村落。可惜现在看见的村落景象已经过多次灾难，留下斑斑残痕，但不能掩盖住它昔日的繁荣景象。在通往各家门口的青石板上，我们还能依稀看到太平军烤火煮饭时在青石板上留下的龟裂痕迹。依稀遗存的碉堡也见证了抗战时期国民党设立总部盘踞于此的情形。

【名胜古迹】

思溪 30 余幢明清建筑，最有名的大屋是“敬序堂”。它于清雍正年间始建，虽年龄很轻，占地面积也非常小，但有着精致的庭院、庄重的正厅、简单大方的书斋、美丽的大花园。花园墙上一葫芦状的小龛，上面写着“敬情字纸”四个大字。长方形藻顶的正厅还充满了当年《聊斋》剧情中所透出的那份神秘氛围。这里更绝妙的便是镌刻在 12 扇木格门中间的、由近百个不同字体的“寿”字组成的“百寿图”。这些字竟无相同的，的确是罕见的“古建精品”，令人感到万分的佩服。

“理源”古村

【名村概观】

北宋末年，婺源北部沱川乡建起了一座小村落，这便是“理源”村。这里的村人非常好学，温文尔雅，崇尚“读朱子之节，服朱子之教，秉朱子之礼”，这里就是个以“理”为本的村庄。村名含有“理学渊源”的意思。现在这座嵌于松山翠柏之间，同古道湍流相互映衬的村落已改名为“理坑村”。“坑”在婺源为“小溪”之意。

【名村历史】

能成为婺源古村落中的一个典型，是因为理坑深厚悠久的人文渊源和明清古官宅群。无论是余懋学的“尚书第”、余懋衡的“天官上卿第”、余懋药的“都谏第”，又或余自怡的“驾睦堂”、余维枢的“司马第”，均矗立在清溪旁，彰显着理坑灿若繁星的人才。几百年来科第蝉联出36位七品以上官宦，近二十名进士，近百名文人名士，“山中邹鲁”的赞许充分反映出理坑当日的辉煌。

【名胜古迹】

村中最有名的明代建筑是“天官上卿府第”。建筑坐南朝北，分前、中、后三堂，并且在大门门坊上浅刻着楷书的“天官上卿”。

无论是建筑鲜明的风火山墙，高矗的垂脊起翘，还是点缀其间的精美雕刻，无不透着徽派风格的绝美与神秘。

“又是一年芳草绿，依然十里杏花红”的云溪别墅，承载着文人才子浓浓的蕴藉和风韵，那“小姐楼”上的靠栏，充盈了许多满怀才思的情愫。任何一处老宅均渗透着理坑村对岁月的回忆和对“文理”的宣发。

汪口古镇

【名镇概观】

汪口是宋代一个古村，在婺源江湾镇，当年的创建者俞杲，在北宋大观年间由于这里绿水汪洋，故称之为“汪口”。坐落在丘陵之上的古村落到现在已有1100年历史了。村周被郁郁青山包围、绿水依依，正好印证了“鸟语鸡鸣传境外，水光山色入阁中”的写照。在这个山美水美的地方，抚育了一代又一代的人才。自宋以来数百年间，汪口就中7名进士，仅七品以上官员就有43人，文人学士10人，著作33卷多，因此赢得了“书乡”的美称。

【名镇历史】

汪口古时就是徽州府城陆路至江西饶州的必经之地，千年的风霜为汪口留下了丰富的历史遗迹。例如清代经学家、音韵学家江永设计的“平渡堰”曲尺碣水利工程遗址，古香古色的“一经堂”、“懋德堂”、“大夫第”以及“养书屋”等民居，应该是汪口的经典和辉煌。汪口俞氏宗祠更被村人视为余村的根脉。

【名胜古迹】

俞氏宗祠是三进院落，由山门、享堂、寝堂三部分构成，坐北朝南，面积为665平方米，为中轴歇山式建筑。此祠的山门是罕见的“五凤门楼”，飞檐上精雕细刻着五只展翅的凤凰。在民间宗祠建筑中绝对是少见的。相传清朝乾隆年间，村中文人俞应纶担任太子老师，为了奖励其功绩，乾隆九年（1744年）皇帝下诏建起了俞氏宗祠，宋词中弥漫着皇室气息的“五凤门楼”里面雕刻着“万象更新”、“双凤朝阳”以及“福如东海”等文字。在北面飞檐上雕刻着鳌鱼、天狗等图案。里面翘角上卷云草花、亭台楼阁，还有小桥流水的雕刻，犹若一幅幅美丽的园林图画。享堂是宗族商议大事，制定乡规民约及进行祭祖仪式的核心之地。顶上两根主梁上分别有一个“福”、“寿”字，被称为“福寿双全”。最后部分是寝堂，结构两层，处在最高位置的便是宗族中德高望重的长辈。宗祠梁枋、斗拱等到处能够看见巧琢雕饰，浅雕、深雕、透雕，刀法绝巧精湛，所以俞氏宗祠被古建筑专家誉为“艺术宝库”。

庆源古村

庆源坐落在婺源东北的段莘乡，它是个峡谷幽深、四周由山环绕、绿树森郁的隽逸之地，所以庆源又有小桃源、小源之称。它有着极其不平凡的地貌，处在狭长的山谷两侧，两条海拔千米以上山脉相对峙着。明镜山上一主峰貌似“合掌观音”，凝视着对面“天外来龙”主脉的玉屏岭，有“神龙西至挂屏岭，合掌观音坐镜台”之势。

【名村历史】

在唐代开元年间庆源村建成。整个村落好像一艘巨船，船头船尾形成狭窄的隘口，是进出村庄的咽喉。两边的“境”、“屏”和船身并列着，将整个村落遮掩得密不透风。相传太平军进入庆源村头隘口时，看到山涧闭断，猜测是山谷尽头，便掉头离开，使庆源免遭一场动荡。此后这里建立起了一座路亭，亭壁上刻着“山穷水尽疑无路，柳暗花明又一村”，真是妙极了。

【名胜古迹】

庆源古村有一条溪水潺潺贯村而过，古村历史悠久。溪中石碣7处，27座石桥木桥把两岸连成一体，10多处凉亭装饰着条石叠建的街面。顺着小溪两岸粉墙黛瓦飞檐翘角，在溪水的漪涟中若隐若现。村中心有一棵千年以上的古银杏。30多米高的繁茂树冠，仿佛船形村落的桅杆，为全村做贡献，鸟瞰着全村，荫泽方圆乡里，每到秋天的时候，硕果累累，是当地乔木中的神树。庆源村还有两株古罗汉松。有一株在“大史第”围墙中，被大雪压过几次，伤痕累累，主干盘根错节，但依然枝繁叶茂，弥漫灵性神韵。

源远流长的傩舞戏是庆源最引人注目的。这里村民戴着面具，纵情舞蹈，还有神奇的传说，充满了浓郁的乡土文化气息。千百年来，庆源的狮班和鬼班两大戏班统称为木莲班。面具大多数是木雕，也有铜铸。而且民间流传“石佛人家挖木勺，庆源人家戴面壳”，证明了庆源傩舞戏在婺源的知名度之高。每年村中均在祠堂演出傩舞戏，驱瘟避疫。1958 年人们在庆源庙坛地下发掘的一个康熙年间的铜面具，再次肯定了当年历史文化的沉淀。

景　德　镇

【名镇概观】

江西景德镇是中国历史上的“四大名镇”之一，中国第一批 24 座历史文化名城，不论是其他的 23 城，还是河南朱仙镇、湖北汉口、或广东佛山三大名镇，景德镇与其相比，魅力在于它是中国仅此一座以手工业著称的城市，有无数双眼睛的视线在这座具有 2000 多年制瓷历史的名镇聚焦。

在江西省东北部，美丽的昌江波光四射，逶迤迂回于景德镇的城市脚下。苍苍珠山耸立在城市的正中央，精致的龙珠阁矗立于珠山之巅，鸟瞰着整座城市。南山、游山尖、马鞍山、九龙尖以及八字脑这五座山峰层峦叠嶂，绵延簇拥着突起的城市，这里就是依山傍水的景德镇了。景德镇东南毗邻婺源，东北、西北同安徽交界，坐落在黄山、怀玉山余脉与鄱阳湖平原的过渡地带，传承和发展着徽州文化与婺源理学。它处在长江的南面，素有“江南雄镇”之称。

【名镇历史】

在人文历史悠久的中国，9000 年前的黄河流域就有了非常清晰的表现东方色彩的陶文化。景德镇与陶瓷有着剪不断的情愫。它同瓷器是分不开的，景德镇的历史也就是中国瓷器的历史。

在汉代这个古老瓷都就有了制造瓷器的记载。景德镇曾经被称为新平镇，“新平冶陶，始于汉世”证明了瓷都到现在已有 2000 多年的历史。早在汉时这里就在商周原始瓷器的基础上，烧制出了器表施釉的“青瓷器”，到了南朝陈武帝时，景德镇便有了专门的制瓷行业，它的发展推动了制瓷技艺的提高。到唐代高祖武德年间，景德镇由于在昌江以南而被叫做昌南镇。当时这里出了两位有名的制瓷人：陶玉和霍仲初。陶玉烧制的瓷器色素质薄、莹缜如玉。从“镇民陶玉者，载瓷入关中，称为假玉器，且贡于朝，于是昌南镇瓷名天下”的记载中，能够见到唐初瓷器的成就。

瓷器的无与伦比的美使柳宗元写下了《进瓷器状》的赞美词。烧制白瓷是五代时南方兴盛的。就出土的白瓷吸水率、透光度分析研究，都达到现代瓷的标准，令人对当时高超工艺水平赞叹不已。

“景德镇”的名称是在宋代正式产生了。宋真宗景德年间，皇帝派人到这里为皇家制造御用瓷器，还要在瓷器底部印上“景德年制”四字。质地纯腻的瓷器通过“丝绸之路”和海上航线畅销国内外，被称为“景德瓷器”，因此景德镇便这样得名。后因战乱，景德镇便是集南北汝、官、钧、定、哥五大名窑技艺之大成的“业陶都会”，制瓷业生产进入兴盛时期。

在元代时景德镇进入了一个创新的时期，最大的成功是它创制了至今还享有盛誉的“青花瓷”和“釉里红瓷”。当时闻名远近的陶艺家“壶隐道人”吴十九烧制出色明如朱砂、若晚霞飞渡的“流霞盏”，还有薄如蝉翼、莹白精致、仅半铢重的“卵幕杯”，堪称世界顶峰的作品。彩瓷的发明成为中国陶瓷史上的一个重要的里程碑。并且还在景德镇设置了全国仅此一个的皇室服务专用机构——浮梁瓷局。明清历代皇帝会派人前往景德镇监制宫廷用瓷，还设立了御窑厂。岁月流逝，世事变迁，当年“三保太监”郑和七下西洋，将瓷器传向世界各个角落，没有人能忘记这个古镇的辉煌。

不管是唐代白瓷的光泽，还是宋朝影青的靓丽，或元代青花的光彩，又或明清瓷风的娇媚，“白如玉，薄如纸，明如镜，声如磬”的瓷艺风格，都赐给了景德镇“瓷器之国”的称号。这些令人痴迷的瓷器，是中国的宝贵遗产。比如：青花瓷、青花玲珑瓷、粉彩瓷以及彩色釉瓷，它们由于制作方式的不同而表现出不同的形态。

青花瓷居四大名瓷的首位，它的历史最为悠久。早在元代时瓷工们便采用含有氧化钴的天然矿物质为着色剂，首先将泥坯上绘制图案，然后涂上透明釉，再经过高温烧制，才有了被人们尊称为“瓷国明珠”的青花瓷，它是元代制瓷工艺的代表。

我国10世纪镂空艺术的发展是青花玲珑瓷，它是青花与玲珑工艺的结晶。瓷工们把雕镂艺术运用于泥坯上，镂出许多米粒状的花洞，再上釉填平，入窑烧制，便有了玲珑剔透、晶莹高贵的珍品。玲珑眼洞也从米粒状发展到月牙状、流线状以及圆珠状等多种形状，好像镶嵌玻璃的艺术品，素以“米通”驰名中外。

到现在有1300多年的发展史是最先源于唐三彩的粉彩瓷。它是以一种釉上彩为装饰，首先用钴土在釉上勾勒图案线条，然后用金属氧化物着色，用低温玻璃与保护层经过700多度的高温煅烧成的。以其粉润细腻、柔和圆熟、色彩丰富的独特风格，被冠以“东方艺术珍宝”的美称。

用多种金属氧化物和天然矿石享有“人造宝石”美称的彩色釉瓷着色于泥胚之上，经过高温烧制而成。瓷器釉色特别丰富，蕴涵厚重。不必说是红釉的鲜艳华丽，也不必说青釉的素淡高洁，即使是花釉的古雅斑驳，都能够让人眼前一亮，拍案叫绝。中间最负盛名的当数“祭红”与“三阳开泰”。

景德镇是一座瓷器之城、艺术之城，它不仅有着久远的制瓷历史，同时还有着深厚底蕴的陶瓷文化。不论是陶瓷博物馆、瓷矿遗址，还是古阁古塔、人文民居，均赐予了景德镇耐人寻味的瓷艺魅力。

然而好的瓷器出自好的名窑。在此镇上就先后发现了30多处陶瓷遗址，最有影响力的是高岭、和湖田古窑遗址。高岭位于市区东部40公里处，由于元代时成功地利用黏土作为制瓷最重要的原料，并把这种黏土命名为国际通用的“高岭土”。而它淘洗后的白色尾砂堆积在山坡，形成颇为壮观的“青山浮白雪”的景色。糊田古瓷窑遗址在镇郊湖田村，面积约40万平方米。它兴始于五代，是我国宋元两代各大制瓷窑场的典型代表，经过宋元到明中叶结束，历时600多年。村东堆积有五代时的瓷器遗物，在村南面是宋、元遗物，而中间堆积了元明时期厚达几十米的、保存完整的瓷器遗物。它是世界陶瓷史上规模最大与延续时间最长的窑场。

【名胜古迹】

中华大地醴陵瓷、佛山瓷、淄博瓷艺术之花竞相绽放，然而景德镇瓷器则是世界陶瓷业的圣地。景德镇的大街上到处是摩肩接踵、逐一紧挨的瓷店、瓷窗、瓷摊，五彩斑斓，好像一条彩带，我们能够感受到置身于陶瓷世界的绝世美丽。如果想饱览具有古朴厚重的历史文物，在市区莲社路上的景德镇陶瓷馆，包你满意。陶瓷馆的门楼上，有郭沫若的题词：“景德镇陶瓷馆”。陶瓷馆里面你能体验时世的变迁，自五代的青瓷、白瓷，元代的青花瓷、釉里红，至明代的五彩瓷、颜色釉瓷等这些历代珍贵的陶瓷，如实地反映了景德镇陶瓷发展的全过程，并体现了历代能工巧匠的聪明才智。与景德镇陶瓷馆被河隔开的是景德镇陶瓷历史博物馆，它是一座园林式的古建筑，有清园、明间两部分。清代的古建筑群是清园，而“玉华堂”和“大夫第”均是古代徽派建筑的代表。明间是明代徽派建筑的表现，并且它中间的“苦莱公宅”是我国现存的仅此一座明代三层建筑民宅，只要到过这里的人都能感受到陶瓷艺人淡雅的民间生活气息。

昌江一侧是巍峨的珠山同簇拥于珠山下的五峰。珠山的顶上，气势磅礴的龙珠阁屹立其上，是景德古镇的标志与象征，关注着古镇的沧桑巨变。这座唐代便开始兴建的龙珠阁，历经几次毁坏，现在经过重修才现昔日的风采。红墙黄瓦，飞檐翘角，三层高阁，广阔数丈。阁的大门和内殿梁柱都用朱漆涂抹，流金溢彩。而在阁内前后殿的神龛设有白瓷观音、金彩神像，二楼供有三教创始人孔子、老子、释迦牟尼的塑像。到了明清王朝时，这里就设立了御窑厂，专门监制皇宫用瓷。现在龙珠阁摆放着明清官窑复原的模型和原官窑的相关资料，这儿是一个让游客观赏全城美景，并且还可以了解御瓷历史的好地方。

有一座古建筑离龙珠阁10公里，它就是中国南方仅此一座保存完好的古县衙——浮梁古县衙。它位于一个古老的小村庄上，茂密的田园，清澈的河流，尘土飞扬的土石小路，炊烟缥缈的屋舍，凹凸不平的树杈，让人联想到1200余年前古村落的气息。

自县衙大门进入，支撑“八字衙门”的石墩呈八字排开。几处青砖的残壁、鸣冤的大鼓、威武的石狮、拴马的石桩，依稀可见岁月沧桑的痕迹。仪门、衙院、大堂、二堂以及三堂由南而北排列在中轴线上，参差有序。现在我们看到的浮梁古县衙是清代道光年间的建筑，它反映了中国古代地方官衙的建筑艺术与清王朝的政治规章。古代景德镇一度隶属浮梁县管辖，早在唐朝武德年间浮梁就设立县制，官居五品的原因不仅因为这里有数额巨大的瓷税，并且也是唐初全国最大的茶叶集散地之一，仅仅上缴的茶税就占全国八分之三。景德镇历史上便有“一瓷二茶”之称。《琵琶行》中“商人重利轻别离，前月浮梁买茶去”提到的就是此地浮红名茶。现在的“得雨活茶”更是驰名海内外，也是人民大会堂的国宴茶，这使景德镇又成为瓷都之外的“名茶之乡”。

有一座高大雄伟的千年古塔在古县衙所处的旧城西隅，它便是古代“昌江八景”之一“红塔夕照”中的红塔。这个江西第一塔的千年红塔在公元961年始建，塔高约40米，七层六面，海面开窗门，底层边长有5.2米，各层收建，至顶层边长剩3.7米，塔里面有台阶通往顶部。全部塔身是用大块青砖砌成，由于红壤灰浆的砌筑经雨水长期侵蚀，所以呈现出红壤不断渗出染成红色塔身的现状，因此称为“红塔”。登上这座具有江南建筑特色的宋代名塔，不禁想起当年朱元璋作战在这里藏身的典故。站在塔顶，向远处眺望，俯瞰昌江，瓷都风光尽收眼底。

景德镇四处洋溢着瓷艺的魅力，但是作为千年古镇，这里同样有与古民居相同的淳朴厚重。景德镇在明清时便有从事手工艺工匠10万余众，因此被称为“日耗千头猪万担米”的大都市，是个商业活动的集中之地。另外在市区昌江与西河交界处，有一座为纪念楚国三闾大夫和爱国诗人屈原而建造的水运码头，三层青石码头能够适应不同季节不同水位的运输情况，体现出兴建时考虑之周全。当年商船群集，车水马龙，举世绝美的景德镇瓷器便是从这里装船出发，运往世界各地。码头上以数百块两米长的青石条堆砌成节节台阶，自昌江河面一直延伸到三闾庙明清街街口。

光绪年间的砖砌拱形街门在三闾庙街街口，迎面可见。并且在门楣青石上镌刻的“三闾庙栅”四个大字，刚强有劲，好像一位目睹瓷都兴衰的老人，历经多少年的风霜，世事变迁，也磨灭不了古朴厚重的民生气息。它是古代鄱、浔、都、徽诸州通往景德镇的必经之路，从五代开始，四川、河南、安徽人民骆驿不绝地迁到这里。在古街步行，一路两旁的明清屋舍建设可以表现景德镇古村落的民居风格。古街有明街和清街，明街长80米，由建筑群组成，而清街两旁保存着清代的店铺、作坊、粮行以及民居。行走在铺满石条的路面，细数着石板路上条条车轮周而复始碾轧出的深深印迹，都让人深深体会这个古老名镇的城市史与建筑史的风韵。

当年人们从三闾庙街码头把世界称奇的“人间珍品”瓷器，大批大批地运送到世界每一个角落，于是景德镇便成为一个标志，它代表着中国陶瓷历史悠久深厚文化精髓的圣地。无论是世代相传的手工制瓷技艺，还是具有徽州风格的明清古建和人文景观，均体现着“china”的自豪与骄傲。一件瓷器端放在手上，晶莹剔透圆润柔和中显现着深邃的景德镇光芒。

九江陶靖节祠

【名祠简介】

靖节为东晋大诗人陶渊明之谥号。陶靖节祠，即陶渊明祠或陶公祠。

位于江西省九江县沙河镇东北的蔡家洼的陶靖节祠，是一组面积不大，但却极具江南民居建筑风格的古代祠堂建筑群，是人们为了纪念和祭祀陶渊明而修建的。

【名人故事】

陶渊明，又名潜，字元亮。东晋浔阳柴桑，即今江西九江西南人。于公元365年出生，公元427年逝世。任彭泽县令等职。

陶渊明的一生寄情于田园。他长期隐居田园之中，边种地，边作诗。他曾任彭泽县令八十余天，回家之后便作了著名诗篇《归去来兮辞》。“童仆欢迎，稚子叩门”，可想而知欣喜的程度。他的诗歌清快明丽。开辟了我国古代田园诗派的先河。后人将他的著作编成《陶渊明集》，其中有一百三十余首诗歌。在他死后，人们为了纪念他，先后在其故乡和为官的地方建祠立庙。其中九江陶靖节祠就是最有代表性的一座。

九江陶靖节祠，原在马回岭的面阳山，于明代嘉靖十二年（1533年）初建，嘉靖十七年（1538年）竣工。以后多次对其进行大修。1982年，废这座祠堂，迁建于今址。

【名祠巡礼】

九江陶靖节祠，坐落在西北面向东南，面积约250平方米。该祠为砖木结构建筑，由正堂、前室与两侧的厢房组成。正堂中安有陶渊明塑像，像高三米，头上裹块布巾，手拿卷书，面容庄重。在红柱和横梁上，还悬挂着许多当代名人所题写的匾额与对联。祠内天井中种着菊花，祠外溪畔有菊圃与柳巷，是陶渊明当年田园生活情景的再现。

陶渊明纪念馆建于陶靖节祠的旁边。在此纪念馆内，陈列着《陶渊明集》的历代版本、陶渊明大事年表与他的活动遗址照片、有关陶渊明的书画以及陶学研究著作等。

陶渊明墓在马回岭面阳山。这座坟墓规模不大，是一座纪念性的坟墓建筑。墓前立一写有“晋征士陶公靖节先生之墓”字样的石碑。墓碑左侧，刻有墓志铭；其右侧，刻着《归去来兮辞》。在墓碑的左右两侧还各立一石碑：一座刻有《五柳先生传》，另一座则刻着修墓人的姓名与时间。《五柳先生传》石碑在墓前立着，在祠外还开辟了柳巷，这些都是人们为了纪念陶渊明而精心安排的。

山东省

【怀古诗话】

风云一举到天昊，快意平生有此观。
万古齐州烟九点，五更沧海日三竿。
向来井处方知隘，今后巢居亦觉宽。
笑拍洪崖咏新作，满空笙鹤下高寒。

——元·张养浩《登泰山》

济　南

【名城简介】

山东省会是济南。坐落在该省中部，北与德州市相邻，东北与滨州市相连，东接淄博市，南和莱芜市、泰安市毗连，西同聊城市相邻。目前辖6区3县，代管1市，人口596万（2004年），总面积8227平方公里，有38个民族。1986年国务院把济南列为国家历史文化名城。

【名城历史】

早在商周时代，济南是古谭国地。春秋战国时是齐国辖属，秦始皇统一天下后，建立郡县制。隶属济北郡，叫做历下邑。汉初，设济南郡，这才是“济南”始出。晋永嘉年间，济南郡治移至历城。从此以后，历城就是济南地区的政治中心。在隋文帝开皇三年，改济南郡为齐州，治所仍在历城。而宋徽宗政和六年升州为府。到金代，济南仍为府，属山东东路。元代设济南路，隶属中书省。明初，设置山东行省，济南始为山东首府，为山东布政使司、都指挥使司和按察使司驻地。从那时起，济南成为山东地区的政治中心。清代，济南依然是山东省治。沿承明代制度。民国时期，改府为道，济南开始属岱北道，1914年改称济南道。1929年设立济南市。

1948年9月24日，中国人民解放军解放济南，成立济南市人民政府。

【名胜古迹】

济南是举世闻名的龙山文化的发祥地，它作为城市的历史在4000年以上。济南现有5处全国重点文物保护单位，12处山东省重点文物保护单位，231处市县级文物保护单位。这里不仅有新石器时期的龙山黑陶文化遗址，还有被誉为“海内第一名塑”的灵岩寺宋代彩塑罗汉，亦有汉代孝堂山郭氏墓石祠，还有隋代柳埠四门塔。并且市区内分布有趵突泉群、黑虎泉群、五龙潭泉群以及珍珠泉群四大泉群，有七十二名泉的美称，更有大明湖、千佛山和它相映衬，形成“一城山色半城湖”的风景视廊。

曲　阜

【名城简介】

曲阜坐落在山东省西南部，东与沂蒙相靠，南临淮海，西接兖州，北倚泰山，为山东省济宁市所辖。它现辖8镇5乡，面积899平方公里，人口除汉族外，还有14个少数民族。1982年，国务院把曲阜列为国家历史文化名城。

【名城历史】

早在五六千年以前的曲阜，华夏、东夷两族的先祖就在这里繁衍生息，开始建立人类早期的文明。炎帝、黄帝、少昊都把都城迁到这里。商为奄国都，周是鲁国都。公元前249年始设鲁县。到公元584年定县名为汶阳。直至公元596年初定县名为曲阜，由于“鲁城中有阜，逶曲长七八里”而得名。公元627年合并到泗水，公元634年恢复曲阜制度，1012年易称为仙源，而1129年又恢复曲阜县名。但在1945年底曲阜与泗水并称曲泗县，1946年春曲、泗分开治理。1958把滋阳并入曲阜，1962年初依然根据两县原行政区域分治。

1986年经国务院决定撤销曲阜县，设立曲阜市。

【名胜古迹】

曲阜是中国古代伟大的思想家、政治家、教育家以及儒家学派的创始人孔子的家乡。现在，全市有112处重点文物保护单位，国家级重点保护单位4处，12处省级。孔府、孔庙、孔林被列入世界文化遗产，仅“三孔”保存的文物有金元清各代建筑1300多间，自两汉以来历代碑刻石雕6万多块，3万多株古树，遗存各种文件10万多件，孔府明清档案30万件左右。并且，曲阜还有周公庙、孟母林、少昊陵等古迹。

青　岛

【名城简介】

青岛市坐落在山东半岛东南部，东、南濒临黄海，东北和烟台市毗邻，西面同潍坊市相连，西南与日照市接壤。辖7区5市，面积约1万平方公里，人口以汉族为主，并且有38个少数民族。1994年国务院把青岛列为国家历史文化名城。

【名城历史】

在西周时青岛是东夷地，春秋战国时期受齐国辖治。秦统一中国后，现在的青岛地区差不多属于胶东郡和琅缳郡。现住市区曾先后隶属于3个县：以西汉起首隶于不其县；到了北齐天保七年不其县并入长广县；而隋代开皇十六年后隶属即墨县。明代初期因为防御倭寇，在即墨县东南沿海设鳌山卫，它曾一度划入该卫统属的浮山所。至清雍正十二年撤销浮山所建制后，青岛市区重归即墨县仁化乡。在清同治四年东海关在青岛地区设分关。清朝末年，青岛地区亦称胶澳。光绪十七年清政府在这里设防，是青岛建置之始。德国在 1897 年 11 月，派兵强占青岛。由于 1914 年第一次世界大战爆发，11 月，日本侵占青岛，对青岛进行军事殖民统治。于 1922 年 12 月 10 日，中国收回青岛，开设为商埠，设立胶澳商埠督办公署，直属北洋政府。于 1929 年 7 月，设青岛特别市。而 1930 年，改称青岛市。日本 1938 年 1 月再次侵占青岛。至 1945 年 9 月，国民党政府在美国的帮助下接收青岛，依然设为特别市。

于 1949 年 6 月 2 日，青岛解放，改属山东省省辖市。

【名胜古迹】

到 2000 年截止，全市已发现古文化遗址、古墓群、古建筑、摩崖刻石以及近代革命遗址和优秀建筑等文物数百处，国家级重点文物保护单位 3 处，24 处省级文物保护单位，79 处市级文物保护单位。比较著名的有三里河遗址、东岳遗址、琅琊台、崂山、天后宫、北朝石造像、小青岛、八大关等。

聊　城

【名城简介】

聊城坐落在山东省黄河下游鲁西平原，和冀鲁豫三省交界处。东南与黄河相临，与菏泽地区、泰安市为邻，东北同德州市接壤，南和河南省安阳市、濮阳市相连；西靠卫运河，同河北省邢台市、邯郸市隔水相望。辖 1 区 1 市 6 县，面积 8678 平方公里，共有 30 多个少数民族。1994 年国务院批准聊城为国家历史文化名城。

【名城历史】

商末在现在聊城一带建微子国。在春秋战国时期，相继属鲁、齐。秦统一后，属东郡，两汉时亦如此。魏晋南北朝时期，相继为平原郡、平原国和济州所属。北宋时是河北东路博州治所。南宋时，是金山东西路博州治所。隋唐五代是博州管辖。宋代把城从巢陵迁至现在的地方，作为聊城县治、博州州治。元代属东昌路治。明洪武初东昌路易东昌府。到清代聊城依然是东昌府治。从 1840 年鸦片战争至 1919 年辛亥革命推翻帝制后，域境设置无大变化。

于 1912 年，山东省废府设道，境域是济西道，1914 年改为东临道。1928 年废道，境内务县直属山东省。在 1936 年，全省下设 12 个行政区，区设行督察专员公署。鲁西北是第六区，管辖聊城。1937 年，7 月 7 日卢沟桥事变后全境沦陷。于 1939 年 10 月，鲁西北行政委员会成立。

新中国成立后，1949年9月成立聊城行政督察专员公署。1983年易聊城县为聊城市。于1997年8月，国务院公布撤地设市。

【名胜古迹】

聊城今存名胜古迹470多处。3处国家级重点文物保护单位，15处省级重点文物保护单位。这里的古城坐落在东昌湖中央，组成了“城中有湖，湖中有城，城湖一体”的独特的古城风貌和格局；有明代的光岳楼，气势磅礴，“虽黄鹤、岳阳亦当望拜”；有清初的山陕会馆，精雕细刻，布局规整，是我国会馆建筑中罕见的艺术杰作；被誉为“东昌三宝”之一的宋代铁塔，是我国目前遗存少见的铁塔之一；清代的海源阁，收藏之丰富“为海内之甲观”。在市区周围，还有狮子楼、景阳冈、鱼山脚下的曹植墓，和古阿井、迷魂阵、鳌头矶、舍利塔等一大批远近闻名的名胜古迹。

邹　城

【名城简介】

邹城是山东省直辖县级市。坐落在山东省西南部，北同曲阜紧邻，南和微山湖相连，东为沂蒙山区，西为万顷平原，下辖3街道办事处13个乡，总面积1613平方公里，有汉、回、满、苗、壮等24个民族。1994年国务院把邹城列为国家级历史文化名城。

【名城历史】

在夏禹时期，邹城是“九州”中的“徐州之域”。商代隶属奄国。周成立，封曹侠于此，国号邾，辖属于鲁国。而秦统一中国后始设驺县，隶属薛郡。新莽时期设驺亭，未几恢复。唐初易为邹，隶属河南道兖州鲁郡。在宋神宗熙宁五年（1072年）到元丰六年（1083年）把邹县设置为镇，元丰七年（1084年）重设邹县，明清沿用未改。1939年，分为邹东、邹西两个县级行政区。

于1948年邹县人民政府成立，1992年经国务院公布，邹县改为邹城市。

【名胜古迹】

我国古代思想家、教育家孔子、孟子的诞生地是邹城，这里一直有“孔孟桑梓之邦”的美誉。全市不同种类名胜古迹300多处，国家级重点文物保护单位2处，8处省级重点文物保护单位。著名的有闻名国内外的“三孟”古建筑群；北周时期的“四山”摩崖石刻；山东省规模最大的地下宫殿明鲁荒王陵；被誉为“岱南奇观”、“邹鲁秀灵”的省级历史文化名山峄山。

临　淄

【名城简介】

临淄是山东省淄博市辖区。坐落在山东省中部，鲁中泰沂山区北麓。东、南两面与青州市为邻，北同广饶县、博兴县接壤，西面紧靠淄博市桓台区、张店区、淄川区。辖3个街道办事处13镇3乡，面积667.58平方公里，有汉、蒙古、回、苗、朝鲜等民族。1994年国务院公布临淄为国家历史文化名城。

【名城历史】

早在公元前11世纪，姜尚辅佐文王、武王灭商兴周，因为功绩显赫，便封在齐，在营丘建都。而公元前867年，齐哀公被周王烹杀，胡公迁都薄姑。在公元前859年，齐献公又重新在此建都，并更名为“临淄”。直至公元前221年秦统一中国。秦置临淄县，属齐郡。西汉高帝六年（公元前201年），是齐王的都城。但到光武帝建武元年（公元25年），改齐陵县为临淄县，未几复齐郡为齐国。临淄是县治、国治、青州刺史治所。曹魏时，临淄是县，属齐郡，青州刺史依然治理这里。自南北朝、隋、唐、宋、元没有什么大变化。明、清，临淄为县，相继隶属于青州、益都府、益都路、青州府。1912年临淄县隶属于胶东道。之后隶属多变。

1969年临淄县改为临淄区，成立淄博市。

【名胜古迹】

东夷文化和齐文化的主要发祥地是临淄，这里已发现古文化遗址300多处，3处全国重点文物保护单位，5处省级，49处市区级。并且有迄今海岱地区发现的最古的新石器时期文化，后李文化的年代在距今7300—8300年前。同时境内及周边地区到现在依然留有齐国故城遗址、东周殉马坑、蒲松龄故居等大量名胜古迹。

曲阜孔庙

【名庙简介】

位于山东省曲阜市内的曲阜孔庙，是一座规模宏大的孔子家庙，亦为我国一处著名的古代建筑群和石刻艺术宝库。1961年国务院将其列为全国重点文物保护单位。

曲阜孔庙系我国现存的建筑时间最早的、用以祭祀孔子的古代祠堂建筑群。据载，它初建于孔子死后的第二年，公元前478年，由鲁哀公下令，把孔子生前居住的三间房屋改建而成，到现在已经历2400多个春秋了。

【名人故事】

孔子，名丘，字仲尼。春秋时期鲁国陬邑（今山东曲阜东南）人。他在公元前551

年出生。汉代以后，孔子的思想一直作为封建统治者的正统思想。

自汉代以来，因封建统治者尊儒尊孔，孔子的封号不断增加。其家庙——曲阜孔庙自建成之后，历代都不断地维修、扩建或重建。现在的曲阜孔庙，就是历代修缮后的遗物。

【名庙巡礼】

曲阜孔庙占地面积近22万平方米，是我国著名的古代建筑群之一，其平面呈长方形。其南北长度为1000多米，其长度与曲阜古城相当。

曲阜孔庙——我国古建筑的一座宝库。全庙有一祠、一阁、一坛、两庑、两堂、十五碑亭、五殿、五十三门坊，四百六十六间房屋。它建筑类型多样，装饰彩绘豪华，布局结构严谨，恐怕只有北京故宫可与其相媲美。

曲阜孔庙共九重院落。前三重院落是引导性庭院建筑。有金声玉振坊、太和元气坊、棂星门、圣时门、至圣庙坊、璧水桥、弘道门、奎文阁、同文门、十三碑亭等一些重要建筑。从第四重院落开始，曲阜孔庙分为左路、中路与右路。中轴线左右两侧对称分布，整齐严谨。中路有大成门、寝殿、大成殿、圣迹殿等重要建筑。左路有承圣门、诗礼堂、鲁壁、崇圣祠等重要建筑。右路有启圣门、金丝堂、启圣王殿、寝殿等重要建筑。中路建筑用以祭祀孔子和先儒名士。左路建筑为孔子的家庙，是用来祭祀孔子上五代先祖的。右路建筑则主要祭祀其父母。

曲阜孔庙建筑群中位置最前的一座建筑物是金声玉振坊，石坊四柱三门。坊柱是八角形，四面环抱石鼓；柱顶设有莲花形石座，其上蹲独角兽用以辟邪。此石坊庄重严肃。

据记载，金声玉振坊建于明代。

奎文阁，初建于宋代天禧二年（1018年），名为藏书楼。金代明昌二年（1191年）进行了重建，改为今名。明代弘治十三年（1500年）进行过扩建，增为三层。

奎文阁系一座藏书楼，是一座木结构建筑物，面宽七间，25.7米；进深五间，23.5米；高27.9米。阁的顶层，用以存放历代帝王赏赐给孔氏家族的墨迹和经书。其下层，收藏着历代帝王祭祀孔子用过的香帛等。夹层则用来存放藏经经版。

在奎文阁前的廊下，有二座石碑：《重置奎文阁藏书记》和《奎文阁赋》。在院内，还有四座石碑，它们分别为明太祖朱元璋、明成祖朱棣、明宪宗朱见深与明孝宗朱祐樘刻立的。

杏坛位于大成殿前的甬道上，是一座重檐十字脊的方亭建筑，朱柱金顶，辉煌壮观。正面两檐间挂一蓝色竖匾。这是由清代乾隆皇帝亲笔所题。亭内藻井上绘有金色盘龙，形象逼真。亭前的石香炉，是金代遗物。

在杏坛亭内有两座石碑：一座为《杏坛赞》，一座为《杏坛碑》。分别为清代乾隆皇帝题写，金代文学家、书法家党怀英撰写。

据载，杏坛始建于宋代天圣二年（1024 年）。四周种植杏树，故而得名。金代，其上建了一亭，是单檐歇山式。明代隆庆三年（1569 年）对其进行了扩建，并把亭改为重檐十字脊。据说，杏坛为孔子当年讲学地。

大成殿原名为文宣王殿、宣圣殿，宋徽宗时始用今名。据文献记载，大成殿在宋天禧二年（1018 年）始建。明弘治十三年（1500 年）毁于雷火，迅即重建。清雍正二年（1724 年）再度毁于雷火，皇家特恩准按皇宫大殿形式设计建造。再建后的大成殿辉煌灿烂，气势恢宏。

曲阜孔庙大成殿，建于一座高达 2 米多的石台基上。此大殿面宽九间，54 米；进深五间，34 米；高 31.89 米。重檐歇山式的屋面上用黄色琉璃瓦铺就，金光闪闪。藻井上雕刻有贴金盘龙，璀璨夺目。梁枋装饰精美，檐下斗拱交错。整座大殿富丽堂皇，可比皇家宫殿。

在大成殿内，一座雕龙贴金、制作精美的神龛内有一尊孔子的漆像。神龛之上悬挂一书“至圣先师”四个大字的大匾。神龛两侧，分别安置着颜渊、孔伋、曾参和孟轲四人的陪祀像。另两侧，安置着十二哲人的陪祀像，他们分别是：闵损、冉雍、冉耕、端木赐、宰予、冉求、仲由、卜商、言偃、有若、颛孙师、朱熹。

大成殿四周环有回廊。廊中共有 28 根石檐柱。这些檐柱都是用整石雕制而成。柱下安置着覆盆莲花瓣式的柱础。其中，柱十根前檐，每柱高达 6 米，直径 0.8 米，上雕有二龙戏珠图案；两侧与后廊檐下，共有 18 根檐柱。每柱八面。每面浅刻团龙 9 条，全柱八面计有 72 条团龙。在大成殿的所有檐柱上，共雕盘龙、团龙 1316 条。数量如此之多，雕刻如此之精，形态如此之生动逼真，极为罕见。当清朝乾隆皇帝路过曲阜，来大成殿拜祭孔子时，孔府人员用红布把龙柱围了起来，为了避免犯了“越上”之罪。可见石柱有多精美。

据载，大成殿的 28 根雕龙檐柱，是明代弘治年间（1488—1505 年）徽州工匠所留下的作品。

大成殿前有一个三面透雕图案栏杆的宽阔平台。是当年用于祭祀孔子时奏乐、跳舞之地。

寝殿位居大成殿后，是人们祭祀孔子夫人之地。

寝殿系仿照大成殿的形制建造而成的。全殿面宽七间，33.77 米；进深四间，17.68 米；高 22 米。在其屋面上，铺着黄色琉璃瓦。藻井中雕刻着游龙团凤的贴金图案。殿内的贴金神龛中，安放着牌位“至圣先师夫人亓官氏”。寝殿四周环建回廊。回廊中有 22 根八角形石柱。每根石柱上都雕刻精美的凤凰戏牡丹的图案。

据载，寝殿在唐代始建。宋天禧二年（1018 年）迁建于现在所在地。明代弘治十三年（1500 年）对其进行了扩建。清代雍正八年（1730 年）又进行了重建。后曾多次维修，至今保存完好。

圣迹殿——曲阜孔庙中轴线上的最后一座大殿，在明代万历二十年（1592 年）始建。是为了保存石刻的《圣迹图》而建。《圣迹图》共 120 幅。它以图画的形式再现了孔子的重要经历。

曲阜孔庙中的石刻同样闻名全国。庙中共有大小碑刻 2200 余件，真、草、隶、篆一一俱全，是我国石刻艺术中的宝库。这些碑刻大多集中于大成殿两侧的东、西两庑与十三碑亭中。

大成殿的东、西两庑，原来是供奉孔子弟子和历代名儒 155 人的牌位。这些牌位毁于“文革”中，现作为陈列石刻之地。

东庑内主要陈列的是汉魏以来的历代碑刻。在这里，有汉中元元年（公元前 149 年）刻立的《鲁灵光殿北陛刻石》，它是孔庙中现存刻制时间最早的石碑；《鲁相乙瑛奏置孔庙百石卒史碑》、《鲁相韩敕造孔庙礼器碑》、《史晨碑》、《泰山都尉孔宙碑》等是汉隶中相当不错的作品；《鲁郡太守张猛龙碑》，是魏碑书法的代表作。另外还有《鲁孝王刻石》、《豫州从事孔褒碑》、《孔谦碑》、《贾使君碑》、《李仲璇修孔子庙碑》等。

西庑内主要陈列汉画像石，共 100 余块。它们的内容有神话、农耕、渔猎、饮宴、出行、音乐、杂技、舞蹈等，遍及生活的方方面面，有颇高的历史与文物价值。

十三碑亭，也叫十三碑亭院，它位于奎文阁后面。这座碑亭院中，北部建有五座碑亭，南部建有八座碑亭。这些红柱黄瓦与方形的重檐碑亭，是从金代明昌二年（1191 年）至清代乾隆十七年（1748 年）陆续建成的。全院共有碑石 53 座。它们分别刻立于唐、宋、元、明、清等六个朝代，记述了历代皇帝修建孔庙与祭祀孔子的情况。

汉代石人亭、鲁壁，以及孔子手植桧、宋银杏、唐槐等，也都是曲阜孔庙中引人入胜之景。

邹县孟庙

【名庙简介】

邹县孟庙位于山东省邹县县城南关，又名亚圣庙。是用来纪念和祭祀孟子的古代祠堂建筑群。孔子被尊为圣人，孟子被尊为亚圣，故邹县孟庙也深受人们的重视。国务院将其列为全国重点文物保护单位。

【名人故事】

孟子，名轲，字子舆。战国时鲁国邹（今山东邹县）人。出生于公元前 372 年，逝世于公元前 289 年。他是鲁国公族孟孙氏之后裔。父亲早逝，由母亲抚养、教育成人。曾以子思门人为师。先后游历齐、宋、滕、魏等国。曾一度担任齐宣王的客卿。因其主张不被采纳，所以开始从事教育事业。晚年与弟子一道著书立说。有《孟子》

七篇传世。

孟子主张行仁政、法先王，恢复井田制，“民为贵，社稷次之，君为轻”等，因此在一定程度上继承了孔子学说，故人称“孔孟”。

据载，邹县孟庙在宋代景祐四年（1037 年），由孔子的第四十五代孙、兖州知府孔道辅修建于孟墓旁。因那时的孟庙位于邹县城东北 13 公里处的四基山南，前往祭祀不便，政和年间（1111—1118 年），迁建于县城的东门外。又因庙与河道相临，水患不断，宣和三年（1121 年）又将其迁建于现址。元、明、清时期，曾多次维修与扩建，至今仍保存完好。

【名庙巡礼】

邹县孟庙呈长方形，坐北朝南，占地面积 5 万多平方米。全庙建筑共有院落五重，殿堂 64 间。前三重院落是引导性建筑。从第四重院落开始，殿堂布局分为左、中、右三路。主体建筑居于中轴线上，分列两旁的是寝殿、启圣殿、孟母殿、祭器库、致言堂、御碑亭与东西庑等建筑，左右对称，布局严谨。

邹县孟庙的主体建筑是亚圣殿，位居第四进院落的中轴线上。这座重檐歇山式大殿，面宽七间，27.7 米；进深六间，24.8 米；高 17 米。屋面上用绿色琉璃瓦铺砌，两檐之间悬一蓝底金字、周雕金龙、上书“亚圣殿”三个大字的大匾。殿周环建回廊。廊中有 26 根八角石柱。柱上雕有精美的龙、凤、花卉等图案。柱础是莲花形。殿内神龛中供奉着孟子的塑像。殿内的立柱上还有一幅乾隆皇帝所题写的对联：“尊王言必称尧舜，忧世心切同禹颜。”

据史料记载，亚圣殿建于条石砌筑、方砖铺面的高台上，它始建于宋代宣和三年（1121 年）。先后共 38 次修建。今天的亚圣殿是在清代康熙十一年（1672 年）重建的。后又经多次维修，故今天雄风依然。

邹县孟庙中，古桧、古槐、古柏、古银杏与曲折环绕的古藤萝闻名遐迩。然而，比它们更为有名的却是庙中那 357 件古代石刻。在这里，存汉代画像石 100 余件。有元时仿制的李斯小篆《峄山刻石》，有王莽制的《莱子侯刻石》，有明代董其昌的《题孟庙古桧》碑，以及清代刻立的《孟母断机处》碑等。这些都是我国古文化遗产中的精品。

长清孝堂山石祠

【名祠简介】

长清孝堂山石祠坐落在山东省长清县孝里铺的孝堂山。为我国目前遗存建筑年代最悠久的一座建筑，祠里还保存着数量很多的历代题刻和内容丰富的汉代画像石。1961 年，国务院把它列为全国第一批重点文物保护单位。这就是著名的孝堂山石祠。

【名人故事】

孝堂山，曾叫巫山。这座山由于拥有这座石祠，因而名闻千古。

据说，这座石祠是由于祠后有郭巨的坟墓，并且是为了祭祀郭巨而建的。此人是我国晋代有名的孝子。相传，他特别孝敬母亲。为了保证母亲有足够的食物，他欲将自己的儿子活埋掉，这样儿子和他的祖母就不会争分食品。可是，就在他为儿子挖坑时，居然挖到了一“釜”金子。自此，郭巨便成了天下有名的孝子，巫山因他而改名为孝堂山。

就孝堂山石祠的历代石刻来看，现在保存刻制时间最早的题记为东汉时期所刻。于此，有“泰山高令明永康元年十月廿一日故来观记之”的记载，也有“平原湿阴邵善君以永建四年四月二十日来过此堂叩头谢神明”的题刻。而永康是汉桓帝刘志的年号。永康元年即公元167年。永建为汉顺帝刘保的年号，永建四年即公元129年。由此可知，这两则石刻的出现时间比晋代早一二百年。另外，根据我国古代祠堂的发展历史，在东汉，人们已经废除了“七庙制”，而且实行了在陵墓前兴建祠堂、石祠和石堂的制度。所以，孝堂山石祠是东汉的建筑遗物。由于它兴修在墓前，是祭祀性质的，因此应为祠堂建筑。从石祠的规模、形制及祠里的布局、石刻画等判断，此石祠属于一座祭祀等级较高的官吏建筑，并且祠后墓内埋葬的也应该是一位汉代高官。

【名祠巡礼】

孝堂山石祠坐北朝南，平面呈长方形，为一座单檐悬山顶式的建筑。墙壁、梁柱、屋脊和屋瓦，均用青石制成。石祠室里前方正中央的一根八角形石柱同与后墙相连的三角形石梁把全室隔成两间。北墙和东墙、西墙，都是用石板垒砌而成的。这三面石墙，同三角横梁、前部中间的那根八角石柱与前部两侧的两根八角石柱一起，两部分共同支撑着屋顶。选材构筑细致科学，为孝堂山石祠的特点。北墙下面的一道同石室东、西同长的石台，充分说明了孝堂山石祠确实是祭祀性建筑。此祠中，梁柱、墙壁、勾头、椽头、连檐和瓦当等建筑构件，面面俱到；屋面上的屋脊、瓦垅等，都是木结构建筑。然而，汉代及汉代以前的木结构建筑物，现在一件都没有了。因此，孝堂山石祠的存在，极其宝贵。

孝堂山石祠里的墙壁、瓦当等部位，还留有许多内容丰富的汉代石刻像。草木、人物等一应俱全。在此，有王者出巡图、外宾来朝图、伏羲女娲图等，也有百戏图、行乐图等，还有战争场面和大雁、蕨草、垂帐等组成的装饰图案。并且大王、骑士、艺人、仕女，各种乐器、仪仗、饰物，琳琅满目，应有尽有，在壁上活灵活现。孝堂山石祠是我们保存的又一项历史珍品。

孝堂山石祠里的各幅石刻画像上，均保留着题记。在一些构件上，还保留着历代名士与达官贵人游览后留下的石刻。它们除前已提到的东汉遗作外，还有北魏的、北齐的，甚至还有唐代的。它们为我们研究孝堂山石祠的历史、变迁以及人们前来游览的概况，提供了确凿的历史资料。

嘉祥武氏祠

【名祠简介】

嘉祥武氏祠坐落在山东省嘉祥县的武翟山麓，建于东汉。它同长清孝堂山石祠一样，为我国目前遗存建筑时间最早、保存也较好的宗族祠堂石祠。而且，其内拥有价值极高的石刻艺术品。国务院把它列为全国重点文物保护单位。它就是著名的嘉祥武氏祠。

据载，东汉时，武氏于嘉祥一脉代代当官，在汉桓帝建和元年（公元 147 年），武氏的后人才在他们祖先的墓前修建祠堂。在墓前建祠的风俗，始于春秋战国时。可是，西汉建祠大部分是木结构建筑，东汉建祠大部分是石结构建筑。而这种木构建筑早已不存。如今的嘉祥武氏祠、长清孝堂山石祠，是东汉石构祠堂中的典型，也是现在还能看得到的实物。所以，在我国古代建筑，尤其是在古代祠堂建筑的研究上，此祠有着很重要的意义。

【名人故事】

因为年代久远，嘉祥武氏祠逐渐深埋于地下。可是，北宋金石学家赵明诚、文学家欧阳修，他们作了有关嘉祥武氏祠的记载。在清代乾隆五十一年（1786 年），金石学家黄易于嘉祥武氏祠附近，获得 20 余块汉画像石。就此，著名金石学家翁方纲特别重视，而且给它建专屋保存。由于不断发掘，嘉祥武氏祠终于重见光明。新中国成立后，人民政府对武氏祠的建筑与石刻文物特别重视，而且于此建立了文物保管所，设了陈列室。

【名祠巡礼】

如今的嘉祥武氏祠，由武梁祠、武氏前石室、武氏左石室等同汉代石刻组成。汉代石刻中，有 1 对汉画像石、1 对石狮、2 座石碑、43 块画像石。

武氏后人为武梁修建祠堂武梁祠。武梁，曾担任州从事。武梁祠为一座单开间的悬山式石结构建筑物。祠里有汉代石刻画像近百幅。

后人为武荣修建的祠堂武氏前石室。武荣，曾担任执金吾丞。它是一座两开间单檐悬山式结构。石室里保存着汉代画像 53 幅。

武梁祠、武氏前石室以及武氏左石室中的汉代石刻画，都反映了祠主人的主要经历与生活场面。每幅画上都有隶书题字，表明了这幅画的内容与主要人物姓名。这些汉代线刻画像与隶书题字，共同反映了汉代的社会生活和风俗习惯，为很宝贵的历史资料。

嘉祥武氏祠内保存的汉代画像石，人物栩栩如生。并且画像石的内容丰富多彩，特别有意思，涉及人们生活的点点滴滴，都具很高的历史价值和文物价值。

齐长城遗址

【古迹简介】

它是东周时期齐国为抵御鲁、晋、楚的入侵而修建，它是在南部边境地区修筑的以城墙为中心，包括关隘、城堡和烽燧等建筑在内的系统军事防御体系。工程西从济南市长清县孝里镇广里村北黄河东岸的岭头起，东至青岛市黄岛区辛安办事处的东于家河庄入海处，共经 18 县（市、区），跨越了 1500 多座大小山峦，全长约 618.9 公里。墙体或以土板筑，或以石垒砌，或土石混筑，就地取材，因地制宜，墙体的高矮、宽窄不定，重要地区还设有重关，筑有重城。

河 南 省

【怀古诗话】

呼吸天门振短袍，嵯峨海仙更谁豪？
昼晴东走黄河远，云净西邻华岳高。
蚁垤向年成洛邑，战场终古黯成皋。
奇峰转瞬难图画，拟就金壶试彩毫。

——清·王紫绶《登高岳绝顶》

郑 州

【名城简介】

河南省省会是郑州。它坐落在河南省中部偏北，黄河中游南岸。东与开封市相连，西接洛阳市，南邻许昌市，北隔黄河同新乡市相望。辖6区1县5市，面积7446平方公里，总人口约886万（2011年），有30个民族。1994年国务院公布郑州为国家历史文化名城。

【名城历史】

商代中期，郑州是都城，城址位于现在商城。西周时期，管叔鲜封于此，称管国，是当时周朝东方的重镇。周公当政后，管叔由于勾结蔡叔、武庚叛乱被诛，管城被废。春秋时期郑州属郑，叫管邑，又称东里。至战国后期，属魏。秦统一中国后，在荥阳设三川郡。而西汉时期隶属河南郡，易名管城，属中牟县。至魏晋南北朝时期，管城仍属中牟县。北周明帝武成元年（公元559年），隶属荥州。隋文帝开皇三年（公元583年）易为郑州。自此，郑州一名从那时开始出现。隋文帝开皇十六年（公元596年），管城从中牟划出单独为县。郑州又改叫管州，州治亦由成皋迁至管城，辖管城、成皋、荥阳、苑陵等12县。隋炀帝大业二年（公元606年），恢复为郑州。唐高祖武德四年（公元621年）分开为郑州、管州。从此郑州州治成皋，管州州治管城。唐太宗贞观元年（公元627年）废管州兼并郑州，州治成皋。唐太宗贞观七年（公元633年）州治迁到管城。北宋建立后，因郑州地近京师，属京畿路。宋徽宗崇宁二年（1105年）废郑州，建为西辅。金代，隶南京路。

金宣宗贞祐四年（1216年），管城更名故市，后复名县，并入郑州。清世宗雍正二年（1724年）郑州晋升为直隶州，隶河南省。1913年改郑州为郑县。1928年改郑县为郑州市。1933 年为河南省第一行政督察专员公署驻地。1948 年 10 月 22 日中国人民解放军接管郑州，设郑州市。1954 年河南省人民政府由开封迁入郑州。

【名胜古迹】

郑州是中华民族最早的聚居地之一和中国古代文明礼貌的摇篮。有著名的文化遗存：长达 8000 年的裴李岗文化遗址；距今 5000 年的仰韶文化遗址与商代都城遗址。有举世闻名的少林寺等国家级文物保护单位 11 处和嵩山风景区、黄河游览区、浮戏山风景区、黄帝宫风景区等。

洛　阳

【名城简介】

洛阳市坐落在河南省西部，横跨黄河中游两岸，东面为虎牢关，西面为函谷关，南有洛河、伊河，北有邙山及黄河。目前辖 6 区 8 县，代管 1 市，总面积 15208 平方公里。1982 年国务院公布洛阳为国家历史文化名城。

【名城历史】

公元前 21 世纪，夏朝在河洛地区建立。公元前 16 世纪，商朝成立，定都西亳。公元前 11 世纪周武王克殷，在此定都。公元 25 年，东汉建立，定都洛阳。公元 220 年，曹丕建魏，定都洛阳。公元 265 年，西晋代魏，仍以洛阳为都。公元 494 年，北魏孝文帝迁都洛阳。公元 605 年，隋炀帝兴建洛阳。唐武德四年（公元 621 年），设置洛州总管府。公元 690 年，武则天定年号为周，建都洛阳。公元 909 年，后梁朱温迁都洛阳。公元 923 年，后唐迁都洛阳。公元 938 年，后晋建都洛阳。从 1217 年起，金、元、明、清都在洛阳置河南府。

1912 年，民国建立，设河洛道，道尹公置驻洛阳。1920 年，洛阳设置了两湖巡阅使公署与陆军第三师司令部。1923 年，河南省长公署迁移到洛阳，洛阳便为河南省会。1932 年，日军进攻上海，国民党政府定洛阳为行都，并一度迁洛办公。1938 年 6 月，华北基本沦陷，国民党第一战区长官司令部驻洛阳。1939 年秋，河南省政府再次迁洛，洛阳再次成为河南省会。1948 年，洛阳解放，洛阳市人民民主政府成立。1954 年，洛阳市升格为河南省直辖市。

【名胜古迹】

洛阳有“九朝古都”之称，从我国第一个夏王朝起，相继 13 个王朝在此设立国都。作为长期辉煌鼎盛的古都和中原文化发祥地，现有 6 处国家级文物保护单位，53 处省级文物保护单位，40 余处市级文物保护单位。有中国三大石刻艺术宝库之一的龙门石窟。著名的白马寺，是佛教传入中国后兴建的第一座寺院，有“释源”、“祖庭”美称。北部邙山历来被皇家视为风水宝地，遗存着自东周起诸朝皇陵形成的中国最大的古墓葬群，目前已出土40多万件极为珍贵的文物，同时在这里建成了世界上第一座古墓博物馆。

开　封

【名城简介】

开封，古称大梁，也称汴梁，位于河南省中部偏东，北濒黄河。目前辖5区5县，面积6444平方公里，人口主要有回、蒙、满、藏、朝鲜、壮等少数民族，以汉族为主。1982年国务院公布开封为国家历史文化名城。

【名城历史】

春秋时期出现开封二字，由于郑国庄公选此地修筑储粮仓城，取“启拓封疆”之意，定名“启封”。公元前156年，因为避汉景帝刘启之讳，把启封更名为开封。现在的开封城在春秋时期为仪邑，战国时期为大梁。战国时期，魏惠王六年（公元前364年）自安邑迁都大梁，历时141年。五代时期，梁、晋、汉、周四朝先后在此定都，号称东京。北宋建隆元年（公元960年）设置开封府。金灭北宋后，金天会八年（1130年）改东京为汴京，金天会十五年（1137年）设汴京路开封府，路和府都管辖开封。金海陵王贞元元年（1153年）改开封为南京，改汴京路为南京路。金宣宗贞祐二年（1214年）金迁都南京，是在开封定都的第七个王朝。元后开封为中原省管辖。民国时期是河南省会。

1948年10月24日解放开封，设特别市，依然为省会。直至1954年省会迁到郑州，定开封为省辖市与开封行署驻地。1983年撤地建市。

【名胜古迹】

开封是开国七大古都之一，到现在保留下来的文物古迹有铁塔、相国寺、禹王台、龙亭、延庆观、山陕甘会馆、岳飞庙等国家、省、市级文物保护单位40多处，另外，还有周王府、金明池、州桥等地下遗址。另外，开封辖县也有许多名胜古迹，为我国古代四大名镇之首。如离市区20公里的朱仙镇，目前遗存有岳飞庙、清真寺、关帝庙等古建筑；杞县古称雍丘，是杞国国都，目前存有虎丘台、鹿岗台；有兴国寺塔、紫铜钟、子羽墓、李左车墓、曹子建墓等名胜。

安　阳

【名城简介】

安阳坐落在河南省最北部，处在晋、冀、豫三省交会处，西倚太行山，北临漳河水，东南和华北平原接壤。目前辖4区4县，代管1市，面积7354平方公里。1986年国务院批准安阳为国家历史文化名城。

【名城历史】

商王盘庚迁都于殷，安阳于是成为殷商国都。周灭殷后，安阳隶属卫。魏文侯七年，于邺建都，安阳为都畿之地。春秋以后属卫，晋称东阳。战国时，安阳之名始见史册。秦始皇统一六国，行郡县制，始置安阳县，隶属邯郸郡。东汉末年到魏晋南北朝时期，曹魏、后赵、冉魏、前燕、东魏、北齐，相继建都于邺。到隋大业元年（公元605年），废相州，存魏郡，治安阳。唐高祖武德元年（公元618年），复改魏郡为相州。宋初，相州隶属河北西路，同时置设彰德军节度。在金章宗明昌三年（1192年），彰德晋升为府。明、清也称彰德府。民国初年沿清制。

1932年，国民党政府于省下设区，安阳作为第三区行政督察专员公署治所，直到1949年中国人民解放军接管为止。新中国成立后成立平原省，安阳为省辖市。1952年安阳市划为河南省，依然为省辖市。

【名胜古迹】

安阳境内共有8处国家级文物保护单位，32处省级文物保护单位。另外，1960年、1978年发掘的安阳县小南海原始人洞穴遗址，表明在25000年前先民就在这里繁衍生息。现市区小屯村有殷墟遗址。

商　丘

【名城简介】

商丘是河南省的东大门。北同山东省的菏泽地区搭界，西同河南省的开封市毗邻，南和河南省的周口市、安徽省的阜阳市及宿州市接壤，东隔安徽一角和江苏省的徐州市相望。辖1市6县2区，总面积10120平方公里，有汉、回、满、苗、黎等33个民族。1986年国务院公布商丘为国家历史文化名城。

【名城历史】

据史载，夏朝，初都于此，叫“南亳”。西周成立，成王封殷纣王的庶兄微子启于宋，宋国始建。宋国曾为春秋五霸之一，宋国都城址在现在的商丘市区西南部。早在公元前286年，齐、楚、魏把宋一分为三。商丘市城区西面属魏，南面属楚，夏邑至永城一带属齐。秦时，始置睢阳县，由于城址位于睢水之北故名。睢阳城址在现在的睢阳区城湖南岸，睢阳属砀郡，在今永城市芒山镇政府院北。并且汉高祖五年（公元前202年）开始封彭越为梁王，都定陶，睢阳被其所治。

公元前168年，淮阳王刘武迁都睢阳，称梁国。三国时属魏国谯郡。晋代属豫州。后魏时称梁郡。北齐时称睢阳郡。隋初复称梁郡，隋开皇十六年（公元596年）置宋州。唐代称睢阳郡。五代十国时仍称宋州，后梁置宣武军，后唐改称归德军。北宋时称应天府，宋大中祥符七年（1014 年），又升应天府为南京，为陪都。元代称归德府。明初降府为州，明嘉靖以后至清末皆为归德府治所。到 1913 年裁归德府，所属各县划归豫东道。1914 年属开封道。1932 年是河南省第二行政督察区。

1948 年 11 月中国人民解放军接管后为豫皖苏第一行政区。于 1949 年 3 月设立河南省商丘专区专员公署。1958 年 12 月所辖县市划归开封专区。1961 年 12 月复置商丘专区。

1968 年改商丘专区为商丘地区。1997 年经国务院批准设市。

【名胜古迹】

中原古文化的发祥地是商丘，这里是庄子的故里。商丘有中国保存最完整的四大城池之一的归德古城、古今闻名的应天书院、古老壮观的阏伯台、孔子讲学习礼的文雅台、梁孝王以及司马相如颂诗作赋的清凉寺、“秦淮十艳”之首的李香君墓、侯方域的书屋壮悔堂和我国规模最大、别具一格的芒砀山汉墓群。

浚　县

【名城简介】

河南省鹤壁市市辖县浚县，坐落在太行山东麓华北平原的过渡带，河南省北部，北接安阳，东接濮阳，南靠电子城新乡，西倚煤城鹤壁。县辖 6 镇 4 乡，面积 1030 平方公里，有汉、回、蒙古、壮、藏、满 6 个民族。1994 年国务院公布浚县为国家历史文化名城。

【名城历史】

浚县商代称黎。西周属邶、卫两地。春秋属晋。战国属魏。秦分属三郡。西汉高祖年间始置黎阳县，东汉、卫、晋未改。东晋永和七年（公元 351 年）设黎阳郡，辖黎阳县。唐初是黎州治所，曾辖四州八县。宋、金、元为浚州，曾分置两县。明初降州为县，始称浚县，迁治到浮丘山的北坡，属北直隶大名府。清雍正三年（1725 年），隶河南省卫辉府。民国属河南省安阳行署。

中华人民共和国成立后，属平原省安阳专区，于 1952 年撤销平原省，属河南省安阳专区。1957 年安阳属新乡专区。1962 年恢复，浚县属安阳专区。1983 年改市，浚县辖属安阳市。1986 年改属鹤壁市。

【名胜古迹】

浚县古时候叫黎阳，目前有名胜古迹 280 多处，国家级保护单位 1 处，省级保护单位 5 处。大伾山是我国最早见于史书记载的名山之一，山上目前有古代建筑群七处之多，特别是一尊石佛坐像，古代曾建楼保护，由于佛像高于楼，才有“八丈石佛七丈楼”的佳话。还有省级重点文物保护单位碧霞宫、千佛洞、天宁寺弥勒佛和汉代古墓群、新石器时代遗址等一批古迹。

卫辉比干庙

【名庙简介】

比干庙，又名忠臣古庙，在河南省卫辉市北的顿坊店比干庙村，与城区相距 7.5 公里。因周武王封比干的儿子姓林，故比干被认为是林姓的祖先。所以，比干庙也被称作林氏宗祠。

比干庙历史悠久，古柏奇特，规模宏大。是人们纪念和祭祀殷朝名臣比干的地方。1963 年被列为河南省重点文物保护单位。后来，国务院又将其列为全国重点文物保护单位。

【名人故事】

比干于公元前 1092 年出生，于公元前 1029 年逝世。有人说，他是殷朝最末一位国王纣王之叔父。他曾协助纣王治理国家，管理朝政，行使顾命大臣的职责，使得殷朝的国力日益强大起来。为此，纣王自恃功高，得意忘形，花天酒地，根本不顾国家大事，使殷朝日益衰落。比干屡次劝谏，但纣王一点儿都不听，刚开始不予理睬，后来烦急了，就把他杀了。

比干作为忠臣和谏臣的杰出代表，一直受到人们的敬重与爱戴。他死后一年，周武王就为他大修坟墓，举行隆重祭祀仪式。北魏太和十八年（公元 494 年），孝文帝拓跋元宏下诏，在比干墓前修建比干庙。唐太宗李世民将其封为太师，谥号忠烈公，并为他修了不少祠墓。宋仁宗、元仁宗也曾下诏大修比干庙。1494 年，即明代弘治七年，孝宗朱祐樘下诏对比干庙进行重修，并由卫辉知府金舜臣监工，此次修整为今天的比干庙奠定了基础。以后，人们对比干庙不时加以维修、扩建或重建，但比干庙依然保持严谨的布局、雄伟的建筑。

【名庙巡礼】

比干庙一个重要特征即墓祠合一。庙在前，墓在后。全庙平面呈长方形，坐北朝南，面积近 9 万平方米。庙内的殿堂廊庑是遵循我国古代宫殿建筑的模式修建而成，在中轴线上的为主体建筑，廊庑和配殿位于中轴线的两侧。有照壁、山门、三门、二门、拜殿、大殿、墓亭、丹心坊、墓冢及碑廊等重要建筑。山门前立一对石狮。山门上悬一书有“殷太师庙”四个大字的匾。在二门和三门之前，分别布列着一对朝天犼和幼狮。

照壁也称影壁。坐落在卫辉比干庙建筑群的最前端，高 9 米，宽达 15 米，厚约 1 米，顶部用绿色琉璃瓦铺盖。照壁正中的花卉，是用 24 块绿色琉璃方砖铺砌而成的，图案精美漂亮。

拜殿在三门后面。殿前悬有一书“殷太师庙正殿”的匾。它是纯木结构建筑。过去，这里亦是县级以下人员祭祀比干之地。

大殿又名正殿，它是一座重檐歇山式的建筑物。卫辉比干庙中的主体建筑即为大殿，进深三间，面宽五间。殿内供奉着比干塑像。过去，这里是州府以上官员祭祀比干的地方。这里本有一间佛阁，阁内有一尊比干像，两侧陪祀着箕子与微子。像上悬有一匾，上书“三仁第一”。可惜，佛阁以及其他陈设已不知去向了。

丹心坊为一石牌坊。坊上刻写着“殷太师比干墓”字样，两侧对联为：“孤忠心不死，故社柏犹存。”石坊中央，流云、日、月捧着一颗忠贞的心。

墓冢是一座小土山似的坟丘。这座坟丘高20米，直径50米。据说，比干的遗体就葬于此。

比干的墓冢为平顶。墓冢周围和庙里庙外植有众多古柏，如开心柏、弯柏和无梢柏等都很奇特。

在卫辉比干庙中还有一重要文物即石碑。这里共有数十座石碑。它们都寄托了后人对比干的怀念和颂扬之情。真、隶、草、篆，应有尽有。可谓我国古代书法的一座宝库。其中最为有名的有清代的乾隆诗碑、唐代的《贞观碑》、元代的《延祐碑》与北魏的《太和碑》。《延祐碑》于元代延祐四年（1317年）刻立。它记述了元代修建比干庙与塑造比干像时的情况。《太和碑》初刻于北魏，重刻于宋代，又名《魏孝文帝吊殷比干墓文刻石》。《贞观碑》也叫《祭比干碑》。高4米，宽1米多，厚0.5米。碑的正面，刻写着唐太宗封比干为太师与谥忠烈公的诏文。背面则刻写着凭吊比干墓的唐代官员姓名。以上石碑被称为比干庙的镇庙之碑，具有很高的历史价值和文物价值。

南阳武侯祠

【名祠简介】

南阳武侯祠，位于河南省南阳市西南的卧龙岗上，距老城区约4公里。原名诸葛庐，俗称诸葛庵。

【名人故事】

“臣本布衣，躬耕于南阳，苟全性命于乱世，不求闻达于诸侯。先帝不以臣卑鄙，猥自枉屈，三顾臣于草庐之中，咨臣以当世之事，由是感激，遂许先帝以驰驱。”这段文字说明，河南南阳附近即诸葛亮出山前的躬耕之地。

因诸葛亮的智慧和才华以及忠实深得人们敬重，故封建君主为了加强自己的统治，顺应民众的意愿，不断给诸葛亮封王进爵，且把他仙化、神化。因此在诸葛亮生前活动过的许多地方，出现一座座为他而建的大大小小的祠堂。

南阳武侯祠始建年代不详。不过，唐代大文学家刘禹锡的《陋室铭》中，把南阳诸葛庐与西蜀子云亭相提并论了。也就是说明，南阳武侯祠最迟是在唐代修建的，当时的名称为诸葛庐。

元末明初，南阳诸葛庐毁于战火。元代大德二年（1298 年）进行重修，并更名为武侯祠。祠内供奉着诸葛亮的塑像。同时，修建本祠的主持者，还将祠旁的二百亩田地拨给了武侯祠。元皇庆二年（1313 年），元仁宗下令修建诸葛书院于此。这样就集教育事业与对诸葛亮的祭祀活动于一体了。

明代，封建统治者对诸葛亮的封号越来越多，其政治地位也越来越高，影响随着增大，武侯祠自然也屡屡增修。在此期间，对南阳武侯祠也进行了多次重修，明嘉靖皇帝亲笔为它题写门额，明万历皇帝也向祠堂赏赐了古琴。南阳武侯祠风靡一时。

清康熙五十一年（1712 年），南阳郡守罗景再度重修武侯祠。此时的南阳武侯祠已发生不少变化，罗景据祠内发现的《卧龙岗十景》石刻，对伴月台、老龙洞、草庐、野云庵、抱膝石、小虹桥、古柏亭、躬耕亭、诸葛井等进行了重修，这次修建奠定了它今天的规模和布局。

【名祠巡礼】

今天的南阳武侯祠，面积 12 万多平方米，有大小殿堂 150 多间。在中轴线上依次布列有大门、石牌坊、仙人桥、大拜殿、山门、诸葛草庐、小虹桥、宁远楼等；两侧分列着诸葛井、古柏亭、碑廊、野云庵、躬耕亭、伴月台、读书台等。

南阳武侯祠的所有建筑，大体上可分为前、后两个部分。前部的中心为大拜殿，是祭祀诸葛亮的场所。后部有三顾堂、草庐、小虹桥、宁远楼、古柏亭等，即卧龙十景。大门上书写着“千古人龙”四个金色大字。石牌坊上“汉昭烈皇帝三顾处”的字样，至今仍保留着。

诸葛草庐为一六角攒尖顶亭式建筑。屋面上用茅草铺砌。此亭虽简陋、单一，但再现了诸葛亮当年躬耕所居的茅屋。故它是南阳武侯祠中一象征性、纪念性的重要建筑物。

大拜殿是南阳武侯祠的主体建筑。殿内供奉有诸葛亮的塑像。诸葛亮头戴纶巾，手执羽扇，身披八卦蓝袍。这里是武侯祠中的祭奠场所，庄严肃穆。

南阳武侯祠中，保存着许多珍贵文物，如汉代雕制的天禄石刻等，而岳飞书写的《出师表》和大拜殿前的对联，则更珍贵。

岳飞所书的诸葛亮《出师表》石刻，共 21 块，在南阳武侯祠的碑廊中陈列着。苍劲有力，笔如龙蛇，文后有岳飞题写的跋语。1139 年岳飞于南阳拜谒了武侯祠。他通过书法，抒发了他爱国忧民、痛恨奸臣的感情。

大拜殿前挂一对联：“心在朝廷，原无论先主后主；名高天下，何必辩襄阳南阳。”它由清代嘉庆年间（1796—1820 年）的南阳知府顾嘉蘅撰写。上联，对诸葛亮的历史功绩进行了概述；下联，则是一个历史争议，读来耐人寻味。

此争议，即诸葛亮在《出师表》中说他“躬耕于南阳”，但却未说明在南阳何处，故出现了多种说法，各执一词，莫衷一是。

这个争议，从清代到现在一直没有休止过，但正因如此，掀起了一股三国遗迹旅游的热潮，也不无裨益。

南阳武侯祠西面的市博物馆与东面的汉画馆和汉碑亭，现在已向人们开放了，南阳名胜区，正在吸引着越来越多的游客。

周口关帝庙

【名祠简介】

周口关帝庙位于河南省东南部的周口市内。它是河南省规模最大、保存也较为完好的一座清代祠堂。

周口一带交通便利，在明、清之际成了河南省东部的一处重要的物资集散地。在这里，市场繁荣，商贾云集。山西商人为了祈求关羽保佑他们的财源，不断集资兴建了这座关帝庙，清康熙三十二年（1693 年）和 1723—1850 年间都对其进行了修缮。至咸丰二年（1852 年），周口关帝庙的大修方告完成。

【名祠巡礼】

周口关帝庙南北长 158 米，东西 105 米，占地面积 16590 多平方米。全庙由三座院落组成。有照壁、钟楼、山门、鼓楼、铁旗杆、飨殿、石牌坊、戏楼、大殿、月台、拜殿和春秋阁等重要建筑。

周口关帝庙的一大特点是用铁旗杆表示关羽与日月同辉的品格。

周口关帝庙内立有两根铁旗杆，在石牌坊与飨殿之前矗立着。这对铁旗杆于清代嘉庆二年（1797 年）铸造。每根旗杆直径为 0. 28 米，高 21. 5 米，重 3 万余斤。铁旗杆的最下端，安有六角形的青石浮雕座。在青石座上安有六角形的铁须弥座。在铁须弥座的各面都分别铸上了铭文、鸟兽、龙凤与花卉等图案。在铁旗杆的杆身上，铸着月徽、日徽、寿字、如意、龙、花卉、凤等图案。其高大的体量，精美的铸刻，是其他关羽祠庙所不能比拟的。

周口关帝庙的第二大特点是拥有数量众多、刻工精细的木雕和石雕作品。

在周口关帝庙的各个殿堂与楼阁上，都安着雕制精美的脊饰。在拜殿以及其他建筑的门、窗、屋檐下，都刻着刻工精细的木雕作品。然而，这座关帝庙内各类雕刻的代表作品却是位于铁旗杆与飨殿之前的牌坊。

石牌坊的正面，雕制着二龙戏珠图案，刻工精致细腻。龙嘴、龙眼、龙须、龙爪、龙鳞等，每一个细节都刻得细腻、生动逼真。在牌坊之上，甚至一些大型的画面如八仙过海、天马行空、竹林七贤、凤凰牡丹等中的人物、鸟兽、花卉等，也刻得栩栩如生。整座石牌坊，本身就是一庞大的石雕艺术品，令人叹为观止。

周口关帝庙的第三个重要特征为商人集资，而且建于商贸区内，庙里的建筑布局带有浓烈的商业意味。

在周口关帝庙内，本来还有许多店铺，还可以算是它的最后一个特征。在大殿之后与拜殿的戏楼相对的是一座面宽三间、进深三间的重檐歇山顶式建筑物。不过，此戏楼并不是仅祭祀时才用来演戏。其实它是一个封闭式的剧院，在拜殿的两侧都建有看台，可容纳观众。在这里，祠庙抹上了一层浓厚的世俗色彩。因此，周口关帝庙一方面为我们保留了完好的清代祠庙建筑群，一方面也为我们研究地方民俗文化提供了宝贵的实物资料。

汤阴岳飞庙

【名庙简介】

汤阴岳飞庙坐落在河南省汤阴县县城的西南部，也叫精忠庙。它是一座规模恢宏、建筑壮观的宫殿式古代祠堂建筑群。庙中主要祭祀岳飞，而且也祭祀他的家族与部将，是一座合祀祠庙。

岳飞的故乡是河南汤阴。而浙江杭州为岳飞遇害后葬身的地方。这两处的岳飞庙或岳王庙，是全国一些岳庙中最典型的两座。

【名庙巡礼】

汤阴岳飞庙共有院落六进，全庙坐北朝南，平面呈长方形。由施全祠、精忠坊、大殿、贤母祠和御碑亭、觐光亭、肃瞻亭、岳珂殿、张宪忠殿、岳云殿、孝娥殿、三代祠等建筑组成。祠庙的里面古木参天，石碑林立，气势庄严。

坐落在施全祠后面的精忠坊，为六柱、三间、五楼的木牌楼建筑，呈八字形排列。这座牌楼气势雄伟，制作精美。牌楼的正中题有“宋岳忠武王庙”六个大字。而两侧的墙壁上，嵌有“忠”、“孝”二字。

汤阴岳飞庙的主体建筑是大殿。全殿五间宽，三间深。硬山式屋顶的正脊上，以彩色腾龙装饰，正中是狮子宝瓶。而且正脊两端装饰着背插宝剑的鸱吻。殿里，设有一尊岳飞坐像。岳飞头戴金盔，身穿战袍，手握宝剑，特别威风。此为人们祭祀与凭吊岳飞之处。

在大殿的两旁，建有岳珂殿和张宪忠殿。

坐落在汤阴岳飞庙大殿后面的贤母祠，是人们祭祀岳飞母亲姚氏的地方。祠里，有岳母刺写“精忠报国”的一组塑像。此塑像制作特别精细，生动形象，是岳飞庙中宝贵的艺术作品。

另外岳云殿、孝娥殿建在贤母祠的两旁。

三代祠坐落在汤阴岳飞庙的东北角。于此祭祀着岳飞的曾祖父母、祖父母及父母，所以，它可以说是岳飞的家祠。

汤阴岳飞庙中，保存着193座历代碑刻。有清朝乾隆皇帝的御碑，明代书法家董其昌的书碑和岳飞书写的“还我河山”、《满江红》、《宝刀歌》等。

汤阴岳飞庙中也有铁铸人像。但是，这里的铁铸人像是五尊，它们置于祠庙的最前面。这五尊铁铸人像为奸臣秦桧、秦桧老婆王氏、万俟卨、张俊以及王俊。他们均反背着双手，袒胸露臂，跪在岳飞庙前，从古至今受到人们的唾弃。

函　谷　关

【名关纵览】

函谷关是我国古代一座重要的军事关道，它建于险要之处，靠河而立，由于在谷中，深险如函而得名。东有白峭山，西至潼津，通名函谷，号称天险，素有“一夫当关，万夫莫开”的美誉。但是据史载它并不只是一处关隘，有古函谷关、魏函谷关、汉函谷关。

坐落在河南省灵宝市北15公里的函谷关镇王垛村的古函谷关，也叫做“桃林塞”。其于春秋战国之际始建，周时就在此设关卡，但不怎么重视，至秦汉时期，此地方才成为险关重塞。由于历经千载，风吹雨打，沧桑巨变，物是人非，关城毁灭了，亭阁庙廊倾颓残破，昨日光彩已没有了，只留下荒凉的一片。魏函谷关在臼关道的黄河岸边，也就是现在的函谷关镇孟村境内，古时候称“大峭关”，又名“金陡关”。此关建于魏正始初年，初为曹操运输粮草的关道，后由运粮道弘农太守孟康修建，历经累朝修缮，方见天日。然遭逢乱世，连年征战，关楼遭毁，亦成憾事。汉函谷关，又名新函谷关，坐落在河南新安县东大概500米处，是汉武帝元鼎三年（公元前114年）楼船将军杨仆建造的。据史载，山东一带的豪强富贾都移至关中，由于关中腹地乃天子脚下，帝王的都域，况那时各诸侯王都被封地于关外，等级制度明显，而楼船将军杨仆所居之新安县，也位于关外，所以深觉受辱，遂奏请武帝捐尽家资，建函谷关一座，以雪耻也，以此汉朝的函谷关建成了。

我们现在所说的也就是指古时的函谷关。目前的函谷关楼以及太初宫迎宾楼、函谷山庄等一系列地面建筑，大都以文物史载之原貌所建，有个别建筑是由于开发函谷关而配置的附属建筑。

函谷关关城由三道城墙组成。关楼坐落在东城中的函谷口，也就是东城门，其由西王垛村至东稠桑，整个关楼坐西向东，临弘农涧河而立，关楼两侧黄土塬最高点同弘农涧河相距大概60米。关楼墙南北60多米，东西则逾50米，呈现凹形状，而西城门之构造和它是一模一样。如今，函谷关有名胜古迹大小约十几处，如关城遗址、鸡鸣台、太初宫以及望气台等。同时，还有经1993年新建的散丹亭等大概十处景点，确实是一旅游的佳处。

据史载，古函谷关遗址是不规则长方形，是夯打而成。东城墙沿弘农河西岸绵延不断，长达1800多米。西城墙是顺着衡岭塬建筑的，整个建筑气势恢宏，坚固牢靠。鸡鸣台，亦称田文台，名字的由来是缘于一段历史，这里就不详细描述了。如今的亭台为1987年秋重建的。函谷山庄坐落在函谷关西南侧，它占地面积29348平方米，该庄根据衡岭的地势而建，环境优雅，包融有民俗居园与现代公寓，并有许多处景点。

距此不远的三门峡风景区同函谷关悠远的自然景观相照相映。三门峡，位于黄河中游，处在秦、晋、豫三省交界处，是镶嵌在万里黄河上的一颗璀璨的明珠。历史的风霜给这块古老神奇的土地遗存了许多的文化名胜古迹。在远古时代，就有人类在这里繁衍生息，流传至今的“女娲补天”、“夸父逐日”、“禹劈三门”等动人传说就都是在这里产生的。三门峡风景区主要有三门峡博物馆、宝轮寺三圣舍利宝塔、三门峡车马坑陈列馆、虢国贵族墓地、甘棠苑等景区。

三门峡博物馆位于黄河之滨，在环境优美的风景区内，是一座地志性综合博物馆。总的建筑风格庄重典雅，古朴秀丽。该馆规划有六个展区。而三门峡城市建设成就展，体现了城市基础设施建设、城市景观等辉煌成就，它不仅是展示历代文物和民间艺术的殿堂，更是展现灿烂黄河文化和弘扬中华文明的窗口。

宝花寺三圣舍利宝塔，坐落在三门峡市区西部、陕州风景区里。是我国古代四大回音建筑之一。不仅吸收了唐代密檐式方塔柔美的外形，而且采用了宋塔的独特内部结构，是河南省重点文物保护单位，而且它的塔壁具有逼真的蛤蟆回音，故俗称“蛤蟆塔”。

在史料中有关于宝轮寺的记载，可惜寺院早被毁坏了，只遗存了宝塔。宝轮寺三圣舍利塔南向，是方形十三级叠筑密檐式砖塔。在塔之第二层上嵌一石铭，上刻“三圣舍利宝塔”与“金大定十六年四月五日起塔，十七年五月八日竣工”等字样，到现在有几百年历史了。

坐落在三门峡市春秋路北段，为在西周虢国车马坑遗址上建立起来的三门峡车马陈列馆。虢国车马坑遗址为1956年在三门峡水利枢纽工程建设时发现，经郭沫若的建议，决定原地原状保护。此坑为长方形，坑里置放5辆战车，10匹战马，由北向南排列。车是木质结构，独辕双轮，保存完整，轮廓清晰，每辆车下面置放战马两匹，排列整齐。铜车马饰配置完备。它为我国现在已发现的西周时期保存最为完整的三处车马殉葬遗迹，含有极高的历史科研学术价值。

虢国贵族墓地是西周时期主要姬姓封国贵族墓地。坐落在三门峡市北郊的上村岭，总面积近30万平方米，共有各类墓葬、祭祀坑约150座。而且，大中型墓中出土大量的文物，数量极为可观。尤其是玉柄铜芯铁剑的出土，被确认为我国最早的人工冶铁实物，将我国的人工冶铁史推前一个多世纪，堪称“中华第一剑”。

函谷关和三门峡景区是古战场、道教圣地、历史文化遗址三位一体的古迹名胜，呈现于世人面前，是神州大地上一个闪亮之点。

湖 北 省

【怀古诗话】

高槛危楼势若飞，孤云野水共依依。
青山万古长如旧，黄鹤何年去不归。
岩映西州城半出，烟生南浦树将微。
定知羽客无因见，空使含情对落辉。

——唐 · 贾岛《黄鹤楼》

武 汉

【名城简介】

湖北省省会武汉，也叫江城。南同咸宁市、嘉鱼县、洪湖市相连，西和仙桃市、汉川市毗邻，北同孝感市、红安县、麻城市相接。目前辖 13 个行政区，面积 8467 平方公里，常住人口 1002 万（2011 年），以汉族为主。1986 年国务院把武汉列为国家历史文化名城。

【名城历史】

武汉在商代属中原王朝专管。周代相继属鄂国、郧国和楚国。秦属南郡，两汉时属江夏郡沙羡县。东汉末年到三国时期，武汉是兵家必争之地，于当今的主城区内开始形成城堡，是地区政治中心。汉阳于东汉末月城建成，至两晋南北朝时期相继属沙羡县、汝南县、沌阳县，隋初改置汉阳县，遂有“汉阳”之名。唐到清，先后为沔州、汉阳军、汉阳府和汉阳县治所。武昌于三国时吴黄武二年（公元 223 年）建夏口城，初为吴江夏郡治。晋代是荆州、沙羡县、江夏郡等治所，之后相继为南朝郢州、隋唐鄂州、宋鄂州路、元湖广行中书省及武昌路、明湖广承宣布政司、清湖广总督和湖北藩臬各司署等的治所，明楚王府在这里。1898 年张之洞奏准设夏口厅，汉口遂正式从汉阳分出成为独立行政区。1912 年，民国政府改江夏县为武昌县，改夏口厅为夏口县，1926 年国民政府设武昌市和汉口特别市，汉阳县隶属于汉口特别市。第二年元旦，国民政府迁汉口成立“京兆区”。

【名胜古迹】

武汉是中国古代繁华的商埠，也是近代民主革命的中心，全市有 230 处各级文物保护单位，其中 4 处全国重点文物保护单位，62 处省级文物保护单位。新石器时代的老人桥、放鹰台、纱帽山遗址等都很著名。古建筑中尤以建于三国吴黄武年间的黄鹤楼、明嘉靖年间的晴川阁和清顺治十五年（1658 年）的归元寺最为著名。此外，中国古代著名文化名人屈原、张衡、诸葛亮、曹操、李白、白居易、苏轼、岳飞、李时珍等，都曾在此留下了足迹。

襄　樊

【名城简介】

襄樊市坐落在湖北省西北部，汉水中游。东与随州市接壤，南界荆门市相邻，西邻十堰市、神农架林区，北连河南省南阳市。目前辖 3 区 3 县代管 3 市，面积 26563 平方公里，有 24 个民族。1986 年国务院公布襄樊为国家历史文化名城。

【名城历史】

襄樊周时是各诸侯国的封地，之后属于楚国。秦时分属三郡。西汉初置襄阳县，襄阳开始建城设治。大概在东汉桓帝时樊城建城，城址目前已淹没汉水中。东汉献帝初平元年（公元 190 年），荆州牧刘表把治所迁至襄阳。建安十一年（公元 206 年）曹操设襄阳郡。东晋在襄阳置雍州，齐、梁沿袭。西魏易为襄州，襄阳郡属之。隋初废郡存州，后又改襄州为襄阳郡。唐时襄阳是山南东道治所，辖襄州。宋初为襄州，宣和元年（1119 年）升州为府。元时属河南省襄阳路。明代为湖广行省襄阳府。清代是湖北省襄阳府。民国初年属襄阳道，1932 年为湖北省第八区行政督察专员公署。

1948 年 7 月，中国人民解放军攻下襄阳。1949 年 7 月成立湖北省襄阳行政区专员公署。1950 年 5 月，隶属襄阳专区。并且专员公署驻襄阳城，襄阳县政府、襄樊市政府驻樊城。1979 年 6 月襄樊市晋升为省辖市。1983 年 10 月襄阳地区和襄樊市合并成立新的襄樊市，市政府设在襄阳城，实行市管县体制。

【名胜古迹】

襄樊城市格局被一条汉水分二城，北樊城南襄阳，合称襄樊，目前保存有大部分城垣与护城河。境内现有 38 处全国重点文物保护单位。古隆中、雕龙碑遗址以及广德寺多宝佛塔，为湖北省重点文物保护单位。襄樊在三国时极为著名，据说是“三顾茅庐”、“隆中对策”发生地，现存三国遗迹遍布市区，以古隆中为代表。还有水镜庄司马徽“荐贤堂”、刘备马跃檀溪遗址等都在襄樊。

江　陵

【名城简介】

江陵，在现在的湖北省荆州市荆州区。荆州市坐落在湖北省中南部，江汉平原腹地，东与武汉相连，西与宜昌相接，南望湖南常德，北与荆门、襄樊接壤。现辖2区3县，总面积1.41万平方公里。1982年国务院批准江陵为国家历史文化名城。

【名城历史】

江陵周属楚地。公元前689年楚文王熊赀自丹阳“迁都郢”，历时20代，计411年。公元前278年秦国大将白起起义，秦设南郡，郡治荆州。公元前206年，项羽改为临江国，历时四年就灭亡了。汉朝又恢复为南郡。到武帝元封五年（公元前106年）设荆州，是全国“十三刺史部”之一。三国属孙吴，荆州定治江陵县。南北朝时南朝齐和帝萧宝融、梁元帝萧绎等及南平国王高季兴等都在此建都，前后共81年。唐是荆州大都督府、荆南节度使府、江陵府。唐肃宗上元元年（公元760年）在这里设南都，第二年废都为江陵府、荆南府。元为上路总管府和中兴路。明、清是荆州府。民国为荆宜道，1914至1921年8月曾易为荆南道。

1949年7月成立荆州行政区督察专员公署，治江陵县荆州镇。同月，析江陵之沙市建市，属省辖市。1955年2月22日，沙市市划归荆州专署管辖。1979年11月16日，沙市市复为省辖市。1983年8月，划出荆门县改荆门市，为省辖市。1994年10月，经国务院批准，撤销荆州地区、沙市市，合并设立荆沙市。1996年12月更名为荆州市。

【名胜古迹】

荆州区域内共有76处重点文物保护单位，国家级2处，省级9处。区内目前有高大封土堆古墓800余座，根据它的分布划分了六大古墓区，即川店古墓区、纪山古墓区、八岭山古墓区、孙家山古墓区以及拍马山古墓区。区内出土有战国丝绸、越王勾践剑、吴王夫差矛、西汉古尸等文物。还有保存完好的荆州古城及城楼，在唐代建造的开元观、玄妙观、铁女寺和地下宫殿式的明辽王墓。另外还有现在兴建的关公陈列馆、盆景园、金凤腾飞城标、荆州市博物馆等名胜景观。

随　州

【名城简介】

随州坐落在湖北省北部，长江中下游平原，东和广水市、河南信阳市相邻，西同宜城市、枣阳市交界，南同钟祥市、京山县、安陆市相连，北与河南桐柏县接壤。目前辖曾都区、广水市，面积9636平方公里。1994年国务院公布随州为国家历史文化名城。

【名城历史】

西周初到春秋战国，域地曾有厉、随、唐3个诸侯国。楚在公元前538年灭厉（赖），又于公元前505年灭唐，最终战国末灭随，把厉、唐合并入随，建随县。公元前 280 年，楚把随奉献给秦。汉代随县属荆州，三国时属曹魏。晋太康九年（公元 288 年）在随县设随国。南朝宋泰始五年（公元 469 年）晋升随县为随阳郡，齐改为随郡，梁叫北随郡。西魏大统元年（公元 535 年）为随州。北周大象二年（公元 580 年），杨坚继承父位，后晋封随王，在随地建国。隋开皇初年（公元 581 年）设州。唐、宋、元、明、清，历朝置随州州治。中华民国时成立随县。

1949 年成立随县人民政府，归孝感地委管辖。到 1952 年，随县划属襄阳专署。1983 年随县兼入随州市，是省辖县级市，计划单列，由襄樊市代管。直至 2000 年 7 月，随州市被国务院决策成立地级市。

【名胜古迹】

烈山华夏始祖炎帝神农的诞生地，地处湖北省随州厉山镇九龙山南麓。处于炎帝神农烈山名胜区内，造建了炎帝神农洞、炎帝神农碑、炎帝神农纪念广场、炎帝神农纪念馆、炎帝神农牌坊等。它也是炎黄子孙祭祖寻根的一处圣地，并且在每年农历四月二十六日炎帝神农诞辰日，有成批的海内外炎黄子孙前来寻根祭祀。曾侯乙墓里出土的编钟，显示出深厚的文化内涵，驰名于海内外。

钟　祥

【名城简介】

钟祥是湖北省省辖市，荆门市代管，在湖北省中部，汉江中游，东同京山县相邻，南与天门市和荆门市沙洋区接壤，西同荆门市东宝区连界，北和宜城市、随州市毗邻。目前辖 17 镇 2 乡 3 个街道办事处，面积 4488 平方公里，有 17 个少数民族。1994 年国务院把钟祥列为国家历史文化名城。

【名城历史】

据记载钟祥历史长达 2700 多年。在公元前 701 年，它为楚别邑，称郊郢，是楚国陪都。西汉改为郢县，东汉初撤销。三国时属吴，叫石城。吴在石城置牙门戍。晋元康九年（公元 299 年）设竟陵郡，治石城。南朝刘宋泰始六年（公元 470 年），称苌寿县。西魏大统十七年（公元 551 年），又称为长寿县，同年设郢州，治长寿。隋、唐、宋袭之。元升郢州为安陆府，仍治长寿。明洪武九年（1376 年）四月，降安陆府为安陆州，废长寿县同安陆州合并。明嘉靖十年（1531 年），由于嘉靖皇帝养生在这里发迹，升安陆州为承天府，是中央三大直辖府之一。同年又立县，取“祥瑞钟聚”之意，取名“钟祥”。嘉靖十八年（1539 年），设兴都留守司，故钟祥又名兴都。清顺治二年（1645 年），改为安陆府，依然治钟祥。

中华人民共和国成立后，县名依然为钟祥，1992 年 5 月撤县设钟祥市。

【名胜古迹】

钟祥是楚文化发祥地，楚国陪都，明朝嘉靖皇帝的发迹地，目前有各级文物保护单位296处。列为全国重点文物保护单位的明显陵，是嘉靖皇帝的父母合葬墓，为全国最大的单体明代帝陵。并且，城北莫愁湖是著名的楚国歌舞艺术家莫愁女放歌荡舟的地方，城南的元祐宫是嘉靖皇帝御敕所建的一座规模宏大的道观。

秭归屈原祠

【名祠简介】

秭归屈原祠在湖北省西部长江北岸的秭归县向家坪，又名清烈公祠，西与县城相距1.5公里。人们为了祭祀和纪念战国时期楚国诗人、著名大臣屈原而兴修了这处祠堂建筑群。现在名为屈原纪念馆。

【名人故事】

屈原，名平，字原。又自名正则，字灵均，战国时期楚国人。出生于公元前339年秭归（秦时建制），卒于公元前278年。屈原自幼好学，刻苦读书。二十六岁时，即担任楚怀王的左徒。他主张政治严明，选贤任能，联齐抗秦，深得怀王信任。但因上官大夫靳尚与楚怀王幼子、后任令尹的子兰等多方挑拨离间怀王与屈原的关系，后屈原被降为三闾大夫，并先后流放汉北、湖南沅江与湘江流域。公元前280年，秦兵破楚。不久，屈原投于湖南汨罗江殉国。

屈原，我国历史上的一位伟大诗人，对我国的诗歌创作做出了巨大贡献。他在流放期间，依旧忧国忧民，写下不朽诗篇《离骚》。《屈原赋》收录在《汉书·艺文志》中，共二十五篇，汉代史学家刘向编有《楚辞》。

屈原殉国后，楚国人民为了寄托怀念之情，在他的故乡和出生地湖北秭归，殉国地湖南汨罗与他曾经生活和被流放过的地方，纷纷为他建祠立庙。其中最有代表性的两座就是汨罗屈子祠、秭归屈原祠。下面，我们对秭归屈原祠作一些介绍。

据《归州志·艺文志》记载，秭归屈原祠建于唐代元和十五年（公元820年）。当时的归州刺史王茂元主持修建了这座祠堂，且撰写了《楚三闾大夫屈先生祠堂铭并序》。

王茂元主持修建的屈原祠，在东此距秭归县城30公里处的屈坪。屈坪为屈原的出生地，原名乐平里，人们习惯称之为落脚坪。因为屈原，这里也叫屈原乡或三闾乡。读书洞、吟诗台、照面井等都是与屈原有关的遗迹。坪前还立有一块石碑，上书有“楚三闾大夫屈原故乡乐平里”。

宋、元、明、清时期，秭归屈原祠多次被毁，又对其进行了多次重修。宋代元丰三年（1080年），把屈原封为清烈公。此后，秭归屈原祠便被叫做清烈公祠。1978年，由于兴修长江葛洲坝水利枢纽工程，把屈坪的屈原祠迁建于向家坪。于1982年完工，历时共达5年。

【名祠巡礼】

秭归屈原祠即屈原纪念馆，占地面积4000余平方米。有山门、大殿、左右配房等主要建筑。其内设有屈原纪念室与秭归出土文物展览室。

山门为一座四柱三楼的牌楼式建筑物，高14米。它在建筑群的最前端。山门正中悬一写有“清烈公祠”四个大字的匾。两侧还题有“孤忠”、“流芳”。

大殿是屈原祠中的主体建筑。这座大殿在高台上面，飞檐翘角，气势恢宏。因它修建于20年前，殿的建筑材料都是钢筋混凝土与仿木结构，坚固且显得古色古香。

屈原墓位于大殿之后。据传言，公元前278年五月初五日，屈原投汨罗江殉国之后，其遗体被一条神鱼沿江送到了秭归。人们为了使屈原的遗体避免受到恶龙与水怪的袭击，于是用棕叶或苇叶包上糯米，做成粽子投入江中。而且，人们还把船只刻成龙形，用来驱除水怪。从此，端午节吃粽子、划龙船、进行龙舟比赛，便成了我国民间广为流传的一种习俗。但是，这只是一种传说。其遗体被埋葬于汨罗县的烈女岭，而葬于秭归的仅是他的衣冠。秭归屈原墓前一块石碑上写“屈大夫墓”四个大字。其石坊与门阙，是清道光年间的遗留物。

在屈原祠，还有屈原的一座石刻像保存在内。这尊石刻像，于明代嘉靖十六年（1537年）刻制。它是我国现存刻制时间最早的屈原石像，很为珍贵。

鱼木古寨

【名村概观】

湖北古村落的建筑就数武陵地区的艺术水平最高，曾经在抗战期间修的施宜道上，自木桥溪起就能够看见吊脚楼。在鄂西，吊脚楼是极其普通的建筑，根据我国建筑学理论，这里的干栏式建筑是一种很特殊的居住形式，它蕴含着各个地域的文化内涵及历史位置。土家民居即是这种干栏系列，走栏周匝，腾空而起，小巧玲珑，通常一般是背依山坡，面临溪流或者坪坝形成群落，向后层层高起，现出纵深。土家民居，有他们自己的规定，是按照一明两暗三开间作为正屋，用龛子作为厢房。三开间正屋深于黄土高原的窑洞，正屋和厢房的周围形式来自黄土高原的井院式窑洞。因此，土家民居是华夏建筑同西南少数民族建筑的完美结合。

鱼木寨坐落在利川西部，地处318国道线利川到万县途中，寨楼空兀于万山之中，两边都是悬崖，中间仅一狭窄寨门与外界相通。

据说古代马、谭两大土司交战，鱼木寨的险要地势使得谭土司久攻不下，几个月后，守寨的马土司扔下许多活鱼落在前来攻寨的谭土司帐前，谭土司叹道，“吾克此寨，如缘木求鱼也”，从此有了鱼木寨这个名字。

现在，鱼木寨中居住着500多人，都是土家族。寨内还保存有10座清代碑墓，碑高通常都在5米以上，墓石大都石雕，精美绝伦。此外寨中的“三阳关”卡门、“亮梯子”石栈道凿于绝壁之上，极为险要，“古城墙”、“六吉堂”等遗迹则古朴厚重，环绕山寨的“鸡头沟瀑布”高达百余米，气势恢宏。

寨中居民的婚丧、饭食、建筑含有浓厚古老的民俗风情。不管是男的还是女的都能歌善舞，热情好客。男子喜欢饮酒，姑娘爱绣花被底，做布凉鞋。地方风味“醪糟糯米丸”、“阴米子”、“土腊肉”等非常有名。

湖 南 省

【怀古诗话】

洞庭过了浪犹高，河伯欣然上怒涛。
傍岸买鱼仍向米，登楼呼酒更持螯。
湘汀暮雨幽兰湿，野渡寒风古树号。
诗到巴陵吟不得，屈原千古有离骚。

——南宋·汪元量《长沙》

长 沙

【名城简介】

长沙是湖南省省会。坐落在湘中河谷平原，东依罗霄，西与武陵相接，南依衡岳，北瞰洞庭。目前辖 5 区 3 县，代管 1 市，面积 1.18 万平方公里，常住人口 704 万（2010 年）。1982 年国务院把长沙列为国家历史文化名城。

【名城历史】

殷商，长沙是扬越之地，为百越部落的分支。春秋战国时期，其属黔中郡。秦始皇元年（公元前 221 年），置长沙郡。汉高祖五年（公元前 202 年），汉封吴芮为长沙王，建长沙国。公元 9 年，王莽篡汉，易长沙郡为填蛮郡，易临湘为抚睦县，东汉初恢复其名。东汉末，长沙属荆州地域，为孙刘争战之地。三国时期，长沙地区由吴国辖属。西晋太康元年（公元 280 年），又设长沙郡。永嘉元年（公元 307 年），析荆、江两州置湘州，治理长沙等郡，州、郡治所设临湘。至东晋末，长沙郡仍隶荆州。南朝宋、齐、梁、陈共 169 年，长沙或置国，或置州（郡），州治仍设临湘城，郡治则移至城南。隋开皇九年（公元 589 年），改长沙郡为潭州，改临湘县为长沙县。炀帝时，废州复郡，长沙郡与长沙县同城而治。唐武德三年（公元 621 年），复改长沙郡为潭州。唐乾宁三年（公元 896 年），马殷为潭州刺史，翌年，拜武安军节度使。梁开平四年（公元 910 年），马殷晋封为楚王，加封为天策府上将军。天成二年（公元 927 年），马殷建国，国号楚，都长沙。元初，把潭州改为潭州路。文宗时又改为天临路，路治长沙。1364 年，吴王朱元璋改天临路为潭州府，明洪武五年（1372 年），再改为长沙府，隶湖广布政使司，府治长沙。清沿袭建置。康熙三年（1664 年），湖广出现分治，置湖南布政使司，偏沅巡抚抚署移至长沙，叫做湖南省，省治、府治、县治同在长沙。

1912 年，湖南都督府裁善化县兼并入长沙县，1933 年市县分治，设长沙市，定为省会。

1949 年 8 月，湖南解放，长沙依然是湖南省会。

【名胜古迹】

长沙是全国三大文化流派之一，是湖湘文化的所在地。出土的文物中，有古陶器(距今 7000 多年)，有中国现今最大的古乐器商代铜饶以及最早的古地图《长沙国南部地形图》，最早的毛笔和第一把钢剑，并且在城西岳麓山上有“汉魏最初名胜，湖南第一道场”的古麓山寺。山下有岳麓书院，城北有保存完好的开福寺，城南有长沙古城墙的遗址天心阁，并且在城东郊马王堆西汉古墓出土了一具距离现在 2000 多年仍保存完好的女尸，同墓出土了 3000 多种文物。同时，还有贾谊故居、张仲景的黄氏学祠、杜甫的“江阁”、欧阳询故居、船山学社等众多古迹。

岳　阳

【名城简介】

岳阳古时候叫巴陵，坐落在湖南省东北部，东与江西省铜鼓县、修水县相邻，南抵浏阳市、长沙市和望城县，西接沅江市、南县，北与湖北蒲圻市、洪湖市、监利县、石首市相界。辖 3 区 4 县，代管 2 市，面积 1.5 万平方公里，居民以汉族为主。岳阳先后被国家评为沿江对外开放城市、国家历史文化名城、中国优秀旅游城市、国家卫生城市和国家园林城市。

【名城历史】

岳阳古时是“三苗”的聚居之地。春秋时期属楚，相继迁罗、麇于岳，筑城来往。秦时，东属长沙郡罗县，西属南郡、黔中郡。三国时期，初由吴、蜀分治，后属吴。晋太康元年（公元 280 年）析下隽置巴陵县，隶属长沙郡。元康九年（公元 299 年）析长沙郡建昌郡，治所巴陵。宋元徽二年（公元 474 年）析罗、湘西、益阳置湘阴县。梁大通二年（公元 528 年）置岳阳郡，与巴陵郡并立。梁天监二年（公元 503 年）置南安郡于南安。隋开皇九年（公元 589 年）废岳阳郡，并入巴陵郡，后又废巴陵郡建为巴州。唐武德四年（公元 621 年）改岳州为巴州，六年夏为岳州。元代岳阳隶岳州路，明复为岳州府。清康熙三年（1664 年）隶湖南布政史司岳常澧道。清光绪二十五年（1899 年），岳州开辟为商埠，在城陵矶设立海关。民国二年（1913 年）改巴陵县为岳阳县，三年隶武陵道，十一年裁道，县直属省。

中华人民共和国建立后，辖区东部是长沙专区，又改湘潭专区；西部华容县是常德专区。1960 年 1 月以岳阳县城关镇建立岳阳市，由县代理。1962 年 10 月撤市复为城关镇。1975 年 12 月恢复岳阳市。1981 年 10 月撤销岳阳县，其行政区划归岳阳市管辖。

1983 年 7 月，岳阳市改为省辖市。

【文物古迹】

岳阳从古到今就是商贾汇集和文人兴会之地，目前有名胜古迹 193 处，革命纪念地 22 处。市内有岳阳楼，有“白银盘里一青螺”的君山，有被誉为“东方日内瓦”的南湖，还有汨罗江、屈子祠、杜甫墓和任弼时故居以及彭德怀领导平江起义的旧址等重要景点，让人向往。许多诗坛巨子屈原、李白、杜甫、白居易、刘禹锡等在此留下过千古绝唱，例如范仲淹《岳阳楼记》中的名句“先天下之忧而忧，后天下之乐而乐”。

德夯苗寨

【名村概观】

德夯苗族村坐落在风景秀丽的湘西武陵源风景区内，犹如一颗璀璨的夜明珠。“德夯”是苗语，表示美丽的峡谷，离湘西自治州首府吉首市大概 24 公里。这是一块神奇的土地，这里溪流星罗棋布，峡谷深壑，瀑布飞泻，流纱瀑布如白练凌空，像一帘白纱悬挂在谷壁上。这里群峰竞秀，盘古峰海拔 700 多米，峰顶像葫芦状，是大小两峰，绝壁千仞，天险难度，站立峰顶，四周的景色一览无余。也有著名的公路奇观，这便是湘川公路上最险关卡——矮寨天险，从山麓到山顶全长只有 6 公里，却转了 13 道弯，公路犹如白带盘旋在青山之上，车行路上，伸手能够抓到窗外白絮般的云雾。

青山绿水间，一幢幢灰瓦石基吊脚楼，一条条平滑的石板路，一座座玲珑的石拱桥，一群群美丽大方的浣纱苗女。还有那古老的石碾与筒车，在水力的带动下，不知疲倦地旋转着，充满着田园的情境，这就是德夯苗寨。

【名城历史】

德夯苗寨建立时代不早，100 多年以前，德夯境内历峡山顶上的苗族人由于人口众多，畜牧业发展迅速，村民只得将山顶上的牛羊放至谷底喂养。由于谷底草源丰富，牛羊滞留不回，苗族人为防牛羊受野兽的伤害，就留下人在谷底看守，于是一个世外桃源被发现了，山顶上的苗族人逐渐向山下转移。这个村在峡谷深处，依山而建，目前住着 100 多户苗家。夯峡溪、玉泉溪从村的三面潺潺流过，村子像浮在水上的小岛。

【名胜古迹】

苗族人居住在古朴厚重的吊脚楼，周围大多林竹茂密，风光绝佳。苗家吊脚楼，飞檐翘角，三面有走廊，悬出木质栏杆，上雕万字格、喜字格以及亚安格等图案。妇女们常在走廊上绣花织锦，还能观花望月。此楼既美观又实用。来过这里观光的人，都说苗乡的吊脚楼美。苗家吊脚楼历史悠久，古朴厚重，使苗家居住的山村更有浓郁的民族特色和风采。

因为出山交通不便，德夯人根据祖辈遗传下来的许多习俗度过一个又一个年头，德夯苗家风俗较完整地保留到现在。

苗族有很多节日，除了春节、元宵、端午、中秋、重阳节外，还有三月三、四月八、六月六、苗年、斗牛节、赶秋节等。

苗寨里每逢节日，热闹非凡。天刚亮，寨子的男女老幼吃完了早饭，便穿上节日的盛装。青年男女特别讲究，女人们穿上自己家织的镶着各种各样刺绣的丝绸衣服，手撑青色布伞，戴上银项圈、银手圈、金戒指等。男人们挎搭裢、背挎包，并且头上盘着高高的头帕。顺着蜿蜒的山路，向预定的地点汇集。到了中午，这里已经变成人山歌海了，多达上万人参加。有对山歌的、吹木叶的、吹唢呐的、打秋千的、跳鼓舞的、耍拳的。在八人秋千上，男女对半，秋千从慢到快，秋千架上下吆喝声震天，一对对苗族男女，如山鹰展翅，如海燕俯冲。秋架宛如大纺车，纺织苗家男女的爱情，生活的喜悦。而后不久，人们便坐在秋千上开始对苗歌，他们出口成歌，句句声声含情蓄意，通过对歌了解并向对方表白，这是苗族青年自由恋爱的一种方式，通过这种方式，一对对伉俪走到一起，白头偕老……

吹木叶是苗族人民在田间劳作时的一种休息方式。他们将一片木叶贴在下嘴唇边，用中指和食指压住叶片一半，并且嘴唇微闭，轻轻地吹动木叶，能够吹出一种优美、动听的声音，别具山乡风趣。节日盛会上，吹木叶是男女青年一种特别的表达爱情方式。木叶声能够抒发内心的喜悦与悲伤，一片片木叶吹出婉转动听的恋人约会的情歌，深情的木叶声总能被有情的对方听懂，所以苗岭木叶也就成苗家儿女谈恋爱约会的“情叶”。

苗家的舞蹈都是用乐器伴奏，很多舞蹈便以伴奏的乐器命名，如鼓舞就是其中最普及最传统的一种。大木鼓支在一个木架上，鼓心和舞者的头部同高。舞者手持两根木棒，边击边舞。腰间与手里的红绸飞旋着，是以鼓心为轴的半圆，把它紧紧裹住。而舞蹈本是一套完整独立的动作，击鼓也是一套完整独立的动作，但两者被舞者分解又组合，融于一体，鼓和舞互为转换。

从晨曦初露的早晨，人们一直欢乐到晚霞落坡的黄昏，尤其是唱歌的人，男女答唱盘对，其趣无穷，歌声似大山里的清泉，涌流不止，情真意切，难以分舍、情趣盎然。

这里神奇的自然山水，另类的苗族风情，吸引着海内外成批的民俗学家和寻奇探幽的旅游者前往探访。假如你到了德夯苗族村，这里居民的花衣使你看得目不暇接，独有的特产风味让你吃了就上瘾，另外苗家人的神话更是听不完……

洪　江

【名城简介】

独自一人漫步在纵横交错的街巷，踏着几百年的高码头青石板，一路上观赏着满是苔藓的青石门坊上署有康熙、乾隆、道光、同治、光绪以及民国年月的牌匾、楹联，两侧的高墙经历了几个世纪的风雨。假如你能够感叹地在门前的石凳上坐下来，摸索着已被抚得光滑可鉴的石狮和门墩上的石鼓，好像可以聆听到悠远的回响……

【名城历史】

怀化西部是古夜郎发源地中的一隅，在战国时期曾属楚黔中郡，可历至五代仍为“蛮地”，直到宋元祐五年（1090 年）才正式置洪江寨。地当沅水与巫水汇流，阻扼祖国大西南孔道，元末已是湘黔边境上的大墟场，明清时更已是“烟火万家，称为巨镇”。在西南山区的木材、桐油、药材、土纸通过这里销售于外。清咸丰时，仅“洪油”一项每年便由此输出值银百余万两二十万担，运到镇江、上海转销海外市场。自沿海运回的食盐、布匹、百货则散往湘、黔、鄂、桂、滇边远山区，被称为“五省通衢”，是大西南山区走向世界的第一站，也是现代资本主义商品经济在沿海地区外最初的一株萌芽。据民国十九年（1930 年）统计和民国二十二年（1933 年）《中国实业志》载，那时洪江市的货币流通量居湖南第二位。

1940 年，沈从文回到湖南，在沅陵住了四个月，写了一本《沅水流域识小》，在《沅江上游的几个县份》中开篇便道：“由辰溪大河上行，便到洪江，洪江是湘西的中心……通常有‘小重庆’的称呼。”在同书《常德的船》中描绘：“在沅水流域行驶，表现得富丽堂皇，气象不凡，可称巨无霸的船只，应当数‘洪江油船’。这种船多方头高尾，颜色鲜明，间或有一点金漆饰……下行可载三四千桶桐油，上行可载两千件棉花，或一票食盐。用橹手二十六人到四十人，用纤手三十到六七十人。”据 1938 年的《湘水道查勘报告》，常常聚集在洪江的这种木帆船就有 511 艘，由此可见它的市井繁荣程度。

巨商豪贾汇集，店铺比比皆是，自明清以来，不同地方的客商所建的会馆便有 15 家。相继拥有 7 家银行，23 家钱庄，17 家报社，以及 40 多家戏院……因此成为湘西南的军事、政治中心。于民国时期，湖南省第四、七、十保安司令部和第七、十行政督察专员公署同省政府洪江行署都在这里驻守过。

世事变迁。由于现代交通的发展，轮船、汽车、火车、飞机等取代了骡马与木帆船，洪江的商埠地位也已成为历史。令人惊喜的是，经过普查，就在洪江区新市区旁，发现一座由于已改作民居而被人忽略的古商城，并且遗存有明清古建筑 380 多幢，总面积达 54000 平方米，居住着 2000 多户人家。

【名胜古迹】

它是一座倚江滨高地而立的老城。屋舍大多按井字形排列，有许多是“窨子屋”。随着大概三四公里长断续尚存的青石板路和码头的石级参差错落、曲折迴深，完好地保存着许多自明清到民国时代的寺庙、墟场、驿站、衙门、钱庄、银行、作坊、烟馆、妓院、茶楼、报社，等等。青耳粉墙，雕梁画栋，古朴厚重，苔藓苍苍，犹如在翻开一页页古书，让我们去证明文献上所载的三百多年前“七冲八巷九条街”的布局。

古商城建筑风格独树一帜，具有代表性明清江南营造法式又具有显著的沅湘特色。密密麻麻中有许多富商巨绅的宅第，有的是货栈兼招待客商住宿。宅第大都是两进两层或两进三层，周围是青砖砌的封火高墙，中堂特别高敞。有干天井和湿天井，廊阶以十分平整的大青石板铺成，有的一块长至丈余。尤其在江南一带十分罕见的，是每进门就有一座用青石板镶制成的太平缸，大的长大概两米，宽高大概一米，每一面都雕刻着绝美的吉祥图案。有的是圆形和六角形的观赏鱼缸，上镌诗词和鱼龙花鸟，书画和雕刻的艺术性都特别高，让人拍案叫绝。

会馆或处在深巷，或筑于高坡，格式是宫殿而兼楼宇。每馆都有一个宫名，如万寿宫、天后宫、太平宫、关圣宫。有正殿、偏殿、正厅、客厅、客房以及戏台等，当作共同祭祀与维系乡情之地。

很多建筑物的门楼与照壁上方能够看到色彩鲜明的壁画。精致的窗棂、格扇、门雕与栏杆造型别致，异象纷呈。飞檐翘角振翅欲飞，脊饰若庄严绚丽的帽子。斗拱的造型复杂，又显得特别大气简单，体现了我国古代建筑艺术的绝妙。沉醉在这古建筑群中，每一座均让人感受到天人合一的整体和谐，感慨先辈们仅以砖、木、石为材料，甚至连铁钉都不用一颗，就能建造出这一座座坚固、实用并且美观的绝构，数百年后依然屹立而且愈加诗意盎然。

民族文化的重要标志是历史建筑，沉淀有深厚的人文内蕴，艺术观赏性很高，所以也是旅游的宝贵资源。尤其是洪江这样一座坐落在山区能面向世界的古商城，保存得又尚为完好，在全国非常少见。如能经过认真修葺更凸现昔日风貌，加强治理好周边环境，肯定会是湖南省旅游产业的又一颗璀璨的明珠。

凤凰古城

【名城简介】

被誉为“湘西明珠”的凤凰古城，一弯清澈的沱江穿城而过，雄伟南华山拥抱着清代老城楼，还有一架架窄窄的石墩小木桥，一幢幢古朴、盈蕴着浓郁土家风韵的吊脚楼，一座历经风霜的黄丝桥老城堡，一道历史悠久的永兴坪段遗址南方古长城，一群举世闻名、名垂史册的人，构成了一幅完美的水墨丹青画卷。

【名城历史】

看过《边城》的人，便开始了解这座古色古香的老城。事实上“边城”并不在凤凰，真正的“边城”在凤凰以北的茶峒。但人们却还是习惯性地赋予凤凰以“边城”的诗韵。为什么？就因为这本书的作者沈从文的故乡在凤凰。

凤凰古城令人安静，据传那对从这儿展翅而飞的凤凰，应该也带着深山幽河中的那份恬美与祥瑞，为这座古城取了如此美丽的名字。凤凰古城坐落在湖南西部边缘，沅江两岸，武陵山和雪峰山夹江而立，切断了和洞庭湖、湘中的联系，构成了深不可测的原始的湘西风情。这里从前是蛮夷之地。据载：“唐垂拱三年，设渭阳县。”凤凰古称“镇竿”。在明清时为五寨司城，是大湘西的军事、政治、经济、文化中心，也是交通要道，一直是兵家必争之地。清乾隆年间，商业在凤凰逐渐兴起。由于地理位置与历史的关系，使得凤凰成为深闺中的一颗明珠，外人很难知晓它的美丽。其实要想前往凤凰有许多路可走。从湘西苗族土家族自治区首府吉首市顺着沅江南下 80 公里，便可到达凤凰。也可以从贵州东部的铜仁、松桃出发，仅两个小时的路程。

现在我们有很多种了解凤凰的途径和方法。江一条、山一座、建筑一片、名人一群，是最简单明了的概括。这里能给人宁静致远的心境，这里有纯朴的苗族居民，蜿蜒的梯田圈出湘西的无限风情。山水相依、烟雾缥缈、重峦叠嶂的秀丽和源远流长的历史，恰似一首绝美的韵律。

【名胜古迹】

凤凰不仅名字美，而且山水更美。当凤凰未被开发以前，人们知道的便是它的神秘秀丽和令人陶醉的清秀。

沱江清澈澄明的流水能够见到河底的水草随着水波荡漾，偶尔也有几条小鱼兴奋地起舞。江上几叶扁舟，长长的篙在沉淀的江中留下时光的足迹。清晨的小城空旷静寂，并且空气中夹杂着芬芳的泥土香气，几只燕子掠过水面，在低回盘旋中体现古老的情调。江水潋滟，江边宜人的人文情怀让人不禁动情。顺着沱江两岸，淘米浣衣的苗家妇女把它当成了每天欢愉的乐园。笑声和杵声相交织着，有苗族人民的情趣同对幸福生活的向往，那优美的旋律也飘荡于“无痕”的碧镜之中。

沱江是凤凰的灵魂象征，而沱江上面的拱桥则是通向灵魂的阶梯。荟萃了苗族、土家族、汉族桥梁工艺精华的“虹桥”，是凤凰古建筑中一座核心的标志性建筑。它自南往北飞跃于沱江之上，如彩虹一样倒映于清澈的江水之中。它最早建于明洪武年间，是一座雄伟磅礴的三拱两墩石桥。高高的石桥上建有风雨桥廊。两边与桥顶均是飞檐翘角，朱红墙、青灰瓦，非常明了，亘古中带着几分幽雅。此桥是豪华的筑造，而沱江之上还有矴步。矴步也就几个憨厚的石墩，排列成一条横于水上的连线，既不阻隔水流，也非装点之物。无论是矴步，还是虹桥；无论是江边精美绝伦的遐昌阁，还是翘角悬铃的万名塔，均像亭亭玉立的少女，是沱江水中若即若离的装点与颜色。一叶叶的小舟，岸边熙攘的人群，清脆悦耳的铃声，水声人沸，形成了流动的艺术，这就是沱江水的魅力。

一群历史悠久的民居建筑耸立在沱江边，临水而建，对江开窗，这就是吊脚楼，为凤凰古城最具苗族特色的古建筑，尤其是回龙阁吊脚楼。城东南的回龙阁，前临古官道，后来悬于浩浩沱江240米之上，是清朝所建的聚集在一起的民居。吊脚楼有上下两层，属于五柱六挂或五柱八挂的穿斗式木结构。随地而建的房屋，下层一般占地不多、不规则，也不作正式的房间。上层明显宽大得多，突出水面的那一截被一排排细脚伶仃的木柱支撑着。屋顶歇山起翘，有雕花栏窗，透露出灵气与小巧。凭窗远眺的居家人，生活的每一点每一滴都成为凤凰的一道充满温馨情感的风景线，并且也饱含着对美好生活的守望。

楼也好，江也罢，都在南华山的碧障映衬下显得活灵活现。南华山像一位母亲将整座山城温暖地环抱。纵观奇峰，雄伟耸立，插入云端；横看山林，黛绿千层，连绵横亘。这里犹如一个绿色的巨大宝库，山中不但有银杏、珙桐、水杉这类珍稀的植物，并且许多名贵药材也遍布于绿荫之中。松鼠、灵猴、长尾雉、野斑鸠在林中游窜，透出无限生机。如今的南华山已是一座森林公园。园中景点特别多，南华山半腰上便是凤凰县革命烈士纪念碑。20米高的纪念碑建成于1987年国庆，青石护拥着巍峨的石碑，不禁让人联想到在湘西剿匪时，为了人民幸福生活而献身的凤凰烈士。碑四面是现在的人们对故人缅怀的题词。碑文曰："再造山河倍险艰，献身为党效前贤。人民何处同瞻仰，立下丰碑垂万年。"碑右为："边城河山秀，世代育英杰，更展先烈志，硕果献灵台。"碑左为："沱水含筋骨，南华抱忠骸，英烈瞑慧目，人民继遗业。"背面是："血洒渭阳千家泪，魂归南华万木春，泽慧五竿人奋发，唤起凤凰上青云。"瞻仰纪念碑，山头紫云徘徊，山下大江长流，给人肃穆庄严之感。在南华山上就连蜿蜒的石板小路都表现出凝重的纯美。原始图案的石板路与一条回廊连接，回廊另一头是一座六角小亭，有黄永玉亲自题写匾额的"壹停亭"。可能由于这幽静淡雅的景致，使凤凰景观驰名遐迩，纯朴苗族人民才是这些美景真正的创造者，每一处景致均在展示凤凰人民的精神和灵魂。

凤凰古城北面、沱江以南，被称"照辉"的北门城楼坐落于此。它始建于明朝，而至明嘉靖三十五年（1556年）土城被改为砖城，开设了四大门，名覆以楼。到了清代，古城的军事地位日显重要。康熙五十四年（1715年）把它加固为石楼，北门取名为"照辉门"，一直保存至今。而且城楼为两层红砂条石筑砌，重檐歇山顶。城上八孔炮台，每层四架，可能控制防御城外近2公里的范围。城下有木质城门，为半月拱形，以铁皮包裹着。圆头大铁钉密密麻麻的钉在上面，锈色斑斑。透过它，差不多能够看到《湘西剿匪记》、《乌龙山剿匪记》中那回肠荡气的情景。此地的建筑不光精致巧妙，那种充满浓郁的侠者气概是别处所不能比拟的。

南方长城就在照辉城楼以西数公里。这处苗疆边墙南起贵州铜仁，北至湖南古丈保靖，连绵数百公里，绕山跨水，自凤凰域贯穿而过。城墙高约 3 米，底宽约 2 米，顶宽约 1 米，矗立于险峻的山脊之上。这处最早的南方长城建于明代嘉靖年间，当年统治者为抵御“生苗”滋扰，筑起了这道屏障。明朝湘黔边境的苗人被划分为生苗和熟苗。生苗就是不服从朝廷政府管辖的少数民族，他们因不堪忍受政府苛捐杂税与民族欺压，经常揭竿而起。明朝为了安定边境，镇压反抗，出资 4 万两白银在生苗与熟苗之间修筑起了长城。南方长城中保存最完好的一段就是重要关隘全胜营。营址选在巍峨峻峭的全石山半坡上，所以又称为全石营。二层青瓦雕楼用青石砌成，顶部的人行道有 1 米多宽。如此雄伟的长城，让人不由产生思古柔情。长城上屹立着 800 多座哨台、炮台、碉卡，在墙与墙之间连接，细数着几百年前历史硝烟的伤痕。之后这道盘龙屏障慢慢在时光流逝中被遗忘，杂草蔓延的边墙被风化得惨不忍睹。

它的发现是一个偶然。2000 年 4 月国家建设部、国家文物局的专家考察凤凰申报国家历史文化名城时，竟发现了远处群山上孑然矗立的残废碉堡，恰好是人们一直寻找的南方长城遗迹。南方长城发现的消息一传播开来，整个世界都震惊了。经过一段时间的开发重建，廖家桥永兴坪那段长达 1.7 公里的新长城、8 座碉堡、1 座东门城楼便跃入了人们的视野。人们不禁感叹它的古老，正如人们所说的：“南方长城是沿山靠水，就地取材建筑而成的。如果有石头的话，就用石头来垒起，没有石头的话就用黄土夯制。尽管南方长城不那么高大，但它并不缺少作为长城的性质和军事防御工程所应该有的一切，它的军事建筑，像哨卡、堡垒、关口等，比北方长城更为密集。”这些断壁残垣默默地诉说着几百年的沧桑历史，即使没有北方长城的高大，也别有一番气质。

它的建筑阻断南北两岸的厮杀，也阻断了西边的阿拉镇。使得阿拉镇闻名的是那座中国到现在为止保存得最完整并且也是最大的屯兵古城——黄丝桥古城。黄丝桥古城距今已 1300 余年了。它于唐垂拱三年（公元 687 年）始建，经过宋、元、明、清各代不断整修，才有如今如此雄伟壮观的石头城形貌。黄丝桥古城雄处在湘黔要冲，战略位置尤其重要，东为七里冲咽喉之扼，南为亭子关之险，并且西为绵长亘古的边墙之塞，北为高山深谷之障。青石的城墙包围着这座寂寞的城，城中有黄泥墙的民居。带着一颗好奇兴奋的心登上城埠，走在城墙坚固的青石块上，可以清楚地看到城内民居流动的生活画卷，嗅到干草牛粪的气息。俯瞰百里之外，远处景致美不胜收，四处是苍茫一片的纵横阡陌。

在黄丝桥石城，我们能够发现两处不一样的地方。只要在古城走上一圈就能看见，几米高的城墙极其坚固，但只开有三大城门。东曰“和育门”，西曰“实成门”，北曰“日光门”，就是没有南门。事实上这里原来是有南门的，由于连续三次意外大火而使南门屡建屡毁，人们也不知道是何原因。便请来风水先生，风水先生说南门属火，即就算是修好，也会再次毁于一旦。于是人们就干脆封掉了南门。从此这里就只有三道门了。另一个不同之处，就是古城的城角。它不像平常城堡在转弯处呈直角，而是向外凸出来一块。为了方便守城的士兵在这块凸处观察敌情，假如敌人进攻也可以在此击退敌人，展示了黄丝桥古城完美的军事防御性。这些石头垒成的城堡长城在那时防御着外敌的入侵，坚固的城墙也阻隔了两地的交流。

悠久的古城，浑厚的长城，让人惊奇的是它顽强的抗御精神和固守家园的那份执着。虽然它们冷漠地坚守着，历过多少风雨冰霜，但它实际展露的是建造它们的苗族人民的风采。如今我们正处于四方升平、八方安定的局面中，雄伟的南方长城便成为一个历史的印记，让人们共同欣赏古代文明的壮丽。

寻着沈从文足迹上路，“归梦如春水，悠悠绕故乡”，故乡家园永远是一个意蕴丰富的魂牵梦绕的地方。沈从文很小的时候便离开了家乡凤凰，沿着湘西的水，走出了“边城”。可他的精神和情感却始终没有离开过湘西。正如沈从文自己在文章中写道：“我的感情流动而不凝固，故乡给予我的影响实在不小。我幼小时较美丽的生活，大部分都同水不能分离，我的学校可以说是在水边的，我认识美，学会思索，水对我有极大的关系。拿起我这支笔来，想写点我在这地面上二十年所过的日子，所见的人物，所听的声音，所嗅的气味，也就是说我真真实实所受的人生教育。”边疆小城赋予了他更野性、更自由、更无拘无束的生活。1998 年，身处北京的 86 岁高龄的沈从文在弥留之际还念念不忘家乡，希望自己死后能回到生他养他的地方。后人完成了他的遗愿，他的骨灰一部分被撒在了故乡的沱江，一部分被葬在江边的听涛山上。

听涛山，一座临江的美丽小山。山下江流水急，山上松涛呼啸，有着让人着迷的景色。在一个山坳中，大师便叶落在这里。几缕夕阳从背着竹篓的乡民身边投射，熟悉的乡音里还流露着《边城》、《长河》中的爽快。听涛山下的沈从文墓碑为一块从南华山采来的天然五彩玛瑙石，肃静庄严。上面有刘焕章的篆刻，还有沈从文遗作《抽象的抒情》中的手书：“照我思索，能理解‘我’。照我思索，可以识‘人’。”简朴的墓地前几枝干枯的野菊花，不禁令人伤感。

我们在感悟湘西凤凰的同时，自然也不能错过沈从文故居。城南的中营街，有卖糖姜的小店，还有一座具有代表性的南方四合院，它就是沈从文故居。它特别古老，就是一座石板铺就的小天井，四周瓦木结构的石屋，恬淡宁静。在正屋中堂挂着先生的素描画像，剩下的 8 间旧屋陈列着先生的文稿手迹和照片、著作。临窗的书桌上，雕花的木窗外，全都是湘西古朴的风情。

凤凰城中还有着各式的手工艺作坊，像民间传统织布印染的蓝印花布作坊。这种蓝印花布最早是由我国西南瑶族地区生产的瑶斑布演化而来的，后来在民间广泛流传，成为人们不可缺少的服饰生活用品。蓝印花布先经过制版，用石灰和豆粉调成土靛涂在镂空板上，多次染色后把附着在染布上的石灰浆在水漂中洗后即成。蓝色的花布在凤凰城中穿梭，宛如当年翠翠的风采和那道挥不去的油彩。湘西人爱这一抹蓝，爱它单纯率性的质地，如同湘西人朴实的性格。

沱江边与听涛山对峙的夺翠楼，有黄永玉对古城那一道风景的描绘，跳傩的老司依然跳着凤凰最古老剧种——傩堂戏的神话，并且每年正月湘西人热闹的舞狮会就是对凤凰昔日情景的重演……

芙蓉镇

【名镇概观】

芙蓉镇原本叫王村镇，由于一部电影《芙蓉镇》而声名鹊起，所以取了这个名字。湖南湘西吉首土家族苗族自治州永顺县的芙蓉镇是一座令人迷恋的湘西古镇，具有2000年历史。古时它是秦汉土司王的王都，称酉阳，古时便有“酉阳雄镇”之说，五代十国时称溪州。它坐落在酉水北面，为酉水的重要码头。在清雍正七年（1729年）置巡司时，通川黔达鄂泸，水上交通便捷，得天独厚。它不但是永顺县最早开发的水陆口岸，也是全县进出口物资的重要市场，共有铺面300多家，客栈100多间，并且在清嘉庆道光年间还有“小南京”之称。

米豆腐

芙蓉镇环山绕水，村落屋舍顺着山坡向山顶梯形分布。酉水连接着猛洞河上游凤滩水库的波光粼粼。在村前的渡口聚集着待渡的人，自在地吸着自制纸烟的小贩在渡口摆开地摊，做着王村特产小银鱼的生意。渡口旁一条石板小路自酉水边延伸到小山坡，一节节的台阶由青石所铺，仿佛是一道曲折幽深的天梯，两边是土家的楼阁和土家的手工坊。

镇口有一处瀑布，轰鸣的水声震耳欲聋，倾泻而下的水流，疯狂着撞击着陡坎和溪床，神奇地凿成了一个深坑。落下的瀑布溅起的水花有好几丈高，在阳光下，长虹飞渡，云雾缭绕，有些“惊天动地响如雷，凭空飞坠雪千堆，银河浩瀚从天落，万斛珍珠处处飞”的奇妙感觉。它的上游是一座石坊，一旁是古老的石桥，神奇的景观让人感慨自然造化的神奇。傍晚暮霭中，除了哗哗的落水之声，还有远处村中古老屋顶上飘散出来的丝丝炊烟与中间夹杂着“砍脑壳的，回家吃饭了哟”的叫喊声。

芙蓉镇中的青石小街，从头到尾尽是清一色的米豆腐店。事实上米豆腐出名还是随着《芙蓉镇》的电影开始的，在剧中刘晓庆所演的胡玉英便是卖米豆腐的。大概是“名人效应”，现在的游客来到这里也会冲名气吃碗米豆腐。这米豆腐整条街到处有吃，都叫“刘晓庆米豆腐店”，贞节牌坊下的那一家是最正宗的，就是当年电影中的那家米豆腐店。白嫩嫩的米豆腐是芙蓉镇传统的风味小吃。豆腐好吃，但制作起来不简单。

每天早上三四点王村镇人就开始忙碌了。他们得早起把泡了一夜的糯米用石磨磨成白花花的米浆，再把米浆与石灰水倒入锅中，用火不断加温，并不停地加以搅拌。蒸汽腾腾而上，穿越屋顶，宛如一种雾泽穹空的神化。尽管蒸汽还在升腾，当搅拌成糊状时，米豆腐就差不多能出锅了。舀一碗糊糊，倒入一个漏子中，无数白色的“蝌蚪”便沿着漏孔滴入下面的木桶中。而滚烫的“小蝌蚪”遭遇冰冷的井水，就凝固成了米豆腐，六点多新鲜的米豆腐便做成了。鲜嫩的米豆腐加上别味的佐料，红红的辣椒汤，色泽金黄，撒些绿色的葱花，能够凉拌也能够热食。一碗色、香、味俱全的米豆腐不禁令人口水直流。吃上一口，感受妙极，凡到过芙蓉镇的人不吃上三大碗是绝不过瘾的。这家米豆腐店为了表示其正宗地位，每天开业便会在店堂中挂出当年刘晓庆在米豆腐店的剧照与合影，客人品尝之余，还有回顾历史、沉醉当年的韵味。

神柱

王村镇由于这部电影被人们改称成了“芙蓉镇”。可是，历史上王村的名字来自土家族彭氏土司王朝的建立。它是土家族习惯的官方称谓。在唐代时王村为溪州，所以土司王也就是“溪州刺史”。早在1000多年前五代楚王马希范沿猛洞河而上，同土司王彭士愁大战于王村，这便为“溪州大战”。最后以土司王兵败臣服而告终，而且在会溪坪野鸡坨留下溪州铜柱为战争纪念品，双方盟誓为约，立柱为信。所以经过此役王村的水陆重要的渡口位置更让别人了解，但正是由于这个频繁遭受兵灾的侵扰，造成为土司王心中一片严重的阴影。终于在1135年，彭士愁第八代孙子彭福石冲才把都府从王村向北迁进了10里外老司城，自此王村便成为无王的自由村落。

“定州神柱”是土司王兵败立的铜柱，对溪州来说，是土家族历史珍贵无比的见证。这段远去的历史，没有载入史册，所以铜柱上镌刻的溪州之战的经过、双方盟约条款，是最有力的历史的证据。这根高一丈二尺、重5000斤的八角八方青铜柱，现在立在了芙蓉镇“民俗风光馆”展示厅的正中间，柱子十分醒目，黑黄发亮。铜柱八边，纯铜所制，八面雕刻的2000多个颜、柳体阴文，虽经历沧桑，字迹依然清晰完好，又加刻了带官衔的人名400多字，字形方整，清楚体现出书法之妙，镌刻工艺属上乘。1961年“定州神柱”列为国家重点保护文物。傲然风雨中矗立的千年溪州铜柱，它已经完成了安定边界、和平解决纷争的重大任务，很快将移入新建的博物馆。

茅古斯

听完千年溪州土司王朝的故事，我们可以从罕见的舞蹈“茅古斯”中感悟芙蓉镇古香古色的原始风貌的精髓。茅古斯为土家族原始戏剧活动，据说是茹毛饮血时代的土家祖先所造的，它具有舞蹈、表演、祭祀内容，是原始戏剧的“活化石”。它在土家语中意为“长毛的人”。表演时有一个人扮演老茅古斯，剩下的是若干女茅古斯与小茅古斯，除了女性外全部赤裸上身。茅古斯用茅草作为衣，手执木棒，头上扎五根大草瓣，而且男人腰间捆一根用草扎成的“粗鼻棒”，表示男性生殖器，体现了生殖崇拜的遗风。

这个舞常表达一个完整的故事情节，相继六晚分别跳起按“生产”、“打猎”、“钓龟”、“接亲”、“读书”、“接客”为线索的舞蹈，表现了祖先创世业绩。每逢过年过节，均会在跳摆手舞之前来上一段茅古斯，这种原始、粗犷、滑稽的舞蹈，重现了土家人民千百年代代传承信守的民族神灵和文化习俗，并且也让人顿然感慨“蛮夷”正是令人敬仰、顽强生息的群落。

时光匆匆，土司制度已经成为历史，但土家人还在跳着茅古斯舞，溪州神柱仍耸立见证着土家人的伟大。在当前人们寻找根源的心态驱使下，渐渐认识芙蓉镇几千年价值所在，带给人们品读的文化内涵不只是一部电影，而是土家人文化内涵的蓄积和古朴民风。

张谷英村

【名村概观】

几千年来形成的文明，风水历来是中国人追求好的地理位置的代名词。它强调自然为本，人类选择适合自身生存发展的理想环境，崇尚“天人合一”的宇宙观，这一切缔造了充满情调的中国村落意向。而湖南省张谷英村就是一个具有代表性的风水村。

这座古朴厚重、气势宏伟的村落在历史的长河中静静地伫立着，历经几十代子孙的繁衍生息，一直没有人惊扰过它。终于在2002年金秋，这个湘北岳阳县山水优美的古村落，以它特有的魅力展示在世人面前。伴着张谷英村古建筑群牌匾上红绸布的被缓缓地拉下，张谷英民俗文化节也拉开了序幕。文化节“江南第一村”人与自然和谐统一，慢慢成为了人们关注的焦点。

【名村历史】

岳阳市中心东北方向，有一片古老村落，倚山而建，绵延千里，那就是张谷英村。它是一座历经明清两朝的聚落，曾叫渭洞村，如今之所以称为“张谷英村”同它的始祖张谷英有着不可分割的密切关系。早在600年前，张谷英原居住于江西省，担任吏部侍郎，并且也是一位上知天文下知地理的风水先生。元代后期，战乱纷扰，百姓生活于水生火热之中。为了生存，他和子孙从江西一路西行到湖南。据说当年他与李、刘两位江湖郎中共同寻找安生的地方。李、刘两姓人家分别选择了“禄位高升”与“四季发财”的地皮，果然两户人家子孙有的高官厚禄，有的成了百万富翁。可惜好景不长，没多久便官消财尽，一蹶不振了。而当年的张谷英凭借他的“风水”知识，寻觅到了渭洞山区渭溪河附近的“人丁兴旺”的地方建宅。虽后代无升官发迹，却人口生息繁衍，家丁兴旺，发展为当地的大家族。这段迁徙史在张谷英家族简史中也有记载："抽身宦海，匿迹深山，觅隐来兹，求安卜宅，遂定居渭洞，历六百年之艰苦奋斗，人才辈出，族业昌繁，已成江南之望族矣。"为了表达对先辈祖宗的怀念和敬仰，后人便把渭洞村改名为"张谷英村"。

早在明代洪武年间，张谷英村就静静地矗立在四面环山的幽深谷底，树木茂盛，远眺黑漆漆一片连体的黑瓦青砖，好像一个巨大的斗篷。一条涓涓的渭溪河蜿蜒曲折地横穿村子，甚至轻得没有声音，一切都那样的静谧。不论是择址还是建造均体现了风水的模式。张谷英是位风水名士，选择此地定居肯定经过一番研究。村落群山环抱，根据阴阳风水学说来看这不无"藏风聚气"之模式。"气乘风则散，界水则止"，而风水中的"风"是对"气"产生的影响，"挡风"、"避风"、"藏风"目的是为了保持生气旺盛，避免族中生气散逸。刚好由于挡风聚气，才有了现在家族兴旺的大村落。"水"在中国文化中也有着重要的含义，例如《水经经》中就有说："水积如山脉之任"、"水环流则气脉凝聚"。而水被看作"财富"的象征。因为村中渭溪河水穿村而过，所以人称"金带环抱"，恰好印证了"引水聚财"的理想格局，并且也表达了人同自然相和谐的思想。"风水"即使有过于玄妙的迷信色彩，但风水学说对中国传统建筑文化与传统自然环境观的研究发展有着重要的推动作用。

【名城古迹】

张谷英村是一座规模宏大、历史悠久的古代建筑群落，始建于明代，目前已发展成为建筑面积达 5 万平方米，自东南到西北横跨两里之宽、有 1732 间大小房屋、已生存了 26 代、居住 2600 多人的古老村落。中国的古村落很多，可是张谷英村以其独特的建筑风格吸引人们的目光，成为实实在在的"江南第一村"。

张谷英大屋场历经多年风霜，依然保留完好。从远处眺望，屋宇墙檐相连接，错落在渭溪河上，58 座石桥飞跃两岸，形态各异。其中有三座小山峰像三片花瓣，围着这片建筑，青山好像一层厚厚的保护膜，挡住了多次战祸灾难，几百年来人们隐身此地才得以绵延至今。

通过村口的大关门进入连体大屋，第一座房子就是历史最悠久的祖屋。在祖屋里间是一个四合院，中间露出一处用石头砌成的天井。张谷英村建筑最具特色的是天井，全村共计 200 多个天井，井和井相连，大小各异，大的有 20 多平方米，小的才 4 平方米。方方正正的天窗是村落中采光和通风的重要窗口，是屋顶上有的方有的圆的空间，四周青瓦覆盖得密不透风，只留下天洞透下自然光与风。下面对应着一个凹陷的浅井，铺满了花岗岩与青砖，砖上偶尔会镂上铜钱的装饰图案，技艺精湛。周围居住的村民所倒出的废水都汇集在这里被浅井慢慢地"消化"。浅井底下有水道，我们一般是找不到排水孔的，但水道却连接整个村子，最终流入大关门前的两口池塘里。奇特的天井设计与建筑使村落在几百年间，虽然经历多次洪灾暴雨但也没有被堵塞。神秘的天井设计堪称张谷英村特色。

又窄又深的巷道，昏暗的光线，给人一种神秘的感觉。全村 60 余条巷道回廊，总长 1495 米，最长的一条巷道有 70 余米。而巷子两边是层叠参差错落的幽深宅院，顶上铺着青瓦，一米多宽的地面横着整齐的青石板。而有些地面就是用泥土夯垒而成，承载过几百年居民的来往去回，地面已变得极其光亮。人们在这坚硬的巷子里行走，同鞋子碰撞出“锵锵”的声响，好似扣响古老音韵的木琴。屋檐重叠有序，环环相扣，所以小巷晴不曝晒，雨不湿脚。畅通无阻的巷道穿插在大屋中，科学合理地把每家每户分隔成一套套“堂屋加厢房加卧室加厨房加厕所”的特别局面。假如发生火灾，村民便爬到小巷两侧的封火墙上，掀掉瓦片，这样连体大屋中间形成一条隔火带，足以截断火路，由此可以看出他们的智慧。

大屋场不仅设计巧妙、规模宏大，而且房屋的建筑工艺也极其精细。建筑大部分是明清时的砖头垒成，所谓“明砖清瓦”。青砖和青砖之间的灰缝虽然经历百年但依然异常坚固，铁钉也钉不进。而作为装饰品的砖雕、石刻和木雕技艺精湛。窗棂屏格上的硬木雕刻即使已显陈旧，可木板也不翘不裂，而且花鸟图案线条清晰，画面栩栩如生。檐内浑圆的梁柱上刻有“太极图”，太极表示天地一体，造化阴阳，梁柱的上面刻太极表示为全族人保平安和佑富贵的美好愿望。而屋下镂雕的是精巧的小鹿、喜鹊，天井鼓壁上的松竹梅图案，屋梁下生动逼真的“八骏图”，均给古老的屋场增添了勃勃生机。

在大屋场中有一处进士宅第，它盈蕴着村落中世世代代尊奉孔孟之教的风俗。宅第里有许多名人匾额，饱满的字体犹如穿插着幽幽怀古的情愫。张谷英村到现在为止出了 1 名进士、9 名举人以及近百名贡员，新中国成立以后还出了 200 余名大学生、2 个博士生，还有的远渡重洋。因此走进张谷英村便会发现古村人洋溢着振奋人心的精气。村民们人人以读书为荣，世代重教尊礼，村中的文塔是村子几百年的古韵文风的见证。村中民风淳朴，日夜都不闭户，没有出现过失窃之事，让人向往如此平实的生活模式。

自天井中漏看蓝天白云，也可以登山远眺绵绵连体的青瓦脊檐，都能够体验张谷英村的神奇独特，它是我国悠久建筑史上的一个闪光点，已让许多游览者深深沉醉。

广 东 省

【怀古诗话】

秋城韶晚笛，危榭引清风。
远气疑埋剑，惊禽似避弓。
海树一边出，山云四面通。
野火初烟细，新月半轮空。
塞外离群客，颜鬓早如蓬。
徒怀建邺水，须想洛阳宫。
不及孤飞雁，独上山林中。

——南朝·江总《秋登广州城南楼》

广 州

【名城简介】

广东省省会广州，也叫羊城。坐落在珠江三角洲的北缘，东与惠州市博罗、龙门两县相连，西邻三水、南海与顺德市，北与清远市和佛冈县及韶关市的新丰县相靠，南接东莞市和中山市，与香港、澳门特别行政区隔海相望。现辖10区，代管2市，面积7434.4平方公里，户籍人口806万（2010年）。1982年国务院公布广州为国家历史文化名城。

【名城历史】

早在秦始皇三十三年（公元前214年），秦设南海郡，郡治番禺。郡尉任嚣筑“任嚣城”。秦朝末期，赵佗建立南越国，并建筑了“周十里”的赵佗城。而汉武帝元鼎六年（公元前111年），汉平南越国，把南越国土分为南海等9郡，南海郡治在番禺。在三国东吴黄武五年（公元226年），孙权建立交州和广州，合浦往南为交州，往北为广州，广州之名出现。南北朝时期，广州管理南海等18郡。隋朝在岭南设总管府，便在番禺。唐初沿袭，贞观元年（公元627年）把全国分为10道，道变为行政区后，广州是岭南道治所。

五代后梁贞明三年（公元917年），于广州建立大越国，国号为汉，叫南汉，最后亡于北宋。宋代置广南东路，路治广州。元代江西行省设广东道，辖属广州路等14路，道治和路治都在番禺。明代设广州府，辖属连州、番禺等15县。至清顺治三年

(1646年),朱聿键在广州称帝,年号绍武,史称南明。清代设广东省,辖广州府等9府,而省、府治均于今广州。1918年广州设市政公所。于1921年2月15日,广州市政厅成立,为广州建市之始。1938年10月21日,日军占领广州,历经长达7年的沦陷时期。1945年收复,广州市直隶于中央政府。终于在1949年10月14日,中国人民解放军接管广州。10月28日,广州市人民政府成立。

【名胜古迹】

2001年末,已被批准为国家、省、市三级文物保护单位的共156处,其中16处国家级、28处省级、112处市级。如南越王墓、光孝寺、六榕寺、怀圣寺和建于隋朝的南海神庙,五仙观、镇海楼,清朝的陈家祠、余荫山房等。还有近代革命历史纪念地广州起义烈士陵园、黄花岗七十二烈士墓、中山纪念堂、孙中山纪念馆、三元里人民抗英斗争烈士纪念碑以及纪念馆和花都市太平天国洪秀全故居等。

佛　山

【名城简介】

佛山坐落在珠江三角洲西北部,东邻广州市,南与中山市、江门市相连,西接肇庆市,北连广州市、四会市。目前辖5区,面积3813.64平方公里,居民以汉族为主。1994年国务院批准佛山为国家历史文化名城。

【名城历史】

佛山在夏、商、周时期为百越地。当秦设南海郡后,佛山属番禺县地。至汉设南海郡,也属番禺县地。三国属广州南海郡番禺县。隋时开皇十年(公元590年)分番禺县、南海县,佛山为南海县属。唐袭隋制,而佛山均南海属。宋恢复始置佛山镇,属南海县辖。至元属广州路南海县,佛山是南海县属。明属广州府南海县。清属广州府南海县。明、清时期佛山镇经济繁荣,同汉口镇、朱仙镇、景德镇齐名中国四大名镇。民国南海县署自广州迁到佛山,佛山为南海辖。

辛亥革命后,广州改市,南海县署由广州迁到佛山。1949年11月,中国人民解放军接管南海县政府,1950年3月成立南海县人民政府。1951年1月设置佛山市人民政府,隶属珠江专区,南海县人民政府迁出佛山。1983年6月,设立地级佛山市。

【名胜古迹】

佛山目前遗存241处文物保护单位,2处全国重点文物保护单位。主要有:佛山祖庙、市区梁园、顺德清晖园、南海西樵山、南海康有为故居、顺德西山庙、高明文昌塔、灵龟塔等旅游风景点。

雷　州

【名城简介】

雷州为广东省省辖市，被湛江市代管。坐落在广东省西南部，雷州半岛腹部，东临南海，南邻徐闻县，西濒北部湾，北与遂溪县和湛江市相界。辖 20 个镇，面积 3494 平方公里，居民以汉族为主。1994 年国务院公布雷州为国家历史文化名城。

【名城历史】

雷州在战国时属楚界。秦时属象郡。西汉初年是南越国地。到西汉元鼎六年置徐闻县，由合浦郡治。至三国吴黄武七年（公元 228 年），改合浦郡为珠官郡。而赤乌五年（公元 242 年）为珠崖郡。至两晋南朝时，郡、县建制屡有改变。南朝齐时曾为齐康郡乐康县、齐康县。在梁普通四年（公元 523 年）分合浦郡置合州，并且州治在齐康县。隋开皇九年（公元 589 年），属合州。由于县境东、西两岸面临大海，夏秋两季海潮成灾，为了得到小康安宁，故取名海康。贞观八年（公元 634 年）易为雷州。至唐天宝元年（公元 742 年）易雷州为海康郡，领海康、遂溪以及徐闻三县，隶属岭南节度使。但唐乾元元年（公元 758 年）又恢复雷州。后梁开平四年（公元 910 年）为海康郡，郡治海康县。而辽乾亨元年（公元 979 年）改海康郡为古合州。到宋开宝四年（公元 971 年）改雷州为雷州军，属广南西路。第二年改雷州军为雷州。元至元十八年（1358 年）改雷州军为雷州路。直至明洪武元年改雷州路为雷州府，清沿明制。民国期间，复为雷州县。海康县相继隶属高雷道、南路行政委员会公署、南路善后委员会公署、南路绥靖公署和第八行政督察区。

中华人民共和国成立后恢复海康县。于 1994 年设立雷州市。

【名胜古迹】

雷州目前遗存古遗址 50 余处、古窑址 61 处、古墓葬 600 余处、古建筑 120 多座、古寺庵 108 座、革命遗址和纪念建筑 6 处，共 50 多处省、市、县级重点文物保护单位。最著名的例如三元塔公园、西湖公园、雷祖祠、高山寺、天宁寺。而且，雷州城到现在保留着典型的方城十字街的城市格局，还有较完整的历史商业街道以及骑楼式楼房和传统民居的环境风貌。

大　旗　头

【名村概观】

大旗头村所有的民居均是一样的青砖大瓦房，井然有序地排成数列。并且每列房屋之间为特别窄的青石板街，街边的石板每隔数米凿空成铜钱的形状，它的下面有暗渠，能够把每家每户排出的污水沿着地势一直送到村前的水塘再排到河。据说，这个村兴建过百年，就算是暴雨季节，村里也没发生过水浸街的事件。而且石板街的一头是堵死的，另一头修有门楼，遇到强盗，将门楼上的铁闸一落，全村就变成了防守坚固的大院。

【名村历史】

有人说，大旗头村是由慈禧太后颁旨兴建的。由于当时大旗头村的始创者郑绍忠官至兵部尚书，慈禧召见他，得知他连家都还没有，所以就让他在老家建房。他便将房子建成了现在这个样子，让所有姓郑的本村人无条件居住。但是，如今村子里已经没人住了，村民均搬进附近新起的宅子。

【名胜古迹】

大旗头村的构造让人惊叹它的规划科学、布局严谨。当然这种严谨主要体现在许多细节方面，例如全村后高前低，每家院子的地面也是斜的，都是为了方便排水。事实上大旗头村的格局在清代的粤中是非常普遍的，称为“梳式布局”，由于多数村落在现代未能完好保存，所以这种建筑思想给遗忘了，真是一大损失。

沙湾古镇

【名镇概观】

仲夏的傍晚，带着一份闲散的心情，漫步在村间小巷，看炊烟袅袅，细听鸡鸣狗吠。深邃的巷道里传来木屐踏在青石路上的清脆响声，仿佛又回到了从前。这是沙湾古镇独有的意蕴。

【名镇历史】

沙湾镇悠久的历史能够追溯到南宋初年，那时这里已形成繁华的村落，蓄积了璀璨的文化。镇内星罗棋布的留耕堂古祠、三善鳌山古庙群、安宁西古街、升平人瑞古巷以及宝墨古司等闻名遐迩。

沙湾镇有 800 年的历史了，值得幸运的是，近代历次战火均未照顾它。新中国成立后沙湾镇被分成东、西、南、北四个村，经济的发展使镇里有了宽敞的马路，现代的楼房商店，在北村仍可以找寻到沙湾往日的情调。

【名胜古迹】

镬耳大屋、用蚝壳当原材料修建的壳花墙、青石板小路、里弄以及砖雕、木雕装饰物，是它建筑的特点，最大姓氏何姓的祠堂留耕堂，则是最典型的代表了。留耕堂由何氏族人于元代兴建，历元、明、清三代，相继三次大修。留耕堂面积有 3300 平方米，是砖石木结构，平田是南北长条形，山门、仪宫、钓鱼台、享殿、寝殿、东西两廊和村祠是主要的建筑。此堂边的玉虚宫内，悬挂在梁上的粗大盘香，一天到晚香火缭绕。

北村的村道胡同，仍然基本上均是用青石板砌成的小路，并且里弄里也时常能够看见围在一起打牌聊天的人们。窄街小巷里，经常能够见到镬耳大屋高耸的屋檐和壳花墙上的一只只蚝壳，它们好像在提醒人们这里离海很近。文峰塔是北村的中心，假如可以登塔四顾，便能将整个镇子尽收眼底。漫步在沙湾镇北村的街头巷尾，体验徘徊于往昔与现实之间的神秘，也可去离沙湾镇不远的滴水岩景区观赏白鹭归巢。

在番禺市沙湾镇北部的翠竹居和承芳里两坊之间，是沙湾何氏人家的宗族祠堂。于元代始建，清代重建。距今已有700余年的历史。对联中“心田留与后人耕”为堂名由来。1986年政府耗资百万元重新修葺，辟为“沙湾博物馆”。

留耕堂主体建筑是正门、仪门、钓鱼台、享殿、寝殿、东西两廊、村祠及钟鼓楼等。正门的建筑以大门为主体，东西两边对称。第一进共有16根木石柱，东西两侧有两间鼓楼，檐梁上有精美的木雕，如山水人物、花鸟鱼虫，生动逼真，是留耕堂木雕的极品。第二进仪门的石牌坊集书法、木雕、石刻及独特的莲花托建筑和灰塑于一身，含很高的历史、文化价值。此堂最大的特色是柱子多，共有木石大柱112条，气势磅礴，其装饰艺术吸收了元、明、清的精华，是岭南地区著名的古代乡村祠堂建筑。沙湾飘色为游行队式的表演，每一板色都有一个色柜为小舞台，有上下两部分，下面台面上的人物造型称“屏”，上面的人物造型称“飘”。此如“昭君出塞”一板，那就是“飘”。飘色的设计要艺术又含蓄，如“黛玉葬花”的花枝上飘逸着花神，每一板的飘色设计都是神工鬼斧。

飘色能飘起来的原因，在于全靠一条经过精心锻造的钢枝，也就是“色梗”，它们有特别重要的位置，支撑着屏面与飘色上两个小孩的重量，使他们能稳定而又巧妙地竖立在飘色板上，它又能装饰成刀枪和龙蛇。因此，飘色的主心骨要安全，小巧玲珑而又活灵活现。在长时间的表演游行中，就算那些表演的小孩睡着了，也安然无恙。因为“飘”上的小孩，大则两三岁，小则几个月，设计者为他们设置了一块兜布。

传统的沙湾飘色内容特别广泛，计有一百多板色，大部分取材民间神话传说，如“嫦娥奔月”、“苏武牧羊”等，多是歌颂国家繁荣昌盛和锄强扶弱的。

沙湾飘色是南国传统民间艺术的瑰宝，在民间流传了一两百年。

另外，沙湾是广东音乐的源泉地，如著名的作曲家、演奏家何柳堂和他的堂侄何少霞、何与年获得“广东音乐何氏三杰”的称号，广东音乐四大名曲中——《赛龙夺锦》、《雨打芭蕉》、《饿马摇铃》都是他们的代表作。他们经常以乐会友的三稔厅，是名副其实的“广东音乐故里”。

黄　埔

【名城历史】

广州在国际社会最为辉煌的时期是17至19世纪，这一时期到现在依然被西方国家誉为“对华贸易的黄金时代”，著名的古黄埔港在清代广州的对外贸易中则发挥了巨大的作用。1685年至1757年，外国来中国贸易的商船共312艘，经黄埔口岸进入广州的外国商船就有279艘。1757年，清政府宣布仅允许在广州一地进行对外贸易，古黄埔港的地位更显重要。从1749年至1838年，到广州贸易的外国商船共5390艘，大部分是从黄埔口岸进入广州的。而美国第一艘来华的“中国皇后”号到达黄埔，几个月后从黄埔港启程归国，在美国社会引起了强烈反响，成为“一次远见卓识的、杰出的和成果丰硕的航行”。还有著名的瑞典商船“哥德堡”号从广州运回大量瓷器，由于失事沉没于波罗的海，后来打捞起来后，仅瓷器碎片就有9吨，并有300多吨茶叶，到现在依然有茶香，并能饮用。这些有力见证了当时海上丝绸之路的繁盛和黄埔古港的历史地位。

当时的贸易管制比较严格，外船和货物通常不准进入广州城，均须停靠在黄埔港口装卸贸易。所以黄埔港承担着很多种功能：港口边的酱园码头停靠着多艘外船；外国商船的船钞、引水费、船规银、通事买办费、挂号银等，全部都由坐落在岸边的“粤海关黄埔挂号口”征收；外船进出和外商由黄埔来回广州城及贸易方面事宜，由夷务所具体负责；停驻在这里的外国商人生活日用品由买办馆负责；黄埔港的安全，是由永靖营负责。由于结合了天时地利，黄埔村在清代中期迅速发展成为“一个住有好几千人的市镇”，居民大都以为外贸外商服务为生。直到清末全村相继充当买办者达40多人。清同治年间，因为黄埔港码头淤积失修，被迁址长洲岛，依然用黄埔港之名。

如今我们悠游在此，看到昔日典型的清代建筑在村中比比皆是。就布局而言，它依水而建，不是一般古村落的式样，而有中国古城镇的典型特征。到现在村里仍保留着昔日城镇的小区名称，港口城市的遗迹依稀可辨。

古码头遗址与贸易街

黄埔古码头曾叫酱园码头，目前岸边仍保留一条“海傍街”，旧时紧靠码头，商贸非常兴盛。码头不远处尚遗留旧时用的木桩，一些村民建房时也曾挖起过坚实的桩基。附近散落着许多石碑及外国墓碑，碑文并有多种文字。在四马岗一带保留有旧时专葬外人的“番人”，是海上丝路的珍贵材料。基本保存原样的黄埔直街为一条重要贸易区，还有清末时的一些街道特色，由于民房建设受到一些破坏，但尚有较高修复价值。

古祠堂

全村原有大小祠堂30余座，目前保存有16座。著名的有晃亭梁公祠、胡氏宗祠、及有 99 个门口的冯氏宗祠。祠堂建筑有着浓厚的岭南特色，结构宏阔、装饰考究。并且有各种砖雕、石雕、木雕，生动逼真，还有的内部结构和造型为市内陈家祠不能相比。从单体建筑上看去，展现了浓郁的“康乾盛世”遗风。可惜有些祠堂内部损坏严重，而且祠堂同周边的一些新民居也极不协调。

民居

全村保存得比较好的传统住宅，大部分集中在来燕里、横辰里、中正里、申明大街等古老街巷里。例如“子平居”、“涉趣园”、胡璇泽胡居等举不胜举，大部分民居工艺制作上乘，极具岭南特色的雕塑、壁画、漏窗、花基、门洞等比比皆是。假如成片修复保护起来，必定是综合开发的重要景点。一些街巷门楼也保存完好。

庙宇

原有华佗庙、洪圣殿、圣母宫等，都同当时海外贸易和航海有关联。现在基本保存下来的仅有一座北帝庙。目前庙内还保存了 8 块重修北帝庙的碑记，上刻有《重修北帝庙碑记》中“黄埔税口肆员”等资料，并且庙前还有部分拆建后遗留的石刻和石柱等文物。

古港遗址的价值不言而喻。这些年来，因为文物保护观念落后与民房建设的破坏，遗址遭到的破坏比较严重。庆幸的是，以黄埔小学为中心，周围大概 150 米内，祠堂和民居比较集中，相对来说保存较完整。

开　平

【名城简介】

开平市是广东省珠江三角洲沿海开放区崛起的中国明星城市，同广州靠得很近，毗邻香港，为全国著名的华侨之乡、建筑之乡以及文化、艺术之乡。上百年的中西文化的融汇，创造了侨乡别具一格的建筑风格与民俗风情。

开平市投资环境和地理位置优越，市区由长沙、新昌、荻海三个埠组成，向来有“小武汉”和“六都锁匙”之称，现代都市同江南水乡协调统一，一马平川，江河交错密布，洲岛环城，依山临江。

桥纵横，埠埠相连，蜿蜒的潭江和苍江孕育了侨乡雍容典雅、清纯细腻的秀丽美景，两河四岸的独特景致很有东方威尼斯的风姿，恬淡旖旎的沿江两岸风光，鸟语花香绿叶醉，亭台楼阁巍然立，例如中银半岛“双帆”俏，灯火辉煌画舫游。有大沙河环保旅游区、梁金山；此外欣赏侨乡风韵，有中国华侨园林一绝、一代中西合璧园林的代表——立园，蕴含欧美典型风格、印证历史风霜的古镇古街古碉楼；缅怀革命先烈，有历经战火摧残的南楼，悲壮的刑场上的婚礼，周文雍陈铁军烈士陵园等，风情万种，犹如孔雀开屏般瑰丽多彩，侨乡开平是一座风景绚丽、韵味十足的精品旅游城市。

金山火蒜

开平著名特产为金山火蒜。清光绪年间引入蒜种，刚开始在水口书厦的青龙里种植，慢慢波及寺前、新屋、金山大面积种植，是主要出口商品。因为该蒜经过火煸后能保存较长的时间，蒜头表皮成棕黑色，又由于在金山码头大量出口，所以称“金山火蒜”。其特点是肉质瓷白、厚实，含油率高，胶质丰富，蒜味浓，特有品质驰名中外。此外它还有做药制品的作用。对结核、伤寒、赤痢有杀菌效力，对感冒、钩虫蛲虫病非常有效。

当地民俗

泮村灯会，也叫舞灯会，于每年农历正月十三日举行。不仅是水口镇泮村的民俗，也是一种群众性民间艺术活动。各村群众与民间艺人用竹、木及各色彩纸，制成高高的大花灯，装饰精美绝伦。灯会之日，由青壮年组成舞灯队伍，伴着几头瑞狮，敲锣打鼓，并且燃放鞭炮，游行到各个村庄。在这个喜庆的日子，乡民和亲戚朋友云集，村村场场彩旗随风飘扬，家家户户张灯结彩，男女老少穿上新衣服，呈现一派节日的热烈气氛，人群拥挤似潮水一样涌来看热闹。

舞灯开始，锣鼓喧天、瑞狮欢舞、鞭炮声声，非常热闹。一些在外工作的人、港澳同胞与旅外华侨也专程回乡观赏灯会。

这个习俗，相传到现在已有500多年的历史。泮村周围均是黑石山，形状与象、狮、虎、牛、羊五兽特别像，被称为“五兽地”。在明朝洪武元年（1368年）邝一声从广东南雄迁到此地立村定居，家族兴盛，百业振兴。于是，邝一声选择正月十三为舞灯日，要所有村庄，四方乡民，扎起三个巨型花灯，敲锣打鼓舞狮，巡游各村，只要到的地方，锣鼓声、爆竹声震天动地，期望把狮王惊醒，震慑四兽，消除祸患，希望泮村子孙昌盛、百业待兴，日子太平。所以，正月十三泮村舞灯，年复一年，流传下来。

开平的楼冈河流星罗棋布，水上人家众多。周围被称为“蛋家”的水上人家以捕鱼为生，过着特别的水上生活风俗。这里每年农历八月十一日都会举行一次网市交易。网市前夕，邻近县市如顺德、新会、恩平、台山、阳春、阳江等地的渔民和厂商把织造的网相继运到，以待发售。

来自外县外省的客户亦结队而至，通宵达旦。网具摊档五彩缤纷、连绵不断，有大型的网罟，也有小小的虾笼，好像是一个网的世界。平常清静的小镇热闹非常，特别是上午9时至11时买卖达到高峰期，拥挤的程度可想而知。采购者还有外县外省的。目前生产厂家兴起送货上门业务，可把网市成交的货物送到各县各市各省。因而楼冈网市远近闻名。

开平碉楼

开平市内，无论是城镇农村，碉楼密如繁星举目皆是，多者一村十几座，也有的村子二三座。自水口到百合，又自塘口到蚬冈、赤水，纵横数十公里蜿蜒数星，蔚为大观。这一座座碉楼，为开平政治、经济和文化发展的证据，它不仅反映了侨乡人民艰苦奋斗、保家卫国的史实，而且也是近代建筑博物馆，一条独树一帜的艺术长廊。开平作为华侨之乡、建筑之乡和艺术之乡，它的特色在碉楼上都得到了鲜明体现。对它的资源进行保护及挖掘，还有对于研究华侨史及建筑艺术，对于开发旅游资源和开展集体主义、爱国主义、社会主义教育均有特别重要的意义。

自立村碉楼群：自力村被开平市塘口镇辖属，东离开平市区 12 公里，地处潭江支流镇海水河谷丘陵平原。全村有 9 座碉楼 6 座西式别墅。

迎龙楼和八角楼：迎龙楼和八角楼是开平目前遗存最早期的碉楼，八角楼坐落在月山大冈。传说，大冈李氏来开平时，于月山发现大冈这块“罗盘宝地”，所以在山冈的中央建八角楼，环楼的八个角兴建大冈村。村犹如罗盘，落似指针。村中巷巷错落像迷宫一般，找不到一条直巷，外人进去，很难再走出村子。

迎龙楼位于开平市赤坎镇三门里村，东离开平市区 6 公里，是开平市目前最早的碉楼，为关氏家族所建。三门里村建于明朝正统年间（1436—1449 年），坐落在潭江下游冲积平原。关氏家族立村的开始，这里是一片低洼之地，洪水经常威胁着村民的生命财产安全。于是关氏十七世祖关圣徒（1510—1586 年）夫妇献出家庭积蓄，在明代嘉靖年间（1522—1566 年）建起了迎龙楼，到现在已有 400 多年。它坐西北门向东南，砖木结构，楼高三层，为全村制高点。第一、二层是明代大型红泥砖砌筑，红砖规格与墙厚，为明代原构；第三层是民国九年（1920 年）用青砖加建，开窗比第二层大；楼面是木梁板结构。迎龙楼四角各还有一个落地式塔楼，并且在塔楼的第二、三层开设了射击孔，楼顶为传统硬山顶式，风格古朴，形式简单。

瑞石楼和锦江里碉楼群：蚬冈镇锦江里有“开平第一楼”美称的便是瑞石楼。它建于村后东测，由大片竹林包围，于民国二十年（1923 年）始建，历时三年才建成。楼主人黄壁秀当年在香港经营钱庄，为了保护家乡亲人的安全，便花费巨资建了这座非常坚固的碉楼。瑞石楼是开平现存的碉楼中最高的，高九层二十五米，钢筋混凝土结构，总体造型是混合式。里面的布置、用具是岭南传统的样式，一层是客厅，二至六层每层均有厅房、二间卧室、卫生间以及厨房。整体与细部处理非常巧妙，极具西方建筑风格。有一层到五层楼体每层都有不同的线脚与柱饰增加了建筑立面效果，并且各层的窗裙、窗楣、窗山花的造型构图不尽相同。五层顶部的拱券和四角精巧的托柱代替了卷草托脚，极具美学上的视觉效果，自然过渡。六层有爱奥尼风格的列柱和拱券组成的柱廊。七层是平台，并且四角建有穹隆顶的角亭，南北两面均建有巴洛克风格的山花。楼主人注入中国传统建筑文化的因素，七层匾额中的“瑞石楼”三个大字刚劲含娟秀，是著名的书法家、广州六榕寺住持铁禅大师的墨迹。此楼结构比例完整匀称，典雅端庄。

马降龙碉楼群：马降龙村落群为开平市百合镇辖属，位于潭江东岸的河谷平原。该村由 5 个自然村组成，是黄、关两姓家族在清朝末年和民国初年兴建。目前有村民 171 户、506 人，海外侨胞超过国内人口。

马降龙村背靠气势宏伟的百足山，临清澈见底的潭江水，5 个自然村像一条珠链，参差有序地分布在青山绿水之间。置身其中，翠竹森森，绿树葱葱，生态环境极佳。村后茂密的竹丛中，掩映着 13 座碉楼和庐，这些碉楼和庐俯身其中，保存完好，与周围民居、自然环境协调统一，登高俯瞰，疑为天上人间。最具代表性的天禄楼，是民国十四年（1925 年）由 29 户村民集资兴建，是典型的众楼。该楼高 7 层 21 米，为钢筋混凝土结构。登楼环顾四周景色尽收眼底。

方氏灯楼：方氏灯楼位于开平市塘口镇塘口墟北面的山坡上。现在由宅群、强亚两村的方氏家族于民国九年（1920 年）共同集资兴建，曾叫“古溪楼”，以方氏家族聚居的古宅与原来流经楼旁的小溪命名。该楼高 5 层，钢筋混凝土结构，第三层以下是值班人员食宿之处，第四层是挑台敞廊，第五层是西洋式穹隆顶的亭阁，楼里面配备值班预警的西方早期发电机、探照灯及枪械等，是具有代表性的更楼。该楼选址绝妙，眼光超前，并且也成为周围乡村的中心景观。方氏灯楼曾经为古宅乡的方氏族人防备北面马冈一带的强盗袭击起到了积极的预警防卫作用。

适庐：坐落在百合虾边村。目前最典型的三合土楼，是由红泥、石灰加上糖和着糯米等搅拌后逐层锤夯成，特别坚固。

开平立园

立园，坐落在开平塘口镇北义乡，坐西门朝东，它是旅美华侨谢维立先生在 20 世纪 20 年代回乡兴建的，民国 25 年（1936 年）初步建成。

立园不仅有中国园林的韵味，而且吸收欧美建筑的西洋情调为一体，在中国华侨私人建造的园林中是一颗耀眼的明珠，也是中国目前较为完整的中西结合的名园。

立园的布局可分为：别墅区、大花园区和小花园区。并且三个区被人工河或围墙分隔，而又绝妙地用桥亭或通天回廊将三个区连成一体，让人感到景中有景，园中有园，亭台楼榭，造型别致，独具匠心，令人有鬼斧神工之感。

立园正门，在别墅区靠南角的门边就是“立园运河”。在大门正中上方写有“立园”二字，刚柔并济，高雅别致，是书法家吴道熔在民国二十三年（1934 年）书写的。

由正门而进，顺着运河回廊西行大概100米，便进入别墅区。共有六幢别墅，一幢古式碉楼，以“泮立”、“泮文”两幢别墅最为富丽堂皇。它的楼顶根据中国古代“重檐”式建筑，盖绿色琉璃瓦，独特地架空，成了实用的隔热层。屋里地面与楼梯皆铺彩色意大利石，至今仍然光彩照人，此乃能工巧匠绝佳精湛的技艺，令人拍案叫绝。室内墙壁装饰着大型彩色壁画、浮雕以及大型涂金木雕；彩泥浮雕是“刘备三顾草庐”，涂金木雕为“六国大封相”，塑造人物逼真，栩栩如生，且雕刻精湛，构图别出心裁。各层墙边都装置西式壁炉；全部窗户装上防蚊窗纱；天花板下悬吊着古式灯饰；每层摆设着工艺精致的酸枝家具，显得古朴幽雅贵重，恬淡别致。用水和卫生间的设施，均是从国外购置的。门口重门深锁，使人倍感神秘。

梅　州

【名城简介】

历来被誉为“文化之乡、华侨之乡、足球之乡”的国家历史文化名城梅州市，它是客家人的主要聚居地，也是著名的侨乡，仅旅居海外的华侨、华人就有200余万。

【名城历史】

梅州历史悠久，秦汉时期由南海郡辖属。于北宋年间易为梅州，清代叫嘉应州，民国初年改称梅县。于1988年成立梅州市。梅州山清水秀，古迹民风众多独特。在梅州游览，可以瞻仰叶剑英、黄遵宪、丘逢甲等故居，参观古老的客家围屋，品尝客家美食，也能够学一学被称为“古汉语活化石”的客家方言，体验客家人尊师重教的传统文化。

人 境 庐

“人境庐”为清末爱国诗人黄遵宪的故居，源于诗句“结庐在人境，而无车马喧”。位于梅州市东3公里处的周溪畔，于1884年春始建。门楣上的“人境庐”三个字，是日本书法家大域成濑温所提。

庐舍里建筑有花圃、假山、鱼池、五步楼、十步阁、卧虹榭和藏书阁等。小路曲曲折折，花木掩映，景致清雅。黄遵宪晚年入居人境庐，并且创作了大量诗歌，还自选和编订了《人境庐诗草》。

【名宅历史】

1985年，纪念黄遵宪诞辰八十周年之际，梅州各界人士汇集人境庐，并给黄遵宪汉白玉像揭幕。该处目前被列为广东省重点文物保护单位。

千佛宝塔

它是一座铸于公元 965 年的铁塔。它并不高，是四方形，但令人叫绝的是塔的每面都铸有大小佛像 250 尊，四面共计有 1000 尊佛像，是广东省重点保护文物。始建于修慧寺内，后毁，乾隆初年自嘉应州迁置于梅城东郊山上，于 1989 年迁入普同塔院内。1990 年，普同塔院新建了一座大塔，有九层，首层设了千佛铁塔，二到九层内壁镶了千尊汉白玉佛像，并且在顶层安放着千尊金佛。

阴 那 山

【古迹简介】

阴那山在雁洋镇境内，秀甲潮梅，名播闽粤，同罗浮、南华鼎峙并列，并称“粤东三胜”。它的山巅五峰并聚，称五指峰，登高望日出，状如云龙吐珠；纵目远眺，可望潮州、汀州和梅州，诗人有“五指峰巅极目舒，白云深处望三州”的咏叹。阴那四面皆山，山势雄迈，泉石清奇，石石有景，美不胜收。

阴那山麓有一座千年古刹灵光寺，是广东省五大名寺之一。创始人为唐高僧潘了拳，他于咸通二年（公元 861 年）死后，由村人建立寺院，开始叫“圣寿寺”，到现在已有一千一百多年的历史。明洪武十八年（1385 年），粤东监察御史梅鼎捐钱扩建，给灵光寺换名，“灵光寺”三字就是梅鼎写的。

【古迹特色】

灵光寺依山建筑，自古闻名遐迩，灵光寺有“三绝”。一是寺前草坪有两棵柏树，一棵活着，一棵死了。生者高 30 多米，枝繁叶茂，傲然挺立。而死者高度相当，干大枝壮，枯死但不腐朽。它们就是“广东宝树”的“生死柏”。二是寺里最壮观的主殿大雄宝殿，经常香烟鼎盛，但不管任何情况下，都没有香烟熏人。三是大雄宝殿后面山上绿树成林，但大殿屋顶上却没有一片树叶，关于这个到现在还是个谜。

灵光寺除大殿外，还有金刚殿、罗汉殿、诸天殿、经堂、客堂、斋堂等。并且，灵光寺还有不少神奇传说，如“五色雀”、“无笃石螺”、“片生熟鱼”，和一些珍稀植物等灵迹。

广东省重点文物保护单位之一是灵光寺，目前已修整一新。因为人民政府重视和海外侨胞的资助，还修建了“三柏轩”、“观音阁”，塑制了“三宝”、“十八罗汉”等像，并且重建了山门、歇石亭、粲花馆、陶茶亭、古银桥。如今，它与附近景点“叶剑英纪念馆”及“雁南飞旅游度假村”相互映衬，吸引着大量海内外游客。

龙 岩 寺

岩前乡坐落在离梅城70公里的隆文镇。龙牙岩洞中有一寺，叫“龙牙寺”。据说为明万历初年由一高僧所建，到现在已有400年。岩洞高约12米，宽约20余米，深约50米。入洞，迎面是佛殿。在中间塑有“三宝大佛”和一些佛像；两边岩壁，按照高矮之状，塑观音行天和十八罗汉，神情各异，生动逼真。

元 魁 塔

坐落在距梅县松口镇四公里处的梅江下游北岸，是明末翰林学士、东宫侍讲李二何主持于明万历年间始建的元魁塔。此塔是楼阁式八角形塔，塔底正门有李二何亲撰的对联：“澜向阁前回，一柱作中流之砥；峰呈天外秀，万年腾奎壁之光。”

银 坑 村

【名村概观】

“秦皇思不老，徐福东渡海”，三千童男童女一去不复返。可长寿之梦一直沿传，南海银坑村便是一个最好的例子。这个小村，60岁以上的长者占了五分之一，90岁以上寿星也有七八人，更有118岁的高龄老人，古人称银坑为长寿村。

银坑已有几百年历史，118岁的高龄老人“人瑞”李彩蓉也历经三次变革，脸上的纹路沟壑纵横，溢满百年的沧桑。虽已高寿，至今眼不昏花，腿脚利索，精神矍铄。在5月11日母亲节这一天，李老太携一家五代20余口，到西樵山远足，跟儿孙们喂喂锦鲤，回忆一下当年西樵大饼的滋味，欢享儿孙之乐。

银坑村的长寿，被人视为异数。这里的茶山有溪，清甜可口，常年淙淙而下，泽被乡里，所以先人就把村名改为银坑，喻指“山上小溪流淌着白银”。这种说法写得很神秘但不一定科学，各地都有青山绿水，但并没有很好利用，反成穷山恶水，像银坑这般有长寿之称的村，极为少见。大概长寿的秘密根本不在于山水，村里的老人关惠珍，84岁高龄，挥锄种菜，一日两餐，清茶淡饭。老人何常兴，也是84岁，依然上山采药。村民日出而作，日落而息，耕作时间特别规律，鸡犬之声相闻，这样的画面，其乐融融。由此观之长寿秘密便在不求富贵，但求遵循静谧无忧的生活规律。

潮州韩文公祠

【名祠简介】

韩文公祠在广东省潮州市东的笔架山西麓。韩文公祠虽面积不大，但却古朴典雅。它是为了祭祀和纪念唐代著名的文学家、思想家、政治家韩愈而建。

【名人故事】

韩愈，字退之。河南河阳人，也就是现在的河南省孟县。出生于公元768年，于公元824年病故。父母过世很早，由哥嫂抚养成人。韩愈从小非常刻苦用功读书。唐德宗贞元八年（公元792年）考中了进士。曾担任过宣武、宁武节度使判官、监察御使职务。后被贬为阳山县令。唐宪宗年间，韩愈曾先后担任国子博士与刑部侍郎。元和十四年（公元819年），韩愈因谏迎佛骨，令皇帝非常愤怒，把韩愈贬到潮州，担任刺史一职。后来，他又先后任袁州刺史、国子监祭酒、吏部侍郎与行京兆尹。过世后，被葬于怀州修武即今天的河南省修武县，谥号文，人们称之为韩文公，也叫韩昌黎。有《昌黎先生集》。

他曾与柳宗元等一起倡导古文运动，是唐、宋八大家之首，世人对他评价极高。他死之后，人们在其故乡河南孟县与他曾经做官的地方，为他建起了座座祠庙。其中最具代表性的一座为潮州韩文公祠。

据史料记载，潮州韩文公祠于宋真宗咸平年间（公元998至1003年间）始建。重建于南宋淳熙十六年（1189年）。元、明时期，又进行大修或重建竟多达二十多次。清朝康熙十九年（1680年）重建。再度重建于光绪十四年（1888年）。1984年再次重修。

【名祠巡礼】

潮州韩文公祠周围环有磨砖墙，由两进院落组成。第二进院落的正殿台基高2.5米。殿内正中立着韩愈的塑像。在韩愈像的两侧，分别安置着传说中八仙之一的韩湘子、韩愈的侄孙，唐代潮州知军州事丁允元，唐代潮州籍进士赵德，宋代潮州通判陈尧佐，清代潮州知府龙为霖等人物的塑像。

潮州韩文公祠内的对联和石碑具有很高的价值。

在正殿的前面是一副对联："辟佛累千言，雪冷蓝关，从此儒风开海峤；到官才八月，潮平鳄渚，于今香火遍瀛州"。

在潮州韩文公祠内，共有36座古代石碑。其中最著名也最珍贵的为宋代文学家苏东坡的《潮州昌黎伯韩文公庙碑》与明代御使徐珵的《潮州昌黎庙碑》。

苏东坡，我国历史上著名的散文家、书法家、诗人和画家，唐宋八大家之一。他在碑文中写道："匹夫而为百世师，一言而为天下法。是皆有以参天地之化、关盛衰之运。”“文起八代之衰，而道济天下之溺；忠犯人主之怒，而勇夺三军之帅。”可见他对韩愈是多么的推崇。

广州陈家祠堂

【名祠简介】

坐落在广东省广州市中山七路恩龙里的广州陈家祠堂，也叫陈氏书院。它是一处院落式的古代祠堂建筑群。此祠堂规模大，保存好，由于拥有众多精美的民间建筑装饰艺术品驰名中外。如今，它为广东省民间工艺馆的所在地，也为全国重点文物保护单位。

在清朝末期，广东省七十二县的陈姓名人一同筹集资金，于广州修建陈家祠堂。此祠堂的修建，自光绪十六年（1890 年）动工，到光绪二十年（1894 年）完成，用了五年的时间。自此，广州陈家祠堂成为广东省陈氏宗族同胞祭祖、集会的地方。并且，它也是一座书院，为陈姓子弟接受教育之处。之后，广州陈家祠堂的各类建筑受到了程度不同的损坏。经过两次大修，仍保持着初建时的风貌。

【名祠巡礼】

广州陈家祠堂被青砖墙环绕，平面为正方形，它有三进，为六院、十九厅堂组成。而主体建筑布列在中轴线上。偏房、廊庑排在两侧，左右对称。从全祠上看，高低参差，主次分明；规划和谐，布局严谨。

此祠堂的大门、聚贤堂与大厅，排在中轴线上。大门的门扇上，绘有高大的门神像。而且门前两侧，布列着抱鼓石。它们使陈家祠堂极具浓烈的祖庙韵味。

在陈家祠堂的中心位居着聚贤堂，是祠堂的主体建筑。这座殿堂五间面宽，五间进深。它是陈氏宗族同胞举行祭祖大典与集会的场所。大厅坐落在聚贤堂的后面，厅内供奉着陈氏祖先的牌位。

聚贤堂和大厅两侧的偏房，它们被叫作东斋与西斋。它是过去陈氏子弟接受教育的地方，属于书院建筑。

于此祠堂里，门、堂、厅、斋等之间，都是被廊庑连接，有的用花门相隔。虚实交融，相互连贯，建筑布局周密。

广州陈家祠堂不仅规模大、保存好，而且拥有不计其数的建筑装饰工艺作品，更令它蜚声国内外。“天工人可代，人工天不如。”当代大文豪郭沫若的诗句，便是对广州陈家祠堂建筑装饰工艺的赞美与最高评价。

广州陈家祠堂的各类建筑，自上到下，由里到外，到处都摆设着造型优美、色彩明亮的装饰工艺品。它们分别是，木雕、石雕、砖雕；陶塑、泥塑、灰塑；绘画以及铜铁铸件。石阶、栏杆、门窗、柱础、梁枋、屋角和屋脊上，还有隔扇、花墙和券门上，随处可见它们的身影。正是它们的存在，才将广州陈家祠堂装饰得富丽堂皇，绚丽灿烂。所以，广州陈家祠堂是一处多彩多姿的民间建筑装饰工艺博物馆，让人目不暇接。

广州陈家祠堂中那些刻在栏杆、柱础和券门上的石雕，还有门楣、山墙上的砖雕，和保存较好的绘画与铜、铁铸件艺术品，均为该祠中装饰艺术的精髓，令人拍案叫绝。

东莞老街

很庆幸，能在东莞还能找到这两条古物犹存旧街。一条在石龙，凭竹器出名，故称竹器街；一条在横沥，由于年代悠久，人称老街。

竹器街口早被精致的时尚店面统领，再往里走，便见狭窄长道。整条街上均充盈着淡淡的竹香，继续寻找，竹器街的原貌进入视野。此街最早形成于清朝中期，如今也是石龙镇仍完整保留最古老的历史原貌的街道。这条长只百余米的小街，相传在其鼎盛时期，自江西寻乌，粤东紫金、惠阳等地顺着东江源源不断放运的竹排，就靠泊了石龙长 3 公里、宽 300 米的河面一半，几经沉浮，近几年竹器街好像又有了新的活力。中华文化的特色标志之一是竹本，虽历经沧桑，依然生命旺盛。石龙目前的竹器制品发挥了传统的特色，尤其注重工艺、质量和美观。

横沥老街清末开始建造，由于一部香港影视片于此选景，而比竹器街更有名气。老街淹没在新建的城市里，哪怕站在街口，也会很容易同老街擦肩而过。街道两旁是清一色的白色骑楼，红瓦白墙，特别像广州的上下九骑楼街，因其反映清岭南风貌，所以它叫明清风情街。

与旧街相适宜的，是旧街里的人与事。一位老伯，已经八十高龄，精神矍铄，在老街上开了一家杂货店，专卖现在东莞市场上已经少见的民间物事，比如葵扇，还有一些本地婚丧嫁娶的各类物事，比如油红漆的小木桶，装着红枣和花生等，放在洞房里，意思是“早生贵子”。

漫步于竹器街和老街，时时可见豪华轿车驶过，路中行人，衣着时尚大方，与古街的一切好像极不协调。劲爆的摇滚乐声中，细听陈年往事，偶尔瞥一眼今日之宝马香车，时空轮回，让人神往。

东莞古村落

在珠三角变迁的历史上，有些事情依然清晰。

东莞企石旧围村秋枫的千圈年轮，历经风霜变故，依然奇迹般得以保存，现在和身边的祠堂一起，是村内子孙膜拜的图腾。曾有村内的子弟流浪异乡，游子归家时时过境迁，幸好找到祠堂门口的一棵枫树，在这里认祖归宗。

时间的流逝是悄无声息的，粗壮的枫树也会老死，能留下的只有历史的标本。建筑便也是历史的见证，珠三角有幸保存下来的琥珀，东莞茶山的南社古村落，是明清建筑，已有七百多年历史，到现在民风朴野、古韵尚在。这里有东莞虎门陈家祠堂，至于东莞虎门水围龟村，则更富有传奇色彩，相传这村子是400多年前明末乱世一位帝王逃难于此而建成，村廓犹如逆水流龟，四面有护城河。以前的公卿府第，现在换了人家，原住户已大多搬离，一些外来打工者纷纷前来，是村里的半个主人。男女老幼各有所乐，阳光打在搬着酒缸的汉子身上，光影的和谐统一，使这已显破败的古村又有了生气。

这类历史的标本在珠三角很少见了。而南海小塘镇的黎东村，便是有近千年历史的古村落，本来有90多户人家，300多人口，都姓黎。青砖的房子，瓦檐上的杂草丛生。简简单单的民居群中，也有几间镬耳屋，相传只有考取功名的人家才能住，目前那些秀才举子早已化成花泥，然而留在村里的，只有那些留恋旧栈的老人了。

广西壮族自治区

【怀古诗话】

桂阳江上石凌空，谁作丹青画本工。
涧树参差清磴影，岩花磊落碧云丛。
神仙洞府无凡近，城市山林自郁葱。
倚棹中流更回望，居然海上看瀛蓬。

——明·唐暄《漓江》

扬美古镇

【名镇概观】

甲天下的广西桂林山水总让人感觉山水之美竟是如此让人神往。而南宁的扬美古镇便是世间的一片净土。对扬美的了解始于人们所说的“北有阳朔，南有扬美”、“北海银滩，扬美江滩”的赞美。

【名镇历史】

四季如春、民风淳朴的扬美素来就有“小南宁”的美誉，它坐落在南宁城西30公里的左江下游。三面环水，沿江而建，正好在左江、右江、邕江三江交汇之处。邕江流经越南流达南宁的扬美地区，形成邕江流域，与清澈奔流的左江相汇，延绵弯曲环护着古镇，并与隔江的壶天岛形成一个酷似太极图的图案。江边奇石丛立、千姿百态，明代徐霞客便赞美：“向南京来，过右江（人江），岸山始露石，至扬美江，石始奇……余渭刚朔山峭濒汀、丘此岸之石，建溪水激石、无比石奇。”古老的杨美，风景优美土地肥沃，安详恬静，临江的古闸见证着古里古码头的历史沧桑。

扬美之所以能发展这么快速，与它便捷的水运和重要的地位有着密切关系。扬美自古因水运而兴起，是联系东南以及对外贸易的水运线路的古埠。扬美系壮族等少数民族包围中仅存的一个汉族古村落，村中的祖先最初是从广东和山东迁徙而来。宋代时罗、刘、陆、李四姓人家在此建起了村落，因荆棘丛生，白花满地，起了个好听的名字“白花村”。后来狄青平蛮，不同地方的人都聚到这里，使村落有了发展，而且清溪即左江环绕，扬波逐流，又改名为“扬溪村”。后来，由于人们观念、思想的变化，对美的追求也逐步提高，村民又换名为“扬美村”。随着扬美的兴盛，形成了8座码头繁忙一片的景象，“大船尾接小船头、南腔北调语不休，入夜帆灯千万点，满江钰闪似星浮”。

追溯杨美发展史，宋代建镇，明代发展，清代繁盛，其间经历了上千年的历史。如今青石垒就的码头，布满卵石的长弧形江滩，江波上的烟雨朦胧，参天的古树，古埠的遗痕等无一不给人以厚实深重的历史感。

【名胜古迹】

走进扬美，映入眼帘的都是明清时期的古街、古巷、古庙、古祠、古树、古宅，还有古闸门。临江的古闸门像一个威猛的将军，镇守着占朴的大门，保卫镇中安宁。闸门于清代所建，曾是大小五道，现在只残留一部分。它的两旁是历经风雨沧桑的参劲古树。一条用石头铺就的青石板路长300多米，两侧都是青砖黑瓦、砖木结构的清代古建筑，大部分属于清代店铺。此街乃“临江街”，建于道光年间，在明清时期这里商业发展最繁荣，当年货物都需要经过这条街进入古镇，然后再由古镇发放到各地。街上居住的人大多是商人，有的最后成了富商大户，单是临江街两旁飞檐翘角的豪宅足以证明当年的殷实。那些屋脊都是土灰的陈砖旧瓦，柱础上也满刻着历史，向世人诉说着往日的繁华。

沿街是鳞次栉比、错落有致的明清古宅，它们古朴、宁静且不乏生机。黄氏庄园矗立在临江街上，前面是住宅区，后面为手工业作坊，它是扬美首富黄厚龙的杰作，至今，昔日的风韵犹存。辛亥革命先贤梁植堂、梁烈亚两父子的梁氏故居，原来占据了古镇金马街半条街，现在只剩一厅三房一庭院了。梁氏两父子当年曾追随孙中山先生奔波于革命事业之中。扬美孙氏是在狄青南下平蛮时在这里定居下来的，后来孙氏经商发家建起了著名的慕义门，可惜的是现在它留给人们的是残缺的脊顶，斑驳的砖墙，残落的花渠，不过我们聆听到先道仰慕祖义的谆谆教诲。五碟堂是明清最大的手工业工厂，后来被辟为茶楼，多少年来多少迁客骚人，品茗赋诗于此。古老的街巷，陈旧的宅院，古老的窗棂，幽深的庭院，刻龙雕花的飞檐，布满青苔的墙脚，洋溢着古镇人民浓郁、炽烈的爱乡情结。

扬美古镇古迹座座，古埠繁华，并且这里也是人才辈出、书香门第遍乡里的文化宝地。

魁星楼也就是文昌阁，这种建筑在中国南方许多古村落中都很常见，它是古代风水中兴文运的标志。魁星是中国古代神话中主宰文章兴衰的神。清代乾隆六年（1741年）扬美人民修建了这座魁星楼。整座楼是方形的，下大上小，外形很像帝王玉玺，规模宏大，故被人称为“帝印”。主楼三层高15.3米，一楼供奉着木雕的关帝圣君神像，右手执笔，左手拿书，左脚踏上鳌头，右脚抬起，显现一副“独占鳌头”的神情。这座魁星楼已历经近300年风雨沧桑，曾在辛亥革命前夕经历烟火的熏陶。如今扬美人民借着“文昌”之运在周围建起了一座学校，魁星楼就在其中。

通过扬美孔庙我们也能明显看到古镇人对文化知识的推崇。庙中那两幅油画是孔子弘扬德志、四处奔走的艰辛和执着的最好写照，从中也不难看到当年络绎不绝的朝圣香客对儒学的崇尚程度。

通过孔庙与魁星楼也可窥到扬美古镇文运兴衰之一斑，当年古镇码头，一批批文人墨客，朝拜香客，蜂拥而来，大有“不去魁星楼，枉至扬美”之势。扬美举人、进士、禀生、大学士辈出，人们崇文尚德，在极盛时曾出现不足百户的街道就有5名举人，令人诧异的是，仅邓氏一族就有4名。近代的先贤梁植堂、梁烈亚也为后人所敬仰。

扬美周围遭环境清幽清静，步入其中人们涤去心中的浮尘，远离了繁华的喧嚣，使疲惫的心神得到净化。来扬美，不能不看“扬美八景”，它们是龙潭夕影、雷峰积翠、剑插清泉、亭对江流，还有江滩月夜、青坡怀古、阁望云霞、滩松相呼。它们自然、古朴、典雅、优美，处处洋溢着人文色彩。

商埠码头龙潭湾上的“龙潭夕影”亭，旁边石缝中的参天古树，100多级被磨得铮亮的石级，还有河岸上形状怪异的石头，都见证了扬美古镇千年来的烟雨浮华。古镇上空飘扬着秦琴、胡琴、扬琴所奏出的扬美古乐，清雅得似乎可以让人听出它岁月的痕迹，不禁让人们去追寻古镇文明的痕迹。即使这1000年的悠远意境，也挡不住扬美古镇这片古埠净土的辉煌。

桂　　林

【名城简介】

桂林坐落在广西东北部，“湘桂走廊”南面。北与龙胜各族自治县相邻，东与灵川县、恭城县相接，西连永福县，南依平乐县、荔浦县。现辖5区10县，2个自治县，面积2.78万平方公里，主要有汉、壮、瑶、回、侗、苗、满、仫佬、土家、毛南等28个民族。1982年被国务院批准为国家历史文化名城。

【名城历史】

桂林古时候属于百越，战国时属于楚国。秦朝时属于桂林郡。汉元鼎六年（公元前111年）设始安县，归荆州零陵郡。三国吴甘露元年（公元265年）置始安郡，还属荆州。此后郡治、县治都设在这里。两晋南北朝时都被始安郡、始安县所治。梁大同六年（公元540年）改桂州，归桂州治。隋大业三年（公元607年）又为始安郡治。唐武德四年（公元621年）又属桂州，直至德二年（公元757年）把始安县改为临桂县。开耀元年（公元681年）置桂管，领桂、梧14州，第一次被称“桂林”。光化三年（公元900年）设静江军。宋至道三年（公元997年）设广南西路（简称广西）。绍兴三年（1133年）改为静江府，辖临桂、兴安、灵川等11县。元至元十三年（1276年）设广西道宣抚司，十四年（1277年）改宣慰司，十五年（1278年）为静江路总管府。明洪武元年（1368 年），改静江路为府，五年（1372 年）复设桂林府，为府治所在地。清代，沿明旧制，府治、省治均在今桂林城。1912 年设广西军政府于桂林，即废府制，广西省会由桂林迁往南宁，同时改临桂县为桂林县。1933 年设桂林市政处，1937 年省会复迁桂林。1940 年元月，置桂林市政府，复改桂林县为临桂县。1944 年因日军侵逼，省会撤离。1945 年省会迁回桂林。

1949 年 11 月 22 日中国人民解放军接管桂林。1950 年省会迁往南宁。

【名胜古迹】

有史以来，桂林就是广西政治、文化中心和军事重镇，市区范围内有文物古迹共 552 处，各级文物保护单位 117 处，其中全国重点文物保护单位有 5 处，广西壮族自治区重点文物保护单位 23 处。众多的文物古迹，集中体现了桂林的文化特征：以甑皮岩为代表的史前文化，代表古代水利科技文化的灵渠、相思埭，以名山胜迹石刻为代表的山水文化，以西南剧展为代表的抗战文化，等等。

柳　　州

【名城简介】

柳州在广西中部偏东北，广西盆地的中部，柳江中游，东与鹿寨县、象州县相连，西与罗城仫佬族自治县、宜州市相邻，北靠融水苗族自治县、融安县，南与来宾县、忻城县相界。现辖 4 区 4 县，2 自治县，面积 5307.24 平方公里，主要有壮、汉、瑶、侗、苗、回、满、毛南、土家、仫佬、仡佬等 30 多个民族。1994 年被国务院批准为历史文化名城。

【名城历史】

柳州在秦时属于桂林郡，汉武帝元鼎六年（公元前 111 年）设潭中县。晋太康三年（公元 282 年）于县置桂林郡治。南朝梁武帝天监元年（公元 502 年）置马平郡，属潭中。隋初废郡，县改称马平县。唐武德四年（公元 621 年）设昆，后改南昆州。贞观八年（公元 634 年）南昆州改称柳州。天宝元年（公元 742 年）柳州改称龙城郡。乾元元年（公元 758 年）复名柳州。宋马平县为广南西路柳州治所。元改湖广行中书省柳州路，治柳城县。明洪武元年（1368 年）马平县为广西布政使司柳州府治。清朝是广西行省柳州府治。1912 年撤了县，双改置为府。第二年废府置县。1931 年改称柳州县。1937 年又名柳江县。

1949 年新中国成立后，柳江县置柳州市。1961 年升为自治区直辖市。

【名胜古迹】

柳州已公布的区（省）、市、县各级重点文物保护单位共 56 处。其中有在中国以及东南亚发现的迄今最早的晚期智人“柳江人”化石，有旧石器时代向新石器时代过渡的白莲洞文化遗址。此外，九头山汉墓为柳州建城2100年历史的见证。唐代柳宗元在这里待过4年，柳侯祠、柳宗元衣冠墓、柑香亭、荔子碑、龙城石刻、元刻柳宗元像都是研究柳宗元的珍贵文物。柳宗元研究的中心之一就有柳州。在明武洪年间修建的东门城楼，是广西现有的保存最完好的明代城楼。

三　江

【名县概观】

坐落于广西壮族自治区北部的湘、黔、桂交界处，辖3个镇13个乡，总面积2454平方公里。侗族人口占总人口56.8%。境内交通通信便利，枝柳铁路与209国道、321国道通过县境；水路上通贵州榕江，又可达广州。全县森林面积共占11.89万公顷，覆盖率达63.9%，森林蓄积量170万立方米。该县以林为主，盛产茶油、杉木、桐油、松木和毛竹等，为广西最大的油茶基地，素有“杉海油湖”之美称。以低山和丘陵地貌为主的柳州市三江县，属云贵高原的雪峰山、越城岭和苗岭山脉的延伸地带，县境内山岭叠翠，蜿蜒起伏；在这里生活的主体民族是侗族，占全县人口的58%。由于侗族同胞的衣、吃、住、行都具有十分突出鲜明的民族特色，再加上侗乡神奇秀丽的自然风光以及丰富多彩的传统节日，使三江成为桂中地区民族风情与风光旅游的一个热点。走进柳州三江侗族自治县，不仅使人感受到浓郁的侗族风情，更以独特的侗族建筑艺术令人称赞。只要走进侗乡，不论向哪个寨子望去，最先进入眼帘的就是风格独特、结构精巧、雄伟壮观的侗族风雨桥和鼓楼。其中，程阳风雨桥和马胖鼓最大，最具有代表性，这些独特的建筑与周围秀丽的自然田园风光相映成趣。

三江县交通便利、电信发达，特产丰富、景观诱人。三江是广西唯一的侗族县，有奇特的民族风情，源远流长的传统文化，人文景观独具一格，居民吊脚楼、风雨桥、鼓楼等名胜风景把侗乡打扮得异常美丽。因就在桂林附近，它已成为桂林旅游圈中侗族风情代表的景区。

程阳桥位于柳州三江县城古宜镇的北面20公里处，又名永济桥，盘龙桥。它是广西壮族地区那么多桥中最出名的一座。柳州位于广西中部，又叫龙城，距桂林相距一百多公里，是一座有着2100年历史的古城。

到广西不能不做一件事：不能不到柳州看柳州民族风情。苗族的节日、壮族的对歌、瑶族的舞蹈和侗族的建筑被誉为柳州民族风情“四绝”。程阳风雨桥建于1916年，横跨林溪河，是一座木石结构大桥，且是典型的侗族建筑。河中有五个石砌桥墩，桥面架杉木，铺木板。桥长64.4米，宽3.4米，高10.6米。令人称奇的是，整座桥梁不用一钉一铆，大小条木，凿木相吻，以榫衔接，如此匠心独运、巧夺天工的技艺恐怕也只有侗族人才会具备。桥上有栏杆和屋顶，还有5个多角亭，具有独特的侗族韵味。

程阳桥是国重点文物保护单位。在三江侗乡，还有好多桥其技艺成就，都可与程阳桥相媲美。如入江乡的“八斗桥”、独峒乡的楚团桥和“华练桥”等。

侗族村寨的标志是鼓楼。其中马胖鼓楼雄伟壮观，结构严谨，工艺精湛，是侗族建筑技艺的集中体现。

鼓楼分厅堂式、干栏式、密檐式等多种。每种鼓楼，一般都分上、中、下三个部分。其上部为顶尖部，用一根长约3米的木柱或铁柱立于顶盖中央，并套上由大到小的5至7颗陶瓷宝珠，使顶尖部呈葫芦形，犹如塔尖，凌空而立。顶盖是绚丽多彩的楼顶，多为伞形。顶盖形状有四角、六角或八角。顶盖下斜面的人字格斗拱，像蜂窝百孔窗，其周围木雕像燕窝垒泥，工艺精巧，造型别致。中部是层层叠楼，形似宝塔楼身。楼檐一般都是六角，亦有简便的四角或复杂的八角。每方檐角均为翘角，层层叠叠，重檐而上。从上而下，一层比一层大。楼身以四根粗大、笔直的长杉木为主柱，从地面直通楼顶，极为壮观。楼内或雕塑，或绘画，鱼虫鸟兽，栩栩如生。下面是坚固、宽敞、实用的楼底，多为正方形，四周有宽大而结实的长凳，可供人歇坐。中间是一个圆形大火塘，由各户轮流供柴生火，夏驱蚊虫，冬可取暖。

鼓楼由各村寨群众投工献料，集资筹建，由侗族能工巧匠自行设计，自行建造。整个建筑没有图纸，数百上千根梁、枋、柱的尺寸全凭心中计算。这种能工巧匠遍布侗乡，尤以贵州黎平、从江等地为最多。北京、深圳等地新建的侗族鼓楼，都到黎平等地去请工匠。

侗寨鼓楼为数很多，仅贵州从江、广西三江两县就有220余座，仅广西龙胜平等乡平等村就有11座，而黎平肇兴，一个寨子就有5座雄伟壮观的鼓楼，故被中外游人称为“鼓楼群”。

侗族地区比较著名并造型独特的鼓楼有：从江增冲鼓楼、从江信地鼓楼、黎平肇兴鼓楼、群龙胜龙坪鼓楼、三江八协鼓楼、黎平纪堂鼓楼、通道马田鼓楼、三江马胖鼓楼、玉屏鼓楼、黎平独柱鼓楼等。

马胖鼓楼坐落在广西三江侗族自治县八江乡马胖寨，与县城相距26公里。在1928年初建，在1943年重建。楼如宝塔形，以4根长13米、腰围近2米的大杉木组成长方形支柱，外面有小柱和飞檐，垒叠而就。楼高15米，长宽11米，共9层。层层叠架，重瓴飞檐，恰似一只雄鹰展翅游于天际。楼檐雕龙绘凤，画花饰锦，细致精美。楼的顶尖塑有寓意吉祥的千年鹤。除4根象征四季平安的高大主柱之外，在主柱构成的正方形对角和边线的延长线上，24根粗大的边柱，用上等青石制成也呈正方形排列的边柱。28根柱子的垫台，并刻有生动形象的图案。此楼全用杉木凿榫衔接，无一颗铁钉。修建此楼的工匠雷文兴是在无图纸无计算仪器的条件下，用一把曲尺、一杆竹笔，在用半边竹竿做成的“丈杆”上绘图。经师徒12人精心设计、精心施工，在不同角度向主柱和边柱斜穿直套的卯眼和榫头也会分毫不差，可见侗族建筑艺术的高超。1963年

2 月，马胖鼓楼列为广西壮族自治区重点文物保护单位。三江颐和鼓楼又有文化价值、观赏等多项功能，三江县城“风水颐和”鼓楼，建于2002 年中旬，11 月建成，并作为三江侗族自治县成立 50 周年大庆献礼重点工程。此鼓楼是由当地著名的侗族民间工匠协作建造。建成后，它已经创造了侗族鼓楼 4 项世界之最。

第一，占地最大：共有 60 根柱头着地，占地面积为 561. 69 平方米。

第二，楼层最多：共 27 层瓦檐，总高度为 42. 60 米。

第三，主柱最大最古老：4 根主柱之中，树龄为 208 年，胸径为 84. 78 厘米，长度 27 米的第一根主柱来自远离三江县城 130 公里以外的侗族大歌之乡，即贵州省从江县高增乡小黄村，这根 9. 48 万元，动用 120 人搬运，由小黄村运到三江县城共用了 72 天。第二根主柱树龄 206 年，共花费 8. 49 万元，动用搬运工 86 人，其搬运时间达 25 天之久。第三根主柱树龄为 128 年，耗资 7. 1 万元，89 人搬运，运到三江历时 38 天。第四根主柱还有长达 125 年的树龄，花费 7. 03 万元，人力 74 人，运到三江历时 38 天。

第四，设计独具风格：四根主柱高为 27. 1 米，共设计有 4 层观礼台，最高一层观礼台设在 25 层楼上，在这里可一览整个三江县城。

在中秋佳节之际，侗族人民会举行一个盛会——侗族芦会，该活动一般是由邻近的几个村寨共同商定举办的，各自组建的芦笙队在主办寨的赛笙坪上正式举行芦笙演奏比赛。芦笙歌会，不仅是为了庆祝节日，更是男女青年挑选爱侣的好日子。这时青年男女穿华装丽服，热闹非凡。后生们用尽浑身解数吹着芦笙，环绕着坪中央由老前辈领头吹奏，长杆芦笙三圈足有 3 米高，边吹边舞，吹奏出不同的芦笙曲；一个寨一个寨轮流上场，表演吹芦笙，比试着谁的芦笙吹得好。姑娘们则头戴银花、颈悬项链、身穿传统侗服，手执竹筒油灯，围绕站立在芦笙场边，比试着谁家姑娘打扮得最漂亮、最有魅力；别具一格的竹筒油灯，旧时是为了照亮芦笙场，以照看自己中意情郎的灯光；今天看来，倒更像是姑娘自己为了照亮俊俏的脸庞以吸引后生们注目。程阳芦笙会彻夜通宵，欢声笑语不断地从黑夜中升腾，小伙子和姑娘们玩得乐不思蜀。

黄　姚

【名镇概观】

黄姚位于广西昭平县，距今已有 450 多年历史。它发祥在宋朝开宝年间，于明朝万历年间兴建，鼎盛于清朝乾隆年间。这个镇主要是黄、姚两姓居多，故名“黄姚”。现黄姚古镇占地面积 36 公顷，聚居 500 多户 2800 余人。

【名镇历史】

乾隆年间，黄姚街市旺盛，街区绝大部分建筑群就是在这个时候形成的。在过去村镇那种半封闭状态之下，古老的民居、众多的文物古迹才得以保存。这块土地有深厚的文化底蕴，历史遗址、文物古迹也颇多。现古镇保存着 8 条完整的石板街，全长 10 多公里，宽度 2 至 5 米。明清古建筑保存着 300 余幢，面积达 1.6 万平方米。景观建筑也随处可见，有亭台楼阁 10 多处，寺观庙祠 20 多座，特色桥梁 11 座，楹联匾额上百副，著名的兴宁庙匾额“且唑口契茶”被文化部列为“中华名匾”之一。“黄姚八景”：古戏台、兴宁庙、文明阁、宝珠观、天然桥、聚仙岩、带龙桥、孔明岩等被列为区级或县级文物保护单位。

【名胜古迹】

黄姚古镇的房屋多是两层的砖瓦结构，虽然建筑规模不是很宏大，但建筑精美，砖雕、石雕、木雕工艺水平姿态各异，古建筑的梁柱、斗拱、檩椽、墙面、天花都雕梁画栋，千姿百态，栩栩如生。石板街路面铺接技术精湛，街道空间尺度宜人，建筑有退有进。古镇整体风貌既丰富多彩又和谐统一，给人以美的感觉。

黄姚人深深地依恋着他们的老屋里，修建了新房，老一辈人也不愿搬走。这里几乎家家户户都保存着先人用过的雕花床、八仙桌、红橱等家具及古老的服饰、用具。

黄姚镇著名的亭台、楼阁有：准提阁、文明阁宝珠观、兴宁庙、安乐祠、戏台、佐龙祠、风龙祠、福庆祠、护民祠、福德祠、护龙祠、水口祠、大圣祠、回龙庙、接龙社、吕公社、会龙社、印堂社、天然亭。

桥梁建筑有：锡巩桥、枕漱桥、佐龙桥、福德桥、护龙桥、三星桥、天然桥、石跳、黄琪埒桥。

还有姓氏宗祠：梁氏宗祠、古氏宗祠、劳氏宗祠、郭氏宗祠、天佑古公祠、仙山莫公祠、吴氏宗祠、叶氏宗祠等。

兴坪古镇

【名镇历史】

兴坪位于阳朔县东北部，距离县城 25 公里处。公元 265 年，阳朔地方分属尚安县、熙平县管辖，在漓江的中上游，熙平县置于今兴坪镇狮子崴，公元 590 年，熙平县治从兴坪镇狮子崴迁至阳朔镇，这里上接圩集，“熙平”由于年深日久便误传为“兴坪”。兴坪景区内奇峰叠翠，景景相接。有弧形直立的朝板山，像古代朝臣手中所持的朝板；如圆丘相叠的罗汉山、僧尼山，如同一僧一尼正面对面斗嘴；溜圆扭卷的螺蛳山，恰似一只巨大的螺蛳立于江畔；兴坪的水柔得像丝绒，绿得像碧茶，如一面镜子载浮着群山倒影，似诗似画。虚虚实实的山水景象融汇成一曲大自然的和谐旋律。叶剑英元帅游漓江后也写下“春风漓水客舟轻，夹岸奇峰列送迎。马跃华山人睇镜，果然佳胜在兴坪”的诗句。漓江的景点精华大部分在兴坪境内聚集着漓江美致中的经典。

【名胜古迹】

兴坪镇在阳朔东北部，距离县城 25 公里，漓江在此绕了一个大弯。兴坪依山傍水，山峦叠翠，秀水灵动，粉墙乌瓦，石板小巷，是漓江沿岸最美丽的古镇。境内黄布倒影、马画山、下龙胜景、僧尼相会、老人守苹果、浪石风光、螺丝山、神笔峰等景点美不胜收，令人瞠目。兴坪渔村人杰地灵，1998 年 7 月，时任美国总统的克林顿游览漓江并到兴坪渔村访问，更激起了不少中外游客追寻总统的足迹。兴坪的美丽土地上，曾留下了邓小平、周恩来、江泽民、杨尚昆、李鹏、乔石等党和国家领导人的足迹。“马跃华山人睇镜，果然佳胜在兴坪”是叶剑英元帅给予古镇的高度评价。兴坪古镇现存的文物古迹，大多集中在圩上的古街及离圩场约 2 公里的渔村。

友 谊 关

【名关纵览】

友谊关在祖国的南疆广西凭祥市区西南处，是仅有的位于祖国南方又唯一同外国接壤的边陲重镇，它是祖国的南大门。该关于刘汉王朝建，到现在已有 2000 多年的历史。它的原名“镇南关”，后更名“雍鸡关”、“界首关”、“大南关”、“南天第一关”等，为了增进中越两国的睦邻关系，因此在 1965 年更名为“友谊关”。

【名关景致】

友谊关地势险要，历朝历代为兵家必争之地，所以几逢战火，毁了又建，几经波折。明朝洪武年间重建，置“镇南关”，至清朝，法军入侵镇南关后摧毁关楼，后又重建，可抗日战争时期又被毁灭。目前遗存的关楼为 1965 年改建样式，而且是陈毅元帅亲笔题写“友谊关”三个大字。这里有关楼、左弼山炮台、右辅山炮台群和城墙建筑群、法式楼、大清国万人坟等景点。

友谊关如今存留的隘口，大、小连城等建筑群保存特别完好，并且气势雄壮，所处地势相当险峻，素称“南疆小长城”。气势高峻雄伟、巍峨坚固的关楼为 1957 年拨款仿建的，整个基层都是用长条石料堆砌而成，城楼大门是圆拱洞造型，高大明敞，前窄后宽。登临楼顶，能够看见迎风飘舞的越南国旗与民居。关楼二层展厅记载有发生在 100 多年前的镇南关大捷。1885 年 2 月，法军侵略军自越南境内进犯我镇南关凉山军事要塞，因为守军弃城溃逃，退避龙洲，镇南关、凉山失守，边境形势危险。在这危难时刻，年近七旬的老将冯子材毅然拿起长矛花枪同装备精良的法国入侵者决一死战，最终在他的带领下清军用血肉之躯击败了不可一世的法军，捍卫了国土与国人尊严。顺着关楼东行能够看到镇关炮台，整个炮台处在左弼山顶，呈圆形，采用三合土与长条料石混筑而成，牢固无比。同炮台融为一体的旗杆右侧坐落在炮台入口处，历经百年风雨依然能看到神奇的大自然杰作，特别奇妙有趣。假如顺着关楼向西便是壁垒森严、金风萧瑟、远近闻名的右辅山古炮台。这个炮台是由镇北、镇中、镇南三座炮台组成，它的战略位置相当重要且凌驾于其他炮台上面，由于它筑势险要，东同左弼山炮台相互映照，前可监视往来关门的各交通要道及左右入境小路，还有压制法军炮台的作用。镇北台在右辅山山巅之北，为穹形构造，距镇北台大概400米，是面积最大、构造最复杂的镇中台，全炮台有一石室，三坑道、三道围墙和一座能够旋转360度、控制灵活的大炮。炮台是下到上收缩布局构造，用混凝土和条石砌筑而成，面积开阔，可驻兵，也可操练，为整个右辅山炮台的“指挥部”。坐落在右辅山巅之南的则为镇南台，该台地形隐蔽，是当时的“瞭望所”。登台眺望，既可见我联检所及边防哨所，而且可观察到越南的联检楼和越南友谊关房屋群。

从右辅山下来，友谊关木卷字南处，有一座法国风格的楼阁，由于它是法国工程师设计，含有法国建筑风格，故人们称其为“法式楼”。该楼原建于1896年，后又于1914年改建成今日之模样。它是清朝负责边境外交事宜及防务工作的“镇南关对讯署”的办公楼，同它搭配的还有武圣庙与纪念“镇南关大捷”阵亡将士的昭忠祠，但都被战争摧毁，令人心痛。然而坐落在右辅山脚下的则是著名的“大清国万人坟”。它收集的是在1885年镇南关大捷及与之相关战役中阵亡的抗法清军爱国将士的骨灰，光绪二十四年（1898年），方才树碑立传，称之为“大清国万人坟”。该碑左、右两边都立两小碑，记叙有在抗日战争中率部与日军作战的国民党师长海竞强的墓志和他的师集体捐资修缮此坟的事迹。

还有许多同它搭配的大、小连城军事要塞，一起筑就了友谊关之险峻秀奇。“小连城”建于龙洲城西处的连亘山上，于山顶上修建了“左、中、右”三座炮台及兵营，城内也筑路用以连接贯通。“小连城”居中，镇南山孔镇居左，水口关居右，下则有下冻、水口炮台与之相连，整个建筑群恢宏大气，气势雄伟壮观，为西南边陲屯兵戍边险塞要地。“小连城”所及的连亘山上除了军事设施外，在山腰上还有保元宫、南麓建光禄寺和报恩亭。而保元宫是建在山腰龙元洞的。西麓的“小垒城”用料石砌成墙体与山炮台边接。另外“南疆小长城”特别是指“小连城”而言。大连城坐落在凭祥市北，是古代的军事重地，同外界相连接的是左、中、前、后四道关闸，它的周围是关闸、炮台、碉堡等组成戒备森严的大连城“内城”。大连城外围则由卫连前台、左台、右台、中台等四座大型炮台构成其“外城”，这个炮台装备精良，均采用德国进口的巨型大炮，易守难攻，真乃是“连城天险”。大连城景区内有武圣宫、四井园、提督衙门、古营盘遗址、白玉洞等。四井园是中法战争时期苏春园为了解决当地吃水困难而挖掘的四口水井，提督衙门、古营盘遗址则是当时抗法军队的办公之地及操练之所，其建筑雄伟壮观、气派大方、富丽堂皇，这里较为奇特的自然景观应该是白玉洞，白玉洞洞中有洞，洞洞相连相叠，奇石到处都是，姿态万千，洞中钟乳石玲珑小巧，洁白如玉，所以取名叫白玉洞。该洞列凭祥八景之首，被称为“三层洞天”。

【历史地位】

友谊关地处崇山峻岭之间，地处险峰深谷深处，坐落在重重要塞之中，为西南边防重镇，有过孙中山领导的“镇南起义”与中法战争中闻名中外的“镇南关大捷”，而且同它有关的自然景观都非常神奇，游人来到这里，不仅能一览山河雄壮秀丽，也可激发出强烈的爱国热情。

柳州柳侯祠

【名祠简介】

柳州柳侯祠位于广西壮族自治区柳州市柳侯公园内。它拥有三重院落，是人们为了祭祀和纪念唐代著名文学家、思想家、政治家柳宗元而修建的一座祠堂。

【名人故事】

柳宗元（公元 773—819 年），字子厚，唐代河东解县人。他在贞元年间（公元 785—804 年）考中进士。曾担任过校书郎、蓝田尉、永州司马、监察御史里行、柳州刺史等职。

柳宗元在任柳州刺史期间，勤政爱民，兴利除弊；他还免除了百姓的许多债务；开挖水井，种植树木，释放奴婢，推进教育；使柳州地区的文化事业和经济迅猛发展起来。

柳宗元一生多才多艺、成就卓著。他在政论、游记、寓言、诗歌等各个方面，都是轻车熟路，有所成绩。他亦为著名的“唐宋八大家”之一，与韩愈一起并称“韩柳”。有《河东先生集》。

柳宗元逝世后的第三年，也就是唐代长庆元年（公元 821 年），人们便把他的神像供奉在了柳州罗池庙中。宋徽宗赵佶把柳宗元封为文惠侯。那件事之后，柳州罗池庙便更名为柳侯祠。柳侯祠曾屡毁屡建。清代雍正七年（1729 年），再度对其重修。现在，柳州柳侯祠基本保持着雍正年间重建后的规模。

【名祠巡礼】

柳州柳侯祠占地面积 1958 平方米。有大门、后堂、中厅和长廊、碑廊及厢房等主要建筑。

柳侯祠的大门，本开于祠堂的南面。后来，在祠堂东辟了一旁门，冠以歇山式屋顶，并在月洞门上悬挂了一题有“柳侯祠”的匾额，它是由郭沫若亲笔题写的，东门便成了祠堂的正门。

中厅是一座三开间的木结构硬山式建筑物。厅内有两口石井，据说是在唐代挖掘的。这佐证了柳宗元在柳州挖井兴利、造福人民的历史事实。

柳侯祠的主体建筑是后堂大殿，是一座三开间的木结构硬山式建筑物。殿内立有一柳宗元的盘腿坐像。他头戴巾，手握笔，身穿官服。

在柳州柳侯祠内，保存着历代20多座石碑。据说是至今尚存的柳宗元唯一的手迹为《龙城石刻》残碑，很珍贵。碑上用行书刻写着“龙城柳，神所守；驱厉鬼，出匕首；福四民，制九丑。元和二十年，柳宗元”。《荔子碑》，由韩愈撰写碑文，苏东坡书写，所赞颂的人物又是柳宗元，故人们称之为“三绝碑”。此外，祠内还保留着元代刻制的柳宗元画像。

柳宗元衣冠冢、思柳轩、罗池、柑香亭等名胜古迹在柳侯祠附近。据说，柳侯祠所埋葬的可能仅是其数件衣冠，而其遗体则被其弟护送北归。今日的柳宗元衣冠冢在清代修建，是用青石垒砌成的。墓冢虽然不大，却建得精致，寄托着后人对柳宗元的敬重和怀念之情。

海 南 省

【怀古诗话】

欣逢调查研究所，北极飞临南海边。
兔恬岭前乘快艇，鹿回头上射飞鸟。
盐田日晒成银岭，椰实人蹬落碧天。
自古琼瑶称此岛，珠崖毕竟占春先。

——郭沫若《颂海南岛》

海口五公祠

【名祠简介】

五公祠在海南省海口市东南五公里处，前是巴伦河，后为海口府城公路，它以祠堂建筑为主，包括古代祠堂和园林建筑群如亭、轩、廊、榭和湖、岛及林木花草等，具有浓郁的热带风光特征。1955 年，被广东省政府列为省级重点文物保护单位。

【名人故事】

五公祠是为了纪念和祭祀唐、宋时期的五位名臣，即李德裕、李纲、赵鼎、李光和胡铨而建。

李德裕（公元 787—850 年），字文饶，唐代赵郡（也就是今天的河北赵州）人。唐宪宗宰相、赵国公李吉甫之子。年轻时，刻苦用功。先后在担任过各节度府从事、监察御使、中书舍人、御使中丞、浙西观察使、西川节度使。在文宗和武宗执政时期，曾两度担任宰相职位。在此期间，因在与牛僧儒等人的党派之争中失利，曾被贬为崖州司户与袁州长史。因他治国有方，使国家一度获得安定局面。他是中唐时期一杰出的政治家，曾被封为太尉，赐爵卫国公。一生著有《次柳氏旧闻》与《会昌一品集》等作品。

李纲（1083—1140 年），字伯纪，北宋邵武人。政和年间考取进士。曾担任兵部尚书、亲征行营使、尚书右丞职务。因主张抗金，遭秦桧等人的诬陷，曾被贬到今天海南省的建安军、宁江军。南宋高宗时，又被起用为宰相，但仅七十天，又被贬官，任湖广宣抚使。著有《靖康传信录》、《梁溪集》。

赵鼎（1085—1147 年），字元镇，号得全居士，南宋解州闻喜人。崇宁年间考取进士。曾任殿中侍御使、御使中丞，两度担任宰相职务。他积极主张抗金，而且岳飞等人任要职也是由他推荐。因受秦桧等人的陷害，被贬往泉州、潮州，再移吉阳军。因为他知道，秦桧必会残害他，故自己绝食而亡。著有《忠正德文集》。

李光（1078—1159 年），字泰发，号转物居士，南宋越州上虞（即现在的浙江上虞）人。崇宁年间孝取进士。曾任吏部侍郎与参知政事职务。因遭秦桧等人的诬陷，曾被贬至建宁军与昌化军，在那里生活了二十多年，直到死后，才官复原职。著有《庄简集》等书。

胡铨（1101—1180 年），字邦衡，号澹庵，南宋吉州庐陵（今天的江西吉安）人。建炎年间考取进士。曾任翰林院编修官。因积极主张抗金，遭秦桧等人诬陷，被贬任福州通判，后又移往广东和吉阳军。他在海南生活了将近二十年，与黎族同胞一起兴办学堂，传播中原文化。南宋孝宗继位后，他再度被起用，先后担任国史院编修官与兵部侍郎职务。著有《澹庵文集》等。

李德裕、李纲等五位大臣，都曾担当重任于国家危难之时。他们坚强不屈，刚正不阿，矢志不移。李德裕被封为卫国公。李纲被封为忠定公。李光被封为庄简公。赵鼎和胡铨均被封为忠简公。他们为海南人民做出了较大的贡献，海南人民永远难以忘怀。因此，海南人民建祠以纪念。

海口五公祠具有悠久的历史。宋绍圣四年（1097 年），苏东坡被贬海南，曾在金粟庵居住了二十多天。他在海南流居三年，后来遇赦回归故里，人们便把苏东坡的住地作为他的纪念地。后来，人们将此称为东坡读书处或东坡书院，并修建祠堂，叫作苏公祠。因为人们也敬重苏东坡的弟弟苏辙，把他也供奉在祠内，因此也称二苏祠。1617 年，人们将苏公祠重新修缮。清代光绪十五年（1889 年），人们于苏公祠的西面正式修建了五公祠。之后的年代里，并对五公祠进行了大修，让五公祠、苏公祠和它四周的各种古建筑，面容重现往日光彩。

【名祠巡礼】

五公祠包括五公祠主楼、苏公祠、二伏波祠、洞酌亭、琼园、石碑和湖、岛以及山林等。于琼园内，又有五公精舍、学圃堂等。五公精舍为清朝末年海南名士讨论与研究诗文的地方。而学圃堂是浙江名士郭晚香的讲学地方。二伏波祠为人们纪念西汉和东汉两位名将的地方。

五公祠主楼有两层，四角攒尖式屋顶。屋面上覆绿瓦。它是清代的木结构楼阁式建筑物。因为它为海南省修建时间最早的一座楼阁，因此称为海南第一楼。目前，书写有“海南第一楼”的大匾，仍高悬挂在楼阁的第二层，每个字的体量都很大，很远处就能够看见。在楼阁的第一层，依然悬挂着，写有“五公祠”三个大字的匾额。

在海口五公祠主楼的楼内，有李德裕、李纲、赵鼎、李光和胡铨的塑像，在大厅的立柱上，悬挂着海南文昌人潘存撰写的对联：“唐嗟末造，宋恨偏安，天地几人才置诸海外；道契前贤，教兴后学，乾坤有正气在此楼中。”还有琼崖道台朱采撰写的对联："只知有国，不知有身，任凭千般折磨，益坚其志；先其所忧，后其所乐，但愿群才奋起，莫负斯楼。"特别明显，如此有力度的对联表达了人们对这五位名臣的尊重与敬仰，而且又表达了人们对他们的爱戴与怀念。

琼 山

【名城简介】

琼山在海南岛东北部，地跨南渡江下游两岸，东邻文昌市，南接定安县，西与澄迈县相连，北与琼州海峡相临，现为海南省海口市琼山区。居民大多数为汉族。1994年国务院批准琼山为国家历史文化名城。

【名城历史】

约新石器时代中晚期，距今3000多年前，已有人类在此生息。秦朝时琼山地属于象郡边境，汉武帝元封元年（公元前110年）谭都、玳瑁两县在这里修建，属于珠崖郡。初元三年（公元前46年）属合浦郡朱庐县，建武十九年（公元43年）又被改为珠崖县。三国东吴赤乌二年（公元239年）称为朱庐县。隋朝大业六年（公元610年）时属于颜庐、舍城两县。唐武德五年（公元622年）又把颜庐改为颜城县，属崖州。贞观元年（公元627年）析舍城县设在琼山县，因县境内白石都在今天的新民乡，又有琼山、白石两村，泥土石头都洁白如玉且润泽，便以山名取县名，琼山县名自此始。贞观五年（公元631年）设琼州，州治位于今旧州镇。宋开宝四年（公元971年）移治府城，至清朝，琼山县都是琼州府的所在地，故府城之名因此而来。明代琼州升格为府后直到民国初年，琼山一直是海南岛的政治、经济、文化中心。

1950年4月琼山县解放，县政府进驻府城，1952年搬到岭脚，1955年恢复府城，1958年12月与海口市合并，1959年11月恢复琼山县，1994年1月废了县设市，2002年10月海口、琼山行政区划调整，2003年1月1日设立琼山区。

【文物古迹】

琼山保留下来的古建筑、古墓葬等有110多处，其中有的被列为国家重点文物保护单位。另外还有：古珠崖郡治遗址、府城古城墙、鼓楼、琼台书院、五公祠、孔庙、冼太夫人庙等。

天涯海角

【古迹历史】

坐落在海南省三亚市以南、西南滨海交汇处，此处倚山临海，形状姿态如犬牙般的奇石怪峻，参差向天，为古代的重要关隘，它就是远近闻名的天涯海角。它原名下马岭，由于其地为行经崖州的必过之路，并且这一带山道又相当险要、崎岖不平，因只有徒步穿越才能过岭，所以称为“下马岭”。这里风景迷人，椰树依依交相辉映，勾勒出一幅美丽的热带海滨风光图画，再加上矗立在蓝天白云之下的姿态雄壮的巨形垒石，引人想象。

改名后的天涯海角取意“天之边缘，海之尽头”，就这一称呼的来历到现在还流传着许多故事与说法。据载，在汉武帝元鼎元年（公元前116年），伏波将军平定南越周围地方之后，于是派驻军队扎营此岛，创建珠崖、儋耳两座郡县，由于此地远离中原故土，又属蛮荒之野，且瘴疠横行，所以，此地多用作流放犯人。只要被驱逐到此者要历尽跋涉之苦，还有的因为水土不服而丧生，就算是官员被贬谪此地，也多在临行前与好友亲人作诀别相告，认为没有机会见面了，由此得名“天涯海角”。

【古迹特色】

天涯海角到处都是迷人的风景，令人神往。这里有青山绿水，怪石嶙峋，柔和细腻的海滩，海浪长年累月冲刷造就了磊磊奇石，矗立于海天之间，犹如向人们诉说着海南岛千百年来世事风霜变迁。可在骄阳照射下的袅娜的椰子又辅之以特有的柔媚之姿，尽显宝岛特有的热带风情。如情侣般相互依偎的巨石上题刻有“天涯”、“海角”的字迹，自此“天涯海角”就成海南岛的象征而风靡神州大地。离它很近的“南天一柱”巨石，雄峙南滨，笑傲惊涛骇浪之间。现在的“天涯海角”，不但凭它独具魅力的历史文化招徕着游人，并且各种自然景观的现代化和散发出的浪漫气息更是有吸引力。如今，这里举办的一年一度的天涯海角国际婚庆节，就凭它盛大宏伟、别出一格，从而是爱情伴侣们表达忠贞恩爱的圣殿。

鹿回头公园，为三亚市著名的旅游景点之一，也为热带自然植被和生态保护最好的地点之一，从这里登高既能观海又能俯瞰三亚市全景，实在是一处优美的旅游佳地。之所以将之称为“鹿回头”，是由于该园中有一座自东北向西南延伸而折向内北的山岭，灵动峻逸，宛如一只鹿立于海边问望之故。风光旖旎的鹿回头公园还有一个生动美丽的故事，传说古代有一位黎族青年猎手，一天打猎，在五指山见到一只鹿，拼命追赶，一直追到南海之滨。此时鹿见前有茫茫大海，后有年轻俊朗的追兵，进退两难，正待青年猎人搭弓放箭时，忽然空中闪过一团火光，烟雾腾空，鹿此刻已变成一位漂亮美丽的黎族少女，两人相爱并结为恩爱夫妻。这个山也就是青年男女海誓山盟的情山，“鹿回头”便由此得名。现在的鹿回头公园正在进行大规模改造，比如风情商业街“玫瑰抱”和大型的夜景激光表演项目等，如今的鹿回头公园将呈现出耀眼的仙境风光。并且此地所产的椰子体大肉厚，特别有名气，游人至此，大部分购买携带，一品当地名产。

海南四季如夏，因此，北方最冷时，很多人来这里避寒。共有大小海湾10来个，宜泳，较著名的有牙笼湾、大东海及鹿回头等海滨浴场。海边还有花石、贝壳等，为游人所喜爱的旅游纪念品。

放眼远望，海天空阔，热带林木郁郁葱葱，椰林婆娑，沙滩如帛。逢涨潮的时候，白浪滔天，奔涌浩荡，拍崖击石，碎作珠屑，令人心旷神怡，不知置身何处。

重庆地区

【怀古诗话】

白帝荒城带雨昏，瞿塘高浪挟雷奔。
双崖积铁封三峡，众水排山争一门。
鱼腹浦悬鱼鸟阵，虎须滩变虎狼村。
卧龙跃马空回首，壮士当关几年吞。

——清·孙元恒《瞿塘》

重 庆 市

【名城简介】

重庆，这个美丽的山城，它被人誉为“山城都市风光”、“长江三峡旅游黄金线”与“八大特色旅游区”，共有景点300多处，其中国家级文物保护单位也有10多个。

巴渝有着古朴独特、引人入胜的民风民俗与多姿多彩、令人倾倒的地方文艺。重庆还是川菜主要代表地域之一，“吃”与“游”巧妙融合，使游客一饱眼福加口福。

龚滩古镇

在乌江和阿蓬江交汇处，乌江东岸凤凰山麓的一段陡峭的岩坡边坐落着一座呈带状的千年古镇。这里，就是重庆市酉阳土家苗族自治县龚滩镇。

龚滩深藏于峡谷中，它三面环水、一面着陆，自古是兵家必争之地，被称为“黔蜀要津”。据史料记载，古镇已有1700多年历史，三国时涪陵郡汉复县就设在这里，已基本形成今天古镇的雏形。明万历年间，暴发山洪，凤凰山崖崩塌，巨大的岩石填塞乌江，形成水流湍急的险滩。

古镇龚滩曾历经风雨沧桑，几度废兴。龚滩由乌江下水可到涪陵，再由涪陵转入长江水道，上至重庆，下去湖北。由于地理位置特殊，它成了川、湘、黔客货过往的水陆转运中心与重要集镇。自从清雍正十三年（1735年）废了“蛮不出境，汉不出内”的禁令后，重庆、涪陵、江津等地的商人接踵而至，上水运来川盐、烟酒、布匹和日用百货，下水运出茶叶、桐油、生漆、五倍子等物资。到民国时期镇上出现“大业”、“玉成”等十多家较大的盐号与一百多家各类商号、客栈。这些盐号、商号生意兴隆，财源滚滚，因此有语道“钱龚滩、货龙潭”。

【名胜古迹】

古镇也曾屡次受过洪灾、火灾、崖体垮塌的考验。先人们曾在近40度的陡坡上，恶劣的自然条件下，生息繁衍，而且多次重新修葺了损毁的古镇。龚滩过去有庙宇、祠堂、会馆二十几座，至今保存完好的仍有武庙、川主庙、童家祠堂、西秦会馆等。建于清光绪年间的西秦会馆，高墙大院，外壁朱红粉饰，里面正殿、偏殿、耳房、戏楼，雕梁画栋，保存完好，会馆昔日的英姿依稀可见。

石板路始建于南宋末年，它在依山傍水的吊脚楼间蜿蜒，演绎着古老的历史。老街约三里长，宽三四米，窄约两米，沿江起伏跌宕，宽窄自如。石板路经数百年磨砺，有的已青幽如玉，光可鉴人。街上的楼房多以块石为基，层层垒叠，由几米到数十米，全为人工垒码，虽经上百年，仍稳如泰山。由于山崖坡度很大，街旁吊脚楼高高的木吊脚高低错落，一百多年过去了，仍然坚如磐石，故自下而上仰望，令人心惊胆战，不敢再看第二遍。

龚滩的吊脚楼分半吊与全吊两种。全吊型，是全部虚悬；半吊型，则是部分虚悬，全系木料支撑、穿斗而成的梁架结构。屋高约三五丈，二至三层，层层楼梯相连。楼下堆货，楼上住人，四周设走廊，是典型的土家族建筑。龚滩吊脚楼之中单体之高，建筑面积之大，国内罕见。如转角店罗家盐仓即颇负盛名的“半边仓”，“一半实地，一半凌空”。再如郑道明宅，独家占据一孤岩，面阔达20米，进深约10米，占地面积有200平方米。这些大宅是古镇民居的主体建筑，悬空于河岩上，另有一些小宅子穿插其中，错落有致。

龚滩另一道独特的风景是桥。卷拱桥、平板桥、大桥包小桥等。在一条顺岩壁而下的溪流上竟架了十八座桥，当地人称“一沟十八桥”。石梯同是古镇一大标志性特征，一出门就是走石梯。龚滩的石梯依地势而建，延绵悠长、形态各异。

新中国成立后，因交通格局变化，龚滩的商业地位已消失殆尽。虽已不复存在昔日的繁华，但却别有一番“苔痕上阶绿，草色入帘青”的逍遥。夏夜清风徐徐，小镇人怡然自得地坐在院子里打几圈牌，或是喝点酒，或是摆摆龙门阵。原来没落的古镇，也可以一样的迷人。

龙潭古镇

位于重庆市酉阳土家族苗族自治县东南部，武陵山区腹地的一座千年古镇，因其上有两处圆形洼地，形状很像龙眼，积水为潭，因此这座千年古镇得名龙潭。

巴渝古镇多在崎岖的山区分布，但是龙潭却选址在一个20多公里长的狭长盆地中部。龙潭河流经古镇，注入酉水，进湖南沅江，遂经过迂回曲折的几百里直接注入湖南洞庭湖。因其地势平坦，水陆交通方便，所以古龙潭发展迅速。

龙潭历史悠久，早在汉高祖五年（公元前202年）就有巴人聚居。清雍正十三年（1735年），镇址从附近的渤海乡梅树村迁到现址。清乾隆年间，江西、湖南、湖北一带移民大量迁居至此，人口愈来愈多，商业随着发达。至抗战期间，国民党政府的企业和一些机构曾迁至龙潭，是以古镇又被人们称作“小南京”。

龙潭河岸作为酉阳重要的水陆通商口岸，其长1.45公里，有10多处码头，有过百舸争流、船只穿梭景象，场面真是宏大壮观，又因货运发达，故有“货龙潭”之说。龙潭仍保存着石板老街、四合院、封火墙等，它们距今已有200多年的历史了，而且设计独特美观。石板街从瓦厂弯经过中心街、永兴街、永胜街至永胜下街的梭子桥，全长约3公里。另一条街从福兴桥起，全长0.5公里，主街宽约5米，它们距今已有200多年的历史了，都是用方块青石铺成，高低不平的地方，就巧妙地垫成梯形阶坎，每个阶坎都差不多7到10多级。阶坎经数百年磨砺，有的已青幽如玉，光可鉴人。

古街两旁散落着清末民初建造的木柱石瓦房宅，基阶多沿用细钻条石铺砌，院落间青砖花墙盖瓦，石灰粉檐，沿街一侧大小店铺屡见不鲜。庭院幽深，里面是两三重天井，后面用作主宅或仓库，部分殷实的商家内有亭阁花园、水榭戏台，廊廊回环，气派非凡。镇上用火砖砌成的围墙，高达十几米至二三十米不等，楔子护墙是再用铁或木料砌成的，约1米高，里面修房舍。一层楼叫“窨子屋”，它的形状很像一枚方印，这就是颇具个性的封火桶子。150多堵封火墙把古镇隔离出200余个古朴幽静的四合院，较有代表性的民居有吴家院子、王家大院、甘家院子、谢家院子、赵家院子，等等，这些老宅大多为木结构或砖木结构，窗棂门楣、梁柱构件多有精细的雕花装饰。在高处鸟瞰成片的院落错落有致，山墙重叠，天井相间，加上小青瓦屋顶，飞檐翘角，鳞次栉比，蔚为壮观。

据说龙潭在鼎盛时期有七宫八庙，七宫是万寿宫、禹王宫、天后宫、轩辕宫、文昌宫、巧圣宫、水神宫；八庙即龙王庙、杨四庙、五谷庙、老大桥庙、火神庙、文庙、武庙、伏龙庙。这些建筑粉墙黛瓦，浑然一体，颇具特色。

云阳张飞庙

【名庙简介】

位于重庆市云阳县县城外长江南岸的云阳张飞庙，又名张桓侯庙、张桓祠。它是为了纪念和祭祀三国时期蜀国名将张飞而建的。它与云阳古城遥遥相望，自古以来就闻名遐迩。

【名人故事】

张飞，字益德，今天的河北涿州人，出生年月没有记载。于公元221年遇害身亡。

张飞为三国时期著名的蜀汉大将。曾与刘备、关羽结义为兄弟。随刘备于东汉末年起兵。曾大败曹兵，威震曹营。在刘备攻打今天的四川时，张飞任车骑将军。攻城夺地，一路所向披靡。蜀汉章武元年（公元221年），张飞跟随刘备攻打吴国时，出兵前被部将行刺身亡。死后，被谥为桓侯。

云阳张飞庙，与飞凤山相靠，与长江相临，殿堂依山而建，宏伟壮观。

据史料载，云阳张飞庙于蜀汉末年初建。建成之后，历代曾屡次维修、扩建或重修。北宋熙宁年间（1068—1077年），大修云阳张飞庙并奠定了今日的规模。清代同治九年（1870年），张飞庙毁于大水。今天的云阳张飞庙，为此后多次重建后遗留下来的。

【名庙巡礼】

云阳张飞庙主要有山门、结义楼、望云轩、正殿、助风阁、得月亭、杜鹃亭及厢房等建筑物。整座庙宇建筑依山布局，高低错落有致；雕梁画栋，翘角凌空，雄伟壮观。

结义楼位于山门之后。是根据刘备、关羽、张飞涿州桃园三结义的故事而建。殿宇背山面水，居高临下，气势雄伟。

正殿在结义楼的后面。正殿为云阳张飞庙的主体建筑，亦为全庙中的最高建筑。殿内安有一尊张飞塑像，高达3米。张飞怒目而视；一手扶着膝，一手握着拳头；一腿前伸，一腿后缩；整个身体稍微向左前方倾。塑像各部比例匀称，形象逼真生动，栩栩如生。

助风阁是一五角形的亭阁式建筑。传说，张飞怀着感恩之心每天都要在云阳境内的长江段上吹三次风，帮助江上的船只航行。助风阁就是这样诞生的。用以寄托人们对张飞的怀念和敬重之情。在张飞庙的前面至今仍有一座写着："三十里风，舟船助顺"字样的石碑。

在云阳张飞庙的内外，还保留着许多摩崖石刻、石碑与木刻。其中有近300件的石碑和摩崖石刻，有200多件木刻书画。有唐代颜真卿的《争座位帖》、宋代苏轼的前后《赤壁赋》、黄庭坚的《幽兰赋》、岳飞书写的前后《出师表》等，都颇为珍贵。

除此之外，在云阳张飞庙内外还保存着许多很有价值的长江水文历史资料石刻。摩崖石刻位于杜鹃亭之后。此石刻于1870年刻制，其上书有"大清同治庚午洪水至此"。

在张飞庙前的长江中有一座叫龙脊石的碑。它东西长约200米，南北宽为10米。石碑上刻着1088年以来的170多段长江历史水文题记，其中有68段枯水季节水文资料。这是非常珍贵的长江水文历史记录。

云阳张飞庙历来引人注目，前往观览的游人络绎不绝。历代文人墨客多来此观赏作诗，如唐代永泰元年（公元765年），"诗圣"杜甫也曾到此一游，并写出了壮丽的诗篇。

高家镇遗址

【古迹简介】

高家镇遗址在重庆市丰都县高家镇桂花村长江右岸的三级阶地上。遗址面积1万多平方米。已发现各类石制品2500余件。石制品是用当地产砾石直接打制加工，有石核、砸器、尖状器和刮削器等。石器形体粗大，加工技术和形态特点都和华南地区广泛分布的砾石石器一致。

【古迹特色】

高家镇遗址分布范围大，文化深厚，石制品丰富，是迄今为止三峡地区所发现的时代最早的旧石器文化遗存的代表，为研究早期人类在西南地区的发展，特别是适应三峡地区独特地理环境的历史进程，提供了非常重要的资料。

四 川 省

【怀古诗话】

日照锦城头，朝光散花楼。
金窗夹绣户，珠箔悬琼钩。
飞梯绿云中，极目散我忧。
暮雨向三峡，春江绕双流。
今来一登望，如上九天游。

——唐 · 李白《登锦城散花楼》

成 都

【名城简介】

成都系四川省省会。在成都平原中部，东北与德阳市毗邻，东南与内江市毗邻，西南接雅安地区，西北和阿坝藏族羌族自治州接壤，南连眉山地区。现辖 9 区 6 县，代管 4 市，面积 1.21 万平方公里，常住人口 1519 万（2010 年）。1982 年被国务院批准为国家历史文化名城。

【名城历史】

西周、春秋时期为古蜀国领地。公元前 4 世纪，古蜀国开明五世把蜀都城至成都，取周太王迁岐“年成邑，二年成都”意，成都之名即源于此。秦惠文王更元九年（公元前 316 年），秦灭蜀，以蜀王旧都一带置成都县。秦惠文王更元十四年（公元前 311 年），秦人仿咸阳建制兴筑成都城。周赧王三十八年（公元前 277 年），秦人第一次把蜀国设为蜀郡，成都为郡、县治所。汉承秦制。西汉武帝元封五年（公元前 106 年）置益州刺史部（简称益州）。西汉末年，王莽新朝改蜀郡为导江郡，公孙述在成都称帝。东汉末年为州、郡、县治所。三国时蜀汉国都并且是郡、县治所，两晋为“成汉”都城，南北朝是州、郡治所。隋炀帝大业三年（公元 607 年）把益州改为蜀郡，为郡、县治。唐太宗贞观十七年（公元 643 年）在成都县之东偏置蜀县，始为成都、华阳两县治所。唐肃宗至德二年（公元 757 年），升成都城为“南京”四年后废，改蜀郡为成都尹。五代十国时期为前蜀、后蜀都城。两宋时期，成都府、益州之名虽迭经更易，但治所均设在成都，属西川路。元朝时为四川行中书省成都府路（后改为西川道）、成都府及成都、华阳二县治所。明末张献忠在成都建大西农民政权，改名西京。清朝时设四川省，下设道，为省、道、府、县治所。1912 年，废府，为省、道、县治所。1921 年，置成都市政公所，初辖城内，后扩展城四周，成都、华阳二县治所仍留城内。1927 年废道，为省、市、县治所。1928 年改市政公所为成都市，直隶四川省，为省辖市。1949 年 12 月后为川西行署所在地，1952 年始为四川省省会。

【名胜古迹】

成都建城 2300 多年，有丰富的文化底蕴。全市现有人文景观 172 处，其中属于全国重点文物保护单位的有杜甫草堂和永陵（王建墓）、武侯祠；被列为省级文物保护的有北周文王碑、文殊院、青羊宫、孟知祥墓、朱悦廉墓、僖王陵、辛亥秋保路死事纪念碑、彭大将军纪念碑、彭家珍祠、十二桥烈士墓等。

福宝古镇

【名镇概观】

古诗曰“一骑红尘妃子笑，无人知是荔枝来”。那这荔枝究竟来于何处呢？原来就是自四川涪陵到宜宾之间的长江岸边，合江县的福宝正好处于这个地段的中央。郦道元在《水经注》中对荔枝的记载更是年代久远。

福宝适合荔枝生长，故这儿荔枝最多、最好。四川盆地南边的合江县处在赤水河注入长江的口子上，在长江的南岸、赤水河的西岸。福宝恰在合江南区，再往南就是川黔交界的大娄山脉了。大漕溪从福宝西侧湍湍流过。福宝这一段的大漕溪叫蒲江河，福宝是蒲江水运的起点，故这里成了水陆码头和物资的集散地。而且从福宝有三条山路可往南通大娄山，因交通发达，所以这里发展迅速。

【名胜古迹】

福宝人发达，他们把功劳归于这里的风水，他们说福宝具有“五龙抱珠”、“一蛇盘三龟”的极佳风水。这“五龙”是指福宝四周的五条山脉：东北的经堂山、东南的岩口山、西南的望兵嘴山、西边的银顶山和西北的游丝坪山。此五座山围成一个盆地，岩口山向北伸出一条狭窄的山冈屹立在盆地中，这山冈叫明月山，也就是五龙所抱的“珠”了。福宝由南往北横卧于经堂山、岩口山、明月山一线与大漕溪之间狭长的地带中。一条弯弯的白色溪从岩口山与经堂山之间自东流来，向北绕过明月山，又被经堂山一拦，明月山和福宝北部的福宝街被整整围了大半个圈子，最后拐入大漕溪。这条曲曲弯弯的白色溪也就是“一蛇盘三龟”的“一蛇”了。“三龟”就是明月山以及它东、西两面的天坛山、乌龟山。蛇盘龟即是玄武神，玄武神为“水神之名”，“镇北方，主风雨”。福宝的房子都是木质结构，连墙也是板壁和编竹抹泥的，家家户户一座挨着一座，丝毫没有一点间隙。

白色溪西岸的王家场火烧后，就迁到了东岸高地，并建了新场，嘉庆年间改为

"佛宝场"，后来又称"福宝场"。古镇中还流传着一个美丽的故事。相传有一个名叫秀娥的俏美媳妇，一年天灾人祸，家中被盗贼洗劫一空，儿子饿死，丈夫病倒，婆婆急得瞎了眼。秀娥悲痛，在河畔挖坑葬儿，忽然"当"的一声，挖出一个卵石。石色光泽剔透晶莹，她把石头捧回家，奇迹发生了——儿子复活了，丈夫病愈了，婆婆眼明了，屯里粮食如积。卵石被全村奉为圣物，给小镇带来了福音。人们认为这里土地是"福天宝地"，便陆续搬到这里来，小镇从此繁华兴盛了起来，因此人们把小镇称作"福宝"。

福宝始建于元末明初，这座古镇有近千年的历史，当年曾是四川十大古镇之一，也是第一道进入福宝风景名胜区的门户。元代蒙古军人攻蜀，使得四川人口骤减，产业凋敝。明国初年移民大规模地迁入四川，休养生息，政府也鼓励湖南、湖北、江西、福建、广东陕西等人民入川，于是就有了"湖广填四川"的伟大历史。现在福宝镇杂姓聚居，这说明福宝是个移民聚落。

在福宝北部，是一座单孔石拱桥，它按东西向跨越于白色溪水之上。这道拱桥是清道光二十年（1840年）的杰作，全长25米，宽4米，拱高6米。桥栏杆使用大青石雕刻成歇山式房顶模样，桥中心龙门石向上游一侧挺出一个龙头，而向下游一侧的龙门石上则雕着龙尾巴，拱腹底面刻着一支"斩龙剑"。据传言以前的老桥被洪水冲塌，全村过河全靠十四块矴步。有的时候洪水会漫过矴步，有许多过河的人都死了。人们便募资兴建了这座"回龙桥"，并刻上"斩龙剑"三字，以求平安，石桥从此再未塌过。也因为这"回龙桥"，桥下流湍的白色溪在那一段被改名为"回龙河"，福宝北部的老街也随着改称"回龙街"。

回龙街是这座山区小镇保存最完整的一条古街，也是全镇最负盛名的街道。它背靠明月山，依山就势，上坡又下坡。回龙街总共约有260米左右，但层层台阶和平地"坝子"造就了川南极富动感的神秘景观。回龙街两侧都是木质结构的房屋，错落有致，鳞次栉比。它们大多是明清建筑，一楼一底，前店后宅，灰墙天井，是典型的川南民居的风格。

福宝镇庙多，四处青烟袅袅，人们也称它为"三宫八庙"。三宫与八庙皆为虚指，福宝镇的庙、宫、祠数量比其他镇多许多。光是回龙街就有五显庙、桓侯庙、土地庙、禹王庙、川主庙、万寿宫、文坛、天后宫、火神庙、乡谊祠等。

五显庙是回龙街最北端东侧的庙宇，坐南朝北，为三开间。正殿宽10.5米，进深9.4米。庙门上有石刻的匾额，刻着"永佑士民"四个大字，下面是"道光十二年麦秋月吉旦"的两行小字。但人们并不知道五显庙中供奉是谁。有的人说一家的老五特别灵异，能治瘟病救难。于是纪念老五，人们便建起了五显庙，五显庙里便有了蓝脸赤髯、面目狰狞的五显神。

土地庙在五显庙下面，名为庙，实则是回龙桥的一碑亭。小庙里不到一米高的小神龛上，端坐着“福宝正神”土地公公和土地婆婆，慈眉善目，和蔼可亲。

桓侯庙，是四川人崇祀蜀汉开国功臣张飞的地方，又名“张爷庙”。庙坐东朝西，正面五开间。大殿前为戏台，左右两侧厢房分别是“男居楼”、“女居楼”。因张飞本是一屠夫，所以屠户们便把他当成了行业的保护神来崇拜，甚至赶场时猪肉都放在这里来叫卖。

桓侯庙向南隔着10家店铺、几十级台阶，便是清源宫。清源宫又叫川主庙，是为了祭奠战国时秦国蜀郡太守李冰才建的。被称为川主庙，后进叫禹王宫，三开间大殿用抬梁式屋架，柱子粗壮且挺直。传言这座禹王宫是由湖南、湖北人集资兴建的。禹王宫之后是万寿宫，它紧靠两岔街，坐东朝西，面阔三间，大殿进深9.7米，面宽15.4米，殿前隔院坝，坝前为戏台。院坝里立着两个一米多高气势汹汹的石狮子，瞠目圆耳。据说它们并非万寿宫内的东西，而是从禹王宫搬来的。

回龙街中段最高点的坝子是在万寿宫旁边，它是一块长为30米、宽为80米的平地。坝子以南是一间占地290平方米、三开间的文坛，文坛乃读书人聚集之地。临街的文坛是前殿，以前文坛还设立着祭祀孔子的斋坛。进入文坛即为院坝，院坝之后是白云坛，由于明月山山脊的映衬格外突出。坝子向南下了台阶，街的西面即为天后宫。当时天后宫还建设有花园、亭阁，如今只有临街的厅房了。厅房面西，背面与街相临。天后宫供奉的是天后，天后即妈祖，妈祖是福建救海难、退海寇、祛疫病的神灵，通常是有求必应，故天后宫成了福建最重要的庙宇，这处宫宇也成了福建人的会宫。

平坝的南角是一棵大榕树，“惜字亭”被郁郁葱葱地笼罩着。这座八边七级、通高7.8米、上面是攒尖的小型石塔，系古时候焚烧文字纸张的小型建筑，故有人也称他为“焚帛炉”或“仓颉亭”。字纸也有专门焚毁的，中国人对文字的崇拜之情可窥一斑。亭上刻着浮雕，有的是人物花草、有的是祥禽瑞兽；正面进纸口阴刻“字库”二字，两侧的砖柱上刻着“双毫归杜库，一画入曹仓”的对联。

全村最高点的神庙就在回龙街最南端的火神庙，也就是三神宫，这三神即文昌、火神与财神。宫殿位于福宝场的乙丙方位之间，而且地势高起定，是一风水宝地。至于火神，因为镇中房屋木质，紧挨无间，炉灶明火，街道狭小，再加上之前王家场的“灭顶之灾”，使福宝居民对火神有了一种超出情理的极度崇拜，故今人常冷落文昌、赵公明，甚至已没人叫三神宫，而只记得火神庙了。

回龙古街上庙宇宫殿，雕塑绘画处处洋溢着浓厚的历史文化积淀，以及精湛的建筑艺术，因为地处偏僻山区，古镇四处还显露着朴素荒凉的气息。小巷台阶上，赶鸭的农夫，门前飞针走线的妇女，以及古稀老人在树荫下闭目养神，如此恬静安逸地平和，空气中飘荡的都是馋人的酥饼、豆腐干、山花蜜、梅子酒、叶儿粑粑的味道。你若有幸，甚至可以领略高胜山歌、狮子翻高台、猴子爬竹篙等川南独特艺术。这片山清水绿、古道老屋环抱、远离尘俗的净土，让人仿佛置身于世外桃源，不舍离开。

宜　宾

【名城简介】

宜宾坐落在四川省南部。南界云南省昭通地区，西与凉山彝族自治州、乐山市相接，北与自贡市相连，东邻泸州市。现辖1区9县，占地面积13283平方公里，居民主要是汉族，此外还有苗、彝、回等24个少数民族。1986年被国务院批准为国家历史文化名城。

【名城历史】

大约五六千年前，原始农耕已有发展，出现了氏族部落。到先秦时，主体居民是僰人。有人说战国时秦灭蜀（公元前316年）后，已属蜀郡；史籍则载系战国后期（公元前250年左右）李冰通僰后方纳入蜀郡范畴。宜宾始置之县级政权僰道有说建于秦、有说建于西汉。僰道设县后，今市境大部已纳入其范围。汉武帝建元六年（公元前135年）僰道县属犍为郡，直到汉昭帝始元元年（公元前86年），犍为郡移治焚道过后，现在宜宾城已成为郡、县同治的地方。西汉、东汉过后，现在市境大部都在犍为郡僰道县境内。西晋永嘉五年（公元302年）后，犍为郡、灾道县短期荒废，大批僚人进入蜀，占据今市境各地。梁武帝大同十年（公元544年），先铁讨定占据此地的“夷僚”，于今宜宾城设戎州。北周时，宜宾城戎州仍置，另新设外江县。至隋，外江县复名僰道县，直到北宋政和四年（1114年）戎州改名为叙州，僰道县才能改为宜宾县。由隋至清，现在的市境除了江安县、屏山县曾分属泸州护越郡、马湖路、马湖府外，大部属于犍为郡、戎州、南溪郡、叙州路、叙州、叙州府。民国元年（1912年），继续保留叙州府。民国24年（1935年）6月，推行行政督察区制，第六行政督察区专员公署设于宜宾。

1949年12月11日解放了宜宾。1950年1月设川南行署区宜宾行政督察区专员公署，同年11月改称宜宾区专员公署。1996年10月，被国务院批准撤销宜宾地区，改置四川省辖宜宾市。

【名胜古迹】

宜宾在川、滇、黔结合处，也是金沙江、岷江、长江汇流之地，素有“万里长江第一城”之称与酒都之美誉。宜宾市现存地面文物2400多处，其中全国重点文物保护单位3处，23处省级文物保护单位，市级文物保护单位12处，124处县级文物保护单位。主要有翠屏山、流杯池、旧州塔、唐代花台寺、汉代墓葬、珙县“僰人悬棺”、真武山古建筑群、兴文“石海洞乡”，等等。宜宾的酒文化、铜鼓文化、崖墓葬和苗乡风情等都独具特色。

乐 山

【名城简介】

乐山在四川省的西南面。东与自贡市和内江市相邻，南与宜宾市和凉山彝族自治州相靠，西与雅安市相连，北与成都市相连。现在辖4区6县1市，面积12826平方公里，居民主要是汉族，还有彝、回、满、蒙古等少数民族。1994年被国务院批准为国家历史文化名城。

【名城历史】

乐山城最初建于2700年前的春秋时代，一度是蜀王开明的故治。秦国灭蜀之后，设南安县，属蜀郡。汉朝时是益州犍为郡南安县地。南北朝北周大成元年（公元579年），置嘉州，设平羌县。隋仍为嘉州，改平羌置龙游县。唐武德元年（公元618年）嘉州属剑南道。北宋咸平四年（1001年）置嘉州，属益州路；南宋庆元二年（1196年）嘉州被升为嘉定府，治所设龙游县。元时又升嘉定府为嘉定府路，继续置龙游县。明洪武元年（1368年）改为直隶四川布政司嘉定州，废龙游县。清康熙十二年（1673年）又置嘉定府，雍正十二年（1734年）设乐山县。民国初年，乐山县属于上川南道，民国24年（1935年）被设为第五行政督察区。

中华人民共和国成立初置乐山专区，属于川南行政区。1953年把乐山、眉山两专区合并为乐山专区。1968年又改为称乐山地区。1978年乐山县改设乐山市（县级）。1985年改为省辖乐山市。

【名胜古迹】

乐山现有全国重点文物保护单位4个，省级文物保护单位41处，市级文物保护单位79处。我国留存下来有将近1万座汉崖墓，尤其是麻浩崖墓内的石刻浮雕与壁画。另外乐山大佛、乌尤寺、凌云寺、夹江千佛岩、萧坝崖墓、杨公阙、白岩山崖墓、罗城古镇等也都是名胜古迹。

自 贡 市

【名城简介】

自贡市素来被人们称为盐都，它位于四川盆地南部，东与内江市、泸州市相临，南与宜宾市相接，西与乐山市相邻，北与内江市相靠。现辖4区2县，总面积4373平方公里，人口主要是汉族，另外还有37个少数民族。1986年被国务院批准为国家历史文化名城。

【名城历史】

公元前316年，秦国吞并了巴蜀，今富顺县、荣县两地成了秦置巴、蜀两郡属地。汉武帝建元六年（公元前135年），把巴割蜀以及新型地置犍为郡。北周武帝天和二年（公元567年），析江阳县北部富世盐井和它附近地区置郡、富世县，是为富顺境域立县的开始。隋朝开皇二年（公元582年），原来的郡被废了，富世县隶属泸州。开皇十年（公元590年），南安县置大牢镇，十三年（公元593年）把镇改为县，时荣县境在大牢县内。唐武德元年（公元618年），分割资州大牢、威远二县设荣州，治公井镇，把公井升为县。贞观元年（公元627年），割大牢置旭川县治今荣县城关。州治从公井移旭川。时荣县境主要是旭川、公井二县。贞观二十三年（公元649年），为避唐太宗李世民之讳，富世县改名为富义县。北宋初年，升富义县为富义监，属潼川路；荣州所辖旭川、公井、应灵、威远、资官五县，荣州属东川路。太平兴国元年（公元976年），为避宋太宗赵光义之讳，富义监又改名为富顺监。北宋治平元年（1064年），改为富顺县，属富顺监。元朝时建立行省制。到了圣元十二年（1275年），设为富顺安抚司，二十年（1283年）升为富顺州，隶属于四川等处行中书省叙州路。元末，又重设荣州，属嘉定路。明洪武四年（1371年），把富顺州降为县，归属叙州府。明洪武九年（1376年），把荣州降为县，属嘉定府。清代因之。民国二年（1913年），实行用道来统治县。民国十七年（1928年）废道又恢复省制，富顺、荣县属四川省。民国二十八年（1939年）新成立市，市名取自流井和贡。合称为自贡市。

1949年12月5日，自贡市和平解放。新中国成立初期，属川南行政公署。1952年川南行署撤销后，至今自贡市一直隶属四川省人民政府。

【名胜古迹】

自贡不仅盐都之名享誉遐迩，近年来还因“恐龙之乡”闻名于世，盐业遗址与文物众多，恐龙化石丰富。井盐生产自贡地区已有近2000年历史，晋时初步发展，唐宋时闻名全川，明清时渐趋鼎盛。清朝咸丰与同治年间，发展成为四川盐业中心，直到今天仍是中国最大的井矿盐生产基地。自贡保存众多的古代、近代盐业遗址与文物，展现了这座历史名城的深厚底蕴。自1915年以来，已经有近百处恐龙化石被发现。尤以大山铺恐龙动物群化石著名。在该地已发掘的280平方米范围内，各类中侏罗世恐龙和它的伴生动物化石，重叠堆积，数以百计。分属于3个纲11个目15个科近20个属种。

这些科学价值极高的化石珍品和他们的埋藏环境使得恐龙演化史在中侏罗世的空白得以弥补，给研究恐龙等爬行动物的生理、分类、生态、演化和四川盆地的古气候、古地理，提供了新的实物资料。在化石发掘现场修建的恐龙博物馆，系世界三大恐龙博物馆之一。

泸　州

【名城简介】

泸州古时被称为江阳，在四川南部，东邻重庆永川市、江津市，贵州省赤水市、习水县、仁怀县，南邻贵州省金沙县、毕节市，云南省镇雄县、威信县，西与宜宾市江安县、兴文县，自贡市富顺县相连，北接内江市隆昌县，重庆市荣昌县。现在所管辖的有3个区4个县，面积12243平方公里，有汉、苗、彝、回等40个民族。

【名城历史】

夏、商时在梁州所辖范围之内。周代被巴国所辖。周慎靓王五年（公元前316年）秦惠文王派张仪与同马错灭巴、蜀，同年置巴郡管辖包括泸州在内的大片土地。西汉景帝六年（公元前151年）封苏嘉为江阳候在长江与沱江交汇处设江阳县；汉武帝建元六年（公元前135年）开发西南少数民族地区，设犍为郡，领江阳县。东汉献帝建安十八年（公元213年）设江阳郡，两晋依然设置为江阳郡。南朝刘宋、齐置东江阳郡。梁武帝大同年间（535至546年）建置州。隋炀帝大业三年（公元607年）改泸州为泸川郡，仁寿中升为泸州总管府。唐高祖武德元年（公元618年）重新设置为泸州，三年（公元620年）置总管府，四年（公元621年）高升为都督府。北宋泸州泸川郡置泸川军节度，南宋孝宗乾道六年（1170年）升为本路安抚使。宋、元年间，蒙古军入住蜀地，泸州城先后把治迁到合江榕山、江安三江碛、合江安乐山，最终在合江神臂崖筑城坚持抗战35年，元隶属于重庆路。明太祖洪武六年（1373年）泸州直隶四川行省，九年（1376年）直接隶属于四川布政使司。清嘉庆七年（1802年）泸州置川南永宁道。民国初把泸州改为泸县，置永宁道，1935年设置第七行政督察区。1949年12月泸县解放，泸州曾依次是川南人民行政公署、泸州、泸县区行政督察专员公署、泸州专区专员公署，泸州市所在地。1983年3月3日，国务院批准泸州市改为省辖市。

【名胜古迹】

泸州的古建筑和传统风貌依然完好，现有宋明清各代古建筑75处，3处古遗址。城乡里到处都是明清时候的建筑。尧坝镇、福宝镇的古街道民居是极富川南地方特色、相当浓重的清代建筑，其中春秋祠是其中的典型代表，它建造精美，三雕俱全，内涵丰富，无愧瑰宝之称。

都 江 堰

【名城简介】

都江堰系四川省省辖市，属成都市管。在四川省中部成都平原西北边上，地处岷江上游与中游结合部的岷江出山口处。东南与成都市相邻，西、北同阿坝藏族羌族自治州汶川县交界，东连彭州市、温江县、郫县，南与崇州市接壤。现辖12镇16乡，面积1207平方公里，居民中有汉、羌、藏、满、彝、壮、苗等20个民族。1994年国务院批准为国家历史文化名城。

【名城历史】

都江堰政区的设置是从秦时开始的，称湔氐道，汉朝时被高升为县。蜀汉时改称湔县，没多长时间又推为都安县，隶属汶山郡。西晋搬到现在的都把聚源镇导江村（在都安旧治，也就是今灌口镇），置晏官县。西晋后期战乱频繁，政区设置变化极大。刘宋，汶山郡治迁灌口，辖都安、晏官二县。南齐武帝永明元年（公元483年），划今都江堰市岷江以西地域及崇州市、汶川县部分地置齐基县，与都安、晏官同隶汶山郡。南梁于齐基县置齐基郡，郡县同治。北周天和三年（公元568年），汶山郡还治，改晏官县为汶山县，仍属汶山郡，废都安县以其地入于郫。天和四年（公元569年），废齐基郡，改齐基县为清城县（治所在今徐渡乡古城村），属犍为郡。隋炀帝大业三年（公元607年），废汶山县，以其地并入郫县。唐高祖武德元年（公元618年），于汶山县旧址设镇静军，于都安旧址置盘龙县。六年（公元623年）改盘龙县为导江县，属蒙州，清城县属蜀州。玄宗开元十二年（公元724年），改清城县为青城县。前蜀武成元年（公元908元），改镇静军为灌州。宋乾德四年（公元966元），改灌州为永安军。太平兴国三年（公元978元），更永安军为永宁军，不久改为永康军。熙宁五年（1072年），废永康军为永康寨，以导江隶彭州，青城隶蜀州。元世祖至元十三年（1276年），以灌口寨地置灌州。明太祖洪武九年（1376年），降灌州为灌县，十年（1377年）撤崇宁县入于灌县，十三年（1380年）析出复置崇宁县。清代、民国沿袭。

1950年1月19日，灌县成立人民政府。1959年2月，郫县与灌县合并，8月又分置。1988年5月，国务院批准把灌县改为都江堰市。

【名胜古迹】

都江堰工程在都江堰最著名的莫属城西。市境内现存文物保护单位102处，古堰、古城、古关隘、松茂古道和颇具特色的民居以及山、水、城、林、堰、桥浑然一体，系“满城水色半城山”布局特色的最好写照。

阆　中

【名城简介】

阆中在四川北部，嘉陵江中游西岸，人们称它为“阆苑仙境”。它地处大巴山脉、剑门山脉和嘉陵江水系交汇点上，三面绕水，因此叫作“阆中”。

【名城历史】

自商周时代以来，阆中就一直是巴国北部重镇，秦统一后，在公元前314年改为阆中县，古城北通广元、汉中，东界人巴山、米苍山，西北至剑阁可上通金牛道出武都，2000多年来，一直为蜀道南路的“咽喉之地”。也难怪正是川北的政治、经济、军事和宗教中心，历代都在这里设置郡、州、军府、道等行政、军事治所。

【名胜古迹】

古城保护区有许多明清建筑，均以巍峨高耸的华光楼为轴心，成扇形面展开。大街宽不过8米，小巷则仅两三米，一色青瓦平房，格调淡雅。街巷布满民居古院，推开院门，多有照壁，转过照壁方能入院子。清静优雅进得一院，还有二院三院，大院套小院，天井连天井，回廊亭榭，池台花木，典雅优美。再仔细观看，长檐遮街，上面瓦当吊檐，两面木质门窗等皆是花纹雕饰。各个民居古院，形成“半珠式”、“品”字形、“多”字形等不同风格建筑群体，有的是商家华丽型，有的是文人典雅型，还有官家宏大型，和谐相处，交相辉映。昔日华光楼内左右都是商贾云集的闹市，“春城天不夜，人语市如潮”说的就是当年陕、甘、鄂、京、广诸地商人在阆中进行商贸活动的繁荣状况。

阆中古建筑的主要特征是玲珑剔透，变化万千，宾楼刻雕饰。房屋上的檐头、吊檐、门楣、门窗一般都有雕饰。这些雕刻图案朴素，做工精细，恰到好处地点缀在构件的某些部位，在整体结构中起到画龙点睛的作用，更是阆中古民居的精华和灵魂之所在。四合院中千奇百怪的镂空窗花，窗花式样竟达百多种，有“中国民间建筑的一大奇观”之誉。有的是自然景物的奇花佳卉，另有的为市井生活的琴棋书画，还有象征吉祥如意的珍禽异兽，更有表现古代人民不懈追求的“福、禄、寿、喜”种种图案，栩栩如生。其技法有浮雕、镂空、圆雕、多层雕，林林总总，生动、灵性，是一部再现唐宋民间艺术的“百科全书”。

是时间成就了这一切，光辉灿烂的文化，建筑精美的古城遗迹。灿烂生辉的永安寺、大佛寺、滕王阁、华光楼，气势恢宏的张飞庙、杜工祠、张宪祠，琅环福地的观音寺、巴巴寺，天宫院、河楼庙、五龙庙以及清代考棚等将近10处自然景观与文景观。世界级的天文学家落下闳就在这里诞生，蜀汉名将马忠、程畿，宋代抗金骁将张宪以及我国现代数学家张鼎铭，迁客骚人杜甫、司马光、陆游、文同、苏轼父子、张善于、丰子恺、萧军等古今名流也都曾在这里留下了足迹，并留下了大量墨宝与诗篇，为阆苑天下胜景增添了灿烂的光彩。

上里古镇

【名镇概观】

上里古镇在四川省雅安市以北，与城区相距27公里，和上里古镇紧密相邻的还有中里镇、下里镇。由盘龙亭向上里古镇方向望去，在雅安南北狭长的地表上，可以望见上里、中里、下里都是在一系列平缓的山脉中间，于一椭圆形盆地平坝内，陇西河自北向南流向雅安。

总体而言，天台山、罗绳岗和西界分芦山县，蒙山在东界分名山县。三镇之中，上里背山面水，许多河流由山间流出，在上里汇成两条，之后最终合成一处，并流向中、下里。上里就在两河相交的夹角处，人称它为“财源”汇聚的宝地。居高临下，三里之势，就以上里为首，场镇也最为昌盛。上里初名为“罗城”，古时曾为“南方丝绸之路”，也是临邛古道进雅安的不可或缺的一个站点。因上里在白马河和黄茅溪汇入陇西河的地方，平坦、宽阔，农业发达。约在明末清初时，这里人口逐渐增加，最终形成了街市，清代的嘉庆道光年间经济已很发达，盛产稻米与茶，有成熟的街道、庙宇，有通畅的道路。一些人家靠做生意发达起来了，成了先富起来的大户人家，于是便购田买地，建筑深宅大院。现在上里人仍然居住的是大房子，虽大多破旧，但尚可体验当年大户人家的优越感、能工巧匠的精致、细腻。

古镇民居保存较为完好，大多是青瓦民居，多为木结构建筑，体现明清时期的风格。在清道光四年（1842年）所建的韩家大院系镇上民居建筑中的代表，本是清代官吏韩廷藩的私邸。大院由七个院落组成，所以叫“七星抱月”。整个建筑物的门、窗、枋、檐都用浮雕、镂空雕和镶嵌雕刻作装饰，用楠木、银杏等为木料，其作品栩栩如生，神态逼真。小镇街道不宽，两边均为老式铺面，呈“井”字布局的街道合“井中有水，水火不容”之意，用水来制火，希望小镇和平安定。街中心是宽展的戏坝子，之前的二重檐歇山顶戏楼，为川中场镇罕见的建筑设计。

上里镇四周有10多座古代与近代古桥，这些桥梁不仅是南来北往的通道，而且再现了古镇的历史与匠师的技艺。其隋乾隆十四年建造的“立交桥”和清乾隆四十一年修建的“二仙桥”最为典型。这里的版坊文化也堪称一绝，如“双节孝”石牌坊、“陈氏九世同居”和“陈氏贞节”牌坊。另外还有白马泉、喷珠泉、文峰塔、建桥塔、药王塔以及舍利塔等众多古迹。

传言，古时候镇上共有韩、场、陈、张、许五大家族聚居，俗称“五家口”，有民谣曰：韩家银子（商家钱多），杨家顶子（官宦世家），陈家谷子（囤粮大户），张家棍子（世代习武），许家女子（勤劳漂亮）。穿过石板路，绕过木板房，可欣赏到岸边杨柳垂丝、河里小鸭戏水、古桥上的青藤等美丽景致。

德　格

【名县概观】

位于甘孜州西北部雀儿山下金沙江东岸的德格仿佛是一个美丽的画卷，令人赏心悦目。它是川藏北线在四川省境内的最后一个县。川藏公路经此越金沙江入西藏昌都，县城海拔高度3240米。

【名县历史】

德格意为“善地”，最早见于藏传佛教教义中的“四部十善”。据《德格土司世系谱》载，元初，萨迦派的第五代祖师八思巴任帝师时曾路过现在的德格境内，因噶尔家族第三十二代孙索郎仁钦的恭拜和侍奉，始得八思巴的赏识，被选项定为“膳食堪布”，赐名“四德十格之大夫”。第三十五代孙德饮司郎绒布将其统治中心从白玉萨玛迁至德格龚垭后，将其家族“噶尔”正式改名为“德格”。同时，还将其所统治的势力范围亦改称为德格。由此可知德格地名是从元代初期开始的。

德格县东邻甘孜县，南接白玉县，西与西藏江达县隔金沙江相望，北和石渠县接壤。境内有绵连起伏的雀儿山，全县制高点是南部主峰绒麦俄扎，海拔6168米。雀儿山把县境内分为东北、西南两大部分。东北部高，河谷宽平、土壤肥厚、古夷平面保存完整，是丘形高原地貌。西南部低，水流湍急，是高山峡谷地貌。境内有现代冰川30多条，有较多的高山湖泊，海拔5000米以上山峰30座。雅砻江北入东出，有巴曲、玉曲等支流12条。金沙江系西部界河，有色曲、麦曲等5条支流。这里山峦水绕，故德格这座小城也有着江南水乡特色。县城的建筑是沿着两条倒“T”字形的河流，即色曲、欧普隆河两岸修建的，色曲河一侧主要是现代民居，分布在川藏公路两旁，欧普隆河一侧是以德格印经院、唐甲经堂以及更庆寺、藏医院等寺院为主的宗教建筑，同样有一些传统民居分布在这些建筑四周。这些建筑需考虑到日照、水源和风向等因素，故多靠着山面朝开阔之处，不规则的聚集或散布在各个地方。民居一般有夯土房和“井干式”建筑，又称为“崩柯”。屋内梁柱上一般都有彩绘，图案大多是佛教故事、吉祥八宝等图形。另有如佛龛、壁橱、案几等一些室内摆设，也可泥金彩绘得美轮美奂。藏家还在阳台等处专设烟炉以供全家烧香煨桑之用。除去阳台上祈祷平安的煨桑仪式外，藏族人还常在屋中用一些天然植物香料（如松柏树枝等）点燃后熏烟，那淡淡的香味，能起到杀菌消毒的作用。

传说中英雄格萨尔的故乡就在德格。县内26个乡镇都拥有和格萨尔有关的历史遗迹，且都有格萨尔王的传说。格萨尔王的城堡遗址和典故在德格县。在德格境内的俄支乡，有两座大山即安甲那山、卓呷对那山，它们成东西走向，相对逶迤上百里。专家们认为格萨尔王的古都就坐落在安甲那山。远远看去，这座废弃的古都规模宏大，气势恢宏。它坐北向南，四周的围墙呈十分规则的等腰梯形，其南北长约 219 米，东宽 184 米，西 210 米。除了有少量的围墙倒塌外，绝大部分保存尚好。如今，古都里有一座香火缭绕的寺庙，叫做俄支寺，这里常有牧民来来往往。

德格因为处在气候恶劣的高原，藏族人绝大部分喜欢花木，藏家房屋的阳台或窗台上都能看到一两盆娇美的花木。在僧侣居住的“扎康”的窗台上，也有花儿在高原明媚的阳光下向世人展示着它们的美丽。

桃　　坪

【名村概观】

四川省阿坝藏族羌族自治州系我国唯一的羌族人民聚居地区，境内有一处被专家学者称为神秘“东方古堡”的桃坪羌寨。

【名村历史】

羌族是属于我国的一个古老的少数民族，原在甘肃、青海一带聚居，后来陆续搬到岷江上游地区，现在主要位于四川阿坝州的理县、汶川、茂县一带。桃坪是羌族建筑群落的典型代表，在公元前 111 年初建，到现在已长达两千多年了，虽然屡遭战争洗礼，但还是比较完整地保存下来了。

桃坪隶属四川理县辖，全寨共 98 户人家。整个寨子坐落在高山山腰，北靠山面朝水，坐北朝南。石屋都是顺着陡峭的山势依靠坡势而建，高低错落有致，还有碉楼林立、气势不凡、风格独特。寨中巷道纵横交错，在其中行走好像穿梭于一个深深浅浅、迂回曲折的迷魂阵。这里的民居叫“庄房”，羌语叫“窝遮”。这些房屋全是用片石与黏土砌成的，高达四到五层。下面一层养猪、羊等牲畜，中部几层用来做灶房和起居室，最高的一层用来堆放粮食与杂物，房顶则用来碾打和晾晒粮食。

羌族人的图腾是一块白色的石头，在桃坪每个庄房的屋顶都会看到。传说在很久很久以前，羌人和戈基人在岷江上游大战，几个月的奋战后，羌兵已溃不成军，眼看要大败，羌族女神从天上抛下三块白石化成了三座大雪山，戈基人的追兵给挡住了，挽救了羌族儿女。从此羌族人就把白石奉为天神。寨中的供水系统也非常神奇，每条通向各家各户的主要通道的石板下都是暗藏的流水。进入寨子，随处都可听到叮咚的流水声，却看不到水的踪影。水道很深，可通行人，除了供水、消防、调节气温外，还有一个最神奇的功效，即通过水道可以向外界传递信息。

羌寨中最具特色的御敌碉楼，也是桃坪的标志性建筑。碉楼为四角堡垒造型，基部较宽，逐渐向上收缩，一般高 20 到 30 米，碉楼内的木梯直达堡顶云台。桃坪羌寨中有两座古碉最引人瞩目，它们都是九层，高约30米，每两层之间都用木楼梯相连。碉身布满射击的枪孔，石墙下大上小，棱角分明，高耸入云，如刺向苍天的利剑。因为碉楼内进出的门很小，所以人只能躬身子出入。站在碉楼的最高层，大寨内外的景物都一览眼底。

桃坪羌寨仍然完整地保留着羌族特点与传统的生活习惯。田间采摘苹果的孩童，门前穿着整齐民族服饰的老者，正在织羌绣的妇女，无一不演绎着一种田园牧歌式的生活方式。这是一幅多彩的民族风情画卷，这是一个千年历史的缩影。

江油太白祠

【名祠简介】

位于四川省江油市城西南青莲场外的太白祠是我国现存的祭祀与纪念唐代大诗人李白的一处重要祠堂。此祠堂虽规模不大，但却是李白青少年时期的居住地，祠堂周围有许多关于李白的名胜古迹，古建筑群布局简洁明快，不禁使人驻足。

【名人故事】

李白，字太白，号青莲居士，祖籍陇西成纪，即现在的甘肃秦安县。于今日吉尔吉斯斯坦北部托克马克附近的碎叶城出生。唐时，这里隶属于西域都护府。李白五岁时（公元706年），他与父亲一同迁回绵州昌隆清廉乡定居，且读书、作诗于那里。后清廉乡又被易名为青莲乡。所以有后人认为李白的家乡是绵州昌隆青莲。二十五岁之后，李白离开家乡，足迹遍布祖国各地。他日后的不少创作都得益于这些经历。天宝初年，通过吴筠等人的推荐，李白担任供奉翰林的工作，但因蔑视权贵，又遭谗言诬陷，仅一年，他便离开唐都长安。安史之乱后，李白被流放夜郎，途中遇赦而归。晚年在安徽生活过一段时间，唐宝应元年（公元762年），李白仙逝，葬在当涂龙山东麓。据说他生前喜欢龙山对面的青山，故其孙女又迁他的陵墓于青山西麓。

李白是继屈原之后，我国历史上出现的又一位伟大的浪漫主义诗人。他的诗歌豪爽、奔放、潇洒夸张、辞藻优美，诗句和谐且富于变化，极大地影响了我国诗歌的创作。后人美其名曰“诗仙”。

因李白的极高声望与巨大贡献，颇受人们尊重，故用以纪念他的祠庙，或其他纪念性建筑就大量地兴起。它们遍布黄河流域与长江南北。如山东的太白酒楼，浙江的太白书堂，安徽的李白墓、青莲祠，等等。

【名祠巡礼】

江油太白祠始建年代不详。今天看的江油太白祠，是一座红墙大院，有两重院落与三座大殿。此祠堂于清代乾隆四十二年（1777年）进行重建。在大殿前的庭院中，植有两棵古桂花树，枝繁叶茂。殿内原有李白塑像一尊，现已不复存在。在正殿的左右两侧，各立一座古碑。它们深切地表达了后人对李白的尊重与怀念之情。

李白故宅，又名陇西院。距离太白祠不很远。重建于清代乾隆五十三年（1788年）。仓颉殿、文昌殿、太白殿、地母殿等增建于光绪二十二年（1896年）。李白故宅内，现存的建筑，除照壁与山门是清代遗物外，剩余的都是重建于1949年之后。照壁上镶嵌有“陇西院”三字。故宅内还有刻于宋代淳化五年（公元994年）的《唐李先生彰明旧宅碑》石碑一座，十分珍贵。

李白少年时期，有一年在溪边见过一位老婆婆磨铁棒。李白感到非常惊奇，而这条溪即为磨针溪。老婆婆告诉他：“一日磨一分，日日磨不停；只要功夫深，铁棒磨成针。”李白深受启发，从此更加刻苦读书，终成一大诗人。“铁杵磨针”的故事也被一代代传下来，给后人无限激励。

李白洞，高7米，宽约10米，位于江油市武都镇的涪江岸边。据传言，李白少年时期常来此洞游玩，并在此读书作诗。李白洞与灯笼洞远远相对。有趣的是，当李白读书的时候，灯笼洞就发出了光亮；而李白在休息时，灯笼洞的光亮就全部熄灭了。至今在江西一带还流传着这样一首民谣——“灯笼洞对太白洞，灯照太白把书诵”。

李白衣冠墓位于江油市青莲场的名贤祠内。此衣冠墓于清代同治八年（1869年）修建。当时的县令何恺堂主持修建了这座墓。1963年再度维修，并刻立了“唐李白衣冠墓”碑。

陇西院不远处是李白妹妹李月圆的墓冢。李月圆的旧居粉竹楼位于太华山麓。而李白纪念馆在江油城外。馆内有太白书屋、太白堂、展览室与碑亭等建筑，用以陈列关于李白的各种资料。此馆始建于1961年，1981年开始正式对外开放。李白纪念馆的对面是李白公园。李白的这些遗迹、纪念性建筑，已与太白祠一起，使江油成了一座人文气息浓厚的李白纪念城，而太白祠则是其中的重要组成部分。

成都杜甫草堂

【名祠简介】

成都杜甫草堂，位于四川省成都市西的浣花溪畔，又叫少陵草堂。它是我国各地所建杜公祠或杜甫草堂中，布局最好、规模最大、保存也最完整的一处。1961年，被国务院列为全国第一批重点文物保护单位。

【名人故事】

杜甫，字子美，自号少陵野老，出生于公元712年河南省巩县的一个叫南窑湾的村子，公元770年在湖南湘江的一条船上逝世。

杜甫，我国历史上一位伟大的现实主义诗人。他也曾做过一时的小官，但居无定所。尤其是安史之乱中，他也受迫害很深。他亲眼目睹了唐朝由盛转衰的社会现实；

亲眼目睹了朝廷的穷兵黩武和贪官污吏的横征暴敛给人民带来的灾难，亲身件验了颠沛流离和生活贫困的痛苦，写下了许多反映社会现实与人民疾苦的不朽诗篇。

杜甫一生丰产，共创作诗篇三千多首，现存有一千四百多首。他在成都共居住了将近四年的时间，而在长安则共住了十年，生活安定，又心情舒畅，诗兴浓厚，故在这一时期写作也比较多。在他现存的诗歌中，创作于成都的，竟占二百七十多篇。可见杜甫草堂对杜甫本人及其社会乃至后代的意义有多大。

当其离开成都之后，因长期缺乏管理，他所居住的草堂也被日益破坏。唐朝末期时，成都的杜甫草堂甚至连遗迹也难于找到了。公元902年，诗人韦庄对成都杜甫草堂进行重修。宋代元丰年间（1078至1085年），再度重修，并在此正式建立了杜公祠，目的是为了祭祀和纪念伟大的现实主义诗人杜甫。元、明、清时期，对成都杜甫草堂，进行了多达13次的改建或重修，其中修建规模最大的是明代弘治十三年（1500年）与清代嘉庆十六年（1811年），且此两次修建奠定了今日成都杜甫草堂的基础。后来，曾对杜甫草堂进行过一次大修整，使杜甫草堂成了今天人们纪念和祭祀杜甫的一处重要场所，同时也是成都地区的一著名园林景区。

【名祠巡礼】

成都杜甫草堂占地面积三百多亩。草堂内有荷花池、竹林、楠木林和梅林、大门、大廨、诗史堂、工部祠等主要建筑。另外，还有诗史堂东侧的花径、西侧的水槛、后面的柴门与恰受航轩等，是根据杜甫当年居住的遗迹和诗意兴修的纪念性和象征性建筑。水槛为一长廊式的建筑物，建于水边。恰受航轩为一楼船式的建筑，它是根据“秋水才深四五尺，野航恰受二三人”的诗句建造而成的。花径、柴门与水槛，则是根据当年杜甫的住宅花径通柴门、宅西设水槛的形式布置的。此外，四棵罗汉松植于诗史堂前，这亦因杜甫当年的茅屋前有四棵罗汉松而配植的。

大廨位于草堂大门之后。它是一通堂式的敞厅建筑。堂内架一楠木屏风，一面刻写有杜甫的生平事迹，一面绘制着杜甫草堂图。在大廨的壁柱上悬挂一对联。上联为：“异代不同时，问如此江山，龙蜷虎卧几诗客。”下联为：“先生亦流寓，有长留天地，月白风清一草堂。”这副对联由清人顾复初撰写，出自当代书法家、郭沫若夫人于立群之手。它寄托了后人对杜甫的高度评价与怀念之情。

成都杜甫草堂中的主体建筑诗史堂可以说是杜甫的享堂。堂中立有一古铜色的杜甫塑像。朱德元帅的题词“草堂留后世，诗圣著千秋”，郭沫若的题词“世上疮痍，笔底波澜；民间疾苦，诗中圣贤”，陈毅元帅执笔所书杜甫的诗句“新松恨不高千尺，恶竹应须斩万竿”等，都在堂内挂着。诗史堂左右两侧的陈列室悬挂有当代著名画家徐悲鸿、齐白石、陈半丁、陈之佛、吴作人、于非闇、潘天寿、傅抱石等所作的杜甫诗意画，还有当代著名书法家沈尹默、谢无量等所写的杜诗书法作品。

在诗史堂和柴门之后的工部祠是草堂中最后的一处重要建筑。在工部祠内，立着杜甫的彩色泥塑像与石刻像。宋代大诗人黄庭坚与陆游的彩色泥塑像和石刻像立于杜甫塑像的两侧，让黄庭坚陪祀杜甫，而从清代嘉庆十七年（1812 年）开始让陆游陪祀杜甫。光绪十年（1884 年）在杜甫诗作的影响下，陆游创立了剑南诗派，黄庭坚则创立了江西诗派。杜甫、黄庭坚和陆游三人，有其共同的特点：热爱祖国，热爱生活，热爱人民；流寓四川，居住多年，离蜀而不忘蜀。悬挂在工部祠门前柱上，由清代人王闿运撰写、当代著名作家老舍书写的这副对联，“自许诗成风雨惊，将平生硬语愁吟，开得宋贤两派；莫言地僻经过少，看今日寒泉配食，远同吴郡三高”，精辟地概述了他们三人之间的关系，同时也表达了后人对他们的敬重。

杜工部祠的东面是一碑亭，屋面上盖有茅草，亭中间竖立着一书有“少陵草堂”四个大字的石碑。这座石碑，刻于清代雍正十二年（1734 年），由康熙皇帝第十七子、雍正皇帝之弟果亲王书写。在工部祠的前面东侧是草堂书屋，屋内陈列着历代杜诗的各种手抄本、木刻本与铅印本与英、法、德、日、俄、意大利、越南等十五种外文译本。成都地区最好的赏梅地点也在工部祠后，一大片梅花树林，花开时节，香气扑鼻，游人往来如织。

眉山三苏祠

【名祠简介】

三苏祠位于四川省眉山县县城西南角，处于岷江的西岸，距成都与南离乐山差不多都为 80 公里。它是四川乃至全国闻名的一座古老祠堂。

【名人故事】

三苏祠是祭祀和纪念宋代大文学家苏洵、苏轼和苏辙三人的祠堂。老苏，即苏洵为父；大苏，即苏轼为长子；小苏，即苏辙为次子，习惯上人们将他们父子三人合称为三苏。

苏轼（1036—1101 年），字子瞻，号东坡居士。在三苏当中，苏轼成就最大、影响最为深远。

苏东坡在诗、词、书法、散文与绘画上，都很有成就。他一生写了四千多首诗，与黄庭坚一起并称苏黄，他的诗文采汹涌、豪迈洒脱。他一生填词三百余首，又与辛弃疾一起并称为苏辛。他在散文的撰写方面也有很深的造诣，被誉为“文章之宗”，与欧阳修一起并称欧苏。且他与黄庭坚、米芾、蔡京一起，被称为宋代四大书法家。他主张诗画一体，诗中有画，画中有诗，是文人画理论的创立者。他的一生留下了许多不朽的创作，有《东坡集》、《东坡后集》、《书传》、《论语说》、书法《前赤壁赋》、山水画《枯木怪石图》等闻名于世。

三苏祠和一般家族祠堂在建筑与布局方面不同，它融祠堂建筑与园林建筑巧为一体，既庄严肃穆，又生动活泼。

文献记载，三苏的祖上在赵郡栾城（今日的河北省栾城县）。唐中宗神龙元年，即公元705年，苏家祖先被贬入蜀，担任眉州刺史一职。当苏洵出生时，苏家已在眉州住了有三百年之久。三苏祠，即为苏家的故宅。

苏氏父子去世之后，眉山故宅因无人管理，房屋残破。明代洪武年间（1368—1398年），人们因仰慕苏氏父子，于是把苏氏故宅改建为祠堂。当时的三苏祠，设有大殿、木假山堂、启贤堂等建筑。明朝末年，毁于战火，重修于清朝康熙四年（1665年）。同治、光绪年间（1862—1908年）再度重修。今天所见眉山三苏祠，即为清末重修时的规模。

【名祠巡礼】

眉山三苏祠，占地面积为52300平方米。大体呈一东西略宽、南北略窄的长方形。祠内，有一个占地面积约二亩的莲池和大片的绿地。大门、大殿、启贤堂、木假山堂等为三苏祠的主体建筑，依次安排在由莲池南岸伸出的半岛上。

纪念性或景点性的园林建筑散布于翠竹、绿树和花草组成的绿地中，如云屿楼、抱月亭、集美亭、披风榭、洗砚池、碑亭等。在池中的岛上，建着一瑞莲亭；百坡亭则建于池中的长廊上。整座祠堂，水池和绿地等园林面积，大大超过了祠堂主体建筑的占地面积。

大门位于三苏祠南侧偏东。门上悬挂着“三苏祠”三个金色大字，是由清代著名书法家何绍基题写。门柱上悬挂一对联，上联为“北宋高文名父子”，下联为“南州胜迹古祠堂”。

大殿也叫正殿。位于大门与过厅之后。殿前悬挂着书有“是父是子”、“文峰鼎峙”、“文章气节”字样的三块匾。殿门两侧挂一副对联，上联为“一门父子三词客”，下联为“千古文章四大家”。殿内正中高悬一书有“养气”二字的匾。匾下供着三苏之塑像。苏洵居中，苏轼、苏辙分居左右。此外，殿内还陈列着明、清时期有关苏氏父子的木刻精品。如明代仇英的《东坡笠屐图》，清代眉州直牧冯会的《三苏图》等。

正殿之后为启贤堂。堂门之上挂一书有“文献一家”四个大字的匾。堂内陈列着各种版本的苏氏父子诗文集与书法手迹、有关的字画，苏东坡的《表忠观碑》拓片也在其中。

紧靠着启贤堂的是木假山堂。堂内陈列着一个形似“山”字形，高约一米的老树根。当年，苏洵从一位老人手中买下这个老树根。在苏洵看来，树根的形状含他们父子三人均能中第之寓意，所以视其为家中之宝。当他们父子三人全都中进士之后，这座假山就身价倍增。当苏洵做官于宋都汴梁时，派人把木假山运往开封。他去世之后，又运木假山到眉山。现在，木假山仍为三苏祠中的一珍贵文物。

瑞莲亭建在瑞莲池中的一小岛上。据说，北宋仁宗嘉祐二年（1057年），苏洵看到家院荷池中并蒂莲开，他认为，这是他们父子三人均将考中进士的吉兆。神奇的是，这一年苏氏父子果然都中了进士。故此他们将其命名为瑞莲池。同时，他们还在池中岛上建了一小亭，定名为瑞莲亭。

百坡亭位于莲池半岛与池岸相连的走廊上。红柱灰瓦，小巧玲珑，此亭是后人为了纪念苏东坡与其弟的深厚情谊而建；且名为百坡亭，寄予了人们希望这里多出好人才的美好愿望。

洗砚池为一八角形的小池，池水呈墨绿色。传说，因为苏氏父子在这里勤奋苦读，写诗、作文、绘画，事后洗涮笔砚于池中。时间久了，池水也就变黑了。另外一种说法是，苏东坡从友人那里获得一天然美石，并托人打制成一砚台，人称天石砚。每次用完笔墨后，便在八角池中洗涮砚台。于是，池中的水就变黑了，池中的鱼也变黑了，人称东坡鱼。我们不知道池中的水和池中的鱼，是否会因为长期洗砚而变黑，但他们勤学苦读的精神，永远激励着我们。

三苏祠内有三座重要的碑亭。其中两座在正殿前的东西两侧。东侧碑亭与西侧碑亭内，分别保存着三苏记祀碑苏东坡的书法手迹。一碑亭建于瑞莲池和洗砚池之间。亭内保存有宋代李伯时绘制、黄庭坚题写跋文的《东坡盘陀画像碑》，以及《丰乐亭记》、《醉翁亭记》、《罗池庙碑》、《表忠观碑》等四大名碑的金石或拓片。他们集中体现了苏东坡的书法特点，弥足珍贵。

1982 年，于披风榭后面树立了一苏东坡石刻像。像高 4 米，淋漓尽致地刻画出了苏东坡潇洒儒雅而又狂放不羁的性格。

今天的三苏祠既是一处纪念三苏父子的场所，又是眉山的一处观光游览胜地。

崇州陆游祠

【名祠简介】

陆游祠坐落在四川省崇州市的中心，位于罨化池东侧。是为了纪念和祭祀南宋大诗人陆游而建的一古代祠堂建筑群。

【名人故事】

陆游（1125—1210 年），字务观，号放翁，越州山阴人，即现在的浙江绍兴，陆游自幼聪明，才华出众，诗文超群，但其婚姻、家庭和仕途都很不顺。在他的一生之中，曾先后担任镇江、隆兴、夔州通判，宝章阁待制。南宋淳熙元年（1174 年），他因故被贬入蜀，担任蜀州通判职。

陆游一生著作颇丰，其中有许多脍炙人口之作。如《剑南诗稿》、《渭南文集》、《老学庵笔记》、《南唐书》等。

陆游生活在北宋后期、南宋初期。此时，金兵南下，朝廷奸臣横行，陆游与好友满怀的抗金愿望，屡次受挫。

但这些正好激发了他创作的灵感，寄予了他忧国忧民的爱国之情。他极大地影响着后人，并赢得了人们的尊敬和爱戴。

他 50 岁时被贬，担任蜀州通判一职。蜀州，汉代为江原县，北周时为晋源县。唐代，这里是唐安公主的封地，因此又易名为唐安郡。宋代，仁宗、徽宗的女儿崇庆公主的封地都在这里，故又更名为崇庆府。陆游在此住了将近一年，共作诗一百多首。

明代洪武年间，人们将陆游旧居改为陆游祠。因年久失修，殿堂廊庑破坏颇严重，1982 年再度重建。

【名祠巡礼】

崇州陆游祠为一座四合院式的祠堂建筑群。全祠的主要建筑有大门、序馆、放翁堂、左右厢房及亭阁等。大门古朴庄重，门上悬一匾额“陆游祠”，是由当代著名画家吴作人题写的。放翁堂是陆游祠的主体建筑。堂内有一尊陆游的铜铸像，高两米多。陆游手执书卷，面容严肃，表现出一副忧国忧民的神态。

在陆游祠的庭院之中，遍植翠竹和绿树。有楠木、银杏、水杉、洋槐、桂花、玉兰、海棠、紫荆花，等等。但祠中所植最多的还是梅花，因陆游一生喜爱梅花，还写过“何方可化千身亿，一树梅花一放翁”的诗句呢！

当年陆游寓居时作诗、垂钓、携子畅游和宴请宾朋的地方是陆游祠西的罨画池。罨画池把 10 亩水面作为中心，在湖中的小岛和湖池岸边，种植了许多翠竹和花木，并以凉亭、小桥、水榭和殿阁点缀，假山千姿百态，小径弯弯曲曲，使这里成为一处景色万千、玲珑小巧的园林景区。陆游祠和罨画池，已是崇州地区的一处名胜古迹。且崇州陆游祠与成都的杜甫草堂、江油的太白祠、眉山的三苏祠一起，成为了川西地区唐、宋文化名人的重要纪念地。

都江堰二王庙

【名庙简介】

二王庙位于四川省都江堰市（原灌县）西侧的玉垒山麓，与市区相距一公里。它是为了纪念和祭祀秦朝蜀郡太守李冰及其儿子李二郎而建，被国务院将其列为全国重点文物保护单位。现在，二王庙、都江堰、青城山道观群一起列入了世界文化遗产名录。

【名人故事】

李冰是秦朝著名的水利专家。生卒年月不详。秦昭王时期，李冰担任蜀郡太守一职。他先后主持修建了都江堰等著名水利工程，且于成都附近浚河筑桥，造福一方。从五代时期开始，封建统治者先后将他与其子李二郎封为王，以表推崇之意：五代，后蜀把李冰封为大安王、应圣灵感王；宋代，封李冰为广济王；元代，李冰被封为圣德广裕英惠王，其子李二郎被封为英烈昭惠灵仁裕王；清代雍正五年（1727 年），李冰被封为敷泽兴济通佑王，李二郎被封为承绩广惠显英王。人们还为李冰父子建祠立庙、塑像以祭祀。

二王庙的原名为崇德庙。此庙本是祭祀蜀王杜宇的，名为望帝祠。南朝齐国建武元年（公元 494 年），益州刺史刘季连在郫县建一望帝祠，后来又把望帝祠易名为崇德祠，用以祭祀李冰并供奉李冰神像。

唐代，人们重修了崇德祠。宋代开宝五年（公元 972 年），对崇德祠又进行了重修，并增塑了李二郎神像。宋代政和七年（1117 年），崇德祠毁于大火，不久又重建。明代嘉靖十二年（1533 年），崇德祠再度重修。清代雍正五年，崇德祠正式进行了重建更名为二王庙。雍正九年（1731 年），对二王庙的正殿、后殿、祈子宫等进行了重建。民国十四年（1925 年），二王庙的许多建筑再次毁于一场大火，同年动工再建，历时十年。此即今天看到的都江堰二王庙。

【名庙巡礼】

都江堰二王庙背靠玉垒山，与岷江古堰相对，南与青城山道观群遥相对应，西可望见白雪皑皑的岷山，气势恢宏，风景秀丽。

二王庙占地面积为 1.02 万平方米，建筑面积 6000 多平方米。全庙建筑的中心为正殿，上下左右依山而就，错落有序。通过台阶或回廊把各展堂连接起来。庙内树木茂盛，鲜花四时常开，是当地一风景名胜游览地。

都江堰二王庙原有三处主殿，即二王大殿、老君殿、老王殿；十六处配殿，即青龙殿、白虎殿、灵宫殿、三官殿、土地殿、城隍殿、玉皇殿、娘娘殿、祈子宫、丁公祠、魁星阁、圣母殿、龙神殿、日殿、月殿、乐楼等。屡毁屡建，现在二王庙的建筑主要有山门、乐楼、灌澜亭、戏楼、灵宫殿、花楼、大殿、观景台等。

大殿也叫正殿，是二王庙的中心建筑与主体建筑。大殿分为前和后两座殿堂。前殿供奉李冰，后殿供奉李二郎。岷江发源于川西北，流入都江堰市境内。横亘在河岸东部的玉垒山阻碍了岷江河水流入成都平原。李冰父子筑堰开山，使肥沃的成都平原及时得到了灌溉，千百年来不论什么样的天年都保丰收，因而到了“天府之国”的美誉。人们敬重，爱戴李冰父子，故建祠以祭祀、纪念、怀念他们。

二王庙的戏楼为一重檐楼阁式建筑。两檐之间挂一书有“二王庙”三个金色大字的匾。其字出于爱国将领冯玉祥之手。茶楼为一吊脚楼式建筑。石柱支撑，造型独特。楼内可容得下一百人。

在都江堰二王庙中，还保存着许多古代留下的匾额、对联和石碑。如：清代光绪皇帝题写的“功昭蜀道”，雍正皇帝的弟弟果亲王题写的“功垂不朽”，还有当代著名画家徐悲鸿画的奔马和天马，张大千画的仕女图，关山月画的黄粱梦等最具代表性。

1974年从江中挖出的李冰石像也保存在二王庙里。此石像于东汉建宁元年（公元168年）刻制。此外还有唐代飞龙鼎，明代铁花瓶、铁蜡台等很有价值的珍贵文物。

在二王庙更为突出的是山门墙石照壁上的一幅清代都江堰的灌溉区域图。在灌澜亭旁，还嵌刻着“逢正抽心，遇弯截角”，“深淘滩，低作堰”等治水秘诀。这些文字和图画非常吻合李冰父子水利专家的身份。

成都武侯祠

【名祠简介】

成都武侯祠，是祭祀和纪念诸葛亮的场所。它位于四川成都市的南郊。

【名人故事】

史料记载，诸葛亮（公元181—234年）字孔明，汉末徐州琅琊（现在的山东沂县）人，他还很小的时候，就遇到了农民起义，军阀割据，天下大乱。他十四岁时，父母双亡，他同父诸葛玄一起迁往荆州。在他十七岁的时候，叔父也因病过世了，他便拜司马徽、庞德公为师，过起了躬耕苦读的日子。他还与当地名士徐庶、庞统、马良、崔州平等一起，切磋学问，讨论天下大事。在他二十七岁的时候，经刘备三顾茅庐之后，他出任军师，并先后担任过中郎将、益州牧、丞相等重要职位，被赐封了武乡侯。诸葛亮先后辅佐先主刘备、后主刘禅，真正做到了为蜀汉政权“鞠躬尽瘁，死而后已”。人们非常崇拜、尊敬他的智慧、才华与忠心，尽管受到封建礼制的限制，但当他仙逝后，人们还是在城中为他举行了巷祭，在城外举行了野祭。到了公元4世纪初，也就是诸葛亮逝世数十年后西川割据者李雄，才在成都修建了少城孔明庙，它是第一座祭祀诸葛亮的祠堂。公元五世纪初，人们又在成都南郊修建了一座武侯祠。此武侯祠在刘备陵墓惠陵之东，与惠陵、祭祀刘备的昭烈庙成“品”字形布局。唐代时，成都南郊武侯祠已闻名遐迩了。唐代大诗人杜甫、岑参、李商隐等都曾在驻足，并写下一首首美丽的诗篇。宋、元时期，对武侯祠进行了多次维修或重建，而南宋绍兴三十年（1160年）为修缮规模最大的一次。

成都武侯祠又是一座君臣合祀的著名祠堂。明代洪武年间（1368—1398年），朱元璋之子朱椿被封为蜀献王。他看武侯祠香火旺盛，而就在附近的昭烈庙却几乎无人光顾。他从君尊臣卑的封建礼教出发，下令把成都南郊的武侯祠拆除了，并把诸葛亮的塑像与牌位移入昭烈庙内，和关羽、张飞等人的牌位放在一块。但是，因人们敬重诸葛亮，习惯把昭烈庙叫成了武侯祠。嘉靖二十一年（1542年），明朝统治者于成都西郊的浣花溪畔修了一武侯祠，专门祭祀诸葛亮。明朝末年，武侯祠与昭烈庙一起毁于战火。清康熙十一年（1672年），人们又把武侯祠重建于成都，并于祠中修建了刘备殿与诸葛亮殿，实现了君臣合祀。但因有君尊臣卑、上下有序封建礼教的规定，刘备殿安于前，诸葛亮殿建筑于后；刘备殿比较大，诸葛亮殿则相对窄小一些。到了乾隆二十一年（1756年），四川布政使周琬提出，君尊臣卑，不可逾越；因刘备也同供奉于武侯祠中，故祠堂名称应更改。于是，成都武侯祠又被换名为昭烈庙了。民国初年，虽于祠堂门上挂了一“汉昭烈庙”的金字大匾，但人们因为尊崇诸葛亮，仍叫它武侯祠。

【名祠巡礼】

成都武侯祠，面积为三万七千多平方米。其规模与布局，于清康熙年间重修后奠定，它布局严谨、中轴线分明、左右对称。现在，刘备墓与武侯祠一起被划为一处名胜游览区。

武侯祠的祠堂建筑，可以分为中、左、右三路。在中路，排列着大门、二门、过厅、刘备殿与诸葛亮殿。左、右两路，分别建有香叶轩、芝圃、碧草园、桂荷楼、观星楼、琴台、三顾园、盆景园、听鹂苑、爱树山房等，还挖了一个荷花池。这些生动活泼的建筑和园林景观对武侯祠整齐划一的祠堂布局作了一个必要的弥补，让其魅力倍增。

大门为一座硬山顶式的过厅建筑。门上高悬一书有“汉昭烈庙”四个金色大字的大匾。门前两侧，各蹲一只高为2.7米的石狮。门前正中，有一座高7.2米，宽12米，厚1.2米的照壁，是清代遗物。

二门也是一硬山顶式的过厅建筑。二门有六面门扇。若把门扇全部打开，门后庭院中的建筑，以及武侯祠的中心建筑——刘备殿，就一目了然了。

在二门的墙壁上，还有由岳飞手书的诸葛亮的《出师表》，苍劲有力，不少游人往往会驻足于此。

刘备殿，成都武侯祠中最高、最大的一座建筑物。这座悬山式的殿堂，面宽七间，36米，进深为15米。殿前有一汉白玉石月台，高1.4米，深10米，四周有栏杆环绕。殿前檐柱上雕着盘龙，显示了帝王气派。殿内立有四根井柱，神龛中供奉着刘备与他孙子刘谌的塑像。

刘备殿的东侧有东偏殿，西侧有西偏殿。东西偏殿分别供奉着关羽、张飞的塑像，这种布局，一方面体现了刘、关、张三人深厚的兄弟情谊，另一方面也君臣之间左膀右臂的关系。

刘备殿前的左、右两侧，分别建有回廊。左、右东回廊与西回廊，一侧列文臣，有庞统、简雍、邓芝、吕凯、马良、蒋琬等人的塑像。另一侧则列有武将，如赵云、黄忠、马超、王平、姜维、马忠等人的塑像。这些彩色泥塑像都是清代作品，共有四十七尊。它们的这种安排，既体现了上下尊卑的君臣关系，又再现了蜀汉政权的历史画面。

过厅在刘备殿之后。进深二间，面宽三间。过厅的左侧回廊通向诸葛亮殿前的钟楼，而右侧回廊则通向诸葛亮殿前的鼓楼。敞轩在过厅之后，正对诸葛亮殿。

诸葛亮殿也是成都武侯祠中一个重要的建筑物。这座歇山顶式的殿堂建筑，面宽三间，为30米；进深二间，11米。其规模较之刘备殿要小一些。这种布局体现了封建社会中君臣之间的尊卑关系。其殿前，修有鼓楼和钟楼。在殿堂的正脊两端，安置了吻兽，中间安置了二龙戏珠的图案。殿内正中，还挂了一幅太极图。太极图两侧，分别是诸葛亮的名言“淡泊明志”与“宁静致远”。神龛内，供奉其后代诸葛瞻与诸葛瞻之子诸葛尚的塑像。诸葛亮殿建筑和装饰如此巧妙、精细，可见人们对诸葛亮的敬重程度。

成都武侯祠中，汇集了清代的建筑、清代的雕塑和历代出土文物，以及铜鼓、碑刻和匾联等许多珍贵文物，其中以上所列的为上品中的上品。

在武侯祠中共有四面铜鼓，其中三面陈列于诸葛亮殿内。这种铜鼓呈圆形，腰部内收。鼓面和鼓腰上，刻着鸟形与钱形图案。鼓面的边上，刻有六只背负幼子的青蛙。这种铜鼓有双重作用，白天可当作炊具，烧水做饭；夜间又可用作鼓，可以用来报警。在成都武侯祠的所有铜鼓中，最大的一面直径六十厘米，高四十厘米。

铜鼓其实很早就已出现于西南地区的少数民族中了。但人们传说却是诸葛亮创制的，故又称诸葛鼓。这也在一定程度上体现了人们对诸葛亮的爱戴和尊崇。

在成都武侯祠中现存碑刻五十三座，其中最为有名的是唐碑。唐碑，也叫三绝碑，于唐宪宗元和四年（公元809年）刻立，现存于大门后古柏丛中的碑亭内。此碑高3.67米，宽0.95米，厚0.25米。碑文是由裴度、柳公绰、鲁建三人协作完成。裴度曾任监察御使与宰相，为中唐时期一著名的政治家。柳公绰为唐代著名书法家柳公权的哥哥，曾担任过吏部尚书、河东节度使、鄂岳观察使、兵部尚书等职务，而且还是一书法家。鲁建，是当时蜀中有名的石刻匠人。他所刻写的碑文字迹，是柳公绰书法风格的忠实表现。因此，这座石碑的文章、书法和刻工均为上乘之作，故被称为三绝碑，而其本名却很少有人知道。

成都武侯祠中，共有大大小小六十一副匾联，其中有许多名联，一直流传至今。

“合祖孙父子兄弟君臣，辅翼在人纲，百代存亡争正统；历齐楚幽燕越吴秦蜀，艰难留庙祀，一堂上下共千秋。”这副对联刻于成都武侯祠二门上。这副对联同时概括了他们之间的紧密关系、奋斗目标与经过、成都武侯祠的供奉状况，真是难得。其中还有不少像这样脍炙人口的诗篇，这里不再一一俱叙。

国务院于1960年，把成都武侯祠列为全国第一批重点文物保护单位。1984年，成都武侯祠博物馆宣告成立。这也就意味着成都武侯祠的管理保护已登上一个新的台阶。

贵 州 省

【怀古诗话】

万笏尖中路渐成，远看如削近不平。
不知身与诸天接，却讶云从不界生。
飞瀑正拖千嶂雨，斜阳先放一峰晴。
眼前直觉群山小，罗列儿孙未得名。

——清·林则徐《贵州即目》

遵 义

【名城简介】

遵义市坐落在贵州省北部，属云贵高原向四川盆地、湖南丘陵地带过度的东斜坡北段，在省会贵阳市与重庆市之间，西北部接四川，北背靠着重庆市，南面贵阳。遵义现在辖2区，代管2市，面积3万平方公里，有汉、苗、仡佬、土家等37个民族。1982年国务院批准遵义为国家历史文化名城。

【名城历史】

春秋战国时期，遵义曾是巴、蜀、夜郎等邦国的领地。秦汉时期设犍为郡。唐贞观十三年（公元639年）设为播州。明万历二十八年（1600年），播州改置遵义军民府，隶属四川、平越军民府，隶贵州。清朝初年，遵义府改属贵州省。辛亥革命后，废弃府的建置。民国二十四年（1935年）贵州省设11个行政督察区，黔北是第五行政督察区，专员公署先置桐梓，后迁遵义县城。

1949年11月，遵义城解放而且建市，设遵义专区。1979年易为遵义地区，把专员公署改为行政公署，仍置遵义市。1997年10月废遵义地区改设遵义市。

【名胜古迹】

遵义全市拥有文物点近千处。其中，遵义会议会址、西南古代雕刻艺术宝库“杨粲墓和中世纪军事城堡”海龙囤是全国重点文物保护单位。除那些之外，城东南皇坟嘴，有南宋播州安托史杨粲夫妇合葬的大型石廓墓室，北郊“海龙国”是明万历年间播州土司杨应龙的军事要塞。湘山寺、郑墓祠、陈公祠与龙坑石牌坊等都是名声显赫的游览胜地。在红军长征时，遵义留下了许多光荣的革命纪念遗址，以“遵义会议会址”为中心，毛泽东、张闻天、王稼祥的故居，红军总政治部旧地，遵义会议纪念馆，红军烈士陵园等是纪念体系主体建筑，是遵义这座革命历史名城的主要特征。

镇　远

【名城简介】

镇远属贵州省黔东南苗族侗族自治州所辖县，在贵州省东部黔湘两省交界的地方。东部是湖南省新晃侗族自治县，东北部为玉屏侗族自治县，北部是岑巩县，西北部是石阡县，西部为施秉县，剑河县在南部，东南部是三穗县。现辖6镇6乡，总面积1878平方公里，共有汉、苗、侗、土家等24个民族。1986年国务院批准镇远为国家历史文化名城。

【名城历史】

镇远在殷周时属于鬼方，春秋时期属柯国，战国时期属夜郎国，秦时属于黔中郡。汉高祖五年（公元前202年），黔中郡被高帝换名为武陵郡。汉时把巫阳改为舞阳，后汉时称前汉舞阳为“无阳”。唐长安四年（公元704年），把沅州之夜郎、渭溪二县设为舞州。开元十三年（公元725年）因舞、武声相近，更名鹤州。开元二十年（公元732年）更名业州。大历五年（公元770年）改为奖州。北宋大观元年（1107年）始在今镇远置安夷县，隶思州。南宋绍兴元年（1131年）置镇远州。元至元十二年（1277年）置镇远沿边溪洞招讨使司，隶思州军民安抚司。元至元二十年（1283年），改设镇远军民总管府，隶湖广行省。明洪武二年（1369年）重置镇远溪洞金容金达蛮夷长官司，属思南宣慰司，后改置镇远卫，隶湖广都司。明永乐十一年（1413年），置镇远府，隶贵州布政使司。明弘治十一年（1498年），置镇远县。民国三年，废府设道，后来又改为行政督察署驻地。

1949年，中华人民共和国成立后，设立贵州省人民政府镇远专员公署。1956年4月18日撤销镇远专区，建立“黔东南苗族侗族自治州”，没有改镇远县名。

【名胜古迹】

镇远不仅宗教文化发达，有佛、儒、道三教，且全县有历史文物名胜有200多处；有300多处自然风光景观景点。南方穿斗歇山式四合院与本地少数民族吊脚楼住宅交相辉映，镇远留下长达1000余米、宽300余米的明清建筑群，至今保存完好。建于明代的府、卫古城垣，卫城大码头、禹门码头等12处水码头，四方井巷、仁寿巷、冲子巷等10余条古巷道与一大片典雅民居四合院，分布在3.1平方公里的县城里。其中最具特色的是全国重点文物保护单位青龙洞古建筑群。

青岩古镇

【名镇概观】

青岩古镇在贵阳市的南郊，距市区约29公里，是贵州非常著名的文化古镇之一，是游客来贵州必到之地。

青岩古镇有着悠久历史，自明洪武十一年（1378年）设青岩堡到现在已有600多年的历史了。明初，中央王朝因欲控制西南边陲，在洪武六年（1373年）置贵州卫指挥使司，以控制川、滇、湘、桂驿道，因青岩在广西入贵阳门户的贵番主驿道中段，在驿道上设传递公文日“铺”和传递军情的“塘”。驻军于双狮峰下驿道旁建屯，史称“青岩屯”。洪武十四年（1381年）朱元璋派30万大军远征滇黔，大批军队进入黔中腹地后驻下屯田，“屯”慢慢发展成军队和人民共同居住的村寨，“青岩屯”演变为“青岩堡”。天启四年至七年（1624—1627年）时领青岩土守备，班麟贵领72寨，控制八番十二司，在离青岩堡约1公里的“四只把”坡建土城，当时人们称之为“王城”音译汉语为“兵城”或“营盘”之意，此乃现在青岩城的雏形。土城居于高地，原来青岩堡内的寨民为了躲避兵祸，大部分搬入土城居住，使土城渐具规模，成了南下定番（今惠水），北上贵阳，西入平坝（县），东走龙里（县）的十字交通要寨。经数百年历史沧桑，多次整修扩建，由土城而至石砌城墙、石砌街巷。现在青岩城是一座具有明清风格的文化古镇。

【名胜古迹】

青岩古镇的文物点有100多处，其中23处已收入《中国文物地图集·贵州分册》。古镇名胜古迹随处可见。镇内的明清古建筑纵横交错地分布着，计有九寺、八庙、五阁、三洞、二祠、一宫、一院等共37处，其中8座石碑坊现仅存3座。这些古建筑皆为别具匠心、工艺精湛的佳作，如慈云寺的石雕、寿佛寺的木雕艺术都是贵阳市罕见的精品。寺庙、楼阁雕梁画栋、飞角重檐相间，虽然年代久远，但仍不减当年魅力，倒平添了一丝历史韵味。

青岩镇的镇容布局因袭明、清格局，至今朝门、腰门以及陈旧古老的石柜台和木柜台仍保存着，总给人以悠悠古韵。新建的古镇商业街更使古镇遗风韵味得以弘扬。

站在定广门城墙上，古城墙的遗址残迹仍依稀可见，使人联想当年古镇作为军事要塞重兵屯集驻守的雄姿。面对“赵理伦百岁坊”上造型创意独到，被刘海粟大师叹为“实属罕见”的下山狮，以及另外两座石碑坊所蕴含的深厚的历史文化积淀，可以从中嗅到古文化的气息。跨入贵州历史上第一位状元赵以炯的府第、孙中山元帅府秘书长平刚先生的故居，“青岩教案”遗址与周恩来、邓颖超、李克农等老一辈无产阶级革命家的亲属曾居此地，你能不为小镇拥有如此丰富的人文景观而赞叹吗？

青岩土特产有玫瑰糖（原名“麻片糖”），香甜可口，是于1874年平正宽家首次生产传承到现在的百年老字号。有百岁高龄的青岩双花醋，至今不衰，其醋液浓稠挂碗，其色犹如酱油黑中带红，酸味适中，吃一点让人意犹未尽，“老贵阳”们可偏爱它了。

屯　堡

【名村概观】

黔中高原上戍边者后裔的屋子坐落在黄果树和贵州者省会贵阳之间，在一座喀斯特岩落地貌上，这些后裔身穿宽袍大袖的长衫，说着特殊的语言，婚嫁迎娶、衣食住行、喜怒哀乐、生老病死、节日仪式等都有他们自己的特别方式。

贵州安顺有另一个“世外桃源”。在这里，人们身穿艳丽的明朝汉族服饰，操着浓郁的江南口音，悠闲自得。来到这里，仿佛来到600多年前的大明朝。

屯堡人家家户户在盖房建屋时所考虑的第一问题，是其是否具有牢固的防御功能。

阴天的喀斯特岩溶地貌世界是一个别样世界。这样的天气让山群看起来真有一种朦胧、抽象的美。

云山屯所处地势稍微平坦。一座威严的城门立于两山峡谷之间，飞檐翘角之下“云山屯”三字特别醒目，看上去入木三分，城门两边大石块筑就的城墙紧紧将两山连接起来，形成一道极为坚固的防御工事。

他们是明初时到此地戍边军士的后商，世世代代屯军，因为军事上的需要，他们的村寨都安扎在山势险要的地方。只要细看一眼的确不难发现，城墙上一个个箭眼和弩孔，仿佛就在昨天这里发生过一场充满战火硝烟的争斗。登至城墙之上，放眼望去，视野开阔，山下景物尽收眼底，显现了云山屯堡易守难攻的地理优势。

史册记载到1371年，傅友德肩负开疆拓土使命，率领30万大军抵达现在的贵州安顺地区。大军很快占据了这块军事要地，之后建起了一座座石头堡垒。从此，屯堡诞生了。

屯堡人都是当年明代屯军的后裔。当时的统治者为了稳定边陲，把军人们留在了这里，实行屯田制、卫所制。可能就是因为深藏于大山之中，且地处边陲，近、现代文明和种种变迁较少地影响到它，所以旧貌破坏并不严重，故云山屯堡这样的军民聚集的村寨完好地保存了下来。

专家们介绍，屯堡人的建筑其实并不是一下子就成为今天的式样，起初屯军，只修建了围栏之类的简单建筑，定居下来之后，又为明代封闭式的“燕窝式”建筑，后来，又改发展为清代封闭式的城堡式建筑与屯土建筑结合的建筑群体，再后来，又有民国封闭式城堡与碉堡式结合的建筑群体。也就是说，我们现在可以从屯堡建筑群体过程中，看到明代以来各个朝代屯堡民居建筑的发展过程。

在这么一个地无三尺平的黔中腹地，在清镇、平坝、安顺一带，经过了几番血雨腥风、战火硝烟之后，来到这里驻扎下来的汉人，称他们为“屯堡人”，这样的称呼，使得“屯堡人”似乎有了一种既区别于汉族而又不同于少数民族的特殊身份。

岜沙村寨

【名村概观】

岜沙位于贵州省南部边境，它是一个奇特的、充满久远传统乡情的苗族村寨。这个村寨虽在321国道的边上，但这里的苗族乡民还依然保持着本民族风貌的传统。

走进岜沙，仿佛置身于远古的原始部落，村民们身着土法染制深蓝紫色泛着光的民族服装。女子上身穿大襟衣，下身穿百折短裙，扎着绑腿。领口、袖口、下摆和绑腿都是姑娘们自己绣制的彩锦，脖子上戴着粗大的银环。这样穿着，一方面可突出女子亭亭玉立的身姿，另一方面十分便于她们登山与劳作。男人们梳小辫，挽发髻，腰间别砍刀，肩头挎猎枪。有意思的是这山里虽早已没了飞禽走兽，但男人每每出门都会带着猎枪，枪变成了他们的随身饰物。

他们现在的装饰和东邻日本国的古人着装很像，故许多大和友人前往寻祖认宗。

村寨建在山上，依坡就势搭着木制干栏式吊脚楼，它极富西南民族特色的房顶上长了许多绿色青苔树皮，鳞次栉比、错落有致。屋顶无烟囱，冬日的中午，家家的树皮屋顶上有袅袅青烟升起，那是柴烟和蒸汽的混合物。淡淡的青雾暖暖地罩盖在村寨之上，温馨宁静，诗画一般的美丽。村间空地和山坡上，竖立着高大的木排，它们有聚有散，有疏有密地立在那里，那是村民们的晒谷架。收割季节，农民们将稻谷捆好，挂在木排之上，呈现出一派丰收景象，处处展开了稻谷的栅墙，映得秋日更加金黄。稻谷挂在寨边，放心不会丢失的，因为这里有着最淳朴的民风。

在岜沙人眼里他们才是真正的苗族人。早些时候，年轻人从外地打工回来时，先得在村外换上本族的衣服才可进村。在山寨里，可见到妇女在操纵古老的木纺车、织布机，可以闻到蒸米酒的清香，可以听到人力舂米沉重的节奏。热闹的聚会场中，有苗族姑娘时常向外乡的宾客发起“偷袭”，偏僻苗寨里的小姑娘主动与外来的陌生人嬉闹，在汉族区，这可是不可思议的一件事，其实这也是苗族的风俗。清代文人赵翼在其《檐曝杂记》中就有如此记述：粤西土民及滇黔苗倮风俗，大概皆淳朴，当墟场唱歌时，诸妇女杂坐，凡游客素不相识，皆可与之嘲弄，甚有相偎亦所不禁。并有夫妻同坐墟场，夫见其妻为人所调笑，不嗔而喜者，讲妻美能使人悦也。

这么多年过去了，岜沙人依然延续着淳厚的风格，不改“英雄本色”。岜沙有吃新节、芦笙节、映山红节、鬼节等节日，有吃相思、斗牛、跳芦笙、荡秋千、集体围猎、成年剃发仪式等风俗，有精美的手工钢制针盒、奇特的竹编饭盒、刺绣猎袋、牛角火药筒等民间工艺品。芦笙节规模盛大，人山人海，芦笙对赛时，姑娘盛装助威，小伙吹起芦笙粗犷、奔放，尽显古朴本色。

岜沙苗塞与贵州从江县城只隔5公里远，一条公路从寨前通过，给这座苗寨带去了现代文明。家家户户都有电视机，有的还开起了小店铺，有的到沿海城市打工，赚了大钱，成了小老板。苗寨小学校也盖起来了，教室里不时传来孩子们琅琅的读书声，姑娘们的穿着打扮也有了些许改变。过去姑娘们夏天时只穿一件围胸外加一件外披，不穿内衣，现在她们都在围胸里加了一件棉毛衫；过去岜沙人不会说也听不懂普通话，现在年轻人几乎都能听懂了。但是，岜沙人又好像是生活在另外一个世界，另外一个星球上，他们的饮食起居，生活习俗都非常古老，任凭岁月变迁，文明的展现，淳朴的民风依然如旧。

古老的“成人节”仪式

岜沙的男孩子长到16岁，就要举行一种古老的“成人节”仪式（苗语叫“达给”），在寨老和巫师的共同主持下，把他头顶周围的头发剃掉，只留下头顶部一小撮头发挽成一个发髻，发尖飘散在脑后。当天早上，主人家会邀请十几位同姓男子帮忙去河里打鱼。夜晚，男人们在河边点着篝火欢聚一堂，主人家的孩子则身着盛装。剃发后，成人仪式结束，大人们坐在河边为孩子长大成人而高兴地喝酒吃鱼，到第二天天明才散去。以后，男孩头发的剃留则凭个人意愿而定。

当然，也有另外一种情况，有的男孩长到16岁，剃不剃发，举不举行成人仪式，凭个人自愿。不剃发，不举行成人仪式的，不仅不准挽发髻，如夭折，按寨上的传统习惯也只能提葬（即捆尸体用的竹篾也只有5道，用一块布把尸体兜着提到墓地）。举行过成人仪式的，若夭折，捆尸体的竹篾则是7道，而且是用肩抬到墓地，送葬礼仪也较前者更隆重。

岜沙人淳朴的生态观

岜沙的民居前后到处古树参天，蝉鸣四起，漫山遍野，苍翠欲滴。这得归功于岜沙苗族世世代代传下来保护生态环境的良好习惯。几百年来，村民们一直恪守民间习俗，从来不会有人滥砍滥伐，公路修到村寨几十年了，从未发生过盗伐林木这种事件。这个有350户，1900多人的大寨到现在每天一辆马拉车或者手拉车。人们运货、赶集都是肩挑手提，徒步行走。村里人说因为畜力运输工具载量大，砍伐树木的量就会多，这样会导致破坏森林以及环境。岜沙人的这种良好习俗是从古代沿袭而来，是每个公民的不成文的村规民约。村里有一规定：若有人盗伐古树，被发现后要罚米120斤，猪肉120斤、酒120斤，分给全寨人吃，用作警告。故村民们上山拾柴都自觉保护幼苗与树干，只修剪杈枝或砍枯树。有时候也伐一些杂木，挑到城里卖。岜沙人和森林颇为亲密，就是平日的娱乐和迎宾仪式也离不开森林。

年轻的男男女女面向太阳从山腰缓缓到达山顶，经过林中小道，到芦笙坪上围成圈跳起芦笙舞。悠扬的芦笙声，人们的欢呼声响彻山林，颇有“余音绕梁三日不绝”之势。竖笛吹出的曲调婉转、动听，令人陶醉。竖笛约1尺5长，食指粗细，5个眼。这里很难用恰当的语言加以描述，但能感觉到那位伴唱的姑娘是很懂得小伙子吹奏的曲调。那歌声是低吟的，好像在向谁倾诉着什么。当客人进寨时，村民们身着盛装，站在寨门口吹起芦笙端着美酒，鸣放火药枪和铁炮用来表示欢迎，再到村后树林环绕的芦笙坪上举行隆重的迎宾仪式。

加去古寨

【名村概观】

2000年12月3日，贵州的加去苗人举行了一次隆重盛大的杀牛祭祖仪式。一夜之间，69头牯牛死于刀下，人们将它们的灵魂奉献给祖先，并与亲戚朋友分享了牛的身体。15天的时日里，他们与那些逝去千百年的祖先一道，一丝不苟地完成了一系列繁杂的程序。

人们把这神圣的仪式称之为“吃牯脏”，每隔13年举行一次。

加去古寨属计划乡，“计划”是苗语的音译，意思是“我们弟兄住在一个神秘遥远的地方”。那“神秘遥远的地方”就藏在月亮山脉的深处。

月亮山在黔东南自治州的榕江、从江和黔南自治州的荔波、三都四县交界的地方。此地山高谷深，原始森林莽莽苍苍绵延数百里，覆盖了党送坡、孔明塘坡等十几座海拔高度千米以上的高峰。“站在山顶上，伸手可以摘下月亮哩。”月亮山因此而得名。月亮山被一条一条非常安静的流水环绕着都柳江，江水被无边无际的竹林、杉树林和根系发达的榕树拥抱在怀里，无数的溪流悄悄潜入江中。高雅溪从月亮山麓流淌下来，它是其中一条美丽的溪水。它经过加去古寨的时候，把那里的故事让溪水带到了远方。千百年过去了，加去人的秘密被逝去东流水带走了，而且雅溪依然默默地流淌着……

加去人，是“黑苗”中的一支，黑苗又是苗族中一个强大支系，人数有一百多万，主要分布在黔东南的清水江和都柳江流域的“苗疆腹地”。因为他们平时喜欢穿黑色衣服，且藏住在高山，也有人称他们为“高山苗”。

加去月亮山地区被称为“生苗最众”的地方。“生苗”是明清时代汉人对苗族的一种称呼，明清封建王朝把他们当作未开化的民族，几经围追剿杀，后采用“羁縻制”想抓住目标。“羁”是牛缰绳，“縻”即牛鼻子，故“羁摩制”即用缰绳穿住牛鼻子。

加去人只听祖先的话，照祖先安排好的规矩办。人们并不知道加去人的祖先来自哪里。古歌这样唱：“日月向西走，江河往东行。我们的祖先啊！顺日落的地方走，跋山涉水来西方。西方万重山，山峰顶天，好地方就在山那边，好生活就在山那边。”可见加去人祖屡战乱，居无定所。

“侗家住水边，汉家住平坝，苗家住山巅”。加去人的老祖先遵照苗家人的规矩，在山顶上修筑了他们美丽的家园，有种“一览众山小的感觉”。几百年过去了，加去发展成有140户人家，700多人口的中等苗寨。吊脚楼依山而建，就像一座木头城堡。

加去的山坡陡峭，河谷深邃，令人望而生畏。月亮山和都柳江似两道天然屏障，使世人与外界隔绝。在崇山峻岭间，覆盖茂密的松杉和各种阔叶树，在广袤的林间草丛中生长着各种珍禽异兽、名贵药材和香菇木耳。清澈见底的高雅溪里，加去女人三五人相约，挽了裤脚并排站在水里，放竹笼下去，那黄腊丁呀、角角鱼呀，就跳跳蹦蹦钻进笼子里来。多年以来，加去人上山可采集狩猎，下水可捕鱼捞虾，田间坡上种植水稻杂粮，盖屋建房有取之不尽的木料。莽莽苍苍的月亮山腹地，成为加去人安居乐业的世外桃源。

贵阳阳明祠

【名祠简介】

阳明祠位于贵州省贵阳市东的扶风山下。它是为了祭祀和纪念明代著名哲学家王阳明而建的，布局严谨，结构精巧。

【名人故事】

王阳明（1472—1528年），本名王守仁，又名云，字伯安，浙江余姚人。王阳明青年时期曾隐居绍兴阳明洞，自称为阳明子，故世人称其为王阳明。他自幼勤奋好学，尤其喜欢哲学。明弘治年间（1488—1505年），曾任刑部主事、南京兵部职方主事。他二十七岁时中进士。明正德三年（1506年），因得罪朝廷，被贬往贵州，在龙场驿任驿丞。明正德五年（1510年），王阳明离开贵州，担任庐陵知县一职。明正德十一年，任都察院左佥都御使。明世宗朱厚熜将其封为新建伯，后来担任两广总督与南京兵部尚书等职。

王阳明是明代的一位著名哲学家，我国哲学史上的一位著名人物。其哲学主张为良知良能。他继承了南宋著名哲学家陆九渊的思想，也是我国古代哲学理学心学派的集大成者。著有《传习录》、《大学问》、《王文成公全集》等书。

在贵州龙场驿期间，王阳明生活非常艰苦，但他仍不忘潜心于哲学研究，并取得了不小的成绩。如《五经臆论》四十六卷、《杂著》二十三卷，与《居夷诗》一卷都是在那里完成的。他还创办了龙岗书院，用以传播文化、培养山民子弟。他去世不久，其弟子就为他兴修了祠堂。

贵阳阳明祠，于清嘉庆十九年（1814年）初建。公元1879年，在云南布政使唐炯、礼部主事罗文彬主持下进行了重建。而且，唐炯与罗文彬还撰写了《贵阳扶风山阳明祠碑记》和《阳明先生祠碑阴记》，来记录这件事。1949 年之后，曾多次对阳明祠进行维修，其中大修两次，才形成今天的规模。

【名祠巡礼】

享堂为贵阳阳明祠的中心，与回廊、桂花厅、正气亭等建筑一起组成了祠堂建筑群。庭院内，古桂挺拔，古柏参天，松竹滴翠，环境幽雅。

享堂也叫大殿，它是贵阳阳明祠中的主体建筑。它为重檐歇山式屋顶，砖木混筑。门窗雕花，古朴典雅。一尊汉白玉石的王阳明坐像置于享堂中间。王阳明像的左右，各立一石碑。在殿中的立柱上悬挂着一副对联。上联为“壮思风飞冲情云上”；下联为“和光春霭爽气秋高”。此为王阳明手迹。在享堂的墙壁上，还悬挂有木刻的王阳明的“训士”四条与“论俗”四条。此外，享堂中还陈列着他在贵州生活的史料照片、拓片以及复制件等。

桂花厅位于享堂院落之外。在桂花厅的门上挂一书有“王阳明先生祠”字样的大匾。它出自当代贵州女书法家萧娴之手。厅内，陈列着王阳明的画传、各种版本的著作、生平事迹图片、王阳明的诗意画和王诗的书法作品。

著名的扶风寺和祭祀东汉著名学者尹道真（尹珍）的尹公祠也在阳明祠附近。阳明祠、尹公祠、扶风寺，均与扶风山紧靠。清代诗人郑珍有诗曰“芙峰（扶风）山，在城东，插天一朵青芙蓉”。故自清以来，阳明祠以及它周围的古建筑与青山一起，成了贵阳市的一处旅游胜地。

安顺文庙

【名庙简介】

安顺文庙位于贵州省安顺市城区东北，又名府学宫。这是贵州省现存规模最大、保存最完备的一处祭祀孔子的古代祠庙建筑群。

据记载，明代洪武元年（1368 年），安顺文庙初建。天启二年（1622 年）被毁，天启四年（1624 年）对其进行了重建。清康熙七年（1668 年）、康熙五十五年（1716 年）、道光十七年（1837 年），曾先后对安顺文庙进行增修或扩建。以后，也曾不断进行维修，今天安顺文庙依然保存完好。

【名庙巡礼】

安顺文庙修建于一被称为孔明观星台的小土丘山坡上，占地面积 6000 多平方米。全庙共有四重院落，一院高于一院。其主体建筑在中轴线上安置，厢房与廊庑左右对称。古代，它系一庙学合一的古代建筑群，庙内不仅有祭祀孔子及其弟子、历代名儒以及地方名贤的殿堂，也有学习与科举张榜的建筑。位于全庙中轴线上的建筑有照壁、大门、泮池、棂星门、大成门、大成殿等。位居中轴线的两侧有明伦堂、节孝祠、名宦祠、忠烈祠、乡贤祠、纯孝祠与钟楼、鼓楼、尊经阁、奎星阁、西庑等，对称排列，布局严谨有序。

安顺文庙的主体建筑是大成殿。重檐歇山顶，面宽五间。这座大殿修建于一高约2米的台基上。殿前悬挂着书有“万世师表”、“斯文在兹”与“圣神天纵”字样的三块大匾。殿内供奉着孔子等人的牌位。

安顺文庙的石雕艺术作品精美异常。大门前有金声玉振坊，照壁两侧有德配天地坊与道冠古今坊，以及泮池周围的石栏与泮池桥上的栏杆上，都绘有许多优美的石雕艺术图案。但大成门、棂星门与大成殿的盘龙柱，却是安顺文庙中石雕艺术之精品。

棂星门是一座四柱三门的石牌坊，石阶、柱身、柱础、坊栏、横梁和柱顶上，均雕有精美的石雕艺术品。四根石柱的柱顶上，分别雕有一只石狮。石坊的坊额上，刻着“棂星门”三个大字。石坊的柱身上，刻有传说中的八仙图。石坊的坊栏上，刻有许多人物图。这些图案有发蒙、赶考、研读、金榜题名、举试等，形象地再现了古人读书、应试和做官的过程。人物形象生动逼真，圆雕、透雕、浮雕手法运用自然娴熟。

大成门与大成殿前，共有盘龙石柱两对，雕刻精细，龙的形态生动逼真。大成殿前的那一对盘龙石柱，每根在6米高，直径约80厘米。石柱上刻出了隐现于云雾之中的两条盘龙，是用透雕手法刻制而成。龙须、龙爪、龙鳞与龙尾都刻得生动、精细，栩栩如生。石柱基部雕刻着海浪与一条跃跃欲试的鱼。柱础刻着一只狮子，狮子昂首张嘴，传神生动，令人叫绝。

安顺位于祖国的西南，因位置偏僻，故交通不是很方便。但古人还是在这里修建了一座规模大、雕刻精制、地方特色浓厚的文庙，足以说明孔子和他的儒学思想在我国的深远影响。

云 南 省

【怀古诗话】

不到昆明三十年，重来今日已皤然。
担头诗卷半挑酒，水上人家都种莲。
山色满湖能不醉？荷香十里欲登仙。
碧鸡岩畔堪题字，好把滇池取次镌。

——明·李元阳《高峣泛舟》

昆 明

【名城简介】

昆明系云南省省会。位于滇东高原中部，东与东川市和曲靖地区相邻，西连楚雄彝族自治州，南邻玉溪市和红河哈尼族彝族自治州，北以金沙江为界和四川省隔江相望。现辖5区5县3自治县，代管1市，占地面积约15560平方公里，常住人口636万（2010年），有汉、彝、白、回、苗、傣、傈僳、哈尼等26个民族。1982年国务院批准昆明为国家历史文化名城。

【名城历史】

公元前3世纪即战国时期，楚将庄开滇，在今晋宁一带筑城置都，建滇王国，延续300年之久。公元前109年，（西汉）汉武开滇，把疆土拓展到云南，把滇池地区之后为中心设置益州郡，昆明是所管辖的二十四县中的谷昌县。蜀汉时期，诸葛亮率兵南征克益州郡且易名建宁郡，隋朝时又换作昆州。唐宋时期，“大理国”、“南诏国”地方政权在此筑拓东城，置鄯阐府，并辟为“东京”、“上都”（陪都），有490年的历史了。1275年，元朝置云南中书省，设中庆路，昆明县为中庆路首府，把云南的统治中心由大理迁至昆明，昆明从此成为全省政治、经济、文化中心。明朝把中庆路改为云南府，一直沿袭到清末。1928年设昆明市。1950年3月成立昆明市人民政府。

【名胜古迹】

昆明是古滇文化的发源地，自从元代设立行省以来，一直是云南省的政治文化中心。现有5个全国重点文物保护单位，25个云南省重点文物保护单位，主要有西山、滇池、翠湖、圆通山、大观楼、金殿、黑龙潭等。

大　理

【名城简介】

大理古称叶榆，在云南省大理市下关镇北 13 公里的地方。东连楚雄彝族自治州，南邻思茅、临沧，西与保山和怒江傈僳族自治州相接，北同丽江接壤。整座古城西依苍山东临洱海。苍山为云岭山脉南端的主峰，北起洱源邓川，南止下关天生桥，长达 50 公里，东西宽 20 公里。苍山共有 19 峰 18 溪，有飞瀑叠泉。“苍山雪，洱海月”为大理胜景。

【名城历史】

古城在明洪武十五年（1382 年）始建。据文献记载，原城墙高 8 米，周长 6 公里。东西南北各有一城门，上有苍山、通海、安远、承恩四座城楼；城的四角是颍川、西平、孙明、长卿四座角楼。城墙的外墙为砖，上列矩碟，下环城沟。只有南、北两座城楼被保存下来了。

布局呈棋盘状，城内市井俨然，从南到北共有 5 条街，从东到西有 8 条巷，被人们称为“九街十八巷”。城内道路总长 8.76 公里，南北主干道称为复兴路。东西主干道为玉洱路，玉洱路西接三月街街场。街道多用青石板铺筑，部分用卵石和引马石镶嵌路面。作坊、商店、寺庙、书院等古建筑镶嵌其间。白族民居是白族建筑艺术的一大景观，它的平面布局和组合形式常为“两房一耳”、“一正两耳”、“三坊一照壁”、“四合五天井”、“六合同春”与“走马转角楼”等。最为典型常见的是“三坊一照壁”，大门大都开在东北角，每个庭院内都有正房一间、厢房两间，绝大多数正房坐西向东，且对面是一面照壁。白族民居很注重门楼，飞檐翘角，斗拱彩画，风格独特。照壁、门窗多用剑川木雕以及大理石、彩绘和水墨画装饰，工艺精致，清新典雅，在西南民居建筑中堪称一流。

城内还保存着杜文秀反清起义元帅府遗址，清代西云书院与革命烈士纪念碑等胜迹。大理居民都爱花，这里有“三家一眼井，一户几盆花”之说。每年春节前后，家家户户都把盆景摆在门前，搭成一座座“花山”，大街小巷百花尽放，古城顿时呈现出一幅春光明媚的图景。

沙　溪

【名镇概观】

在云南、四川与西藏之间有一条古老贸易通道，因用川、滇的茶叶与西藏的马匹、药材作交易，以马帮运输，故而得名“茶马古道”。

沙溪位于云南大理剑川百宝山下，是茶马古道的重要组成部分。它与丽江、中甸相连，直达四川、西藏乃至西亚；向南途经缅甸通达南亚、东南亚。同时，它也是茶马古道上唯一保存下来的集市。戏院、旅馆、寺庙、寨门皆完整无缺，使这个集市相当完备。

【名胜古迹】

这四方形集市全用大块的条石铺成，历经岁月沧桑，有的石头已被磨损得失去了形状，马蹄印仍然可辨，当地人称这集市为四方街。古旧的铺台里，是同样古朴的老人，穿着四个吊袋的中山装，有时甚至是长衫，操着清末的熨斗或剪刀，小心翼翼地裁剪着。在民国十九年（1930 年），寺登镇建了起来。寺登为白族语，寺即兴教寺，登有村落的意思，寺登即以兴教寺为中心的村落。

四方街的四面，有无数条古朴的小巷，古黄雅致的“三坊一照壁”、“四合五天井”民宅俯拾即是。从四方街西面的一条古巷进入，一座精巧气派的大院呈现在眼前，这便是欧阳大院。这是一座清末民初典型的白族三坊一照壁式民居，高大的照壁上方，是一幅幅精彩的水墨画，画上多是鱼虫花草，形象逼真，灵动可爱。房屋多是木式结构，精致的格子门和木雕窗等淋漓尽致地反映了剑川木匠的高超技艺。从大院深入，遂至后花园。虽为后花园，实质是一个个自成体系的小院，里面树木葱茂、花香扑鼻。花园的旁边是马圈和客房等。寺登里像欧阳大院这样的宅子还有很多，大部分都在清末民初建立，是当时茶马古道繁荣的标志。

建于清嘉庆年间的古戏台位于四方街东面。三层飞檐，14 个飞角。戏台最上层为魁星阁，中层是戏台，底层为铺面。每到二月八、四月八等庙会的日子，人们就在此搭台唱戏，热闹一番。四方街中心是一旗杆，戏台对面是兴教寺，它在明永乐十三年（1415 年）修建。村外被刻上时间烙印的古榕、寨门，以及古道上斑驳的石缝和石板道马蹄踏陷的蹄印，都讲述着一个个无言的古老传说。

巍　山

【名城简介】

巍山在云南省大理白族自治州境内。东与弥渡县相接，南与南涧县相连，西与凤庆县相邻，北与大理市相连。巍山古称邪龙，又叫蒙化。历代王朝曾在巍山设置县、府或厅。在唐开元十八年（公元 730 年），皮逻阁自称南诏王后开始建立都城，遗址位于今庙街乡古城村南。

【名胜古迹】

现在县城在巍宝镇，在元代巍山古城始建，明洪武二十二年（1389 年），拓建为蒙化卫城和蒙化府。四面谯楼，东曰“忠武”，南曰“南薰”，西曰“威远”，北曰

“拱辰”，中建“星拱楼”为印柄。整座巍山县城仍完好地保持了600余年前建城时的棋盘式格局，有街25条，巷18条，全长达14公里。把文笔楼作为中心，可分为东南西北四条主街道，错落有致，大街小巷纵横交错。主街道两侧是明清之际的居民建筑，至今仍保存完好。

“拱辰楼”是古城的标志，高23.4米，长47.1米，宽24.6米，用28根合抱大柱支撑，四面出厦。南北两檐高高悬挂着“魁雄六诏”、“万里瞻天”两块巨匾，是南诏王统一六诏一代雄风的充分写照。建于明洪武年间的文笔楼已经被毁，今天所能看到的文笔楼系清咸丰年间杜文秀起义军重修的。文笔楼建在砖石结构呈十字通道的城门洞上，是巍山古城的中心。阁楼雕梁画栋，俊秀挺拔，故名凝秀楼。城内还保存着文庙、关帝庙、财神庙、文华书院、太阳宫、冷泉庵等明清建筑。这些设计精美、施工巧妙的古建筑，是昔日巍山古城的繁华和高超的建筑艺术的一个缩影。

明代以来，巍山人才辈出，大有雨后春笋之势，曾出进士20多人，举人200多人，留下许多文化遗产。清乾隆年间，被御封为“文献名邦”。东南隅文昌宫位于巍山县城内，始建于明代。清乾隆四十六年（1781年）进行了增修，并改为学古书院。咸丰七年（1857年），在战乱中被毁。光绪十二年（1886年）重建。大门、牌坊、讲堂、大殿、金甲、魁神等殿及两厢三大院组成了文昌宫。宫内环境幽静，古柏森森。现存建筑以大殿为最好，前有月台，四周围以大理石栏杆，正面设大理石雕龙御路。殿为单檐歇山顶，面宽三间13.1米，进深14.1米，高12米。正面檐饰七踩斗拱，通体雕花。整个建筑宏大雄壮，讲堂单檐歇山顶，门窗雕刻细致。

登上巍宝山山巅，眺望古城，阳瓜江弯弯曲曲缓缓南流，落日的余晖下，被阳瓜江挽入臂弯的巍山古城愈加显得凝重、孤独。此景即著名的“一江绕孤城”。

丽江古城

【名城简介】

金沙江、澜沧江、怒江从青藏高原奔腾南下，在横断山脉的夹持下造就了“三江并流”的壮举。当流经丽江石鼓镇时，河道突然猛转180度，形成了一个大转折，并以巨大的威力闯虎跳、爱门、三峡，汹涌澎湃奔向大海。

位于青藏高原东南部、横断山脉东部、滇西北中部的丽江，在纳西语中叫“依古堆”，也就是金沙江转弯之地。金沙江似一条带子，一头系上老君山，一头牵着绵绵山，中间缠绕了壮美的玉龙雪山。丽江被山环水抱，似一颗耀眼的明珠，深藏在这大片苍莽之中，却并未被人们所遗忘。万里长江第一湾在石鼓地区穿山削岩，成就了世界上最窄、最深、最险的大峡谷之一，即虎跳峡。全峡分为上虎跳、中虎跳、下虎跳三段，江水从213米高的峡谷中奔腾而下，峡口和虎跳石相映成趣，中虎跳的“满天星”、“一线天”与下虎跳的“高峡出平湖”，鬼斧神工，表现出锐不可当的气概。

丽江地处西南边，地貌多样和立体的气候，为这块美丽富饶的土地书写了丰富多彩的文明历史。在10万年以前，人类就在丽江留下了足迹，一批旧石器与兽骨化石的发现以及“丽江人”的头盖骨化石的挖掘都为中华民族的祖先在这里繁衍生息做了佐证。金沙江崖画、洱海区域红铜文化都历史悠久。

同样，丽江这座独具魅力的古城也经历了漫长的历史变迁。1234年，蒙古国灭金。忽必烈为了形成对南宋的南北包抄，辗转西南挥师大理国，并在1253年在这里设立了“茶罕章管民官”，命白沙纳西族土酋麦良为长官。从此这里便逐渐走出了“互不统摄”的部落形态，形成了民族统一的城市。街巷格局四通八达、各种作坊沿街分布、繁华的商贸活动都陆续出现。明代阿甲阿得“率众先归”，因为他投诚表忠和显赫战功，被赐姓“木”，是丽江木氏的先祖。这里的殿宇群落被称作“木都”，广场是“木都广场”，源于当时的恩泽。也正因丽江世袭统治者姓木，这也成了丽江没有城墙的缘故。在木姓统治者眼中，如果筑了城墙就酷似木字加了个框而成“困”了，很不吉利！

【名胜古迹】

丽江古城作为世界文化遗产，三个相对独立的古聚落白沙古镇、束河古镇、大研组成了这座古城，而主体部分就是大研古城。800年前的宋末时，纳西祖先在狮子山东麓营建起了“大叶场”，“大研”一词便最早源于此。大研古城北与象山、金虹山相依，西枕狮子山，东面、南面与开阔的平坝相接，既避开了西北寒风，又朝向东南光源。玉泉河水分三股入城，又形成无数支流，穿街绕巷。300余座石桥和绿树古屋相映成趣，形成了海拔2400多米处的高原水乡意境，高山、小桥、流水、人家，真是世间独有啊！

古城区与新城区的分界点是丽江城外的玉龙桥。两岸为不同时代的建筑。著名的东大街与桥相连，它一直通向古城的中心四方街。古城中集市与街市似一幅市井风俗画卷，而四方街就是古城集市的典型代表。相传当年木氏土司用五花石铺造了面积为400多平方米的方形露天市集广场，也就是四方街，是按照其印章仿造的，以昭显权重四方之意。这里摊位云集，古玩百货形成了一道壮观的市集场面。四方街系明清时滇西北的商贸枢纽，茶马古道的集散中心。以它为中心的六条五彩花石街道依山伴势地辐射开来，四通八达，置身其中有种身处八卦阵的奇异感觉。与四方街相连的新华街、光义街、新义街、黄山下段、七一街、五一街，构成了四四方方的井字街道和繁华的街市。街市上古香古色的木柱、木门、木花窗，四周店铺客栈林立，古道上闲散的步履，身着传统纳西族服饰的老妈妈质朴的目光，这一切都宛如古铜镜中的一抹斜阳，无比灿烂。石板路凹凸不平，载着故事延伸到四周，五花石铺设成的狭长古道，以及青石的茶马古道不知让多少马蹄践踏过。明代旅行家徐霞客就是踩着这条五彩道路进入古城的。

街市两旁林立着明清时代的民居建筑，这些建筑多是土木结构的“三坊一照壁，四合五天井，走马转角楼”式的瓦屋楼房。三坊一照壁系纳西民居中最基本、最常见的形式，是由正房一坊、左右厢房二坊，正房对面的一照壁合围成一个三合院。结构古朴灵巧、雕绘玲珑精致，简直是民间的博物馆。这种江南气息的建筑风格中饱含着纳西族人民崇尚自然和文化之情，古城中的建筑出于地理原因，大多沿水而筑，家家户户都依水势建造一条与河流并行的宽大外廊，当地人叫它厦子。密布水道，从东家进、西家出，穿墙过屋，形成“家家泉水，户户垂柳”的古城水乡景色。民居依势起伏变化，房屋错落，层层叠叠，苍松翠柏中遮掩着粉墙灰瓦，光义街是其中最典型的。在街两旁排列的低矮的平房就是俗称的“地楼”了，登高远望，一片繁华尽收眼底。

依山沿水是古城的一大特色，水是古城的灵魂。城中流水的源头就是城外玉龙桥北的黑龙潭。泉水从石缝中喷涌而出，形成了约 4 万平方米的清潭，又分成三道支流，形成了东河、中河、西河三条水系，穿行于整个古城。城中立于水上的石桥跨越了空间与时间，立于其上，有种置身江南的感觉。流水潺潺，水色清纯，夜晚水月相映，波光粼粼，还有机会看到放荷灯、送纸船等精彩民俗。一方水土养一方人，与古城人朝夕相伴的河水成为人民生活的支柱，洗涮浣衣成了一道并非虚设的风景。古城因为水而美丽，也因为水而变得充满灵气，座座横跨水上的小桥给古城增添了不少亮点。

中河为城区最大的自然水系，把古城一分为二，城中 70 余座古桥与两岸相连。宽阔的河面上是坚固厚实的石拱桥，造型多变构成丽江古城的独特风景。明代木土司在繁华的四方街兴建了一座双孔石拱桥，名叫“大石桥”，桥下河水倒映着美丽的玉龙雪山，故又名映雪桥。此石桥有 10 米长、4 米宽，是用特有的五花石铺砌桥面，联系着百年往来各地的商旅，是古城数座桥中堪称第一的一座桥。明代单孔的“万子桥”寄予了中国传统的子孙满堂、好人好报的美好愿望。此外还有充满浓郁集市风味的“卖鸭蛋桥”和“卖鸡豌豆桥”以及官气十足的“马鞍桥”等。每一座桥都有属于它自己的一个故事，每一座桥都蕴含着古朴的纳西族民风。

古城中不仅水多、桥多，而且井也多。传统的井泉多是三眼井，第一潭是泉水源头，甘泽泉是专为人饮用的，第二潭水质干净是洗菜之用，第三潭则专用于洗衣物。甘泽泉是古城最大的三眼井，它在五一街东、文明巷尽头的东河水旁，在出水处用石条砌成一个护栏围住泉眼。泉水喷涌而出，似甘露，清澈晶莹，人们友好地取水，遵守着护井公约。到了丽江古城，千万别忘了喝一口井中的甘泉啊！

古城丽江有纳西、彝、白、普米、傈僳、傣、苗、回等 22 个少数民族，他们共同生活在这里，主要的少数民族是纳西族。纳西妇女身穿长褂围腰式的服装，腰间系着百褶的围腰，身着过膝盖的褂子，宽腰大袖，还有最具有特色的就是披着的羊皮披肩，上面点缀着两个大的圆布圈，用丝线绣着各式图案，四周镶嵌着七个小圆盘，象征着“披星戴月”之意。蓝、黑、白三色的外衣，藏青色的坎肩，体现了纳西妇女的朴素大方。纳西男人的服饰与汉族差不多，唯有“东巴”身穿“五佛冠”，宽边帽箍上点缀有五块绘有神像的牌子，它们分别代表了五位神仙。丽江纳西族妇女是最能干的，她们几乎和男人一样的干活，杀猪宰羊、织麻当户样样精通。相比之下，纳西男人则显得较悠闲了，他们很多人都痴迷于纳西文化，精通各种音乐、绘画。

江古城所孕育纳西东巴文化可与华夏大地上的汉文化相媲美。世人最早关注东巴文化在 19 世纪中叶。一位叫德斯古丁斯的法国传教士把东巴经文带到西方，随后无数慕名的人前来考察研究，引起了世界轰动。东巴在丽江纳西族中是“祭司”的意思，纳西族传统宗教东巴教就这样成名于世。东巴全部都是男性主持教中各种宗教仪式，他们是东巴文化的传播者与继承者，被称为“智者”。东巴们在仪式中念诵的经文是他们亲手用象形文字抄写的纳西族神话故事等。东巴经为古代纳西族的“百科全书”，覆盖了语言学、宗教民俗、文学、艺术、历史、哲学等。仪式或是祭天以求家族兴旺，或是祭“孰”——自然之精灵，或消灾除病，或丧葬超度。所有的祭祀活动都有特定的时间、地点、方式。村头的两棵榕树有着古老的年轮。传说，两棵树极有灵性，一棵结果，另一棵永不结果，一棵萌发，另一棵落叶，周而复始，交替繁荣。每到秋天的时候，树上常会有雪白的鹭鸶栖息在树上面。鹭鸶是种长脚伶仃的鸟，极似微型版的仙鹤。满村的鹭鸶美丽而纤柔，为秀丽的喜洲增添了几分特有的景观。

关于榕树有许多故事和传奇。在喜洲“绕三灵”就是奇特的民俗风情，每逢村中节日，白族村民便排成队伍，在村中绕环大榕树狂欢。有人死去，送葬的人群有时也会朝它绕上一圈，并在树下燃烧白冥纸，以寄托死者对村庄的依恋。

“绕三灵”白语又称“观上览”，即“游逛山林、三都”之意，在唐代南诏时期开始。每年农历四月二十三到二十五日农忙之前，大理苍山洱海之间的白族村民就要举行一场盛大的游春集会。这项民俗一直延续到现在。上百个村寨的男女老少，浓妆淡抹，各村为一队，气势高昂地从大理城隍庙出发，此途经过“佛都”三塔崇圣寺，“神都”喜洲圣源寺，再到洱海边的“仙都”河矣村金奎寺，最后折回大理城北马久邑的本主庙之后队伍便散去，活动结束。所路过的“佛都”、“仙都”、“神都”正是白族地区佛教、道教与原始宗教本主等三大宗教的活动场所。在这些寺庙中，队伍都会举行隆重的宗教祭祀活动和歌舞娱乐活动。夜晚时分，白族人民三三两两围坐于篝火旁，烧茶煮酒，边弹三弦，边唱着“大本曲”，一直到天明。队伍领头的是村中年长的男子，手里拿着杨柳和葫芦，身上横披一彩绸，身后跟随着许多男男女女，气氛热烈，清代诗人段位见到这么壮观的场情，也不禁赞叹：“金钱鼓子霸王鞭，双手推敲臂旋转，最是小姑唱白调，声声唱人有情天。”

“绕三灵”经过千年传承已有了新的发展，许多青少年也参加到这一民族活动当中，打着霸王鞭，唱着“花柳曲”和对调子，扭动着神采飞扬的民族舞蹈，充满了对新生活的喜悦与祝福。在古代医学那么落后，白族人民常因疾病而致死，为了抗御自然灾害和疾病，人们便以“绕三灵”这一独特的民族宗教形式寄托了对美好的向往，并且祈求神灵赐子降福、禳灾祈丰年。

喜洲古镇

【名镇概观】

喜洲镇四周都设有栅门，西面入镇的门楼叫正义门，门旁立有一块石碑，碑上刻有“明儒杨弘山先生故里”几个大字，至今仍清晰可见。杨弘山，又被称为杨士云，是喜洲人最引以为自豪的名人。明正德年间杨士云高中进士，创作出众多的哲学著作与诗文。喜洲文人多，民间就有“一门三进士”、“四兄弟同榜中举”、“父子举人”的佳话。

【名胜古迹】

镇中心是著名的四方街。这里立有一座石坊，称为“文明坊”。原来这个地方竖着的是一块名叫“题名坊”的石坊，它建立于明代，是几位进士所建，那时只要科举高中的人都可把名字刻于其上，可惜现已不复存在，不过新建的“文明坊”弥补了喜洲人民心头的遗憾。四方街如今已是个店铺围成的小广场，商业的发达也掩盖不了喜洲商帮的儒学气质。

喜洲民居是最具典型性、同时充满浓郁书香气息的白族民居。喜洲白族民居系典型的“三坊一照壁”的传统形式。“三坊”就是指坐西朝东、东北南三面建成相垂直、东边建着一照壁的民居建筑。三坊的西面为正房，两侧是耳房，耳房比正房矮一点，因此又有“一正两耳”之称。

北方建房皆为坐北朝南，为何唯独喜洲白族民居是坐西朝东的呢？其实这与该地的地形气候有关。大理系一多风地区，常年是罕见的偏西风。而且地处由北向南的横断山脉形成的山谷坝子，所以在房屋的布局上有别于北方，而将门窗开在东面。风从屋后吹来，“三坊”如屏障般挡住来风，并步步筑防避风，这也成为白族村落的一大特色。此外充分利用当地盛产的鹅卵石砌墙是白族民居的另一大特色。当地流传有一首民谚便说“鹅卵石砌墙不会倒”。

此地居民的照壁在喜洲也叫“风水壁”，是以对称的高低两台滴水组成，上盖古朴的青瓦或溢彩的琉璃瓦，壁角上，整个墙面用石灰涂成白色，然后在白墙上绘上花鸟山水各种色彩墙，并于中央镶上斗大的“福”、“寿”、“旭日东升”字样，整个宅院充满了祥和的喜气。相传白族人民在建房之前的第一件事就是迎东建一照壁，目的是让晨光首先照在上面把吉祥欢庆的福气集中起来。照壁一旁是宏伟的门楼，是整个建筑的精华部分。门楼的艺术优劣差别，确定主人的经济地位，也是光耀门楣的一种标志。整个门楼以大理石、花砖、青砖以及木雕装饰成精美的斗拱重檐，美丽的翘角若振翅欲飞，并且门头上鱼形的装饰蕴含着鲤鱼跳龙门的吉祥之意。民居中的门与窗总是让人回味无穷。正房中间的“格子门”三合六扇，分上、中、下三部分，上部分最别致，为多层镂空透雕，方便采光和通风。中、下部分则是浮雕装饰的“龙凤呈祥”、“松鹤延年”、“梅花报春”的图案，可谓精美绝伦。

“三坊一照壁”的喜洲白族民居，典雅淡墨绘画装饰与飞翘的歇山顶门楼为它最凸显的表现形式。在喜洲以白族民居深宅院为典型，保存完好的就有88幢，以喜洲商帮赵、严、董、杨“四大家族”的宅院最为著名。

白族民居建筑群中建筑年代较早、规模最大的豪门宅院是赵府。它坐落在喜洲大界巷南侧，是近代白族著名学者赵甲南的家族旧宅。于道光末年始建，到现在已有上百年的历史。赵家是喜洲望族，赵甲南和祖父赵延俊、父亲赵景温都是举人，被誉为“父子举人”。赵府布局规整严谨，四个合院东西串联。院南边是直线过道，深幽如一长廊，匠心独运。整个建筑古朴古色，但又不失变化雅致，体现了喜洲早期儒商文化的韵味。

严家院位于镇中心的四方街南侧，为喜洲首富严子珍于清光绪三十二年（1907年）所建。它虽历经百年，却仍未改颜色，是“四大家族”宅院中最负盛名的。它是“三坊一照壁”院落极为典型的，四个相通的“六合同春”院落和“走马转角楼”连为一体，并且南面小花园内西式的三层小楼，也体现着富甲一方的气派。

同时还有杨家院、董家院。喜洲的老宅子精巧别致、花枋镂空，门楼华丽飘逸，好像在静静地诉说着昔日主人的殷实。

喜洲白族不仅建筑有特色，而且风靡全国的“三道茶”也别具韵味。

白族“三道茶”历史久远，它起源于唐初。唐南诏中后期，佛教于大理兴盛，由于寺庙里倡导坐禅饮茶，茶道发展迅速，后来还有了婚事、节日专饮的“三道茶”民间礼仪习俗。“三道茶”就是以洁白小巧的瓷杯斟满三杯茶奉上。三杯分别是“苦茶”、“甜茶”、“回味茶”，意思是着“先苦后甜再回味”的哲理。而第一道茶为“清苦之茶”，也就是“烤茶”、“百年茶”，是把砂罐放在文火上烘烤，待热后加入适量茶叶，不停翻转，直至茶叶啪啪作响、叶色转黄时倒入开水便可。经过这道程序，色如琥珀，浓郁发苦，装在白色茶盅中，焦香扑鼻，提神振气，神清气爽。而第二道为“甜茶”，就是茶中放入冰糖、核桃、桂皮等。第三道“回味茶”，便是茶中放入花椒，吃得口中麻麻的，但回味无穷。茶如人生，勤劳智慧的白族人用特别的方式来体验苦尽甘来的幸福生活。

想品尝到白族特产，就应该参加白族人家的婚礼。在婚礼上主人会大摆宴席款待来宾，有“大理砂锅鱼”、“弥渡卷蹄”、“木瓜鸡”、“邓川乳扇”等，婚礼上你不但能够品尝美味，也能够聆听到白族特有的“大本曲调”，高音唢呐和他们所表达的那份热情。

绚丽多彩的白族服饰是白族人民最鲜明的象征。在白族，男女崇尚白色，男子喜欢缠上白色的包头，穿白色对襟上衣，并且在外面套上黑领褂，下身穿宽筒裤，敦厚而洒脱。相比较而言，妇女们则色泽艳丽多了，白色上衣，红色坎肩，挂着“三须”、“五须”的银饰，腰间系有绣花飘带，下着蓝色宽裤，脚穿绣花“白节鞋”，手上戴着银镯、戒指。白族头饰极为华丽，已婚妇女梳成发髻，未婚少女则垂辫或盘独辫于头顶，辫上缠着红白绒线，辫下飘动着雪白缨穗流苏。此外白族人民还会自己制作扎染，并将其做成蓝布衣服及头巾装饰自己。这种传统手工艺又叫扎花布，已有上千年历史。

喜洲是白族社会的缩影，无论是无与伦比的白族民居建筑，还是宗教色彩鲜明的民俗风情，均体现了白族人民的智慧与精神气质。喜洲南面的大慈寺为喜洲规模最大的寺庙，它融佛、道、儒三教为一体，美丽的蝴蝶泉、高耸的崇圣寺三白塔，犹如伴随喜洲的灵魂和象征。

建　水

【名县概观】

建水是云南省红河哈尼族彝族自治州所辖县，坐落在云南省南部，红河中游北岸及滇东高原南缘，东与弥勒县、开远市、个旧市相接，南与元阳县隔河相望，西连石屏县，北与通海县、华宁县相邻。1994 年国务院公布为国家历史文化名城。

【名县历史】

建水汉代属益州郡毋掇县地，在西晋属宁州兴古郡。而唐代前期是南宁州总管府所辖东爨地。唐元和年间筑惠历城，为建水，由通海都督府辖属。大理国前期设建水郡，是巴甸侯爨判的封邑，后期爨氏没落，属秀山郡阿郧部地。而元时设建水州，隶属于临安路。明代沿元制，隶属于临安府，府治设于建水城。清沿袭明代旧制，并且设临安府和建水州。康熙二十年，清军把原沐氏勋庄地划归建水州管辖，其地共有 15 亩。乾隆三十五年改建水州为建水县。但是在嘉庆二十四年，划临安府属江外溪处土司地归建水县管辖。光绪二十一年，清政府将建水县属江外猛梭、猛赖、猛蚌地割让给侵占越南的法国殖民主义者，来“换取”开化府马白关以南的一片地方。民国元年撤建水县，隶属临安府尹。第二年撤府，改名临安县。民国三年又改叫建水县，隶属于蒙自道。于民国十八年建水县直属云南省政府管辖。

终于在 1957 年红河哈尼族彝族自治州成立，州府置在个旧市，建水县隶属红河州管辖。

【名胜古迹】

建水文物古迹有百余处，其中就有 10 处省级文物保护单位，而最古老的寺当属元朝的指林寺，最宏大的庙宇是仅次于山东曲阜孔庙的建水文庙，最壮观的楼是朝阳楼。

同时特色鲜明的民居为古城构成的主体之一。自哈尼族的草项记、竹项房，彝族、傣族的土平房到汉族的平瓦房，保存非常完整。集中的汉族民居朱家花园和张家花园极具代表性。

西藏自治区

【怀古诗话】

万里乌斯藏，千层拉萨招。
班禅参妙喜，达赖脱尘嚣。
叩额诸番控，雕题百貊朝。
家家唐古特，别蚌属庭枭。

——清·和瑛《嘉平月护送参赞海公统军赴藏》

拉　萨

【名城简介】

西藏自治区的首府是拉萨，曾叫“逻些”。坐落在西藏自治区东南部，雅鲁藏布江支流拉萨河北岸，东与林芝地区相邻，西连日喀则地区，与那曲地区相接，南与山南交界。1982 年国务院公布拉萨为国家历史文化名城。

【名城历史】

公元 7 世纪初，松赞干布一统全藏，把王都从加玛明久林迁至拉萨，建立了强大的吐蕃王朝奴隶制政权，并修筑了著名的寺庙宫殿大昭寺、小昭寺和布达拉宫等。13 世纪中叶，作为前藏十三万户长之一的蔡巴，于拉萨东面修建蔡巴寺、贡唐寺，此后各代蔡巴户长组织力量疏通河道与加固河堤。14 世纪中叶，帕尔竹巴地方政权被萨迦地方政权所取代后，支持宗喀巴和他的弟子，在拉萨修建甘丹寺、哲蚌寺、色拉寺，对拉萨在宗教发展史上的“圣城”地位有加强作用。15 世纪初，喇嘛教格鲁派（黄教）以拉萨为据点逐步统一全藏，形成政教合一的统治局面。1642 年，五世达赖在拉萨建立了噶丹颇章政权。1652 年五世达赖赴京，受到清政府的隆重接待和册封，次年返藏。以达赖为首的西藏地方政权力量进一步得到加强，拉萨作为西藏地方首府，延续至今。1721 年，清政府设置驻藏办事大臣于拉萨，1751 年又在拉萨建立噶厦政府，并授权达赖管辖西藏地方行政事务。1960 年正式设立拉萨市。

【名胜古迹】

拉萨共有名胜古迹 200 余处，已开发的旅游景点 20 多处。不仅有著名的布达拉宫、黄教三大寺，还有其他景点如藏王陵、楚布寺、达扎路恭纪功碑、甘丹颇章、拉萨清真寺、龙王潭、曲贡遗址、西藏革命展览馆、小昭寺、药王山、直贡噶举派寺庙群等。

日　喀　则

【名城简介】

日喀则市为西藏第二大城市，在青藏高原南部。东与仁布县相临，西北连谢通门县，西南靠萨迦县，南接白朗县、江孜县，北依南木林县，并与尼泊尔、不丹等国家接壤。现辖1市17个县，面积18.2万平方公里，人口大部分是藏族人，另有汉、回、满等13个民族。1986年国务院批准日喀则为国家历史文化名城。

【名城历史】

日喀则原名为“年曲麦”或“年麦”，翻译过来是年楚河下游的意思，这里很早就有人居住。公元11世纪，也就是萨迦王朝时，“年麦”已初具“城镇”雏形。吐蕃王朝前，日喀则市一带地区归苏毗部落所管辖。吐蕃王朝时期，松赞干布征服其他部落，统一了西藏，称为“耶如”，属于“后藏”。吐蕃王朝灭亡后，被吐蕃王朝后裔晋翟所占据。1268年，元中央政府在日喀则夏鲁地方设有夏鲁万户，其在曲美置曲美万户。1354年，大司徒绛曲坚赞建立了帕竹王朝，在日喀则市设立宗政府。19世纪初，西藏嘎厦政府把日喀则宗提升为“基宗”，下面设有16个宗与30多个独立奚卡。

1959年民主改革设日喀则县，隶属日喀则专署管辖。1964年日喀则与江孜专区合并。1986年设立日喀则市。

【名胜古迹】

日喀则系历世班禅驻地。古城建筑格局与传统风貌保存完好，不仅保持了藏式建筑风格，且还吸收了汉族的建筑艺术，其中最特色的是寺庙的修建。日喀则有扎什伦布寺与夏鲁寺两大名胜古迹，扎什伦布寺为西藏黄教四大圣寺之一，是班禅额尔德尼坐床的地方。夏鲁寺在日喀则东南20公里的地方，系西藏地区早期仅有的一座藏汉式建筑的混合体。另有14世纪初修建的旧宗遗址、1429年修建的俄尔寺、1548年修建的安贡寺等多教派寺庙16座。藏式民宅遍布城乡，风格独特多样，内涵丰富。

江　孜

【名县概观】

江孜属西藏自治区日喀则地区所辖县。在西藏自治区南部，年楚河上游。东北与西藏首府拉萨相距354公里。北与日喀则市和仁布县相近，西与白朗县相邻，东与浪瞳子县相连，南接康马县。东西最大横距100公里，南北最大纵距80公里，总占地面积3771平方公里，其中占2.2平方公里的是城市建成区的面积。居民有藏、汉、回等民族。

地处冈底斯山与喜马拉雅山之间，南北高，中西部低，海拔4000米，东有乃钦康桑雪山，雅鲁藏布江支流年楚河从县内流过。

【名县历史】

江孜曾为古代苏毗部落的都城，吐蕃王朝当政之后，其赞普后裔贝科赞看到江孜地形较为奇特，有吉祥之兆，故在江孜宗山上修王宫居住。公元14世纪，萨迦王朝的郎钦帕巴白在宗山重建宫殿，宫殿建成后，取名“杰卡尔孜”。后又简称为“杰孜”，逐渐演变成江孜，这已是600余年前的事了。江孜汉字曾译为江喀孜、江卡尔孜、协噶江孜，也写作季阳则、佳勒则宗等。清代设江孜宗，隶属前藏噶厦地方管辖。1959年，设江孜县，属前藏噶厦地方管辖。1959年，江孜县成立，隶属于江孜专署。在1964年，江孜、日喀则两专区合并，江孜县隶属日喀则地区管辖，到现在一直来变。

因江孜位于萨迦、后藏经亚东通往锡金（现为印度的一个邦）、不丹的路上，且地沃物丰，故成为商旅往来的交通要道，后逐渐发展成为在西藏历史上仅逊于拉萨与日喀则的重镇。

【名胜古迹】

白居寺系全国重点文物保护单位，规模宏大，它本来属于萨迦教派，后因噶当派和格鲁派的势力相继进入，各派互相排斥，分庭抗礼，最后，还是形成了一寺容三派的局面，寺内供奉及建筑风格也因此兼收并蓄、风格多样。大经堂内珍藏了全套《甘珠尔》、《丹珠尔》大藏经，用金粉写成，是无价之宝。菩提塔为白居寺的标志，由近百间佛堂依次重叠建起，人称“塔中有塔”。塔内佛堂、佛龛和壁画上的佛像总计有十万个，故得名十万佛塔。

江孜最负盛名的是“英雄城”，在这里，曾谱写了一段可歌可泣的抵抗外侮的壮丽诗篇。在江孜县中心的宗山山顶上，有一座城堡屹立着，这即闻名中外的宗山抗英遗址“宗山堡”。今江孜抗英遗址不仅保存有比较完整的“抗税厅”、“旧政府议事厅”、“抗英炮台遗址”等，而且还保留着1904江孜军民保卫祖国领土的抗英炮台。炮台构筑在半山前崖，围墙以石块筑成，高5~8米、宽4米。一个多世纪以前，江孜军民在这里谱写了反抗外国侵略、保卫祖国领土和主权的英雄篇章。

江孜在历史上也是一个人才辈出的地方，藏传佛教著名学者如萨班、布敦、桑杰坚参、克珠杰，还有佛教领袖与民族英雄根敦嘉措、丹白尼玛与颇罗鼐等。他们的著作和他们的事迹一样影响深远。1994年，国务院公布江孜为国家历史文化名城。如今，镇上黄土盖掩的石板路，藏汉共处的商店，不停转动佛珠和念经轮的藏族店主，录像室里不断传出的港产片喧闹的声音，无一不彰显着西藏城镇的现代化。

翁 达 岗

【名村概观】

翁达岗村在西藏自治区昌都县境内，是茶马古道上一个典型的手工业专业村。村子依河而建，村下方河心洲耸立着一大一小两座山，相对的两壁齐刷刷裂开，看上去颇为壮观。

【名村历史】

“茶马古道”主要贯穿在横断山脉和三江流域，翻越青藏高原，在历史上以茶马互市为特点，以人背兽驮为方式的古代商道的总称。它是中国藏区与祖国内地连接，外连南亚及东南亚的重要纽带，亦为古代中国同北方的“丝绸之路”齐名的另一条国际通道，它在对外经济文化交流和中国古文明传播中有重要作用。

翁达岗村所在的昌都县，就是这条古道上的重要驿站。昌都县的民族手工业具有悠久的历史，以翁达岗村为代表，工艺独特，制作手法精湛，极富特色，在藏区的影响很大。翁达岗村大约形成于14世纪后期，以打造寺庙供奉的各类佛像为主题。据史料记载，嘎玛寺二世活佛嘎玛拔希时期，元世祖忽必烈把澜沧江上游的大片土地划归嘎玛寺管辖。二世活佛嘎玛为扩大影响，陆续从尼泊尔、印度、拉萨等地招来了大批工匠，在嘎玛地方大兴土木，筑殿饰影。藏、汉、蒙、纳西、尼泊尔、印度等民族工匠的智慧，使昌都地区民族手工艺术产品的宝库不断丰富，逐渐形成了昌都地区民族手工业的历史基础和自己独特的民族风格，翁达岗村自然受到了最直接的影响。

这个自然村几十户人家中绝大部分都是工匠之家，能出去打工的都出去了，村中的家庭作坊自然全部停火。外出打工的人有的去云南、四川，有的去青海藏区，都是各地寺院或者民间请去的。近年来，经济贸易开放了，交通也日益发达起来，村中的能工巧匠们的生活也越来越富裕起来。村中民居建筑富丽堂皇，土木结构三层呈方形格局，圆木者一色地涂成喇嘛红，庄重。村庄对面的高坡上还设有电视转播塔，电源是用太阳能提供的，可以看上电视，这成为村里人了解外面世界的一个重要渠道。

陕 西 省

【怀古诗话】

高秋咸镐起霜风，秦汉荒陵树叶红。
七国斗鸡方贾勇，中原逐鹿更争雄。
南山漠漠云常在，渭水悠悠事旋空。
立马举鞭遥望处，阿房废址夕阳东。

——唐 · 刘兼《咸阳怀古》

西 安

【名城简介】

西安系陕西省省会，古称长安。在关中盆地中部，南、东南与汉中市、商洛地区相邻，西接宝鸡市，西北与咸阳市隔河相望，东接渭南市。现辖 9 区 4 县，总占地面积 9983 平方公里，常住人口约 847 万（2010 年），主要民族有汉、回、满、蒙古族等。1982 年被国务院批准为国家历史文化名城。

【名城历史】

从公元前 11 世纪起截止到公元 10 世纪初，先后有西周、秦、西汉、新莽、西晋、前赵、前秦、后秦、西魏、北周、隋、唐等十二个朝代在此建都。西汉时期，“丝绸之路”使东西方经济文化得到了沟通；盛唐的古长安与西亚、南亚及西欧等地的贸易通道极其发达。唐代以后，西安不再是国都，但依然为中国西北地区的政治、经济重镇。而北宋时的长安城，人口减少，没有了昔夕繁华。宋金两代仍在城中设京兆府统之。元初沿袭宋制。于皇庆元年（1312 年）又改为奉元路。明初改为西安府，“西安”由此得名。明太祖命他的第二个儿子镇守西安。1913 年，民国政府在关中地区设立关中道。1914 年撤销咸宁县，并入长安县，结束了汉代以后一城由两县分管的局面。1928 年，割长安城及近郊设立西安市。1930 年撤市复归长安县。1933 年再设立西安市。1941 年改为陕西省辖市。1947 年再次升为全国直辖市。

新中国成立后，西安市是中央直辖市之一，是中共中央西北局及西北军政委员会所在地。1953 年，改为陕西省辖市。

【名胜古迹】

目前已查明的西安文物古迹有近万处，已出土文物 12 万多件，258 处重点保护文物，其中20处国家级，68处省级。漫游于千年古都的街道上，我们能够看到西安古城墙、碑林，以及大雁塔、小雁塔等标志性建筑。人们主要对它感兴趣的是这里有“世界第八大奇迹”秦兵马俑博物馆、半坡遗址、仰韶文化及龙山文化遗址等。

延　安

【名城简介】

延安坐落在陕西省北部，黄土高原的中南地区，北与榆林地区相连，南与关中咸阳、铜川、渭南三市相接，东与山西省临汾、吕梁地区隔黄河相望，西依子午岭同甘肃省庆阳地区为邻。现辖1区12县。1982年国务院公布延安为国家历史文化名城。

【名城历史】

春秋时为白翟部族居住地。秦汉时属上郡。隋时设延州、丹州、敷州。唐改为廊州，并增设坊州。宋代属永兴军路，依然设延州、剧州、丹州、坊州。1041年设鄜延路。元设延安路，领鹿州、葭州、绥德州。明代改易延安府，清代沿明制。民国二年（1913年）属榆林道。民国十七年（1928年）撤道，各县由省直辖。民国二十四年（1935年）9月，国民党政府于洛川设陕西省第三行政督察区。

1934年中国共产党相继创建陕甘宁边与陕北两个革命根据地。于1935年11月称陕甘省和陕北省。1936年5月改称陕甘宁省，于12月称中华民国特区。1938年1月再次称陕甘宁边区。于1943年1月设陕甘宁边区延属分区。几年后设陕甘宁边区黄龙分区。1949年5月，设陕北行政区。1950年5月，设陕西省延安分区，10月改称专区。1969年9月改为延安地区。1997年1月，成立延安市，隶属陕西省。

【名胜古迹】

位于黄河中游的延安，据说人类始祖黄帝曾居住在这一带。全市有848处历史文物保护景点，有18个保存完好的宋代石刻群洞，14处石窟寺，12处古建筑，有建于唐代的宝塔山等，有6处革命旧址。现在可供游览的国家级与省级文物保护单位47处。近年来，恢复了摘星楼、烽火台、摩崖石刻等景点，其中“三黄一圣”是延安文物名胜的代表，享誉中外。

咸　阳

【名城简介】

坐落在陕西省八百里秦川腹地，东毗邻铜川市、渭南市，北界于延安市、甘肃省平凉地区和庆阳地区，西与宝鸡市接壤，南连西安市。现辖3区10县，代管1市。1994年国务院公布咸阳为国家历史文化名城。

【名城历史】

夏商时是侯国的封地。西周时为丰、镐二京的近郊。东周时为秦之地。公元前350年，“作为咸阳，筑冀阙，秦徙都之”，从此开始了咸阳建城史。从商鞅变法到嬴政统一，秦人在这里生活发展长达一个半世纪之久。公元前221年，秦王朝诞生。秦末，项羽入关，废郡兴封，市区由属雍国、塞国辖属。汉高祖元年（公元前206年），改名新城县，七年撤并长安。汉武帝元鼎三年（公元前114年）易名渭城县。东汉建武六年（公元30年）渭城又废，又为长安。至三国魏时属京兆郡。而前秦苻坚置咸阳郡。北朝时属雍州咸阳。隋时属京兆郡。至唐属京兆府，唐武德元年（公元618年）置咸阳县。天授元年（公元690年）晋升为赤县。北宋至金时，设咸阳县。元初，咸阳曾与兴平县合并，不久又恢复。而明洪武四年（1371年），迁县治于渭水驿。至民国时期，开始归关中道，之后直属陕西省。

1949年5月，咸阳各县先后解放。新中国成立初，境内为三原、咸阳和彬县三个分区。先后隶咸阳、宝鸡二专区。1953年撤销咸阳专区。1961年复设咸阳专区。1983年9月，经国务院批准，咸阳地区改为咸阳市，归陕西省直辖。第二年6月，市人民政府正式对外办公。

【名胜古迹】

咸阳素以“秦都、汉陵、明城”驰名海内外。全市共有4951处各类文物景点，其中85处国家和省级文物重点保护单位。中国历史上第一位女皇武则天和唐高宗李治的乾陵，气势磅礴恢宏，吸引着中外游人；还有唐太宗李世民的昭陵，是世界上面积最大及陪葬墓最多的皇家陵园。此外汉武帝刘彻的茂陵，吸引了众多的游客，而汉景帝阳陵，其规模相当于秦始皇兵马俑坑的10倍，震动了全世界。

汉　中

【名城简介】

汉中坐落在陕西省西南部，位于秦巴山区西段，北同宝鸡市的凤县、太白县和西安市的周至县毗连，东接壤于安康的宁陕县、石泉县、汉阴县和紫阳县，南与四川省的青川县、广元市、南江县、通江县及万源县相连，西邻甘肃省的徽县、成县、康县及武都县。现辖1区10县，1994年国务院公布汉中为国家历史文化名城。

【名城历史】

夏至西周，相继属梁州、雍州。于春秋战国时，相继分属巴蜀、秦国。秦至西汉设汉中郡隶之。东汉末，相继为汉字郡、汉中郡。晋太康十年改设汉国，不久即废。南北朝时，汉中先后属刘宋、萧齐、北魏、萧梁等，相继改为汉川郡、顺政郡、洋川郡。唐代设梁州总管府，之后又改为都督府、道等。五代十国时期，前蜀、后唐、后蜀先后据有汉中，设兴元府。北宋至道三年置兴元府。南宋为东路。元代设兴元路。明洪武三年（1370 年）改为府。清代，于汉中设陕安道。民国二年（1913 年）设汉中道。民国十七年（1928 年），废道，县直隶于省。

1949 年设陕南行政公署，1951 年设南郑专区，1954 年改称汉中专区，1968 年改称汉中地区，1996 年 2 月改设汉中市。

【名胜古迹】

汉中目前有 2 处国家级重点文物保护单位；18 处省级文物保护单位，93 处县区级文物保护单位；2 个国家自然保护区；7 个省级风景名胜区；5 个省级森林公园。有以古汉台、拜将坛、古栈道、武侯墓（祠）、张骞墓、蔡伦墓、张良庙为代表的“两汉三国”文化遗迹。

米　脂

【名县概观】

米脂县，即古代的银州，是明末农民革命领袖李自成的故乡，还被人们称为“文化乡”、“小戏之乡”、“梯田之乡”等。以“地有米脂水，沃壤宜粟，米淅之如脂”而得名。

【名县历史】

米脂城，北宋初曾是一个叫惠家砭的小村落。宋太宗年间，在山阜半腰平坦的地方建了毕家寨，四周构筑土寨，并设有寨门、鹿砦，背倚小山，前面是陡壁。后来，宋、夏军队经过几次战争，几易其主，到宋宝元二年（1039 年），更名为米脂寨。崇宁四年（1105 年），改称米脂城。元泰定三年（1326 年），开始修葺米脂城，夯土加宽加高寨墙，砌石垒门，今马号圪台、城隍庙湾等处，称谓上城，也叫小城。历经洪武、正德、嘉靖、万历与康熙、乾隆、同治、光绪等多次修整加固城垣，但并没有对西门进行修建。民国时，又拓修新城，现在南北已长达 2.5 公里、东西最宽约 1 公里，面积为 2 平方公里，呈不规则三角形县城规模，距离现在已有 900 年的历史。故民间传有“先有惠家砭，后有毕家寨”，“先有毕家寨，后有米脂城”之说。

【名胜古迹】

米脂县位于榆林地区中东部，古代县境所辖区域较为宽广，有榆林、横山、子洲、绥德县部分地域，是现在的三倍。如元代，米脂县地域东连葭州，南接绥德，北至长城沿线以外，西至黑河子、小理河源头一带。据弘治《延安府志》记载，米脂县“形据山川，境连沙漠”。随着时代的变迁，现在区域变小了。现境北与榆林市相承，南与绥德县相连，东接任县，西与横山、子洲相邻。东西长仅为 59 公里，南北宽为 47 公里，总土地面积 1212 平方公里，在榆林地区 12 县市中居于第 11 位。共辖 3 镇、12

乡、396个村民委员会。米脂县地貌属黄土高原丘陵沟壑区，为西北斜向的“凹”字形。210国道、西包铁路也从其中穿过，无定河流经18.9公里。北与榆林市相去76公里，南与西安市相距580公里。特产为小米、洋芋、佳米驴。糜谷种植具有悠久历史，所出产的小米粒饱，色泽金黄，质优味佳，可制作佳米糕、米茶、米酒等多种食品，又是小米薄酥脆的主要原料。

榆　林

【名城简介】

榆林在陕西省的最北部，位于黄土高原和毛乌素沙漠的交界处，系一座年代久远的国家级历史文化名城，旅游资源得天独厚。

【名胜古迹】

榆林及其周边地区文物古迹星罗棋布，有大大小小的古遗址、古城堡、古庙建筑100余处：这里有仰韶文化和龙山文化的遗址，有西北最大的道观所在地——佳县白云山、高原要塞——镇北台等，神木红碱淖是我国最大的沙漠淡水湖，红石峡是陕西最大的摩崖石刻群，这些都使这座塞外名城魅力陡增。

榆林城内不仅建有很多明清时代的衙署、庙宇、府邸、店铺等，普通民居也多是正宗的京式四合院。小路用小石子铺砌而成，灰色砖房的院落，木制门窗上的精美铜环……这些都透露着浓郁的明清风貌。

镇　北　台

【名胜古迹】

在陕西省榆林市北约7.5公里的红山上。在明万历三十五年（1607年）始建，原址为秦昭王长城峰燧基础。占地面积0.505公顷。台是用砖砌成的，平面呈方形，一层层向内收，共4层，形状像阶台。第一层是城郭，二至四层是墩台，高20多米，顶部原来是砖木结构建筑，现在已不复存在。每层阶台四周均设女墙，其上环城垛，各阶台间以砖阶相连。环拱镇北台。这座阶台是明长城（大边）线上最大的一座防御敌台和军事要塞，和延绥镇境内的长城、36堡共同构成明代榆林卫的边防设施。

黄陵轩辕庙

【名庙简介】

位于陕西省黄陵县城北的桥山东麓的轩辕庙又名黄帝庙，与县城相距1公里远。

它是用来祭祀传说中华夏民族祖先轩辕黄帝的古代祠庙建筑群，历来备受统治者、广大人民群众的重视。现在，国务院已把轩辕庙和黄帝陵列为全国重点文物保护单位。

【名人故事】

黄帝本姓公孙，是少典的儿子。他出生在轩辕（今河南省新郑市西北），故号称为轩辕氏；又因他长于姬水，故又姓姬；还因他在有熊建国，所以又称有熊氏。

据传，黄帝行道政，而其弟炎帝不行道政，故黄帝便讨伐炎帝，并在阪泉（今河北省井陉县境内）一战中大获全胜。后来，炎帝后代蚩尤找黄帝报仇，被黄帝又打了个落花流水，受到后人称赞。

传说，是黄帝教会他的臣民种地、养蚕；是黄帝发明了文字、制定了音律和算数；是他制造的舟车和弓箭，故他被尊为华夏各族的“人文始祖”。他的二十五个儿子，也成了十二姓的祖先。

【名庙巡礼】

据载，轩辕庙在汉代初建。至唐代时，这座祠庙仍在桥山西麓。宋太祖开宝五年（公元 972 年），把它建在桥山东麓。元、明、清时期，曾屡次修缮，至今保存完好。

黄陵轩辕庙平面呈方形，占地面积约十亩。山门、过厅和大殿等是它的主要建筑。山门面宽五间，为一座单檐歇山式建筑物。门上悬挂一书有“轩辕庙”三个大字的匾。山门之后是三间过厅。厅内保存的七十多座明、清石碑，把明、清两代修建轩辕庙和祭祀黄帝的情形记述下来了。

庙中的主体建筑是大殿，单檐歇山式屋顶，面宽七间。大殿之前是一宽阔的月台。大殿周绕回廊。轩辕黄帝的牌位供奉在殿内的神龛中，上书“轩辕黄帝之位”。轩辕黄帝的生平事迹介绍材料在神龛两侧陈列着。大殿门上悬挂的“人文初祖”大匾，说明轩辕黄帝在我国历史上的地位和人们对他的尊重程度。

庙内外遍植参天古柏，突出了庙宇庄严肃穆。据《黄陵县志》记载，在桥山上有柏树 63000 多株，占地面积约为 4 平方公里。据 1936 年统计，这里有柏树 61000 余株。今天，庙内和庙外柏树的总数目在 80000 株之上，其中拥有千年树龄的古柏达 3000 余株。在这些古柏中，最为有名的是黄帝亲手所植柏和挂甲柏。

轩辕庙庙门的左侧即皇帝亲手所植柏树。这棵古柏高 19 米，上部围长 2 米，中部围长 6 米，下部围长 10 米。此树虽已历经沧桑风雨，但枝繁叶茂，生机勃勃。

在轩辕庙大殿前有一相映成趣挂甲柏，又名将军柏。在这棵古柏的树干上，斑痕累累，写满了岁月的沧桑。传说，汉武帝北征朔方凯旋时，曾把铁甲挂在树上，故此树才呈现现在的面貌。

在桥山顶上，还有郭沫若亲笔所题墓碑的黄帝陵。

今天，每至清明时节，我国都会有各族同胞聚集于轩辕庙内，举行盛大的祭祀和纪念先祖轩辕黄帝的仪式。

宝鸡神农祠

【名祠简介】

宝鸡神农祠在全国各地祭祀神农祠堂中还算小有名气。它坐落在陕西省宝鸡市渭河南岸姜城乡峪泉村，与市区相距约5公里。

【名人故事】

陕西宝鸡，神农的出生地和故乡。神农姓姜，和黄帝同为少典之子。其母任姒，系有峤氏之女，少典之妃子。神农生下之后是人身牛首，其母任姒曾在九龙泉中为他洗浴。后来，神农在渭水河边长大，并终成部落联盟之首领兼我国古代传说中的三皇之一。晋代皇甫谧在《帝王世纪》中说，因为他“以大德王，故号炎帝”。我们平常说，我们是炎黄子孙，这炎、黄分别所指的即为炎帝神农与黄帝轩辕。

据晋《拾遗记》所载，古代有只神鸟衔着谷穗飞翔于天空。炎帝把掉在地上的谷粒拾起，并将它种在土里。谷粒发芽、生根、成长、扬花、结子，人们只要采食了这种谷粒，就老而不死，健康长寿。从此，人们便把炎帝称为神农氏。神农氏用木材制作了农具，并教会人们耕耘，后来他便被尊为我国农业之祖。

神农还是我国医药的始祖。据《淮南子·修务训》所载，炎帝曾亲自口尝百草，了解它们的寒、温、平、毒等属性，从而用于治病。传说，神农曾遭遇70种剧毒，但都用药草治愈了。他无愧为我国古代医药学的创立者。

正因此，宝鸡神农祠才得以修建。宝鸡神农祠的初建年代不详。今天的宝鸡神农祠，系由后人重建的。

【名祠巡礼】

宝鸡神农祠与当地民居差不多，朴实无华，此为人们祭祀神农之地。正殿为祠内的主体建筑，神农的塑像供奉于殿中。在神农祠内，还有魁星亭、龙王殿、钟亭以及东西配殿等建筑。现在，这些殿、亭、廊、庑依然保存完好。

在宝鸡神农祠之后，是被人称为九龙泉的一处泉水。传说，此泉即神农出生时的沐浴之泉，现已是人们游览观光的胜地。

韩城司马迁祠

【名祠简介】

司马迁祠坐落在陕西省韩城市南10公里处的芝川镇龙亭原半山上。此祠堂向东可看到黄河，南与深沟相临，北有峭壁，西枕梁山，旁边有芝水、滤水流过，恢宏磅礴。后人为了纪念和祭祀司马迁而修建的这一古代祠堂建筑群，备受人们尊重。

【名人故事】

司马迁，字子长，西汉龙门夏阳人，即在现在的陕西韩城南。司马迁是著名史学家司马谈之子。于公元前145年或135年出生，卒年不详。

司马迁在小的时候曾从事农牧。10岁时开始读典籍，20岁时开始遍游名山大川。天汉二年（公元前99年），大将李陵被迫投降匈奴，因他为李陵极力辩解，触怒武帝，被下入监狱，还受了宫刑。出狱后担任中书令职。在任太史令与中书令期间，司马迁博览群书，查阅了皇室大量的材料，勤奋写作，最终没有让父亲失望，完成了我国第一部传纪体史学和文学巨著《史记》的编纂，此书长达52万字。对后世的史学和文学创作产生了巨大而深远的影响，故司马迁深受人们敬重与爱戴。

韩城司马迁祠，于西晋永嘉三年（公元309年）初建。公元960—1126年间，曾对其进行过多次重修。之后，又不断加以修缮，司马迁祠至今保存完好。

【名祠巡礼】

司马迁祠坐落于西面朝东，顺着山势而层，共分四层，层层递高。层层之间用石阶连接，高低错落有致，布局井然有序。

司马迁祠的第一层建于梁山的第一层台地上。这里立有一座木牌坊，其上书有“高山仰止”四个大字。

司马迁祠的第二层建于梁山的第二层台地上。在这里本来有一座砖砌山门，其上书有“龙门才子故里”六字。现建筑已毁，仅留遗址。

司马迁祠的第三层建于梁山的第三层台地上。这里有一座砖砌的书有“河山之阳”四字的牌坊。

司马迁祠的第四层建筑，为全祠最高、最主要的一组建筑。这里设有献殿、寝殿与墓冢等。

司马迁祠的中心建筑是寝殿。殿内高台上有一尊司马迁塑像。司马迁身穿红袍，头顶高髻，目光平视，正气凛然。以前，春季和秋季是人们在这里祭祀司马迁的时节。

墓冢在寝殿后面，这是一座不高的圆筒形衣冠冢。墓前立有一清代刻着“汉太史公墓”字样的石碑，它是由清代乾隆年间的大学士毕沅题写的。墓周围的砖墙，增建于元仁宗延祐元年（1314年）。因砖上刻着八卦图案，故人们又称其为八卦墓。墓顶上有五棵古柏，苍劲虬枝，是司马迁刚毅不屈性格的象征。

司马迁祠的周围筑着一圈带垛口的围墙，远望整座司马迁祠酷似一座庄严而又雄伟的城堡。

在司马迁祠内，还保存着60余座宋、金、元、明、清的石碑。许多石碑中，一些是记述司马迁的生平与其家族事迹的，一些是赞颂司马迁的，一些是用来记述司马迁祠和司马迁墓的修建历史，也有的是情深意切的祭文，历史价值都极高。

留坝张良庙

【名庙简介】

张良庙，位于陕西省留坝县县城北面的庙台子镇，又名留侯祠，距城 17 公里。是人们为了祭祀和纪念汉代名臣张良而修建的，是一组山明水秀、林木繁茂、建筑绚丽的古代祠堂建筑群。

张良，字子房，汉代城父人，也就是今天的河南郏县。生年不详。卒于公元前 186 年。张良的祖父和父亲，都是韩相。秦始皇灭韩后，张良曾让刺客刺杀秦始皇，但并未成功。被迫逃到下邳，即今江苏睢宁北。秦末，刘邦起兵，张良跟随。在此期间，他曾说服项梁，立韩王后裔，且依附于韩王。不久，项梁把韩王杀死，张良再归刘邦，并为刘邦出谋划策，为汉王朝的建立立下了不朽的功勋。汉朝建立后，封张良为留侯，与萧何、韩信并称为汉初三杰。

立汉之后，国家统一，经济迅速发展起来了。此时，张良见“狡兔死，走狗烹；飞鸟尽，良弓藏；敌国破，谋臣亡”，为避灾祸，便退居留坝。人们为其建祠立庙，以示怀念和敬重。

据记载，留坝张良庙于汉代始建。以后，隋、唐、宋等各朝都对其进行了维修、扩建或重修。清代康熙二十二年（1683 年），再度重建，并奠定了该庙今日的规模。

张良庙坐落在留坝县紫柏山麓，共有院落六进，一百五十余间房屋。有大门、进履桥、二门、正殿、拜殿、授书楼、拜石亭、回云亭、草亭、灵宫殿、方丈院、五云楼、辟谷亭以及花园等重要建筑。

位于留坝张良庙的大门和二门之间的进履桥，是一座木桥，是据张良为黄石公拾鞋，并得到《太公兵法》的传说故事修建而成的。

正殿也叫大殿，它即为留坝张良庙的中心建筑或主体建筑。在这座大殿的门上，悬一书有“相国神仙”四个大字的黑底金字大匾。这是一重檐歇山顶式的木结构楼阁建筑物，面阔三间，屋脊高耸，飞檐翘角，形态壮观。

【名庙巡礼】

拜殿位于正殿之前，人们常在这里焚香、诵经、祭祀张良。

授书楼位于紫柏山中间的一座小山头上，人称紫柏峰中授书楼。这是留坝张良庙的最高处的建筑物，它是用大理石和南阳玉石砌筑成的，大方而又庄严。

在留坝张良庙内，还保存着百余件历代碑碣和摩崖石刻。这些碑上写满了后人对张良的崇敬与赞美之词。其中，最为有名的是拜石亭内墙上镶嵌的《怀山歌》。这块《怀山歌》石刻刻立于明代隆庆五年（1571 年），距今已有 400 多年，较为珍贵。

在紫柏山的山顶上，有若干间张良庙的旧房，专供游人观赏。

勉县武侯祠

【名祠简介】

陕西省南部的勉县是诸葛亮的葬身之处。我国历史上第一座武侯祠就修建于此。

勉县武侯祠，有新、旧各一座祠堂。旧祠居于县城南即约5公里的定军山下，新祠在县城新城西即3公里处的汉水岸边，新、旧之间相距约5公里。新祠为旧祠迁建后的产物，人们一般所说的勉县武侯祠，所指的是新祠，故这里只对新祠作一个介绍。1513年，也就是明朝正德八年，在都御使兰章的支持下，于县城附近的诸葛亮行营旧址修建一座武侯祠，亦即我们要介绍的新祠。以后，虽经时代更迭，世事变迁，勉县武侯祠也屡毁屡修，但仍保持着其规模。

【名祠巡礼】

勉县武侯祠，与汉水相靠，占地面积约2公顷。全祠有大、小七个院落，殿堂房屋60多间。乐楼、木牌坊和琴楼是它的中心建筑。东、西两侧，分别建有钟楼和鼓楼。在木牌坊上，写着“天下第一流”5个大字。

琴楼亦名抚琴城楼，是一座城门式的两层建筑。下层，辟一券形门洞，用来通往行人。上层设有琴台，台上置有一把石琴。墙壁上画着诸葛亮与司马懿当年演绎“空城计”的那一幕。

在勉县武侯祠内，还有古人留下的碑刻和匾联，以及他们种植的松树和柏树，游人往往喜欢驻足于此。

南宋著名诗人陆游曾写过这样的诗句：“定军山前寒食路，至今人祀丞相墓。”这也就说明不论新旧武侯祠都是用来祭祀和纪念诸葛亮的。今天，勉县的诸葛亮墓和武侯祠，都是人们参观和游览的胜地。

韩　城

【名城简介】

韩城位于陕西东部黄河之滨，是一座历史文化名城，也是伟大文学家、史学家司马迁的故乡。这里遗存着司马迁墓和祠庙，一代史学大家使得这座古城增添了无限的文化底蕴。韩城原为西周春秋时韩国之故地，晋时称为韩原，北周是韩侯国。它保存有众多的明清古村落，其中明代的有289座、清代有754座。古迹文物荟萃，古风古貌犹存，在陕西是首屈一指的。在韩城这么多古村中，西庄镇的党家村是保存最完整的村落，韩城在乾隆年间曾有陕西“小北京”之称，而党家村又被叫作“小韩城”。

韩城“避尘珠”

党家村系西庄镇东南、泌水河北岸狭长河谷里的一个村落。村与南北都建着三四十米高的韩塬，依塬傍水，夏日阴凉，冬日向阳。塬是我国西北黄土高原地区因流水冲刷而形成的一种台状陡峭的特有地貌，多为红色胶泥土，有风不起尘，使党家村赢得了“绿树掩映中，青瓦千间，不眷尘埃”的“避尘珠”之美誉。党家村这块宝地，已有670多年的历史了。早在元代至顺二年（1332年），这里还是一片荒芜之地，一个叫党恕轩的青年从朝邑来这里逃荒，以租种寺庙田地为生，是党家村的始祖。好些年之后，他有了积蓄，娶了邻近樊姓姑娘定居下来。明朝永乐年间，党恕轩长孙党真考中举人，他正式命名村落为党家村，且拟定了村落建设规划。明成化年间（1465—1487年），党家村和山西洪洞县的一家贾姓商人联姻，贾姓迁入党家村，合伙经商，创立“合兴发”商号，“日进镖银千两”，富甲韩塬。明末清初，进入全胜时期。后来，为了避免匪贼的侵扰，党家村募集银两，修建了土寨“泌阳堡”，它有幸形成了党家村村寨统一的格局，以及全村300余户、1400余人、耕地面积2200余亩的规模。

党家村到处是祖祖辈辈居住的古老宅院。党家村的四合院高大气派、典雅精美，一般呈长方形，坐北朝南，每院占地260平方米左右。充实厚重的四合院兼具了京、冀、晋、秦的风格异体。

四合院的院门设计可谓匠心独具别出心裁。临街的宅院多是高大的走马门楼，党家村的居宅很重视门与路的关系，凡是石条铺就的巷道必有门楼照壁，用以遮尘挡风避煞气。门楼外有青石台阶引路，以及马栓、上马石。门楼一般两层，大门安在屋脊正下方，檐下是木雕的装饰，门楣上高挂着匾额。门楼左右有砖雕、木雕造型不一的墀头，大多以八卦、博古镂空雕饰垂下，工艺朴实精细，充满了汉唐遗韵。高大宽敞的门楼使车马通行无障碍，故称为走马门楼。门楼是门房最重要的部分，厅房、左右厢房以及门楼围成了一个完整的四合院。推开四合院斑驳的大门，青砖慢慢地引领我们进入古老人家。以厅房为首，高大宽敞，歇檐突兀，这里是用以供奉祖位和设宴的；厢房处于左右两臂，是起居的风格，兄弟按长幼顺序居住在一块。整个结构取了“合家欢”之意。四合院内照壁、门房、厅房合称“三脊”，它们一脊高过一脊，有“连升三级”之意。四合院中最具特色的就是厢房，中国传统民居中有厢房间数大部分是奇数具定式，但在党家村却看到了罕见的偶数间厢房，更重要的是这样的四合院全村大概有70座之多。四合院中央有天心石，晴日里阳光从天井瓦檐边穿过，悄悄溜进屋内，让暗淡的房间留下一道斜斜的线。村中心有座看家楼，又叫望楼，有20多米高，四层，突兀于村中心建筑群中，是村中一个重要的标志性建筑。正侧面用多彩的格子砖雕，使望楼造型更加优美。

在党家村里的四合院中，“三雕”和“三材”是最令人称道的。“三雕”即石雕、砖雕、木雕，“三材”为青石、青砖、松木材料。石雕马栓的上端是其惟妙惟肖、栩栩如生的狮子，人型马栓的“娃娃桩”高高屹立着。门墩处的曲尺门枕或狮子门枕与抱鼓石结合在一块，浮雕造型生动传神，呼之欲出。传统两坡式屋顶在收口分水线处建有脊饰，可防漏水，起稳定房屋结构的作用，可以增强建筑华丽高贵的视觉冲突与审美效果，砖雕脊上有莲花、仙鹤、灵芝、牡丹、飞龙等。脊饰中唯一的圆雕系屋脊两端的鸱尾、鸱吻、螭吻诸如此类的脊兽。据说汉武帝建柏梁殿时，有人上疏云：“螭吻，水之精，能辟火灾，可置之堂殿。”于是民间也广为流行起来。脊兽既有艺术欣赏价值，且可满足人们驱邪降福的寄托。“三材”、“三雕”都体现着房主的地位和身价，同时也是党家村儒商文化的一个缩影。

文风之乡

党家村建筑文风的一个重要内容就是建筑上的题壁刻书、养性格言、传世家训，门外两侧墙上的砖雕诗文绘画，寓意深长。最引人注目的就是门额上的题字，“世进士”、“进士第”、“登科”、“明经第”、“文魁”、“世科第”、“孝慈第”、“廉受益”、“和为贵”、“天赐吉祥”、“贻谋燕翼”等，反映了在农商并重的时代，党家村文化的注入和宅主的文化修养、精神面貌。也正是在这种文风熏陶下，党家村以科举为荣，读书成风。明清两代村中举人进士5名，秀才44名，几乎半数人家都有取得功名之人，堪称“文风之乡”。

文风之乡除了有朴素进取之心的村民，同时也有祈求风水的文运。村东南最显眼的是一座高37.5米的文星阁古塔。这是座六角形阁楼式建筑，秀丽的阁楼每层窗楣都题刻着层名，从二层开始至六层分别为：“大观在上”、“直步青云”、“文光射斗”、“云霞仙露”、“参笔造化”。这几层中还分别敬奉着至圣先哲孔夫子、程颐程颢二夫子、吕洞宾神位、朱熹夫子和文曲星雕像。文星阁是党家村人祈求文运兴盛之所在，反映出党家村人“修身、齐家、治国、平天下”的理想寄愿。那满门的出仕之人正是获得了风水文运的赐福，才如此文风昌盛。

浓厚的文化气息、悠久的历史传承使这座保存完好、布局紧凑、工艺精妙、风貌古典的传统古民居村寨具有瑰宝般的魅力。古村中城墙、看家楼、泌阳堡及夹层墙哨门等攻防兼备的古代防御体系，还遗存着几百年前党家村人安居乐业的护家心态。如今这块古代东方人传统村寨的活化石，受到世界各地专家学者的肯定，并列入了“国际传统民居研究项目”。前国家领导人李瑞环考察党家村时，欣然为古村落题写了“民居瑰宝”的题词，再次肯定了党家村的价值。

甘 肃 省

【怀古诗话】

夕照斑斓古渡遥，望中迢递涌着潮。
曾经沧海千重浪，又上黄河万里桥。
白塔寺前人接踵，玉门关外柳鸣条。
牧歌唱彻天山下，绿到驼铃雪半消。

——杨豫怀《兰州西望》

敦 煌

【名城简介】

敦煌在甘肃省河西走廊最西端，东西分别相接安西县、肃北蒙古自治县和阿克塞哈萨克自治县。隶属于甘肃省酒泉市，现辖 2 镇 10 乡，面积 3.12 万平方公里，有回、藏、蒙、维吾尔、哈萨克、裕固、东乡等 10 个少数民族。1986 年被国务院批准为国家历史文化名城。

【名城历史】

春秋之前是羌戎的居所，春秋时叫做瓜州。汉武帝元鼎六年（公元前 111 年）设敦煌郡。西汉末年，王莽改敦煌郡为敦德郡。东汉时又叫做敦煌郡。三国时依然设敦煌郡。西晋沿袭不变。东晋隆安四年（公元 400 年）李暠建西凉国，第一个首都设在敦煌。北魏初置敦煌镇，后设瓜州。隋朝初年废郡设瓜州，大业三年（公元 607 年）又重设敦煌郡，唐武德二年（公元 619 年）设沙州。唐建中二年（公元 781 年）被吐蕃吞并。大中二年沙州人张议潮带领州人民起义，废吐蕃统治，建义军政权，把河西地区重归唐王朝。宋景祐中期敦煌被西夏占领，统治敦煌约 191 年。元灭西夏后，在至元十四年（1277 年）复置沙州。1280 年升为沙州路总管府，隶属甘肃行中书省。明永乐三年（1726 年）改为沙州卫，后增设罕东左卫。嘉靖七年（1528 年）明朝政府关闭嘉峪关，从此瓜州、沙州 200 年旷无建置，敦煌日见衰落。到清雍正元年（1723 年）设沙州所，旋升为沙州卫。雍正四年（1726 年），甘肃 56 州县 2400 多户移民到沙州屯垦。乾隆三十五年（1770 年）易敦煌县。

1949 年 9 月 28 日，敦煌和平解放，同年 10 月 7 日成立敦煌县人民政府，隶属酒泉地区。1987 年 9 月 28 日经国务院批准，废敦煌县，设立敦煌市。

【名胜古迹】

敦煌历史悠久，文化灿烂，古迹颇多。有莫高窟、榆林窟、西千佛洞等景观。莫高窟又叫敦煌石窟，是中国境内所发现的保存下来的规模最大的石窟，有历经千年的洞窟492个，壁画45000多平方米，彩塑2000多座。题材大多来源于佛教故事，也有民俗、耕织、狩猎、婚丧、节日欢乐题材的壁画。此外，层阳关玉门关只剩断壁残垣，置身其间，似乎依然能嗅到当年浓浓的硝烟味，令人有一种历史的沉重与悲凉感。

鸣沙山和月牙泉

在敦煌城南6公里处，是鸣沙山和月牙泉这两处国内著名的“沙漠奇观”。

鸣沙山东西长约40公里，南北宽约20公里，高约几十米。风吹沙粒振动，会产生声响，故名鸣沙山。从山顶下滑，沙砾跟随人体一同下坠，且不断产生声响。史书上说，天气晴朗之日，山上会发出丝竹管弦之音，会发出奏乐，故称“沙岭晴鸣”，此种状况实属罕见。

“汉元鼎四年秋，天马生涯洼水中，武帝得之，作天之歌。”“旧传水产铁背鱼，七星草，服之可长生，但不常见，土人亦呼为药泉”，这生天马之水说的就是今天敦煌城郊有名的月牙泉。月牙泉在鸣沙山北麓。据道光《敦煌县志》载：“泉甘美，深不可测。”“四面沙龙，一泉澄澈，为飞沙所不到。”又谓泉虽在流沙山群中，每次刮风，沙土飞扬，但都会绕开泉眼，不会落入泉内。有诗道：“晴空万里蔚蓝天，美绝天寰月牙泉。银沙四面山环抱，一池清水绿涟漪。”

月牙泉水清可见底，微风拂过，涟漪潆洄。春夏季节泉周围长满了郁郁葱葱的小草，娇绿欲滴，而来为人们所随，素有“仙灵异境”之称。

五月端阳，登沙山，观泉景，在当地已成为亘古不变的民间习俗。

武　威

【名城简介】

武威古时叫凉州，在甘肃省西部，河西走廊的东端，南与祁连山相依，北靠内蒙古，东南接壤兰州市与白银市，西北毗邻金昌、张掖。现所辖的有：凉州区、古浪县、民勤县、天祝藏族自治县，占地总面积3.3万平方公里，主要有汉、回、蒙、藏、土等38个民族。1986年国务院批准武威为国家历史文化名城。

【名城历史】

考古证明，在4000年之前，武威居民的文化发展情况已同中原地区相接近。春秋以前属西戎驻地，战国至秦为月氏民族活动地区，秦末匈奴赶走月氏，为休屠王辖地。

西汉时期，汉武帝派骠骑将军霍去病率万骑出陇西，匈奴大败，占领整个河西地区，为显示汉军的武功军威，在这里设置了武威郡。三国时，因这里地处西方气候寒冷，魏文帝将其设为凉州，高升为全国十三州之一，从此在历史上奠定了凉州的重要地位。十六国时期，前凉、后凉、南凉、北凉都曾在此建都，隋、唐、宋、明、清先后设置过郡、府、州、卫、道。2000 多年了，武威一直是“通一线于广漠，控五郡之咽喉”的要隘，是古代中原与西域经济、文化交流的都会之一。

1985 年由县建市并为地区行署所在地，2001 年废地改为市。

【名胜古迹】

武威境内有 4 万多件出土文物，543 处文物保护点，在武威雷台汉墓出土的铜奔马，国家将其指定为中国旅游标志；举世无双的“西夏碑”也是国家重点保护文物；在明正统四年（1439 年）所建的武威文庙、丝路名刹海藏寺、古长城遗址、古钟楼、罗什寺塔、弘化公主墓与汉代简牍等大量文物古迹可供世人一饱眼福。

同　仁

【名城简介】

同仁县在青海省东南部。东与甘肃省夏河县相邻，西与贵德县、南和泽库县相连，北与循化、尖扎县相接壤。它是青海省黄南藏族自治州府所在地，县辖 2 镇、10 乡。1994 年被国务院批准为国家历史文化名城。

【名城历史】

同仁在历史上是游牧地区。据记载，在后汉时代，这里早已是战火连绵，硝烟弥漫。在汉朝时期，同仁北部成了汉朝屯田的地方。直到唐中宗时，这里作为金城公主的汤沐邑，赐给了吐蕃。宋代是角罗蕃政权的势力范围。元明两代，初次把县境保安作为触角，伸入中央屯军，形成以隆务寺为中心的青海最大的藏传佛教政教合一的统治体系一直沿袭到清代，1952 年置同仁县。

【名胜古迹】

同仁县境内有许多远古时代以来的人类活动遗址。如下庄遗址、东干木遗址、银扎木滩遗址、勒加遗址、新城遗址、勒合加遗址、烧人沟墓群等。此外铁城山古城、向阳城址、隆务寺、吴屯上下寺、年都乎寺、西山天葬台等也都是此地遗址古迹，另外同仁也是“热贡艺术”的发祥地。热贡艺术作为一个重要的藏传佛教艺术流派，源远流长，有着 700 多年的历史，其堆绣、唐卡、雕塑艺术工艺精致细腻、色彩鲜艳，在东南亚、美、德等地享有盛名。“热贡”是藏语“金色的谷地”之意，国内藏区大部分寺院的壁画、堆绣、雕塑都是由热贡艺术人创作。

天　水

“天河”铸城

想知道古城天水的来源吗？下面是关于它的一个传说。

据传言，陇中之地，有一天电闪雷鸣，下起了暴雨。突然地面裂开一条大缝，顿时天河之水涌入这道大缝之中，形成了一个美丽的湖泊。后来老百姓们发现湖水即使旱年也不干涸，且水质永远甘洌纯美。百姓认为这湖水是与天河相通的，于是把这湖泊称之为“天水井”。公元前114年汉武帝西征匈奴时来到此处，被这水草丰茂、波光粼粼的美景折服，下诏依湖建城，并根据“天河注水”取名为“天水”，设立“天水郡”。南北朝北魏时郦道元在《水经注》里就有天水的记载：“上邦北城中有湖水，有白龙出是湖，风雨随之。”神话与史实相结合，现在你知道了吧，这就是天水古城之名的由来。

古城天水历史久远，文化积淀深厚，富有古朴壮丽的城市风貌。它位于甘肃东南的六盘山，在陇中黄土高原和秦岭山交接处，跨越长江、黄河两大水系，系陕、甘、川交通要道。“两水夹一川”的地貌结构，还有暖温带半湿润大陆性季节气候，使天水成了“陇上小江南”，四季分明，冬暖夏凉，气候宜人。

天水是华夏第一郡，是中国古代文化发祥地之一。秦人先祖当年在连绵的天水牧马滩，给周孝王牧马有功，受赐一姓“嬴”，封地为秦，天水于是成了秦国的发祥地。秦人刚刚兴起的300多年里，活动中心也都围绕在天水地区，于是有了光彩夺目的秦文化。当时的秦人叫天水为“秦州”。

距今已有7000多年历史的秦安县大地湾遗址，是原始社会新石器时代的村落遗址。有8000多件出土文物，如陶、石、骨饰器等，其规模之大，内容之丰富在我国考古史上是极为少见的。堪称“国宝”的“人头形彩陶瓶”，展现了当年古村落的繁荣，创造了中国最古老的新石器彩陶文明。国家级文物“秦公簋”也在天水孔县的大堡子山出土。天水还拥有着广博的人文气质。这里曾是三国征战的主要战场，还有马谡失守的街亭。诗圣杜甫也曾在这里居住过。汉代飞将军李广、三国名将姜维、唐王李世民、诗仙李白皆为天水人。

天水这块土地是伏羲女娲的诞生地，这才是它真正闻名于世的原因。伏羲是华夏民族的人文始祖，由此形成了著名的伏羲文化。1992年8月13日江泽民同志来到天水，为天水题词曰“羲皇故里”。

丝绸之路东段第一站“石窟走廊”实则就是天水。这个古代商贸之路上的“丝路明珠”，既是历史人物云集之地，又有珍贵久远的文化遗存，而且有奇秀风景共

245 处，堪称中国之最。古石窟、古遗址、古建筑、古墓群、古战场交织其中，有伏羲文化、大地湾文化、三国文化、先秦文化、石窟文化和麦积山名胜区六大文化旅游资源。

麦积揽胜

麦积山风景区是天水最负盛名的。它不仅有麦积山、仙人崖、石门山和曲江水四个景区，而且包括了 20 多处独立景点，7 处古遗址。在 215 平方公里的风景区中，到处是奇丽秀美的景致。

在天水东南 45 公里处，西秦岭山脉的连绵群山当中，有一座孤峰，它高 142 米，傲然醒目的样子像一个圆锥立于地上，貌似乡间“麦垛”而得名“麦积山”。麦积山也叫麦积崖，是典型的丹霞地貌。麦积山周围溪石联映、山奇林郁、风景优美，有着“西北林泉之冠”的美称。

麦积山纵然雄伟峻拔，但其实真正引人入胜的是麦积山悬崖峭壁上的石窟。敦煌莫高窟、云冈石窟、龙门石窟合称为中国四大名窟。石窟于南北朝时的后秦始建，多少朝代更迭后，形成了现存洞窟 194 个、泥塑和 7200 余尊石刻造像、1300 多平方米壁画的规模。这里保存了我国从 4 世纪末到 19 世纪这 1500 多年间数以千计的 1000 多尊泥塑，且每一尊石雕像、每一座石窟塑像都形象逼真，栩栩如生。几十米高的坐佛旁竖立着成百上千的小佛像。无数佛尊巧夺天工，塑绘精致细腻、美观。经过多少年的改造，修补才形成《太平广记》中所记载的“青云之半，峭壁之间，镌石成佛，成龛千窟，虽为人力，疑为神功”的巨大构造。

石窟洞龛是在悬崖峭壁之上开凿的，历经千年风霜，如今风韵犹存。我国最典型的汉式崖阁建筑东崖泥塑大佛头上 15 米高处的七阁，建在离地 50 米以上的峭壁之上。这些空中楼阁开凿于 6 世纪中叶。阁与阁之间、洞龛与洞龛之间连接着凌空的栈道。栈道架在崖面上，层层相叠，错落有致，被世人誉为“东方艺术雕塑馆”。

麦积石窟东北有座山崖叫“仙人崖”，据说是因为古代有仙人在此修行集聚，故而得名。仙人崖始于南北朝，距今近 1600 年。由三崖、六寺、五莲山组成，有明清殿宇 27 座、房屋 54 间。现在已是佛道合一的石窟寺庙。

这里存有北魏、宋、明、清时的各代塑像 197 尊，83 平方米壁画，永乐年间的珍贵铜佛像 5 尊。此地群峰对峙，赤红色山上到处都是松柏，泉涌清流岩石万仞，神奇清幽，向来有陇右林泉胜境之美称。在珠山与宝盖山之间有一座孤峰，看上去很像一座塔。峰上立有燃灯阁，阁内立着一座明代塑像燃灯佛。相传某日深夜有灯火自崖石飞出，之后便有了“仙人送灯”名景。

石门山在陕西秦岭的群山峻岭之中，海拔 2094 米。树郁郁葱葱层峦叠翠，山上常是雾气蒙蒙，有“甘肃小黄山”之誉。斗姆、兴龙、黄天、五灵和麒麟五峰组成了石门山，各峰独建殿宇又互相连通，被称为五阳观。黄天峰和斗姆峰壁立对峙，好像两个门槛，二峰之间横跨有一座聚仙桥。每逢中秋，皓月有如玉盘腾空，恰好镶嵌于两峰之间，皎洁的月光射向四面八方，形成了“石门夜月”的胜景。

伏羲之庙

“羲皇故里”天水，还有我国规模最宏大、保存最完整的伏羲庙。天水人民为了纪念羲皇伏羲，在秦城区伏羲路西端修建了这座被称为“三皇”之一的明代建筑群。史料记载，在元代时，统治者对神农、伏羲、轩辕“三皇”的推崇，并令州县修建三皇庙。天水作为秦州府治、伏羲故里，三皇庙修得十分讲究。后来由于时事变迁，文化、宗教、教育日趋萧条，“三皇”庙也倾倒坍塌。明代（1521 年）时，人们在原来三皇庙基础上，重建庙宇，叫作“伏羲庙”，一直到今天。

现在“伏羲庙”又叫昊宫，俗称“人宗庙”，占地面积 1 万余平方米。庙宇临街而建，坐北向南，两门三进。牌坊、庙宇、月台、碑亭、主殿、古柏，气势宏伟，布局严谨，错落有致，雕梁画栋，巍峨斗拱，带有浓郁的明代建筑风格。

伏羲庙中的先天殿与太极殿两大殿系我国明代木架建筑的精品。先天殿是采用早期“减柱法”建造大屋的成功例子。屋架布局严谨，梁柱粗大稀少，屋顶四周都是用抹角梁拉牵。七层在二金柱间施七架椽，七置蜀柱、驼峰、抄手，还用了王架梁，平之梁上又有鸡爪柱等相互牵制。方案既省料又结实，还使大殿空旷开阔。几百年来，天水地区发生过多次七级以上地震，而这座大殿始终安然无恙，这无不使人惊叹于设计师的高超技艺和我国古代建筑艺术的精湛。

古色古香的庙宇有着重檐斗拱、琉璃筒瓦、龙吻花饰美艳绝化，古朴秀雅。后院先天殿内塑有神农像一尊，而中院太极殿内则有伏羲泥塑彩绘像。庙院中原有 64 棵古柏，取义 64 卦方位图排列种植，据传言八卦是伏羲仰观自然万物绘制而成的。八卦中的 8 个符号分别代表了天、地、水、火、风、雷、山、泽。几经沧桑，如今存活的古柏还有 37 株，高耸入云，蟠龙枝虬干。正月十六日为羲皇诞辰之日，这天，天水人民纷纷前往伏羲庙朝拜，并举办盛大的“天水伏羲文化节”，用来祭奠这位人文圣祖。

张掖古城

【名城简介】

“一城山光，半城塔影。苇溪连片，遍地古刹。”今人这样描写祁连山下的历史古城张掖的众多文物古迹。

张掖地势险要，易守难攻，是历代兵家必争之地。战国时为月氏地，汉初被匈奴所占据，张骞通西域后置张掖郡。张掖有一泓清泉，清得可以看到水底游鱼，水味甘甜，故名甘泉，素有“河西第一泉”之称。西魏（公元535—556年）时期，张掖兼设甘州州治，就是因甘泉而得名，故张掖又名甘州。

张掖位于河西走廊中部，在全国地形的第二阶梯中心。南与祁连山相依，北依合黎山与龙首山，地貌酷似“奔马”。东南高西北低，主要为高山、中低山和走廊平原三大地貌单元。祁连山深处终年积雪，广布冰川，最高峰素珠连有5564米。中部绿洲灌溉区，粮丰林茂，最低处高台县天城村，有1284米高。祁连山区自然植被较好，到处覆盖着天然林和灌木林，且覆盖有大片的天然草原。森林总面积537万亩，草原面积2843万亩。

张掖是丝绸之路上的重要商埠，历史悠久，文化发达，历史遗迹和各种文物丰富。张掖是我国著名的历史、文化名城，全区有各个时代的文物古迹521处，它也是丝绸之路上的女商埠，历史悠久、文化发达、历史文物丰富。

焉支山又名胭脂山、燕支山，距离张掖所辖山丹县城东南50公里处。因为这里的山石赭红很像胭脂故得名。它在祁连山和龙首山之间，系山丹河与石羊河的分水岭。这里是天然林区，面积达15万亩，水草丰美，很适合畜牧。夏天的时候，冰消雪融，清流缓缓而下，汇合成条条小溪。山坡上原是唐将哥舒翰修筑的寺庙，早已被毁。山下西北县霍城遗址，据说是汉将霍去病屯兵之处。当年霍去病出临挑，越燕支山，大败匈奴。匈奴痛失此山，曰：“亡我祁连山，使我六畜不蕃息；失我燕支山，使我嫁妇无颜色。”

张掖地区定居有汉、裕固、藏、回、蒙、壮、维吾尔族等26个民族，其中裕固族为甘肃省三个特有的少数民族之一，集中分布在肃南裕固族自治县境内。裕固族民俗民风独特，自然、人文旅游资源丰富，是丝绸路旅游的一个重要景点。裕固族是一个有着悲壮历史的古老民族。作为一个民族，它可上溯至唐宋时期的回鹘，后历经战乱，东西迁移不定，一直到14世纪后半叶才迁移到祁连山区定居下来。以前裕固族是典型的草原游牧民族，顺水草而不断迁徙。

裕固族住帐篷，穿长袍，饮食主要有牛羊肉、酥油奶茶、青稞酒，服饰艳丽，歌舞欢快。裕固族的生活习俗与部分语言和匈牙利人非常相似，这大大吸引了社会学家的注意力。有人在怀疑他们是不是同一个祖先，但结果无从知晓。

裕固族的婚俗也很独特。姑娘出嫁时，新娘与送亲者骑着大马和骆驼。边唱边行和边唱边饮酒。男方还需一路铺毡毯，专设一顶接待新娘的帐篷，事先准备好招待客人的羊肉、酒和敬送的哈达。送亲中的善骑者四人组成两组，先由第一组两人策马到接待新娘的帐篷内敲打帐篷，男人则压帐外互相取乐，还有人用破木碗打客人的马后腿，有驱邪之意。然后，送亲者依然引吭高歌，直奔新郎住的地方，新娘到达帐篷门口时，新郎把新娘帽顶上的蓝布条取下，系在箭上远远射出去，并折断弓箭，以示对爱情的忠贞。

裕固族的东西部因他们族源和习俗而有差异，但皆信仰藏传佛教与原始宗教。裕固族热情好客，民风淳朴，若你有幸做客，定会以歌舞美酒款待客人。游客可欣赏到裕固族欢快热情的草原歌舞，而且还有独特的银碗美酒和手抓羊肉等着游客来享受。

酒　泉

【名城简介】

酒泉城亦是古丝绸路上的一个重镇，位于河西走廊中部，古称为肃州。在汉武帝元狩二年（公元前121年）始建，至今已有二千多年的历史。《汉书·地理志》载：酒泉“城下有金泉，其水若酒，故曰酒泉。”在清乾隆元年（1736年），甘肃分巡道黄进行了修筑，奠定了泉、湖、亭、廊格局，成为一处吸引人的风景区。1962为“酒泉公园”，位于今城东关。

【名胜古迹】

酒泉城十字街中心有一座十分雄伟的鼓楼。在一座砖砌方高台上，建着一砖砌木楼，基座至楼顶高约26.7米，楼呈塔形，雕梁画柱、飞檐翘角，异常壮观。在二楼西面高悬一木匾，上书“气壮雄关”，字体苍劲潇洒。据说原匾是光绪年间题字制作的，目的十分明显，是为了把这座鼓楼和近在20余公里的嘉峪关城楼联系起来。鼓楼下的砖包基座建一十字洞道，洞道交叉处的穹顶中心，悬置着“伏羲八卦”图，东西南北分别雕刻着“二龙戏珠”、“河图洛书”、“丹凤朝阳”、“八仙庆寿”的祥瑞画，玲珑精致，典雅美丽。东面一门洞上写有“东迎华岳”四字，西面为“西达伊吾”，南面依次是“南望祁连”、“此通沙漠”，明显标示出酒泉的重要地理位置。

酒泉的玉杯具有悠久历史，有一种被叫作夜光杯的酒具用祁连山老山玉、新山玉、河流玉雕琢而成。还有各种平底杯、高脚杯、雕花杯、金丝银丝边杯，色彩绚丽，，能耐高温、抗严寒，烫酒不爆，即使在严冬也不会被冻坏。

嘉　峪　关

【名关纵览】

嘉峪关是明代万里长城西端起点，它雄伟壮观，气势恢宏，一直都被称为“天下第一雄关”。还由于它据两山、扼咽喉，不仅为古代河西重要的军事防御建筑，而且也是东西往来的交通要道，因此还有“丙襟锄钥”、“河西第一隘口”之称。这个关坐落在甘肃省嘉峪关境内，于1368年建筑，历时超过168年，初衷为抵挡元朝的残余势力。因城在嘉峪山麓，因此取名叫嘉峪关。它的地势险要，气势磅礴，连祁连、马鬃两山，横穿戈壁大漠，是河西走廊上最狭窄的地段，是东西交通的唯一通道。据史载，早在2000多年前，我国就以此关与西亚及欧洲各国进行商业、文化往来。

由护城壕、外城、罗城、瓮城、内城组成嘉峪关关城，就目前遗存的建筑规格来看，为明代万里长城诸多关隘中保存最完备的一座。1961年3月，嘉峪关关城已被公布为全国第一批重点文物保护单位。

【名关景致】

对称的是嘉峪关关城、内城和瓮城的总体布局。东瓮城的门额刻有“朝宗”二字，因此叫作“朝宗门”，将这座方城取名为瓮城，是由于它就像一个大瓮，护住了内城的城门，使来犯之敌有进无出。东瓮城和与之相对的西瓮城，同为正方形，西瓮城门楣刻有“会极”二字，缘于《韩非子·解老》之“其智深则其会远，其会远则众人莫能见极所极”句，以使边陲的少数民族领会朝廷的怀柔政策。东、西瓮城都设有向南开的门，尽管内城墙迂回衔接、浑然一体，但却不同内城门直通，是内城的一道重要防线，从而使内城易守难攻，而且使内城显得更加肃穆幽深。

内城是嘉峪关关城的心脏，它的平面是稍呈梯形，状如大斗。内城东西城墙长近200米，南、北城墙都特别长。另外在西城墙垛口之间设有灯槽，以备夜间士卒放置灯火用。灯槽下都有一斜坡式的射山孔。嘉峪关关城的军事指挥机关——游击将军府，在内城中部的北墙下有一个坐北向南的院落，也称游击衙门，它于明公元1568年始建，本来是两院两厅，规模恢宏，明清直到民国年间驻守嘉峪关的军事长官均于此居住和办公。之后有一些遭到毁坏，只遗存了后厅，呈四合院式。目前的建筑是1987年至1988年间重新整修的。内城曾有的巡检衙门、嘉峪公馆、夷厂、仓库等设施，在20世纪的三四十年代搬到其他地方了。

燕鸣壁在光化门北侧城台与东城墙连接处，其北侧有斜坡马道能够登上城墙。外侧有道护墙，曾有成排的拴马桩，如今只剩下桩眼。登上城墙也就能看见“光化楼”，楼阁有三间，进深五间，一、二层楼外有回廊，还有十二根红漆明柱挺立，木格花栏杆环绕。三楼周围有木格花窗，是歇山顶式盖顶，落落大方。光化楼内原供东岳天子神。该楼与两墙上的柔远楼一线对称，形制统一。内城墙四角有方形角楼，亦称戍楼，是当时守城士兵放哨之所。是砖砌二层，而且一面有门，三面开窗。楼顶平台设垛，为碉堡形状。在角楼至南北墙中间，就能看见敌楼，一层三间带前廊式，是设置兵器之所。南北二敌楼相望，古曾供奉观音菩萨与寿佛，有“南观音，北无量”之说。向南望，有“明墙”与南外城相连，向南延伸到河墩。向北望，从外城东北角闸门墩起，顺着嘉峪，山内侧有一“暗壁”向北伸展，经戈壁滩、石关峡堡到黑山腰，暗壁隐伏爬行，敌兵仅能在兵临城下时方能够看到。

罗城位于关城的最西面，从柔远门、会极门出来即到。于西瓮城西墙外大概20米处筑一凸形城墙，它的南北两端都同南北外城墙的西端相连，构成关城的西外城。由于罗城是迎敌的止墙，基底以坚硬的麻子石石条砌筑，相当坚固。墙正中设正门，为古代进关的第一道正门，上嵌有乾隆皇帝所题“嘉峪关”三字。罗城南北两头各建一箭楼，同柔远楼、光化楼中轴对称，结构形式完全相同。楼里曾供腊八神，在上悬有左宗棠于1873年题写的“天下第一雄关”匾额。匾额现在已经不存在了。如今的嘉峪关楼是1987年6月重修的。

关外有一道城壕，称为护城沟。壕外有一道亡堰壕墙。距关城10多米处，还有一道月牙城，能够掩护关城。月牙城西原来设置梅花六角坑，叫做“绊马坑”，古用生铁铸成多角形，形状特别像蒺藜子，埋于坑里，是陷阱。关外沿明墙暗壁还修一外壕，外侧又有壕墙。敌兵若想攻入关内，差不多要经过外壕墙、外壕、绊马坑、月牙城、壕墙、护城沟等十二大关口，像这样牢固的城池实属罕见，确为“天下雄关”，在关城的西墙外，立有甘肃镇总兵李廷臣于1809年视察嘉峪关时题刻的“天下雄关”碑，并且于右上角刻一行小字：“嘉庆十四年甘肃镇总兵李廷臣书”。如今的这座碑为仿制的，原碑已被保护起来。

【历史地位】

现在嘉峪关晚上都可游览，因为在其城内与城墙上安装了设备。如今每当夜幕降临，嘉峪关上灯火明亮，给嘉峪关雄伟壮观的磅礴气势增色许多。游人到达这里，险关登临，感慨古今，心神俱逸之余，也不由得生出种种情愫。

玉　门　关

【名关纵览】

玉门关坐落在甘肃省敦煌市城西北处，叫作“小方盘城”，是汉朝建立在丝绸之路上的重要关口。在古时，古西域所产的美玉和当地各色特产、土产及动植物品种等就经由塔里木盆地从这里而输入中原。玉门美玉在所输入物中名气最大，故玉门关也就因此得名。玉门关是在汉武帝征服河西走廊时期正式设立，到现在已有2000多年的历史。

但是东汉时，封建王朝的国力慢慢败落，对西域领控也越来越没有以前好了。在东汉和帝时期，因为匈奴杀死汉朝守城官吏，使得玉门关荒废不用了一段时间，后来，玉门关移到如今的酒泉玉门镇。到了唐代，玉门关又东设于瓜州晋昌县境内，它的建筑早已被历史湮没了。如今的玉门关遗址只是一座四方形的小城堡，竖立在戈壁滩的砂石岗上。它全部都用黄土夯成。戈壁滩是东西走向，遗址南面为一片盐碱沼泽地，而北面是哈拉湖、长城以及疏勒河的故道。遗址目前遗存的城垣东西长24米，整个城郭开有西门和北门，城顶周围有宽1.3米的走道。遗址是单墙建筑，筑有内、外女墙，城内东南角有一条马道，靠东墙南转能够上达顶部。

遗址历经风雨沧桑，古朴厚重，唐代大诗人王之涣的《凉州词》："黄河远上白云间，一片孤城万仞山。羌笛何须怨杨柳，春风不度玉门关。"道出了大漠雄奇的苍凉本色，读来依旧感彻肺腑，并且也使得玉门关极具穿越时空的独特深沉的历史魅力。

青 海 省

【古迹诗话】

吹角报蕃营，回军欲洗兵。
已教青海外，自筑汉家城。

——唐·刘长卿《平蕃曲》

唐蕃古道

【古迹简介】

唐蕃古道，是指从西安出发，经由甘肃东部，进入青海，再经西宁、玉树，到达西藏拉萨的古道，因文成公主就是从此道进入西藏而得名。唐蕃古道主体位于青海省境内，古道上有高原古城西宁、黄教名寺塔尔寺、青海湖、日月山、玉树文成公主庙等名胜古迹，长江的源流通天河亦由此流过。

古城西宁

西宁市位于青海省东部湟水谷地、兰青铁路线上，是一座美丽的高原古城，自汉武帝筑令居寨至今，已有2000多年的历史。东汉年间曾在此置西都县，元代改为西宁州，明代改称卫，至清雍正二年（1724年），始升为府，增置西宁县治所。民国时改称西宁市，新中国成立后沿用。

塔尔寺

塔尔寺位于青海湟中县鲁沙尔镇，始建于明嘉靖三十九年（1560年），是我国黄教六人寺院之一。该寺依山而建，别具特色。每年农历正月、四月、六月、九月举行四人法会，其中正月十五的法会上有“酥油花”、“壁画”、“堆绣”三绝，香客、游人甚众。

玉树文成公主庙

文成公主庙，在青海省玉树县。相传文成公主入藏时曾在此作短暂停留，她教藏民们耕种、纺织，深受藏民爱戴。为纪念文成公主，藏民们便在石壁上造像，后又修建庙宇，对雕像加以保护，即为文成公主庙。庙内有顶柱12根，庙正中为文成公主坐像，高约8米。

【古迹特色】

唐蕃古道绝大部分位于高原、山地，气候冬寒夏凉，年平均气温为5～8℃。沿途风光秀丽，风格与中原地区迥然不同。金秋时节，登上日月山口，极目远眺，东边是麦田、青稞、菜子花，一派丰收景象，令人可喜；西边是崇山峻岭和茫茫无边的草原，视野开阔，意境高远，别有一番情趣。

【历史事件】

唐贞观十五年（公元641年），吐蕃赞普松赞干布因仰慕唐人文化，派使臣禄东赞向唐朝求婚。唐太宗为修边汉藏之好，将美丽多才的文成公主许配给松赞干布。文成公主入藏，带给西藏许多书籍、工匠、菜种，极大改善了藏民的生产生活，深受藏民爱戴。文成公主终生致力于汉藏友好，在西藏留下了许多美好的传说。

宁夏回族自治区

【怀古诗话】

百万貔貅善守攻，胡尘静归草茸蒙。
威如朔漠龙沙外，人在着台玉烛中。
山限华夷天地设，渠分唐汉古今同。
圣君贤相调元日，塞北江南文都通。

——明·孟逵《宁夏》

银　　川

【名城简介】

银川市是宁夏回族自治区首府，位于宁夏平原引黄灌区中部，东与黄河相临，西屏贺兰山，南与青铜峡市相邻，北与石嘴山市相接，总面积为3499平方公里，市区面积为1457平方公里。银川市辖兴庆区、金凤区、西夏区3区和永宁、贺兰2县，代管灵武市，常住人口约200万（2010年）。1986年被国务院批准为国家历史文化名城。

【名城历史】

银川在春秋战国时是匈奴等民族的游牧地区。秦时作为北地郡的辖地。银川建城是在西汉时。南北朝大夏国赫连勃勃改建为“丽子园”。北周建德三年（公元574年）置怀远郡、怀远县。唐仪凤二年（公元677年）怀远县城遭黄河水患，第二年在故城西修筑怀远新城。宋把怀远县改为怀远镇，系当时著名的“河外五镇”之一。咸平四年（1001年）党项族占领怀远镇，先后改置为兴州、兴庆府，后在此建国称帝，公元1038年成为西夏都城。元初设西夏中兴路，之后改为中兴府路、宁夏府路。明置宁夏府，改为宁夏卫，又设宁夏前卫、左卫、右卫、中屯卫，作为“五卫”治所。明建文年间（1399—1402年）设宁夏镇，为“九边重镇”之一。清设宁夏府。1929年设宁夏省，作为省会所在地。1944年置银川市。

新中国成立后，中国人民解放军和平接管银川，1949年9月29日成立银川市人民政府。为宁夏省省会。1954年撤省后作为甘肃省银川专署所在地。1958年宁夏回族自治区成立，银川市为自治区首府。

【名胜古迹】

银川现在已是一座繁华的城市。境内有银川海宝塔、承天寺塔、玉皇阁、钏鼓楼等反映历代建筑艺术风格的古建筑；有具有伊斯兰建筑风格与民族特色的银川南关清真寺和伊斯兰经学院；有贺兰山岩画与沿贺兰山东麓的西夏王陵、拜寺口、滚钟口、三关古长城，使得这里成为著名的西夏王陵风景名胜区。

宁夏秦长城遗址

【古迹简介】

宁夏秦长城遗址位于宁夏回族自治区西吉县、固原县、彭阳县境内。秦长城城墙用黄土夯筑，残高 2 ~ 10 米、基宽 6 ~ 12 米。每 200 米设有一敌台，残高 5 ~ 20 米。墙内壁坡度缓，外侧陡立。筑墙因地制宜，平地筑墙外面的取进来用，该侧形成壕沟，在河、沟地带筑墙，则利用陡立的断崖，经过劈削而就。长城内侧设有墩台、城障和较大的城址，从而构成整套统一的军事防御体系。

新疆维吾尔自治区

【怀古诗话】

叠嶂摩空玉色寒，人随飞鸟入云端。
蜿蜒地干秦关远，突兀天梯蜀道难。
龙守南山冰万古，马来西极古千盘。
艰辛销尽轮蹄铁，东指伊州一笑看。

——清·邓廷桢《天山题壁》

喀　什

【名城简介】

喀什市位于祖国最西端，在新疆维吾尔自治区的西南部，帕米尔高原北麓，塔里木盆地西侧，是我国古代“丝绸之路”的要冲。现在是喀什地区辖市，地区行政公署所驻地，面积96平方公里，共管辖3乡4条街道，喀什市是维吾尔族聚居的地方，维吾尔族人口最多，占总人口的74.8%，汉族仅占总人口的24.3%，另外还有满、回、乌孜别克、哈萨克、塔吉克、柯尔克孜、锡伯、蒙古、塔塔尔、俄罗斯等少数民族。1986年被国务院批准为国家级历史文化名城。

【名城历史】

喀什是“喀什噶尔”的简称。公元前2世纪时，西汉张骞通西域，这里就作为西域36国之一的疏勒国首府——疏勒城，是丝绸之路上各国商品的主要集散地和转运站。汉武帝建元三年（公元前138年），张骞应募西征匈奴，未果。元狩四年（公元前119—公元前100年），西汉屡次西征匈奴，终于占据西域诸国。宣帝神爵二年（公元前60年），汉朝在西域设西域都护府，疏勒第一次正式归于西汉。唐太宗贞观二十二年（公元648年），在高昌置安西都护府。公元9世纪末到12世纪初，系喀拉汗王朝的东都。元朝时隶属阿母省。16世纪初，把赛依汉作为首都，建立了中亚历史上著名的喀什噶尔汗国，喀什那汗国的王都。清乾隆二十四年（1759年），清军平定了“大小霍加之乱”，次年于喀什噶尔设置参赞大臣，府衙设在喀什噶尔回城，总理天山以南八大城的军政事务。1762年，在旧城旁修筑了徕宁城。光绪十年（1884年），清朝在新疆建省，在喀什噶尔设“巡西四城兵备道”（喀什噶尔道），辖喀什噶尔、英吉沙、莎车、和田四城，道治设在疏附县城。并且在喀什噶尔设疏附县，属喀什噶尔道疏勒直隶州。1912 年，疏附县直属隶喀什噶尔道；1927 年，易属新疆省喀什行政长官公署；1938 年，属新疆省第三行政区行政长官公署；1943 年 7 月，又改属新疆省第三（喀什）行政督察专员公署。

中国人民解放军和平接管新疆后，疏附县属于新疆省喀什专区，是专署驻地。1952 年 10 月建立喀什市，且作为喀什地区人民政府所在地。

【名胜古迹】

喀什系古丝绸之路的重镇，人文景观颇多，闻名遐迩的艾提尕尔清真寺、穆罕默德、阿帕克霍加墓（香妃墓）、喀什噶里墓、玉素甫、哈斯·哈吉甫陵墓、叶尔羌汗朝古迹等景点，充分反映了维吾尔文化和建筑艺术特色。

楼　兰

【名城简介】

楼兰距今已有 2000 多年历史，楼兰是丝绸之路上最重要的中继绿洲之一。正如《汉书·西域传》所载："自玉门、阳关出西域有两道。从鄯善傍南山北，波河西行至莎车，为南道。"鄯善也就是原来的楼兰国。

楼兰古城在罗布泊的西北角上，1900 年 3 月，一位叫奥尔迪克的维吾尔族向导，在一次偶然的机会中发现了它，它位于罗布泊的西北泊的西北角上。斯文·赫定在此发现有 Krora 字样的文书，学者们就把这座古城定为楼兰遗址。

【名胜古迹】

楼兰古城

据专家研究，公元 3 世纪左右，楼兰古城达到了全盛时期。近年，学者经实地考察并对大量历史资料分析研究后提出，楼兰古城并非楼兰国的国都，而是一个以屯田和军事为主的城市，它是楼兰古国灭亡之后的诞生物。这就推翻了许多外国学者认为楼兰古城即楼兰国都的错误观点。

楼兰古城为四方形，边长约 330 米，城墙是用泥土、芦苇、树枝修筑，到现在还可分辨出来。一条大约呈西北、东南走向的古河道贯穿城中。城内现残存的主要建筑都分布在古河道的两侧。城中心偏北处，有一座高大的建筑拔地而起，顶部几根向外伸展的粗大树枝十分引人注目。这是一座烽火台的遗址，与它遥遥相望的是古城西北方向约 5 公里处的另一处烽火台，结构大致相同。烽火台附近发现有古代粮仓。城中心紧挨古河道的北侧，是一座木制结构建筑，学者们怀疑是当年古城统治者的宫殿。

与其对应的古河道南侧是唯一用土坯建造的房屋，排成一排，学者们称为“三间房”，国外探险家在那里发掘出大量木简和文书。房顶早已被风吹塌了，残垣周围是大量的木头，唯独那些厚达一米多的土坯还依然挺立在那里。几间简陋的房子坐落在“三间房”的两侧，由苇束和泥巴糊成的墙壁完整无缺。城内高低不平的地面，到处是当年建筑房子所用的木料，木质坚硬不腐，上面刻有许多美丽的花纹。

“楼兰美女”

斯文·赫定在发掘过程中，还相继发现了两具保存完好的楼兰美女遗体。

棺木酷似一独木舟，打开两块盖板，把一条包裹尸体的毡子掀开，躺在那里的竟是一个非常年轻的女人，她在这宁静的小山上睡了大约两千年。虽然她的皮肤已干得像羊皮纸，但大致轮廓并无多大变化。斯文·赫定等人把她抬出墓穴，拍了一幅“沙漠公主”的相片。斯文·赫定只取走了她的一些装饰物，然后将她小心翼翼地重新放进墓穴，再次掩埋了这位已沉睡两千年的年轻女子。

接着，另一座坟墓又被他们发现，这里躺着的同样是一个女人。她有一头长长的灰发，从中间梳开，还戴着一顶羊毛帽子，上面斜插着一撮羽毛，挂着一条红色的鼠皮带子。斯文·赫定猜测，这可能是楼兰地区土著民族的贵族夫人。

1979 年穆舜英研究员率领的考察队发现了真正轰动世界的“楼兰美女”。当他们掘开墓穴，先是露出盖在牛皮下的一只皮靴，和靴子开裂处的一只脚的大拇指，揭去包裹物和面罩，就赫然出现一具保存完好的女性干尸。在女学者穆舜英的注视下，女尸的皮肤、指甲和毛发都历历在目，清晰无损。而且面容清秀，弯弯的眉，长长的睫毛，高高挺起的鼻尖，薄薄的嘴唇微闭，金色的长发蓬蓬松松地披在肩上，显得非常漂亮，大概有 40 岁吧！据考古学家和人类学家测定，这位女子早在 3800 年前就已经死了，具有古代雅利安人的面貌特征，属于原始欧洲人种的古欧洲人类型。这位楼兰美女真正轰动了世界。

“营盘美男”

此后，在罗布泊地区的广阔沙漠中，还大量出土了古墓头骨以及许多保存完好的古尸。十多年后，考古工作者在罗布泊又发现了一位奇特的贵族男尸，被称为“营盘美男”。这一发现轰动考古界，在专家论证会上被评为 1997 年“中国考古十大发现”之一。

新疆考古工作者在一次骇人听闻的盗墓大劫难之后，进行了这次抢救性发掘，意外的是竟有这么大收获。在罗布泊西侧塔里木河下游大三角洲的营盘遗址，庞大的墓葬群一片狼藉，两具女尸被抛于荒野，还有一具彩绘花卉图案的四足箱式木棺。打开棺木，墓主人一张粉白的脸似笑非笑，似睡非睡，前额贴金片，嘴唇涂口红，浓眉乌黑，八字胡微翘，鼻梁隆起，双目闭合，看上去就像一个躺着的活人。但仔细观察之后，才发现原来这位墓主人戴着一个面具。这种面具，与欧洲广泛流行的“死亡之神”的面具非常相似。揭开面具，一年轻美男子形象尽现，头发是棕色的且很密，睫毛长长的，胡须整整齐齐，古铜色的面颊。他内穿黄色冥衣，外袍是红底绢质褛袍，富丽华贵，鲜艳如新。最奇特的是相对的四组人物，全部是裸体。在众多人物中，突然有罗马神话中的爱神丘比特的裸体形象跳入人们的眼帘。从墓主人的随葬品以及全身的锦衣华服，可以看到来自中亚、波斯、罗马和中原的文化成分。

这位不到30岁就寿终正寝的墓主人是谁？现在人们还未从知晓。

哈　　密

【名城简介】

哈密，古名伊吾，地处天山东部，乃古代中原通向西域的大门与咽喉。

它是丝绸之路新北道必经要地，当丝绸之路从内地进入古西域时见到的第一座城市就是它，素来以“土润泉苦，田多树密”，“土宜五谷、桑麻、葡萄”而著称。

哈密向北翻过天山，渡过伊犁河，经西伯利亚到达黑海；西与西亚、南亚和地中海沿岸国家相通；东连敦煌、安西，扼东西交通要冲。不计其数的使者、商贾、僧人曾驻足留意于此。随着东西方文化的交流和发展，古城哈密“客商云集，百货俱备，居然为一大都会”。

【名城历史】

哈密乃我国西北边疆的一个军事重镇。自古以来，这里就是兵家必争之地。西汉年间，为了沟通东西的交通要道，汉武帝进取西域，先“断匈奴右臂”，夺得伊吾、车师等地。元代时出现了“哈密力”这个名字。明朝永乐年间置哈密卫。当时，新疆与中亚各地派往明朝的贡使，还有到内地去做买卖的商人，都务必在哈密把公文译为汉文，并办理各种去内地的手续。这时的哈密实际上已相当于明朝廷驻西域的对外事务部与关口，系名副其实的“嘉（峪）关的钥匙”。

【名胜古迹】

哈密风光秀丽、名胜众多。天山山脉横亘于哈密大地上，绵绵雪峰，苍苍林海。天山极东在哈密境内的部分神差鬼使般地消失，又鬼斧神工似的造就出许多奇特地貌景观。巴里坤湖、白石头、口门子、鸣沙山、石城子、八大石、庙儿沟、西黑沟等，都会令人体验出一番别样的美。

庙儿沟在哈密市东北30公里，天山山麓庙儿沟口。源自天山雪峰的庙儿沟水，清澈见底，四季常流。沟谷两岸，林木蔽日，果园连片。现有果园面积1200余亩。杏、桃、李、梨、苹果、葡萄、核桃等应有尽有，且不相混杂。自打春起，次年开花结果，一直延续到深秋，都可享用到甜美的鲜果。本是明、清时期哈密地区统治者哈密王的消暑别墅，也是王室的果园。风景宜人，气候凉爽。沟口东侧有古佛寺一所，隐现于绿荫丛中，庙中塑像、壁画部分仍保存完好。庙儿沟因此闻名于世。山沟内外，有多处古代岩刻画，如大头羊、马、狩猎等形象，技法朴拙，系哈密地区春游夏憩胜地。

台 湾 省

【怀古诗话】

四溟中断此孤悬，日月轮高见影偏。
泣泪鲛人朝入市，疑寒金气夜干天。
马鞍矗起青全岛，鹿耳雄开障百川。
盛气消沉无觅处，牛羊来下翠岩烟。

——明·黄学明《台湾吟》

台 北

台北府城门

清光绪八年（1882 年），台北府城建成。当时城开五门，东门曰景福，西门曰宝城，大南门曰丽正，小南门曰重熙，北门曰承恩。五座城市戍楼建筑形式相同。100 多年的沧桑岁月和急风苦雨，台北府城门也饱经苦难和磨砺，现今保存最完整的只有承恩门，为全省一级古迹。身临其地睹物生情，戍楼的雉堞残瓦、飞檐楹柱不由使人想象当年“戍楼笛声”的情景。清人李秉钧诗“一声长笛海门秋，云树苍茫耸戍楼。凭吊高歌缘底事，废兴只合门江流”令人感慨万千，并为它和整个台湾的命运深思。

圆山文化遗址

圆山文化遗址位于台北市动物园内，于清光绪二十三年（1897 年）发现。遗址包含上下两个文化层。上层主体是厚达 2 米的贝冢层，含大量人类食用后丢弃的贝壳、兽骨和用后弃之的器具，另外有褐色的沙陶，表面涂有红色颜料或划有线条，其大多带有一对由口唇起附上肩部的竖把。该层还出土少量器型独特、造形优美的双口罐和磨制的石斧、石锄、石锛、石凿、石枪头、骨鱼叉、骨箭头等生产和捕猎工具。其中最具特色的有肩石斧和有段石锛，是我国东南沿海一带新石器晚期文化的重要特征。此外还发现有装饰用太器。下层没有贝冢，主要出土带有绳印纹的陶器，代表了台北盆地最古老的史前文化之一，据测距今约 4500 年，且至少在该地区持续了两千年。经考古比较推断，圆山文化的创造者可能从今日广东省海丰到广州间的沿海地带迁移而来。

大坌坑文化遗址

大坌坑文化遗址位于台湾县八里乡，于20世纪60年代发现，为台湾北部最大的历史文化遗址之一。在大坌坑遗址的发掘中，最重要的是发现多层文化及青铜镞、古钱币、古瓷器等陆中原的器物。由出土的文物判断，最下层的陶片及石器，属于六七千年以前的新石器文化；第四层的青铜镞属殷墟小屯之峡谷翼长脊实铤型，其文化层的存续年代为西周时期；第三层可定为唐代前后；第二层出土的古钱币上有“通”、“麻”字样，其存续年代可能在宋明之间。大坌坑文化遗址的发现证明，至少在三国以前，中原文化已传入台湾。

三峡祖师庙

清水岩祖师庙建于乾隆年间，1947年重修，坐落在三峡镇民生路旁，庙内供奉清水祖师陈昭应。该庙外观精雕细琢，琼楼玉宇似的殿堂将中国传统式建筑的精细、典雅、宏伟等各种风味表露无遗。每逢农历正月初六日祖师爷祭典，庙里寺外门庭若市，热闹非凡，它与台北市的龙山寺、保安宫合称为台北三大寺庙。

狮球岭炮台遗址

基隆港南端横列着虎头山、基隆山，狮球岭与其相连，位于“凹”字形正中的缺口，山势峭直，地形险要，扼控基隆与台北之间的交通，历来皆为兵家必争之地。

狮球岭上有过两次战事：一是清光绪十年（1884年）中法战争中，清兵统领林朝栋据守此岭，法军久攻8个月，伤亡惨重，只得撤走；二是清光绪二十一年（1895年）台湾军民抵抗日军登岛，张兆连、林朝栋指挥军民英勇作战，最后因弹尽粮绝而撤退。如今狮球岭炮台已不复存在，唯存两条炮管供人凭吊。然而岭上遍长相思树，游人登高俯瞰基隆全景则别有一番情趣。

【名胜古迹】

苑里古镇

苑里镇旧名房里，为苗栗地区开发最早的市镇。现存古迹有建于清乾隆三十八年（1773年）的慈和宫与顺天宫。慈和宫又称城外妈祖，规模庞大，宫里的妈祖神像、神案，千里眼、顺风耳将军等都是百年前由大陆运去的古物，还有清乾隆三十六年（1771年）的古香炉、清乾隆三十八年（1773年）的海国标灵匾，以及蓬山慈和宫碑等。顺天宫俗称城内妈祖，宫前大榕树下有一个房里溪义渡碑，乃道光时期的纪念物。苑里古民宅中最著名的是北房里的蔡宅，建于光绪末年，为一大型四合院，全以红砖砌成，是苑里镇古宅建筑的典型代表。

彰化孔庙

坐落在彰化市八卦山牌楼下的孔庙，系清雍正四年（1726 年）彰化知县张缟倡建，为台湾省一级古迹。乾隆、嘉庆、道光年间几经修葺，规模更加宏伟，是台湾中部最主要的孔庙。彰化孔庙建筑群依次为大成门、大成殿、崇圣祠，两侧为东西庑。规制皆备、构造精美。大成殿采用四面回廊围绕的走马庙形式，屋顶呈曲面形，屋檐曲线流畅，歇山重檐，中央一对龙柱乃用泉州白石雕刻而成，与鹿港龙山寺风格相同，雕工精湛，不可多得。大成殿的台基，是以红砖镶砌的“万”字连续的图案铺成，构思巧妙，坚固完美。戟门的雕龙石鼓、嘉庆年间的古钟、礼器库、乐器库，及客家式建筑的石栏杆，皆值得观赏。

益源古厝

益源古厝位于彰化县秀水乡，又称陈四裕古厝或马鸣山古厝，是泉州籍人陈荣华于清道光二十六年（1846 年）兴建的。古厝占地近 1 万平方米，规模仅次于板桥林宅和雾峰林宅。据记载，当年陈家曾派人到大陆采购福建武夷山杉木作为建筑材料，聘请大陆设计师、建筑师和名工巧匠到台湾设计建造，因此，古厝结构全是大陆的传统式。古厝采取三进式，用红色砖墙、青绿色瓷窗、灰色石牖砌筑而成，尽管历经百年，色彩仍鲜艳漂亮。门楼即颇有名气的“积善楼”，顶层有一间空房，燕尾式屋檐，使用筒仔瓦及乘帘瓦，塑有花草，装上镜片，雕梁画柱，构成整个建筑中最精彩的部分。底层三间，中间为通路，正面悬挂“积善楼”匾额。积善楼楼内有很深的庭园，园里有榕树，环境优雅。西厝住宅部分的厅堂前有轩亭，布局相称，古朴悦目。外护龙为高大堂皇、马背型的屋檐，围墙上图案精巧。整个古厝建筑匠心独具，令人赞叹不已，显示了我国劳动人民的聪明才智和创造精神。

嘉　义

北岳殿

北岳殿位于嘉义市民权路，始建于清康熙年间。主祀地藏王菩萨，故又称“地藏王庙”。此殿楼高七层，巍峨壮观。殿内雕梁画栋，庄严肃穆。登上顶层可俯瞰嘉义市景。每年农历七月三十日地藏王寿诞，善男信女人潮汹涌，场面十分热闹。元宵节的花灯展，皆在此殿举行，届时灯火璀粲，耀眼夺目。

嘉义市由于开发较早，名胜古迹颇多。除弥陀寺、北岳殿等名寺外，市区还有大明禅寺、圣天宫、光正万教宫、圆福寺、金龙寺、仁武庙等大小约 20 座庙宇，可谓古味盎然了。

八通关古道

八通关古道又称玉里古道，建于清光绪元年（1875 年），是清末民初台湾岛上著名的一条贯通东西的交通要道。当时，为了开发山区，加强防务，清政府组织人力，修筑了北、中、南三条横贯台湾山脉的道路，其中路就是“八通关古道”。据记载，清同治十三年（1874 年），福建福宁总兵吴光亭奉命开拓这条中部山路，他从广东招募 1000 多名勇士，凿山、架桥、填壑、伐木，奋战 8 个月，终于修成了西起彰化林杞埔（现属南投县），东达花莲璞石阁（今玉里）的攀山古道，全长 130 多公里。八通关海拔 2800 米，地处中央山脉和玉山山脉的高峰之间，周围高峰耸立，是台湾山地最高峰的集结地区。在全省最高的 10 座山峰中，就有 8 座分布在这一带。过去，八通关古道曾是攀登这些山峰的主要通道，因受台风、洪水等影响，现已变成废道，但其中许多路段至今仍保存较好。古道途经父子断崖、云龙瀑布等胜景，附近还有一片碧绿如茵的草原，夏季开满白色的大菊花及芬芳的粉蝶兰，使人赏心悦目。古道沿线崇山峻岭，古木参天，其西段还有许多墓碑石刻和古建筑，是台湾著名的古迹之一。

台　　南

赤嵌楼

台南是座古色古香的城市，在台南市中区民族路上，耸立着一座气势宏伟的中国式建筑，这就是省一级重要史迹“赤嵌楼”。凡到台南来的人，无不到此一访。赤嵌楼原为荷兰人窃据台湾时，于明永历年间在赤嵌地方所建的一座海上城堡，被当地人民称作红毛楼。因城楼砖瓦均为红色，又叫“赤嵌楼”。1661 年，郑成功进入台湾，以此楼为指挥部，征讨荷兰侵略军，尽复台湾失地。从此，赤嵌楼成为具有历史意义的名胜古迹。1862 年毁于大地震，光绪年间在废墟上建文昌阁、海神庙等，即今日所见的赤嵌楼。楼内陈列着荷兰人投降的条约书，以及郑成功与荷军作战的海图等珍贵历史资料。城楼下排列着九座巨大赑屃碑趺的石碑，为乾隆皇帝所赐，上面刻有乾隆亲撰的碑文。赤嵌楼的楼上，尚有巨炮及瞭望台的遗迹。楼前广场中心建有郑成功接受荷军献降书的雕塑群像。这组群像是胜利的象征，显示了中华民族的雄风。赤嵌楼濒临大海，红色的砖墙在夕阳的西照下，如吐红霞，与海水波光辉映，景色更加妍丽，人称“赤嵌夕照”。

安平古堡

台湾的历史自台南始，台南的发迹自安平起。安平古堡是与赤嵌楼齐名的名胜古迹，位于台南市安平区国胜路。古堡原是明末崇祯年间由荷兰人开拓的与中国贸易的据点，为台湾最早的一座古城，定名为“热兰遮城”，当地人称“红毛城”或“番仔城”。清康熙元年（1662 年），郑成功逼荷兰人投降，接收了该城，改名为“安平”，并将指挥部从赤嵌楼移至此城。1662 年 7 月，郑成功病逝于城内。清同治年间古城被英舰大炮所摧，经整修后，虽不复旧观，但仍保持古朴典雅的风韵。古堡中，有一片红砖砌成的残壁城垒，就是 300 多年前古城仅存的遗迹。城垒上古榕枝干盘曲，显得格外苍劲古老。堡前空地上竖立着一座石碑，上书“安平古堡”4 个大字。城堡脚下，竖立郑成功铜像。在郑成功陈列馆中，陈列着荷兰侵略者占据时所建的热兰遮城的原始模型，以及郑成功的墨宝和有关史迹资料。古堡上有瞭望台，是光绪年间在城基上设置的灯塔。登高瞭望，唯见大海滔滔，渔船星点，一派浩瀚气魄！

亿载金城

同安平古堡隔河相望的亿载金城是一座抗日名城，俗称“安平炮台”、“大炮台”，清同治十三年（1874 年）由福建船政大臣沈葆桢所建，以抗击日本的侵略，加强海防。城门外上方写有“亿载金城”，城门内上方写有“万流砥柱”，醒目苍劲，都是沈葆桢亲笔题写。现城门正前方的城垣上，耸立着沈葆桢的纪念铜像，并有大炮 3 尊。据记载，当时炮台为方形，四角凸出，中部呈凹形。炮台上设有大炮 5 尊，小炮 6 尊，整个炮台可容纳 1500 人。亿载金城作为台湾岛上的海防重地，为抗击日本入侵作出了巨大的贡献。随时间推移，海埔新生地逐渐形成，现在的亿载金城已失去了当年海角中的险要位置，成为供人们凭吊的历史遗迹。

台南古刹

台南市以寺庙众多为特色，其中，开元寺、弥陀寺、竹溪寺和法华寺合称“台南四大古刹”，为台南庙宇之代表。开元寺在市区东北角的开元路上，系郑成功儿子郑经所建，原名承天府行台。清康熙年间改为禅寺，命名“海会寺”，嘉庆年间再度修葺，正式定名“开元寺”，取郑成功家乡泉州的开元寺名。寺内奉释迦牟尼佛、弥勒佛、观音菩萨、地藏王菩萨，并祀关公、延平郡王郑成功的像，园中有茂林修竹和珍贵的叶莲、七弦竹，环境幽雅，还有清康熙十九年（1680 年）建园时所凿的一口圆形古井。弥陀寺是全台最古老的寺庙之一，据说是郑经始建，后来历经修建，规模虽不大，但颇为雅洁。前后两殿，前祀弥勒，后祀诸神，中间庭园花木扶疏，宁静幽静。寺庙坐落在台南市东区的庆东街，是人们远离喧嚣的好去处。市区南部法华街上的法华寺，也是一座由庭园改建成的禅寺，原是明末随郑军入台的名士李茂春息居的庭园。清康熙二十三年（1684 年）改为法华寺，几经毁修，现为三进三开式佛寺，前殿奉弥陀佛，正殿奉释迦牟尼佛，左殿奉文衡圣帝，右殿奉南极大帝，为台湾独特的释、道合流的“通俗佛教”之显例。寺中花园内有古碑数座，并建有七层高塔。寺前修一水池，名南湖。湖旁筑楼，梵宇增辉。竹溪寺在市区南部的体育场附近，是清康熙二十三年创建的，为台湾最早建立的寺庙之一。1927 年采中西建筑之长改建寺庙，庙顶仍为中国传统宫殿式，而殿门却是西式落地窗，在台湾庙宇建筑中可谓别具一格，寺庙前临潺潺清溪，曲折如带，竹木苍郁，绿荫生凉，清幽至极，故而得名。

五妃庙

五妃庙位于台南市南区五妃街，旧名魁斗山或桂子山，奉祀明末殉国的宗室宁靖王朱术桂从死的五个侧妃。清康熙二十二年（1683 年），清兵攻台，郑成功之孙郑克塽宣布归顺清朝，宁靖王决心以身殉明，召集袁氏、王氏、荷姑、秀姑、梅姐五位妃妾说明死意，并准许五人改嫁或出家。五妃听后泣曰："殿下既能全节，妾等宁甘失身？王生俱生，王死俱死。"于是，相继自缢。宁靖王亲自将她们安葬在魁斗山上，次日，王亦自尽。台湾人民敬垂宁靖王和五妃坚贞不屈的精神，便建祠奉祀。

台南市的名胜古迹还有大南门和南门碑林、台湾开拓史料馆、鹿耳门天后宫、台南中山公园、海滨秋茂园、悟智乐园等，令人流连忘返。

石门古战场

位于四重溪东北约 3 公里处的石门村，是台湾民族运动史上著名的古战场。其地因有海拔 370 多米的虱目山与海拔 450 米的五重溪山断崖夹峙，形成险仄山口，两岸对立，状如石门，相距不到 20 米，四重溪急流从中奔湍而过，为一天然要堑，大有"一夫据守，万夫莫开"之势，故称石门。同治十年（1871 年），台湾排湾族山胞误杀了因海难漂流至台的琉球居民，1874 年，日本即借口"讨伐"，举兵入侵台湾。山胞死守石门抗敌，终因寡不敌众而壮烈牺牲。这就是有名的"牡丹社事件"。后人为了表示对牡丹社同胞的崇高敬意，在虱目山上建立"石门战役纪念碑"，碑上题有"澄清海宇还我河山"8 个大字，供人凭吊。

宜　兰

草岭古道及虎字碑

草岭古道号称台湾两大古道之一，全长约 10 公里，沿途建有 3 座凉亭。第一座凉亭位于宜兰县大里天公庙入山的半山腰，上可仰望草岭的青葱山脉，下可俯视大里渔港的汹涌波涛。第二座凉亭在草岭古道的最高点，往南可看到龟山岛，往北可眺见鼻头角。再向前即可见"虎字碑"，大山石上的狂草"虎"字，雄劲有力，为清同治年间总兵刘明灯所书，取"云从龙，风从虎"之意，用以镇暴风。碑方框高 125 厘米，宽 75 厘米，保存相当完整，为台湾省三级古迹。在虎字碑和雄镇蛮烟之间的是第三座凉亭，其规模在三座之中最大。

文武庙

位于宜兰市文昌路，创建于清嘉庆十五年（1810 年）。文武庙由文昌庙与武圣庙所构成，两座庙用一根梁紧靠在一起。文武庙的建筑以木造为主，木制的大门、窗棂、神龛，无不雕镂细腻。庙内的木香炉是道光年间的古物，把手处有刻着“光绪通宝”字样的古钱。文昌帝君神牌，是以满汉文字共同书写的，难得一见。

八仙洞及长滨文化遗址

八仙洞位于长滨乡樟原村附近，三间村水母丁溪南岸，东临太平洋。八仙洞是这一带星罗棋布大大小小的海蚀洞的总称。只见陡峭的海岸上，洞穴从海边一直排列到悬崖的顶端，在青翠树木的衬托下形成美妙的图画。“灵岩八仙”早就是台东十景之一。八仙洞有较大的洞穴 12 个，洞型各有特色。其中最大的是云岩洞，形势巍峨，洞穴光辉，洞内经人工修饰，建有佛殿、石桌椅、莲花池等，称为灵岩寺，奉祀观音菩萨像，庄严清幽，来此烧香膜拜的善男信女很多。八仙洞作为台东的一处胜景，常常游人如织。八仙洞还是台湾省一处重要的文化遗址。1968 年 3 月，台湾大学地质考古队在此进行考古发掘，出土了一大批石器、鱼骨、兽骨、粮食的残渣，并发现了火烧遗痕。经鉴定确认这里是台湾首次发现的最古老的文化层，即旧石器文化层，被命名为“长滨文化”。从出土的 3000 多件石器来看，长滨文化属于典型的砾石器文化。其石器类型包括：较大的以不加修整的原始砾石石片居多，石器大部分是一面加工的偏锋砍器；较小的石器多用石英等质地较细的石料制造，无定形。专家认为，这可能与该文化层晚期的骨角器，如两头尖骨针、长条尖器等的加工有关。长滨文化是经由化南传进的。由长滨最古老的乾元洞占据层厚度推测，长滨文化距今可能有 5 万年，这说明在 5 万年前的更新世末期，台湾与大陆相连接之时，台湾就已成为旧石器晚期人类活动的场所。

澎 湖 列 岛

澎湖列岛和为祖国大陆与宝岛台湾的连接“跳板”，是先民足迹最先到达之处，古迹甚多，而且其海岛景色与台湾本岛上的山、林、瀑、泉有所区别，值得一说。著名古迹有马公天后宫、澎湖大桥、七美屿及七美人冢等。

马公天后宫

马公原名“妈祖宫”，简称“妈宫”，后讹音为“马公”。马公岛是澎湖列岛中面积最大、人口最多的海岛，又称澎湖岛。马公岛上的天后宫，是台湾最古老的妈祖庙，也是台湾历史最悠久的古迹。相传始建于元朝后期，明万历二十年（1592 年）重修。如今庙内墙垣斑驳剥蚀，道尽岁月沧桑。但细看，仍能发现这座闽南特色的庙宇建筑结构精巧，浮雕技艺精湛，庙貌庄严古朴。正殿重檐燕尾脊凌空欲飞，线条流畅。檐下梁柱、柱础石鼓、窗棂及殿内各处的装饰雕刻，无不栩栩如生，充分展现了当年闽南工匠师傅的非凡技艺。天后宫正殿主祀妈祖，有妈祖神像多尊。清康熙二十三年（1684 年）清政府加封妈祖为天后，妈祖宫从此也改名“天后宫”。今大殿内尚有康熙帝所赐“神昭海表”匾一方，及当年礼部郎中雅虎宣读的祭文之匾额。天后宫的后殿柱壁间，嵌有一方石碑，上刻“沈有容谕退红毛番未麻郎”字样，是为纪念明万历三十二年（1604 年）福建都司沈有容率兵驱逐入侵澎湖的荷兰海军而建，碑高 198 厘米，宽约 28 厘米，属台湾最古老的碑刻之一。此外，周围有政治家节孝祠、万军井等古迹。

七美屿及七美人冢

七美屿原名大屿，为澎湖列岛中第五大岛，位于群岛的最南端，因岛上有澎湖最早的古迹“七美人冢”而改名七美屿。相传明朝嘉靖年间，倭寇作乱，四处劫掠。一次大屿遭袭，有七位年轻美貌的姑娘藏于山洞，后被倭寇发现并被追赶到一口井边，七位姑娘不甘受辱，相继投井殉节。后来乡邻为之掘土掩井而葬。不久，冢上竟长出了七株楸树，开出白色小花，香气四溢。乡民们认为这是七女贞魂所化，于是在井边立碑纪念，上刻“七美人冢”。如今冢与树俱在，树虽不算高大，却已有 400 多年历史，枝繁叶茂，苍翠浓密，枝柯交缠，成为澎湖的名胜之一。

香港特别行政区

【怀古诗话】

我好比凤阁阶前守夜的黄豹，
母亲呀，我身分虽微，地位险要。
如今狞恶的海狮扑在我身上，
啖着我的骨肉，咽着我的脂膏；
母亲呀，我哭泣号啕，呼你不应。
母亲呀，快让我躲入你的怀抱！
母亲！我要回来，母亲！

——闻一多《七子之歌》

香　港

【名城简介】

香港地处珠江口以东，与广东省深圳市相接。香港包括香港岛、九龙、新界及其他离岛。1840 年第一次鸦片战争后，英国强迫清政府于 1842 年签订《南京条约》（原名《江宁条约》），只割让香港岛。1856 年英法联军发动第二次鸦片战争，迫使清政府于 1860 年签订《北京条约》，割让九龙半岛，即今界限街以南的地区。1894 年中日甲午战争之后，英国逼迫清政府于 1898 年签订《展拓香港界址专条》，强租新界，租期 99 年。1997 年 7 月 1 日，中国对香港恢复行使主权。

香港是国际重要的金融、服务业及航运中心，是继纽约、伦敦之后世界第三大金融中心，为全球最具竞争力的经济中心之一。香港把华人的智慧与西方社会制度的优势合二为一，以廉洁的政府、良好的治安、自由的经济体系及完善的法治闻名于世。素有“东方之珠”、“美食天堂”和“购物天堂”等美誉。

【名城历史】

香港的历史，最早可以追溯到新石器时代晚期。秦始皇统一中国后，先后在南方建立了南海、桂林、象郡 3 个郡，香港隶属南海郡番禺县，由此开始，香港便置于中央政权的管辖之下，成为那时的中原王朝领土（狭义的中原，指今河南一带。广义的中原，指黄河中下游地区）。汉朝香港隶属南海郡博罗县。东晋咸和六年（公元 331 年），香港隶属东莞郡宝安县。隋朝时香港隶属广州府南海郡宝安县。唐朝至德二年

(公元757年),改宝安县为东莞县,香港仍然隶属东莞县。宋元时期,内地人口大量迁至香港,促使香港的经济、文化得到很大的发展。元朝时,在香港西南的屯门又设巡检司,驻军防止海盗入侵,拱卫广州地区。明朝万历年间从东莞县划出部分地方成立新安县,为后来的香港地区。香港岛自此由明神宗万历时起,一直到清宣宗道光二十一年(1841年)成为英国殖民地为止,该地区一直属广州府新安县管辖。直至19世纪后期清朝战败后,领域分批被割让及租借予英国,成为英殖民地。

1982年至1984年,中英两国就落实香港前途问题进行谈判,在1984年签订《中华人民共和国政府和大不列颠及北爱尔兰联合王国政府关于香港问题的联合声明》,决定1997年7月1日中华人民共和国对香港恢复行使主权。中方承诺在香港实行一国两制,香港将保持资本主义制度和原有的生活方式,并享受外交及国防以外所有事务的高度自治权,也就是"港人治港、高度自治"。历史的变迁,让香港从一个当年人口只有5000人的小渔村,发展成今天具有"东方之珠"美誉的国际大都会。

【名胜古迹】

香港拥有很多有价值的古物及古迹。政府机构古物古迹办事处就是为保存这些文物而成立的。其中政府将部分极具保存价值的石刻及建筑物列为法定古迹。

香港天文台建于1833年,坐落于九龙一小山丘上,为一殖民地式建筑,1912年正式命名为皇家香港天文台。天文台楼高两层,呈长方形,拱形窗和长廊别具特色,随着附近之新大楼落成,天文台各技术及职务部门已迁往新厦。不过旧大楼仍为台长办公室及行政中心。

前九龙英童学校是香港现存最古旧的英童学校建筑,是何东先生1900年捐赠港府于九龙半岛兴建的新校,学校于1902年4月29日正式开幕校舍为典型维多利亚时代建筑,但亦因香港的气候环境,所以建有宽阔游廊,高楼面及金字瓦顶等。

九龙城为清政府于1847年修建,驻兵数百,以加强海防。城墙用花岗石条构筑,有六座瞭望台和四道城门,南门为正门。后城墙被用作扩建启德机场的建筑材料。至1987年政府宣布清拆寨城,于原址兴建公园。在清拆期间在南门原址发现两块石额,上刻"南门"和"九龙寨城"等字。于是把南门遗迹原地保留,供市民参观。

聚星楼位于元朗上璋围,为香港现存唯一一座古塔,历史超过600年。聚星楼以青砖砌成,呈六角形,高约30米。塔分三层,最上层供奉着魁星。聚星楼位置原是河口,面对后海湾,兴建聚星楼是用以挡北煞,镇水灾,亦可护佑族中子弟在科举中考取功名。

邓公祠位于祠堂村的松岭,建于1525年,为粉岭龙跃头邓氏祠堂,为香港最具规模的祠堂之一。祠堂兴建是为了纪念龙跃头邓氏开基始祖邓季琇(外号松岭)。祠堂为三进式建筑,挡中设于中进,后进分为三殿。建筑物内外均饰有以吉祥图案为题材的精致木刻、彩塑、陶塑及壁画。

王屋位于圆洲角东南，200百多年前由来自广东兴宁的王姓夫妇所建。19世纪时，王屋村为商旅的贸易站，直至19世纪末叶才开始式微。随着沙田海不断填土以发展沙田新市镇，王屋村很多古老建筑已荒废及拆卸。

清水湾大庙湾刻石成于南宋咸淳年间，为香港最早有纪年的刻石，记载有关盐官等到南北佛堂门游览之事，及此处两间庙堂的历史。

东龙洲炮台是两广总督杨琳任内为了防御海盗之事建造的，炮台内有营房15所及大炮8门。炮台建成后，一直驻有守军，及至19世纪初，海盗日益猖獗，而炮台位于孤岛上，补给和支持困难，终于1810年被九龙新建炮台取代。

黄大仙祠

【古迹简介】

黄大仙祠，在中国有两个，分别是广州黄大仙祠和香港黄大仙祠。黄大仙又名赤松仙子，以行医济世而广为人知，故得后人建祠供奉。相传祠内所供奉的黄大仙是“有求必应”的，他的签文十分灵验。香港黄大仙祠原名啬色园，始建于1921年，经过几十年的悉心经营，整个庙宇占地1.8万多平方米，除主殿大雄宝殿外，还有三圣堂、从心苑等。此外，该祠是香港唯一一所可以举行道教婚礼的道教庙宇。其中以牌坊建筑最具特色，充分表现了中国传统文化。

在每年农历年底及正月初一至十五日，有大量善信前往该祠，为过去一年酬谢神恩及为未来一年求神庇佑。每年农历八月二十三日是黄大仙宝诞，所有黄大仙的弟子会于正午时分聚集于祠内的主殿参与祭祀活动。

【古迹历史】

1915年，广东西樵普庆坛梁仁庵道长及梁钧转道长把黄大仙画像带来香港，先后在乍畏街及大笪地开坛阐教，后来再于湾仔大道东设坛安奉黄大仙及开设药店，两年后该处被火烧毁，又把坛迁移往湾仔海傍东。据说1921年黄大仙降乩启示，命当时的道侣往九龙城一带相地建殿。道侣到竹园村附近，见一山灵秀独钟，便再扶乩请示仙师，得乩示“此乃凤翼吉地”，适合开坛阐教，遂决定于现址建祠，并于同年7月落成启用。1922年8月，啬色园正式成立，负责管理祠庙。

黄大仙祠建成之初，原为私人道场，只供道侣及家属入内参拜。后来参拜善信渐多，及至1934年，园方碍于当时的庙宇条例及租地批约所限，不能再让民众入内，后经当时华人庙宇委员会委员周峻年向华民政务司请准，才特许于每年正月初一开放让善信入内参拜。至1956年8月21日，黄大仙祠才正式获政府批准全面开放予善信参拜。2008年4月3日，园方宣布斥资1.4亿元，进行几十年来最大规模的扩建工程。

【古迹特色】

黄大仙祠的建筑雄伟，金碧辉煌，极尽中国古典庙宇的特色。黄大仙祠内的九龙壁仿照北京九龙壁而建，壁上刻有中国佛教协会主席的题诗，增添了黄大仙祠的中国传统特色。大雄宝殿辉煌宏伟，雕刻精细。在香烟弥漫下，善信顶礼膜拜，祈求福至。

除了大雄宝殿外，祠内其他建筑也充满传统特色，如三圣堂奉祀吕祖（吕洞宾）、观音和关帝，并挂有万世师表孔子的画像。祠内又珍藏不少道教、佛教和儒家的典籍，可谓集儒、释、道三家于一身。黄大仙祠赠医施药，也参与不少社会活动。近年，更获批准在祠内举行婚礼，为新人办理注册事宜。

澳门特别行政区

【怀古诗话】

澳门上古多莲峰，鹊巢鸠占谁折冲。
海镜波平涵电火，山屏烟起若云龙。
华人神诞喜燃炮，葡人礼拜例敌钟。
华葡杂处无贵贱，有财无德亦敬恭。
外埠俱谓逋逃薮，各于频闻卖菜佣。
商务鱼栏与鸦片，饷源以赌为大宗。
历查富贵无三代，风俗浇漓官势匈。
屋价千金抽八十，公钞不纳被官封。
昔有葡督极暴虐，竟为义士诛其凶。
自谓文明实昏聩，不识公法受愚蠢。
诸问深知西律者，试思经事可屈从。

——清·郑观应《澳门感事》

澳　门

【名城简介】

澳门特别行政区位于中国大陆东南沿海，地处珠江三角洲的西岸，隔海东望即是香港，北方的澳门半岛连接广东珠海，而南方则是氹仔、路环和路氹城所组成的大岛，属海岛市，暂未有正式的名称。澳门的总面积因为沿岸填海造地而一直扩大，已由19世纪的10.28平方公里逐步扩展至今日的32.8平方公里（包含2009年11月29日国务院批准澳门填海造地360公顷合3.6平方公里的澳门新城区）。澳门包括澳门半岛、氹仔和路环两个离岛。

澳门以前是个小渔村，因为当时泊口可称为“澳”，所以称“澳门”。澳门及其附近盛产蚝（即牡蛎），因此后人把这个名称改为较文雅的“濠镜”。清乾隆年间出版的《澳门纪略》中说：“濠镜之名，着于《明史》。东西五六里、南北半之，有南北二湾，可以泊船。或曰南北二湾，规圆如镜，故曰濠镜。”从这个名称中，又引申出濠江、海镜、镜海等一连串澳门的别名。

澳门渔民非常敬仰一位中国女神——天后，即妈祖，她又名娘妈。据说，一艘渔船在天气晴朗、风平浪静的日子里航行，突遇狂风雷暴，渔民处于危难。危急关头，一位少女站了出来，下令风暴停止。风竟然止住了，大海也恢复了平静，渔船平安地到达了海镜港。上岸后，少女向妈阁山走去，忽然一轮光环照耀，少女化作一缕青烟。后来，人们在她登岸的地方，建了一座庙宇供奉这位天后，名为妈祖阁。

【名城历史】

1995 年，在路环岛黑沙的沙丘中发掘出土了彩陶以及玉器，经鉴定，这些是四五千年前的珍贵文物，与其同时出土的石斧等石器，同在距离澳门不远的珠海地区出土的同类文物，属于同一文化系统，说明早在新石器时代，中华民族的祖先，已在澳门地区劳动、生息。澳门、路环、黑沙等地，早已是中国大陆的原始居民足迹所到之处。在商周时期，古代居民已在这些地区居住活动，所以，澳门、珠海出土文物中，有春秋时期的篮、罐以及战国时期的陶器等。

澳门与香山县的历史关系极其密切。早在春秋战国时期，香山已属百粤海屿之地。秦始皇一统中国之时（约前 3 世纪），澳门被正式纳入中国版图，属南海郡番禺县地。晋朝元熙二年（公元 420 年），澳门属新会郡封乐县地。隋朝开皇十年（公元 590 年），废新会郡改属宝安县地。唐朝至德二年（公元 757 年），废宝安县，改为东莞县辖。自南宋开始，澳门属广东省香山县。据史料记载，宋末名将张世杰与军队曾在这一带驻扎；早期在澳门定居的人在此形成小村落，依靠捕鱼与务农种植为生。

自古就是中国神圣的领土的澳门自被葡萄牙侵占以来，葡萄牙人在澳门一直拥有特权和特殊地位，这使普通居民均有大小程度的不满。1974 年 4 月 25 日，葡萄牙革命成功，新政府实行非殖民地化政策，承认澳门是被葡萄牙非法侵略的，是 1999 年前葡国管治下的中国领土，澳门的主权属于中国。

1986 年，中葡两国政府为澳门问题展开了四轮谈判。1987 年 4 月 13 日，两国总理在北京签订《关于澳门问题的联合声明》及两个附件。联合声明说，澳门地区（包括澳门半岛、氹仔和路环）是中国的领土，中华人民共和国将于 1999 年 12 月 20 日对澳门恢复行使主权。中国承诺在澳门实行一国两制，保障澳门人可享有“高度自治、澳人治澳”的权利。1993 年 3 月 31 日，全国人大于北京通过《澳门特别行政区基本法》。

1999 年 12 月 20 日零时，在中葡两国元首见证下，第 127 任澳门总督韦奇立和第 1 任澳门特别行政区行政长官何厚铧于澳门新口岸交接仪式会场场内交接澳门政权。翌日（12 月 21 日）早上，澳门群众欢迎中国人民解放军驻澳部队进驻澳门。至此，中华人民共和国正式恢复对澳门行使主权。

【名胜古迹】

澳门的名胜古迹与宗教有关的要数大三巴牌坊。大三巴牌坊是圣保罗教堂的前壁遗迹，是澳门最具代表性的古迹。圣保罗教堂原是一名意大利耶稣会神父设计，由聚居澳门的日本教徒兴建的。1602 年奠基，到 1637 年才全部竣工。这间教堂可以说是与火结下不解之缘，从其雏型起始，曾先后经历三次大火，屡焚屡建。其中 1835 年一月的一次大火，整座教堂几乎付诸一炬，幸好教堂最珍贵的前壁仍能保存屹立，成为今日的大三巴牌坊。除了最底层教堂入口之外，牌坊共有四层，每层都放有早期澳门制炮工厂铸造的铜像。

除此之外，澳门的名胜古迹还有议事亭前地、东望洋炮台、大炮台，以及澳门三大古刹（普济禅院、妈阁庙、莲峰庙），等等。

议事亭前地于 1784 年建成。当地居民又称此地为“喷水池”。开埠至今议事亭前地一直是澳门市中心，两侧建筑建于 19 世纪末 20 世纪初。1993 年，前地一带铺设黑白色碎石地面，并砌成波浪形图案，衬托周围颜色鲜艳的文物建筑，互相辉映，使前地一带显出浓浓的南欧风情。

东望洋炮台位于东望洋山（松山）之巅，是澳门半岛的最高点，建于 1637 至 1638 年间，海拔 93 米，松山炮台原来主要用于防御外来入侵和作为观察站。炮台上圣母雪志殿教堂建于 1626 年，其貌与 17 世纪葡国乡间供奉圣母的小教堂相似，在最近的修葺中，在教堂内发现了华南地区罕见的壁画。这些壁画糅合了中西文化的特色，具有极高的艺术价值。教堂右侧有一古钟，昔日用以报时及通知附近所有船只驶近之用。古钟铸于 1707 年，并于 1824 年 6 月重铸。而教堂左侧就是著名的东望洋灯塔，在 1865 年兴建，机械构造由一名澳门土生葡人装嵌。灯塔是中国海域内最古老的灯塔。灯塔高 16 米，拥有旋转白光，在天朗气清的情况下，20 海里外亦可以看见。多个世纪以来，灯塔一直为船只提供着重要的航行讯号。

大炮台座落大三巴牌坊侧的大炮台城堡，建于 1617—1626 年间，用以防范海盗，是大三巴牌坊整体工程的一部分。1622 年荷兰人企图入侵澳门，但被葡人用城堡上的大炮击退。大炮台虽然经历了 300 多年的沧桑，但到 1966 年才正式向公众开放。在这里，可以俯眺大三巴牌坊，及远眺澳门市区。

妈 阁 庙

【古迹简介】

妈阁庙位于妈阁山西面山腰上，俗称正觉禅林、海觉寺、妈祖庙、天后庙，是澳门三大禅院中最古老的一座。妈阁庙初建于明弘治元年（1488 年），距今已有 500 多年的历史。妈阁庙枕山临海，倚崖而建，周围古木参天，风光绮丽。主要建筑有大殿、弘仁殿、观音阁等殿堂。庙内主要供奉妈祖，又称天后娘娘、天妃娘娘，人称其能预言吉凶，常于海上帮助商人和渔人化险为夷，消灾解难，于是福建人与当地人商议在现址立庙祀奉。

“妈祖”在福建话里是“母亲”的意思。传说“妈祖”姓林名默，宋朝福建莆田人，自幼聪颖，得老道秘传法术，能通神，经常在海上搭救遇难船只，“升天”后仍屡次在海上显灵，救助遇难的人。传说人们感其恩德，尊为护航海神，历代王朝也多次封谥，明朝时晋封为“天后”。相传400多年前有一福建商人在澳门附近遭遇飓风，危在旦夕，幸得“显灵海上消灾解难”的天后娘娘相救。后来这位商人在神女显圣处设庙纪念以谢神恩，这里也被称为“娘妈角”。

妈阁庙平时香火不绝，每年农历除夕和农历三月二十三日“天后”神诞，香火更胜。四方香客云集于此上香拜祀、叩首祈福，并举行丰富多彩的节目助兴，这时妈阁庙中紫烟弥漫，一派祥和，这就是澳门八景之一的“妈阁紫烟”的景色。

2005年7月15日，在南非德班市举行的第29届世界遗产委员会会议上，包括妈阁庙前地在内的澳门历史城区被列入《世界遗产名录》。

“妈祖”现在已不仅仅是善男信女们崇拜的“天后”，而且形成了一种国际文化现象——“妈祖文化”。

【古迹历史】

妈阁庙之建筑物建于不同时期，整座妈阁庙至清道光八年（1828年）才初具规模。弘仁殿创建于明弘治元年（1488年），现存门楣石刻“弘仁殿”三字，旁边之题款则为清道光八年。该殿是一座小型石殿，供奉天后。现在庙内有实物可考，而历史最长的是“神山第一殿”。该殿供奉天后，由当时官方与商户合资筹建于明万历三十三年（1605年），至明崇祯二年（1629年）又再重修，其门口石横梁至今仍存初建时的石刻。妈阁庙因而是澳门现存庙宇中有明确实物可考的最古老的庙宇，也是澳门文物中原建筑物保存至今时间最长的。

观音阁的建筑年代无从稽考，阁内现存一块清道光八年（1828年）重修的木匾，则观音阁应建于此前。阁内供奉观音。

正觉禅林也建于清道光八年（1828年），供奉天后。此殿在1988年2月8日曾发生火警，后由文化局按原貌重修，至翌年2月完成。

1874年和1875年，妈阁庙先后两次遭受火灾，造成损毁，于是由居民集资，于清光绪元年（1875年）开始重修，至清光绪十三年（1887年）落成，形成今天的样子。除了于1983年及1988年给予资助维修该庙外，文化局于1996年到1997年间对该庙进行保养工程，包括墙壁、装饰墙身及门窗的框架等。

【古迹特色】

妈阁庙主要由入口大门、牌坊、正殿、弘仁殿、观音殿及正觉禅林组成，各建筑规模虽然单薄简陋，但却能充分融合自然，布局错落有致。

妈阁庙入口大门为一牌楼式花岗石建筑，宽4.5米，只开有一个门洞，门楣有“妈祖阁”三字，两侧为对联，大门顶部有琉璃瓦顶等装饰，其中门楣顶部更有飞檐状屋脊，脊上装有瓷制宝珠及鳌鱼。紧跟在大门之后为一座三间四柱冲天式牌坊，亦由花岗石建造而成，并有四只石狮分置在柱头上。正殿为供奉天后的其中一个神殿，有“神山第一殿”之称，它和正门建筑、牌坊以及在半山腰上之弘仁殿在空间上呈一直线。建筑主要由花岗石及砖头砌筑而成，其中花岗石为主，无论柱、梁、部分墙身以至屋顶均由此材料修筑，两边墙体均开有大面积琉璃花砖方窗，而在较高位置的气窗。则为圆形。在石造之屋顶上又铺设琉璃瓦顶，并以夸张的飞担装饰正脊及垂脊。而其屋顶造型又分两部分，在朝拜区之屋顶以歇山卷棚顶形式出现，而神龛区上方之琉璃屋顶则为重檐庑殿式，飞檐纯朴有力。

弘仁殿规模最小，只有 3 平方米左右，此建筑以山上岩石做后墙，再以花岗石做屋顶及两边墙身。殿内也供奉天后，两侧墙身内壁有天后之侍女及魔将浮雕，而天后神像则置于山石前，与正殿神龛区做法一样。在石屋顶上，此殿也加上绿色琉璃瓦及飞檐式屋脊装饰。位于最高处的观音殿，主要由砖石构筑而成，其建筑较为简朴，为硬山式做法。

相对于其他神殿位于建筑群最前方且与正殿同在一平台上的正觉禅林，不管在规模上或是在建筑形式上都较为讲究。建筑由供奉天后之神殿及静修区组成，静修区建筑为一般民房，属硬山式砖结构，而神殿则为一四架梁结构。主殿前有一内院，两侧侧廊为卷棚式屋顶，主殿区被两列各三根立柱分为三个开间，屋顶为琉璃瓦坡顶，两边侧墙顶部为金字形“镬耳”山墙，有防火的意思，具浓烈的闽南特色。位于内院前之正立面，由左至右可分为五部分，中间最高两边渐低，墙身有泥塑装饰，墙顶则以琉璃瓦装饰，而在琉璃瓦檐下是三层象征斗拱之花饰，此外，中间部分尚开有一半径为 1.1 米的圆形窗洞，而琉璃瓦顶上之飞檐及瓷制宝珠装饰，亦显示出此殿之重要性。